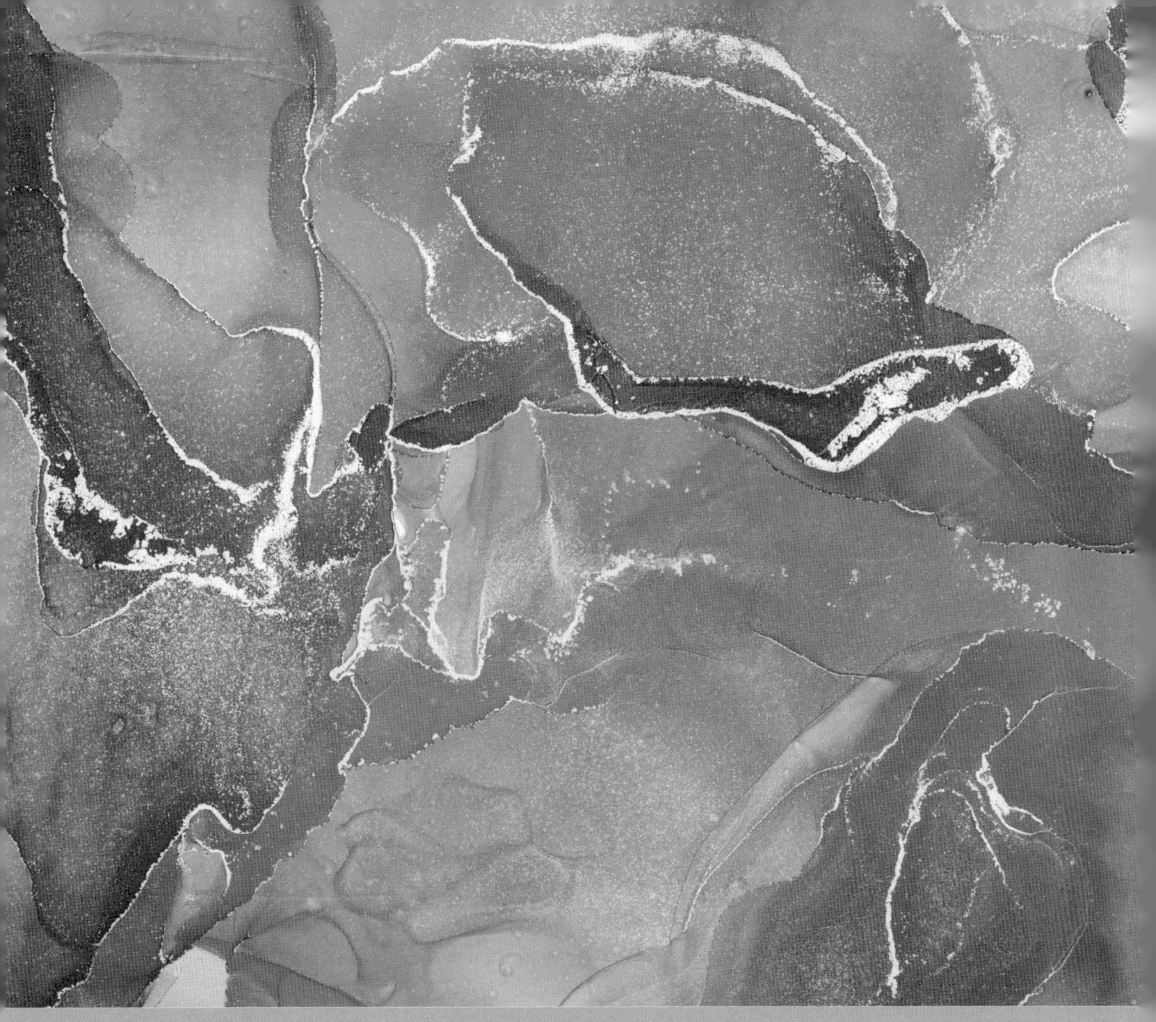

中國現代史綱

|第二版|

黃大受——著

五南圖書出版公司 印行

前言

中華民國三十二年，筆者於四川省成都市東方文化月刊，刊有「論國史之編纂」一文，力主分工合作，彙編「國史長編」，並為適應不同人士，另編數種節本簡編。

三十餘年來，筆者在中華民國復興基地—臺灣，擔任大學教授，講授中國通史、中國近代史、中國現代史等課程，達三百數十遍，曾對中國史、中國近代史、中國現代史三書，擬編撰分量較多各數百萬言者，以供教師參考或學子研究之用。二十七、八年前，已完成中國近代史三冊，一百八十萬言。惟當時參考資料不足，有待改進之處不少，擬他日重加編撰。中國史、中國現代史，已搜集資料甚多，尚未編撰完成。

至節本簡編，則有多種問世，其以供大學生為教本者，有中國史綱五、六十萬言（即將完成），中國近代史綱二十餘萬言，中國現代史綱三十餘萬言。以供大專學生為教本者，有中國史要略、中國近代史要略、中國現代史要略，各二十萬言上下。以供專科學生為教本者，有中國史綱要、中國近代史綱要、中國現代史綱要，各十二萬言上下。以供高中、高職學生升學考試或普考丙種特考者，有中國史大綱、中國近代史大綱、世界史大綱，各約九萬言上下。各書程度有深淺，內容有繁簡，使教者學者均可量力適時而選用。

另有以評論要事為主者曰論綱，以說故事方式透徹敘述要事為主者曰講話或史話，亦各有三書，以供專家研究或一般閱覽之用。

筆者所以不憚心力，從事上項各類方式，以編撰三種中國史籍，旨在推廣國史教育，冀能發揚民族精神，認識中華文化，重振中華雄風。

本書為中國現代史綱，可供大學教本之用。自創建中華民國之革命偉業，迄今掃共復國之復興大業，就所搜集之資料，究其本源，搜其細微，取材務求廣博，行文務求簡約，俾得綱舉目張，收精確簡明之效。既可供為教學，亦可用於閱覽。今後仍將參酌本書綱目，觸類引伸，廣取博求，以成中國現代史長編也。

本書有關外國地名人名，頗多新創，但附舊譯。良以近人所譯外國地名人名，大多音義兩失，且不雅馴；用創新譯，以資提倡，並祈譯家共勉。又本書所有月日，民國成立以前為陰曆，民國成立以後為陽曆。

筆者編撰本書時，為搜集資料，尤其政府遷臺三十餘年來之措施，承各行政機關及事業團體與私人，供給參考文件甚多，惜未能一一舉名，特此敬致謝忱。至參考及引用書目，亦舉要附列書後，以明所本，兼向編著者致謝。

本書於五十年完成初稿，曾印行問世。近復加以修訂前十六章，新增第十七、十八兩章，至六十九年止，以應各方需要。內容如有不周之處，敬希學人君子，指正是幸。

本書增訂新版出書之時，中華民國建立七十年之期將屆，謹以斯書為賀。並祝國運昌隆，掃共必勝，復興必成！

黃大受

中國民國六十九年四月廿四日於臺北市

黃大受徵集中國現代史料啓事

中國為史學最發達之國家，代各有史，而最早之正史「史記」一書，且成於私家之手；自史記以還，官修私撰之書，燦然並存。大受不才，雅愛述史，雖以當代官辦史所之富，並世史家之眾，仍不自菲薄，欲於官修史書或史家巨著之外，掇拾週甲以來史事，試輯「中國現代史」一書，以供官修史書或史家巨著比勘之用，是所願也。

惟以一手一足之烈，欲求委悉周備，勢所難能。爰特公開呼籲，徵集史料，冀能成一巨細咸聚、細大不捐之書。

舉凡中華民國開國前以至當代，不論中央政府、地方政府、邊區地方、土司，以及割據自雄地區，甚或敵寇佔領下之淪陷區，各級大小偽組織，與夫各公私機關團體，有關民族、國體、政治、外交、國際合作、僑政、法律、軍事、社會、教育文化、學術思想、財政、經濟、農林、工礦、商業、國際貿易、民情風俗、災荒異聞、名人事蹟……等方面之著作，如全集、專著、論文、研究報告、筆記、遊記、日記、回憶錄、自傳、報告書、會議錄、法規、方志、文獻集、年鑑、刊物、照片、圖表……，或為成書，或為短篇，或為抄本，或為影本，以及其他大受所未言及而有關史事者，皆所歡迎惠賜，或予借抄，無任祈盼。

賜件請寄中華民國臺北市合江街國立中興大學法商學院轉交。為感！

目錄

第一章 如火如荼的革命運動

國父的青年時代

排除積弊的必要 凡事行之過久，不能無弊。倘若不把積弊排除，那末這事一定行不通，甚至要出問題；直到發生大變動而後已。一個人的身體，也是有這種情形的。身體能夠不斷地排除廢物，完成新陳代謝作用，自然身體健康，心情愉快。一個民族或是一個國家，何嘗不是如此？人們覺悟了，對民族或國家的積弊，用合理的方法，加以清除，摧陷廓清，以期達於理想的境界，就是變法，維新或革命。

變動最劇烈的時代 近一百多年來，中國是處在多災多難的時代。舊日的積弊，不斷發作。引起暴敵強鄰的侵凌，軍閥內奸的荼毒，國家的光榮大損，國家的元氣大傷，更帶來了最劇烈的變動。政治制度在變，經濟和社會生活在變，思想和意識在變。這一變動，空前未有。參與變動的人，也非常之多，其中最有貢獻的是孫中山先生，他手創中華民國，後來被尊爲中華民國之父。因此，在說明中華民國創立之前，先要介紹國父孫中山先生。

國父的少年時代 國父孫中山先生，本名文，字逸仙，又號德明。因爲逃亡日本時，曾隱名爲中山樵，後來以中山一名行世。清同治五年（一八六六），生於廣東香山（今中山）縣翠亨村。家世業農。幼年時候，他曾在田間幫助耕作。並進叔父設立的私塾讀書，遍讀中國的重要典籍。十三歲，隨母親到檀香山，「始見輪舟之奇，滄海之闊，自是有慕西學之心，窮天地之想。」母親當年回國。他隨兄留居，據 國父自傳說：「入英監督所掌之書院Iolani College，肄業英文。三年後，再入美人所設之書院Oahu College肄業。此爲島中最高之書院。初擬在此滿業，即往美國，入大書院肄習專門之學，後兄因其切慕耶穌之道，恐文進教，爲親督責，著令回華。是十八歲時也。抵家後，親亦無所督責，隨其所慕。居鄉數月，即往香港，再習英文。先入拔萃書室Diocisaa Home，數月之後，轉入香港書院Queen's College。又數月，因家事離院，再往夏島，數月而回。自是停習英文，復治中國經史之學。」這時，是光緒十一年（一八八五），國父年二十歲。

立志革命　光緒十一年（一八八五），是中、法戰爭失敗的一年，越南各地，被法人略取。國父始有決心傾覆清廷，創建民國之志。從此「以學堂爲鼓吹之地，借醫術爲入世之媒，十年如一日。」

開始接交同志　國父二十一歲，在廣州博濟醫學校學醫，在同學裡面物色有鄭士良（號弼臣），其爲人豪俠尚義，廣交游，所結納的盡是江湖之士。國父見而奇怪，稍稍往來，便談起革命的意志。鄭士良大爲悅服，並告以他參加了會黨，將來有事，可以羅致會黨，以聽指揮。這時，國父的革命主張，能夠接受的，只是少數親友而已。

革命言論時代　國父在廣州學醫一年，聽到香港有英文醫校開設，因爲學課較好，地方自由，可以鼓吹革命，在二十二歲時，轉學到香港西醫書院。受教於康德黎博士（Dr. James Cantlie），在該校讀書五年，課餘時候，總是努力鼓吹革命。常常往來香港、澳門，也是暢談革命，毫無顧忌。當時贊成的，在香港只有陳少白、尢少紈、楊鶴齡三人，還有上海歸來的同鄉陸皓東。其他的人，聽到革命言論，都以爲大逆不道。國父和陳、尢、楊三人，在香港來往很密，沒有一天不談革命，數年來全一樣，親戚朋友們，竟稱他們爲四大寇。

開始革命運動　光緒十八年（一八九二），國父二十七歲，以各科滿分第一名畢業，香港政府首次頒給中國人的醫照，便為　國父所得。他不肯留香港醫學校任職。到澳門行醫。第二年，又轉到廣州行醫，開始革命運動。當時鄭士良結交會黨，聯絡清廷在廣東的駐防軍隊，漸漸有了頭緒。二十九歲（光緒二十年，一八九四），　國父同陸皓東，北游北京、天津，窺探清廷虛實。接著遊歷武漢，觀察長江形勢。

上書李鴻章　國父列上海，遇同鄉鄭官應，由他函託王韜，介紹　國父往天津時，找李鴻章的幕僚羅豐祿，又得識徐秋畦，求介見李鴻章，先將一封在南方已寫好的信，送給李鴻章。開頭說：「文籍隸粵東，世居香邑，曾於香港考授英國醫士，幼嘗遊學外洋，於泰西之語言文字、政治、禮俗，與夫天算、輿地之學，格物、化學之理，皆略有所窺，而尤留心於其富國強兵之道，化民成俗之規。至於時局變遷之故，睦鄰交際之宜，輒能洞其竅奧。」因而有上書建議之舉。

上書要點　國父指出：「竊嘗深維歐洲富強之本，不盡在於船堅砲利，壘固兵強，而在於人能盡其才，地能盡其利，物能盡其用，貨能暢其流。此四事，富強之大經，治國之大本也。」「所謂人能盡其才者，在教養有道，鼓勵以方，任使得法也。」「所謂地盡其利者，在農政有官，農務有學，耕耨有器也。」「所謂物能盡其有者，在窮理日精，機器日巧，不作無益以害有益也。」「所謂貨能暢其流者，在關卡之無阻難，保商之有善法，多輪船鐵道之載運也。」這道理至今都用得著，可見　國父研究政術治道之精。他上書目的，並不望李能替清廷實行，是借此試探北方的究竟。而且有陸皓東一同北上，可以親見清廷腐敗情形，斷絕他們對清廷的希望。

興中會時代的革命運動

創立興中會　中、日甲午戰爭發生，　國父以為時機可乘，前往檀香山，冬天十月間，創立革命團體興中會。贊助者有　國父的大哥德彰及鄧陰南、何寬、黃華恢等二十多人。在光緒二十年十月二十七日（一八九四年十一月二十四日），開始徵收「會底費」。發表宣言，說明中國的積弱與強鄰的環伺，瓜分豆剖的大禍，迫在眉睫。號召有志之士，亟起團結，共謀挽救國家的危亡。在檀香山鼓吹了幾個月，得到他大哥和鄧蔭南二人傾家相助，和親友幾十人的贊助。

香港的興中會　當時對日戰爭，節節失敗，清廷的腐敗暴露，人心憤激。上海同志宋躍如，寫信勸國父回國，遂和鄧蔭南及三五同志，在當年回到香港。召集陳少白、陸皓東、鄭士良等人商議，決定擴大組織，聯合全國志士，共同努力。光緒二十一年正月二十七日（一八九五年二月二十一日），就在香港士丹頓街十三號，設立興中會總機關，外掛「乾亨行」的招牌。當時，香港還有楊衢雲、謝纘泰、黃詠商領導的輔仁文社，志在革命，也願併入興中會。入會的人，一律當衆宣誓，誓辭是：「驅逐韃虜，恢復中華，創立合衆政府；倘有貳心，神明鑒察。」前三句話，表示出革命的宗旨。並決定在廣州起義，襲取廣州爲根據地。當時選　國父爲會長，楊衢雲競選，　國父爲求團結內部，立即辭讓。

籌劃廣州起義　同時，在廣州設立農學會，做祕密策應機關。發表農學會宣言，以免惹人注意。當時贊襄幹部工作的，有鄧蔭南、楊衢雲、黃詠商、陳少白等人，在廣州幫助籌劃的，有陸皓東、鄭士良和歐美技師及將校數人。　國父常常往來香港、廣州兩地，慘淡經營，過了半年，籌備週到，聲勢不小。當時革命軍計劃三路會攻廣州，以廣州附近的防營水師和民團會黨爲中軍，汕頭會黨由東路進攻爲左翼，西江、北江會黨由西路進攻爲右翼，並決定由香港會黨三千人，充任先鋒軍。決定起事日期，爲九月九日重陽節，因爲那天廣州人出城掃墓的很多，可以混進城內。同時，陸皓東創製青天白日旗，做革命軍的旗幟。

廣州起義的不成　不料香港方面的接濟，不能按期到達，要延緩二日。重陽節舉事不成。港船運兵計劃，又爲駐港偵探探到，電告兩廣總督譚鍾麟，譚鍾麟派兵搜查，九月十日，捉去陸皓東等五人，搜出旗幟軍械。急電香港緩發同志和軍械。可是第二天，香港的人械到達廣州，一上岸全被查出，又捉去丘四、朱貴全等四十多人，餘眾一鬨而散。因此這一次起義，便胎死腹中了，清吏又四出捉拿，同志都倉皇逃避。這是　國父領導的第一次起義。

陸皓東之死　陸皓東被捕，遭受嚴刑拷問。他坦白承認革命排滿，慷慨激昂的說詞，清吏也為之動容。十天後就義，是為共和革命而流血的第一人，年紀二十八歲。他的供詞說：「務求警醒黃魂，光復漢族。……今日非廢滅滿清，決不足以光復漢族，非誅除漢奸，又不足以廢滅滿清。……今事雖不成，此心甚慰。但我可殺，而繼我而起不可盡殺，公羊既歿，九世含冤，異人歸楚。吾說自驗！吾言盡矣，請速行刑！」壯烈之氣，活躍紙上。朱貴全、丘四也同時遇難，程奎光被軍棍打死。程耀宸則後來瘐死獄中。

出遊日本　起義失敗後，　國父留在廣州，然後設法乘船到澳門，轉往香港。因為香港政府應清政府主請，放逐　國父五年，不能逗留，匆忙間和鄭士良、陳少白同往日本，在橫濱小住，聯絡僑商二十多人，成立興中會分會，自己斷髮改裝，赴檀香山。留陳少白在日本，考察日本國情，結交日本友人。派鄭士良回國，收拾餘眾，準備再行起義。

首次遊美　光緒二十二年（一八九六），　國父到檀香山，因為風氣未開，推廣興中會，成績不好，決心到美國去活動。忽在檀香山市外，遇香港醫學校老師康德黎；康德黎因回英國，路過此地，遂導遊而別。夏天，到舊金山，聯絡洪門致公堂，停一月，東往紐約，經過許多地方，每處留幾天，或十多天，對僑胞宣傳革命。表示歡迎革命主義的，每埠不過幾人或十多人。於是又轉往英國。

倫敦蒙難　國父在美活動，已遭清廷注意，到英國倫敦，即被駐英使館，派人偵查。九月初五日，並令職員引誘　國父進入使館，竟被幽禁。幸賴　國父的鎮定機智，以精誠感動看管他的英藉僕人，請他暗中帶信，給老師康德黎，經過康德黎和孟生博士向警局與外交部的奔走交涉，十二天後，安全脫險。因而引起英國朝野的注意，各界人士，紛紛來訪　國父，對中國革命運動，發生很大宣傳作用，外國人也知道孫逸仙是中國的革命家。

在英國研究的收穫　十月末，開始在大英博物院從事閱覽研究，一直到光緒二十三年前五個月，仍繼續研究歐洲的政治、經濟、社會情形，和各種思想；發現歐洲各國，雖然國富兵強，可是各國因資本主義發達而產生社會的不安情形，應該加以挽救及預防。於是認識了民生問題的重要，認爲要與民族、民權兩問題，同時解決。　國父三民主義的體系，就在此時逐漸形成。

結交日本志士　光緒二十三年（一八九七）夏天，　國父由英往加拿大遊歷，再回到橫濱，和日本民黨領袖犬養毅、大隈重信相識。還結交許多日本政界人士和贊成革命的同志，如副島種臣和頭山滿、平岡浩太郎、山田良政、宮崎寅藏等人。這些日本同志，對中國革命，都很有貢獻。在橫濱創設中西學校，還命陳少白在臺北成立興中會分會。二十四年冬天，康有爲、梁啓超逃到日本，由於日本友人希望雙方合作，但康有爲力主保皇，未成。清廷派駐日使臣李盛鐸，游說　國父爲清廷效命，　國父拒絕了。

聯絡會黨　二十五年秋天，　國父派陳少白到香港創辦中國日報。又派史堅如聯絡長江會黨，畢永年聯絡湘、鄂會黨，鄭士良在香港設招待機關。冬天，哥老會、三合會首領在香港別立興漢會，推　國父爲會長。楊衢雲到日本後，晤見　國父，自知才能不足，辭興中會會長，仍由　國父擔任。

惠州起義　光緒二十六年（一九〇〇），義和團在北方胡鬧，香港民政局議員何啓說港督卜力（Blank）勸李鴻章獨立，和　國父聯合救國。港督派沙面英國領事祕密接洽，李鴻章意動，但心存觀望。國父於是決定由鄭士良、黃福等在惠州起義。　國父也由日本過上海到臺北，擬由臺灣設法，率領日本的志願軍官，渡海轉入內地接應。閏八月（十月），鄭士良等人在惠州三洲田起義，進攻新安。深圳，聲勢浩大，接連打敗清兵，各地民眾，聞風自動參加的很多，佔領新安、大鵬、到惠州、平海一帶沿海地方。可是日本政府改組，贊助革命的山縣有朋辭職，新內閣總理伊籐博文，不准臺灣總督協助中國革命黨，禁止日本武器出口，和日本軍官投效革命軍。 國父無法從臺灣援助革命軍。鄭士良苦戰了一個多月，終因得不到接濟而失敗，只好解散所部，走往香港。這是 國父領導的第二次起義。

炸廣州督署 史堅如在廣州城內，租屋挖地道，通到督署，謀用炸藥殺死廣東巡撫兼署兩廣總督德壽，沒有成功，竟被捕遇害了，年紀只二十二歲。死事的壯烈，和陸皓東先後輝映。從此全國，沒有不知道革命黨的。接著辛丑和約訂立，同情革命運動的人，漸漸加多了。

加入致公堂 光緒二十七年起， 國父在日本，因爲一時不能再行起義；注意宣傳革命工作，當時中國在日本有不少留畢生，有所活動， 國父無不盡力幫助，漸漸吸收不少同志。二十八年十二月，曾到越南、暹羅遊歷，鼓吹革命。到第二年六月，纔回日本，祕密開辦軍事學校，有十四名同志參加。八月，又到檀香山，將隆記報改成黨報，親自撰文章，與保皇黨的報紙筆戰。並在希爐埠和檀香山公開演講革命，聽講的華僑每次都在千人以上。 國父又在檀香山加入致公黨，主盟者封 國父爲「洪棍」，即「元帥」。十多天後， 國父即往美國。

再赴美國宣傳 光緒三十年（一九〇四）二月， 國父到舊金山，保皇黨運動關史，將 國父扣留，幸而有致公堂總理黃三德交涉保釋，方得入境。在美國印發鄒容所著的革命軍一萬一千冊，還發售革命軍軍需債券。致公堂有份大同日報，原由保皇黨入主持，也請 國父推薦劉成禺主持，革命黨又多了個海外宣傳機關。 國父還和保皇黨人常常筆戰，很得華僑歡迎。

改組致公堂 同年， 國父和黃三德遊歷各埠，提議洪門會員總註冊，重訂致公堂的章程，指出致公堂的時代任務：一是互助，二是反清，三是肅清漢奸。並且規定「本堂以驅逐韃虜，恢復中華，創立民國，平均地權爲宗旨。」對於「國人所立各會黨，其宗旨與本堂相同者，本堂當認作益友，互相提攜；其宗旨與本堂相反者，本堂視為公敵，不得附和。」可見致公堂的宗旨，和與中會完全吻合。國父在紐約，又發表英文的「中國問題的眞解決」一文，刊行一萬冊，對美國人宣傳。

洪全福的起義　從　國父第二次起義以後，受革命風潮影響而起義的，也別有人在。有廣東人洪全福，幼年時隨洪秀全在廣西起義，轉戰湘、鄂、皖、浙等省，曾封三千歲，太平天國失敗後，逃到香港。惠州起義失敗以後，認識興中會會員謝讚泰，和謝父日昌、楊衢雲、李紀堂等人，計劃攻取廣州。光緒二十八年（一九〇二年），由李紀堂出軍餉五十萬元，洪全福約集省、港會黨，密設機關數十所，分五路軍，定除夕起事。事前被出賣槍械的洋行告密，機關被破獲，黨人被捉殺不少，洪全幅逃往新加坡。

周雲祥的起義　雲南人周雲祥，礦業世家，立志要推翻清廷。當時有革命黨人到他的錫礦廠演說，鼓吹革命，周雲祥遂堅決贊成。光緒二十九年四月，蒙自縣令到錫礦搜查，被周雲祥領義勇打敗，攻下蒙自、臨安，聯合當地礦工。又分兵攻取石屛州、阿迷州、寧州等城，直到廣西邊境，無奈清軍雲集，眾寡不敵而失敗了。

黃興馬福益的起義　黃興創立華興會以後，會合哥老會首領馬福益，計劃佔據湖南，預定在光緒三十年，慈禧太后七十歲生日起事，省城以武備各學堂學生聯絡新舊各軍為主，外分瀏陽和醴陵、衡州、常德、岳州、寶慶五路響應。八月間，都布置好了，不料在事前十天，被武備學堂學生洩漏，會黨被捕數人，起義便中止了。

刺殺王之春　安徽人萬福華，在上海認識黃興後，也贊成革命，很想立功表現。因為前廣西巡撫王之春，在周雲祥起義時，主張借法兵助戰，兩廣人士大加反對，失職後住在上海。又生聯俄主張。萬福華痛恨，在光緒三十年十月間，冒王友名義邀宴，槍殺王不中，被捕下獄，到民國後釋放。

東京的革命運動　從惠州起義以後，革命運動的地區，不限於廣東省了，東京、上海、兩湖也是革命空氣很濃厚的地方。因為 國父常在日本鼓吹革命，自然發生很大作用。光緒二十七年（一九〇一），留日廣東學生發起廣東獨立協會，鼓吹排滿；王寵惠、張繼等創辦國民報。二十八年三月十九日，是明思宗殉國紀念日，章炳麟等舉行「中夏亡國二百四十二年紀念會」。二十九年，留日學生鈕永建等人，因為反對俄國侵佔東三省，組織拒俄義勇隊，清廷指為亂黨，請日本政府解散。留學生更為痛恨清廷，於是紛紛發行各種雜誌書籍，如二十世紀之支那、江蘇、浙江潮、直說、漢聲、湖北學生界、新湖南、猛回頭、警世鐘等多種書刊，以鼓吹革命。

上海的革命運動 上海因為對外交通便利，因而成為中國經濟及新文化中心。租界方面，為清廷所管不到，革命活動，比較方便。中國近代史綱裡曾經提到蔡元培、吳敬恆、章炳麟等所組織的中國教育會和附屬機關愛國學社外；還有光緒三十年，蔡元培、陶成章等人組織的光復會，都是重要革命團體。在上海的革命機關報蘇報，常常發表文章反清，章炳麟的文章和鄒容的革命軍，更是風行一世。光緒二十九年（一九〇三）閏五月，清廷照會英租界當局，加以封閉及捕捉黨人，章炳麟等人被捉，鄒容自首。章、鄒被判徒刑三、二年；稱為蘇報案。鄒容後於光緒三十一年二月，死於獄中，年紀二十一歲。

兩湖的革命運動 武漢是內地的交通中心，加上張之洞提倡洋務，民眾比較開通，極易接受革命思想。光緒二十九年（一九〇三），湖北青年劉靜菴、張難先組織科學補習所。湖南學生黃興、宋教仁在長沙組織華興會，都是革命團體。第二年華興會起義失敗，科學補習所也停頓，劉靜菴等利用武昌聖公會的日知會為宣傳革命機關，遍設書社於湖北黃岡、湖南長沙、江西九江等處，參加的人不少。

同盟會時代的革命運動

在比京組織革命團體　光緒三十年（一九〇四）冬天，歐洲留學生，歡迎　國父到歐洲，共商國事。留學生並湊集八千佛郎為旅費，　國父於是由美國到英國，轉往比京布魯塞爾，揭示三民主義，五權憲法，號召留學生組織革命團體，開首次成立會，留學生三十多人加盟。連同　國父，都親寫誓詞，當眾盟誓。誓詞是：「具願書人〇〇〇當天發誓，驅逐韃虜，恢複中華，建立民國，平均地權；矢信矢忠，有始有卒。倘有食言，願受處罰。」　國父並為加盟人道賀：「君已非清朝人矣！」

在德法的活動　在德京柏林，又開第二次會，有二十多人加盟。再到法京巴黎，開第三次會，有十多人加盟。不幸留德學生王發科、王相楚來巴黎，和湯薌銘、向國華等人想背盟，由向、湯二人邀　國父外出，二王偷割皮包，偷去德、法二國留畢生誓書和法政府來往文件，向清使孫寶琦告密，孫未深究。　國父事後明白眞相，留學生也自行重新宣誓。　國父則是經過南洋，再往日本。

中國同盟會的籌組　光緒三十一年六月，　國父到日本。當時留學生贊成革命的很多，　國父以為主張既已一致，有聯合各團體集中力量的必要。日本友人宮崎寅藏也極力贊助。於是以興中會為中心，與湖南華興會領袖黃興、宋教仁，浙江光復會領袖章炳麟、徐錫麟，和其他革命團體，聯合擴大組織。於六月二十八日（七月三十日），在東京召開中國革命同盟會籌備會，到會員七十多人，內地十八省，只甘肅一省，無留學生到會，簡稱中國同盟會。半月後，　國父出席東京留學生歡迎會公開演講，講題為「中國應建設共和國」，聽眾一千多人，盛況空前。

同盟會的成立　七月二十日，在東京舉行中國同盟會成立大會，有三百多人加盟。由黃興提議公舉　國父為總理，並推選職員，派同志往各省為分會主盟員。　國父在有志竟成一文說：「自革命同盟會成立之後，予之希望，則為之開一新紀元。蓋前此雖身當百難之衝，為舉世所非笑唾罵，一敗再敗，而猶冒險猛進者，仍未敢望革命排滿事業，能及吾身而成功也。……及乙巳之秋，集合全國之英俊，而成立革命同盟會於東京之日，吾始信革命大業，可及身而成矣；於是乃敢定中華民國之名稱，而公布於黨員，使之各回本省，鼓吹革命主義，而傳布中華民國之思想焉！」可見同盟會對革命的重要了。

四大綱領 同盟會成立時，發表宣言，用「中華民國軍政府」名義，布告國民，宣言裡標舉革命的大經和治國之本，分成四項；也就是誓詞裡的「驅逐韃虜、恢復中華、建立民國、平均地權」四件事。這是三民主義的雛型；平均地權，更是民生主義的最初揭示。

實行程序 四大綱領的實行程式，可以分為三期：第一期為軍法之治，即軍政府光復國土、掃除舊污的時代。第二期為約法之治，即軍政府授地方自治權於人民，而自行總攬國事的時代。第三期為憲法之治，即軍政府解除權柄，由憲法所規定的國家機關分掌國事的時代。軍法之治，定為三年；約法之治，定為六年。即九年以後，當行憲法。」

同盟會的發展 同盟會設總部於東京，國內設上海、漢口、重慶、香港、煙臺、東中西南北五個支部，國外，在南洋新加坡、歐洲比利時京城、美洲舊金山、檀香山設四個支部，由 國父指定負責人。大部分黨務都在海外，經費也多靠海外接濟。不到一年，同盟會加盟會員，已過萬人，包括各界人士。他們回國以後，到各省宣傳主義，盡力革命。從此革命風潮，一日千里，進步之快，出人意外。

法國贊助革命 光緒三十一年（一九〇五）春天， 國父在巴黎，與掌握政權的韜美、杜朗等人來往。韜美是前任安南總督， 國父以前遊歷安南時，成為友好。這次在巴黎見面，願意幫助中國革命。九月間，國父從日本往西貢，船過吳淞，天津法國駐屯軍參謀長布加卑，奉法國陸軍部部長命來見，表示願意相助。 國父便請他派員相助，辦理調查聯絡工作。布加卑派了七名武官，供 國父調遣，分幾路調查聯絡新軍。後來在武昌的一路、被新軍統領探悉，張之洞派西人與法國武官聯絡，得悉詳情，報告清廷，清廷向法國公使交涉，無何結果。不過不久法國政府改組，新內閣不贊成這事，將布加卑等人調回本國。劉靜庵等人，也因這事而犧牲了。

宣傳革命的民報　同盟會本決定接收「二十世紀之支那」雜誌爲機關報，因被日本政府禁止發行，決定改名「民報」，避去排外言論，以免日本嫌忌。民報於十月在東京發刊，以張繼爲發行人，宣傳革命理論，標明六大主旨，在顚覆現今惡劣政府，建設共和政體，維持世界眞正和平，土地國有，主張中、日兩國國民之聯合，要求世界列強贊成中國之革新事業。　國父親撰發刊詞，正式揭出民族、民權、民生主義。直到光緒三十四年七月，刊印到二十四號，被日本政府封禁。後又設法刊行兩號。先後主持筆政的有陳天華、胡漢民、章炳麟、朱執信、宋教仁、馬君武、汪東、但燾等多人。他們筆鋒犀利，分析精詳，灌輸革命知識，力闢保皇黨的君主立憲論。民報暢銷海內外，對青年們影響極大。

其他的宣傳報刊　于右任在上海辦神州日報，與民呼報、民吁報，以及兩報次第被封後再出版的民立報。嚴厲批評清廷失政和官吏的貪污，副刊也啓發民族精神，宣傳效用至大。同盟會海內外的各支部，也分別發行雜誌、日報、書籍，鼓吹革命；革命怒潮，深入人心。且有祕密小冊，輸入內地。清廷雖有禁令，也無效果。

萍瀏起義　光緒三十二年（一九〇六）九月，同盟會會員劉道一、蔡紀南從日本回國，在醴陵、瀏陽等地鼓吹革命。湘、贛會黨領袖李金奇、蕭克昌等人。因會黨領袖馬幅益反清被殺，久欲報仇。遂和劉、蔡合作，乘機運動萍鄉礦工，聯合附近各處會黨，計劃分三路起事，一由瀏陽進攻長沙，一借萍鄉、安源爲根據地，一由萬載出瑞州、南昌以達長江。不幸先期洩漏，瀏陽一部分先於十月發難。萍鄉的一部分響應，佔領不少地方，湘、贛交界各地。紛紛響應，聚集了幾萬人。鄂、贛、湘三省督撫，調集五萬兵圍攻，十日後，革命軍失敗。當時東京會員得到萍、瀏革命消息，無不激昂慷慨，要求進入內地抗清；怎奈這次起義，事前毫無聯絡，無法準備，可是仍存不少會員，自行回國從軍。事後，禹之謨、劉道一、寧調元、胡瑛等會員，被清吏捉殺，孫毓筠等數人被囚。可是革命風潮，更激盪全國。光緒三十三年（一九〇七）正月，清廷向日本政府交涉，驅逐　國父出境，　國父遂前往安南河內，設立機關，籌劃革命車事。

黃岡起義　光緒三十三年正月，　國父派許雪秋為中華國民軍東軍都督，在廣東潮州起事，未成。二月，許雪秋派人聯絡潮州各縣同志；籌備同時起義。因為消息走漏，四月十一日，同志余丑等人，就在潮州饒平縣的黃岡起義，攻下各衙署，殺清吏，成立軍政府，布告安民，又進攻汫州，因器械不佳，十六日，被潮州鎮總兵擊散。這是　國父領導的第三次起義。

惠州七女湖起義　當黃岡軍事緊急時候，　國父命鄧子瑜籌劃在惠州起義。原定分三路發動，四月二十二日，僅有一路在七女湖起義，連得小勝，惠州震動，仍混戰十日，清軍因革命軍行蹤不定，疲於奔命。後來革命軍因為聽到黃岡失敗，又無後援，只得埋藏槍械解散。這是　國父領導的第四次起義。五月，劉思復因為廣東水師提督李準，專捉革命黨人，準備炸死李準，未成。

安慶起義　浙江山陰人徐錫麟和陶成章、秋謹、陳伯平、馬宗漢等人，共組光復會。徐留學日本，學警察。回國在安慶任巡警處會辦，兼巡警學堂堂長，便暗中布置同黨。陶成章在浙江聯絡武義、永康、東陽會黨。秋瑾任紹興大通學堂堂長，與王金發等聯絡紹興、嵊縣、仙居會黨，編練光復軍。忽有黨員在長江下游被捉，名冊被搜，電告安徽巡撫恩銘防範，徐錫麟知道事洩，只得在五月二十六日，乘巡警學堂行畢業禮時，邀請全省大吏，想一網打盡；再行起義。結果，僅槍殺恩銘，餘眾逃散。與防警兵激戰，陳伯平戰死，馬宗漢和徐錫麟被捉，遇害，徐年紀三十五歲。事後，浙江巡撫張曾敭捉拿秋瑾，並株連許多人士。可是無反叛證據，也無確切供詞。竟在紹興被殺。秋瑾能做詩，臨刑前有「秋風秋雨愁殺人」之句。

欽廉防城起義　光緒三十三年春天，欽、廉兩府發生抗納糧捐事件，粵督派新軍統領郭人漳、標統趙聲領軍鎮壓，　國父派人聯絡士紳和會黨，參加革命。並派黃興游說郭人漳，胡毅生游說趙聲，趙聲早加入革命黨；兩人都贊成，等革命軍正式起事時參加。　國父又派萱野長知往日本購運軍械，在安南召集同志，聘用法國軍官。大概可以集合六、七千人，計劃一舉而下廣東，再北出長江。七月，命王和順到欽州聯絡民團，預備大舉發難。七月二十四日，王和順率革命軍三百人，在欽州王光山起義，攻下防城，有一萬多民眾參加。不料東京買槍械的計劃受阻，不能如期到達。革命軍轉往欽州，希望郭、趙響應，郭、趙見革命軍力量薄弱，都不敢動。清吏又調軍隊進攻，革命軍只得敗退十萬大山。這是　國父領導的第五次起義。

鎮南關起義　欽、廉起義失敗後，十月，　國父派黃明堂起兵，攻佔廣西鎮南關三砲臺，附近游勇也來參加。　國父偕黃興、胡漢民和日人、法國軍官、安南同志，親自到關上砲臺指揮。並想和十萬大山的革命軍聯絡，會攻龍州，但因路遠，不能即到。三天後，　國父先退安南籌劃接濟，黃明堂率領革命軍和清軍數千人，激戰七晝夜，因子彈不繼，只得退入安南。這是　國父領導的第六次起義。　國父過諒山時，為清吏偵得，報告清吏，清廷向法國政府交涉，將　國父遂出安南，　國父往新加坡。這年十月，四川黨員在成都、瀘州、敘州起義，未成。

欽廉上思起義　國父離開河內，一面派黃興籌備再到欽、廉，集合當地同志。一面派黃明堂攻取河口，打算取雲南做根據地。光緒三十四年（一九〇八）二月，黃興率領二百多人，進出安南、欽、廉一帶，清軍望而生畏，黃興的威名大振，轉戰四十多天，終因缺少接濟，退往安南。這是　國父領導的第七次起義。

河口起義　光緒三十四年（一九〇八）三月，黃明堂在雲南河口起義，四月，殺邊防督辦，收到一千多降卒，並佔據新街，進攻蠻耗、蒙自，等待幹部前往指揮。　國父派黃興為雲南國民軍總司令，到河口指揮。因從河口到河內，被法警誤為日本人，遣送河內；清吏向法政府交涉，解送出境。河口革命軍，因為無人指揮，失機進取。當時雲貴總督錫良求救電報，倉皇失措，眞是大好機會。黃明堂守候一個多月，人自爲戰，漫無紀律，清兵四集，十借於革命軍，河口失守。黃明堂、王和順率六百多人退入安南。這是　國父領導的第八次起義。十月，安慶砲營隊官熊成基起義，集眾一千多人，因響應的隊伍失約，隔一天失敗，熊成某逃走，死同志十多人。

革命運動的困難時代　河口失敗後，退往安南的革命軍，安南法政附送往新加坡。新督說是亂民，不許登岸，後經法政府說是中國革命團體，纔准登岸。從此安南也不能做革命的策源地了，凡是接近中國的地方，　國父也不能自由居住。於是西遊歐、美，專心籌款。以策劃進行事務，託黃興，胡漢民主持。可是缺少經費，又無根據地，這是革命運動最困難的時代。

廣州新軍起義　黃、胡回到香港，設立南方統籌機關，與趙聲、倪映典、朱大符（執信）、陳炯明、姚雨平等人，運動廣州新軍起義，經過一番努力，多數都同情革命，預備在宣統二年（一九一〇）正月元宵前後起事。宣統元年除夕，新軍士兵因細故與巡警發生衝突；第二天，衝突擴大，清軍有準備。事情急迫，倪映典只得於宣統二年正月初三日，倉卒領眾起義，從城外進攻省城；初四日，到橫板崗，爲清伏兵射擊受傷，被捉而死。新軍無人領導，被擊潰散。這是　國父領導的第九次的起義。費了一年多的經營，結果是曇花一現。

革命志士的奮鬥　宣統元年十二月，熊成基在哈爾濱，謀刺清廷派遣出洋考察海軍大臣載洵，因戒備森嚴不成被捉，三年正月，在吉林慷慨就義，年紀二十四歲。其時，汪兆銘（精衛）因爲革命軍一時不能大舉，聯絡七同志組織暗殺團，殺清大臣。二月，汪兆銘與黃復生在北京於橋下埋炸藥，想炸殺攝政王，結果未成，被捉監禁，武昌起義時釋放。秋天，廣東人鄺佐治在舊金山謀刺載洵，也未成，被捉下獄。宣統三年三月初十日，黨員溫生才，槍殺廣州副都統孚琦，溫生才也從容慷慨就義。

計劃再起義 國父在美國聽到廣州失敗消息，經過檀香山到日本，但日本不准留居，又轉到南洋檳榔嶼，約趙聲、黃興、胡漢民等人來會，商量捲土重來計劃，同志們看到機關被破壞，地盤又損失，安頓南逃的同志，都沒有辦法，感到計劃再舉，都表示太息，相視無言。 國父再三鼓勵，在當地向華僑募到八千多元，又派同志到各地勸募，數天得到五、六萬元， 國父因為在南洋不能立足，再遠赴歐、美，美國的華僑也願捐助。於是準備大起義。

大起義的籌劃 同盟會在香港成立統籌部，陸續在廣州設祕密機關三十八處，各自獨立。長江各省也祕密聯絡成熟，廣州的新軍、防營、警察與民軍，和革命黨，都有準備。原定在宣統三年三月十五日起事，不料美洲的錢未到，荷屬錢也未到齊，從日本、安南買的軍械，也沒有到。加上三月初十日溫生才刺殺孚琦，清吏戒備特嚴。粵督張鳴岐和水師提督李準，也探得祕密，並搜查黨人。黃興於二十五日潛到廣州，第二天，就有運械事被破獲。黨人原改定二十八日起事，到這時，有人主張解散，黃興等人，決定改在二十九日起事。

三二九起義 三月二十九日（一九一一年四月二十七日）下午五時多，黃興等率領一百七十多名同志，從小東營出發，開槍打死攔阻的巡警，衝入總督衙門，猛擊衛隊，殺死管帶，總督張鳴岐已逃，火燒總督衙門。提督李準領大軍趕到，血戰終夜。香港的援軍，誤為在三十日發難，未來援救。新軍中的同志溫帶雄率領隊伍，想參加革命軍，因事前無聯絡，結果雙方誤擊，損失重大。少數的革命軍，因眾寡不敵，遂被包圍。少數革命軍突圍脫險，起義又告失敗。陣亡的和被捕死難的有八十六人，合葬在黃花崗的七十二人。這種壯烈的犧牲，事雖不成，卻震動了世界，喚醒了民眾。清廷更駭怕革命黨了！這是 國父領導的第十次起義。海外的同志，反而更加熱心捐款，再圖大舉。因為這次參加的多屬青年，所以政府後來把三月二十九日這一天，定為青年節。

壯烈的情形　烈士林覺民被捉後，張鳴歧、李準親自審問，烈士侃侃談論天下大勢，苦勸清吏洗心革面，獻身為國，革除暴政，建立共和。在獄中連水也不飲。就義時顏色不少改變。其餘的同志，也從容就義。林覺民在三月二十六日寫信別妻說：「語云：仁者老吾老以及人之老，幼吾幼以及人之幼。吾充吾愛汝之心，助天下人愛其所愛，所以先汝而死，不顧汝也。汝體吾此心於啼泣之餘，亦以天下人為念，當亦樂犧牲吾身與汝身之福利，為天下人謀福利也，汝其勿悲。」方聲洞烈士在起義前一天，預寫遺書稟告父親說：「祖國之存亡，在此一舉。事敗則中國不免於亡，四萬萬人皆死，不特見一人。如事成，則四萬萬人皆生，見雖死亦樂也。」他們這種忘身殉國犧牲奮鬥的精神，實足流芳百世，而勵來茲，永為後世國民所景仰。

八十六烈士　民國八年，參議院議長林森，集當日參與三二九之役的革命黨人，開會審查死難烈士姓名，得五十六人；十一年，續開審查會，得十六人，合七十二人。即後來黃花崗七十二烈士碑上所記者。復經廣東革命紀念會審查得十三人，補立一碑，又有未列碑者一人，合八十六人。凡陣亡者四十七人，被執就義者三十八人，受重傷及家而歿者一人，茲依陣亡與被執就義及受傷先後次序，列名如後：杜鳳書、黃鶴鳴、徐進炱、徐廣滔、徐臨端、徐禮明、劉元棟、林文、林尹民、方聲洞、余東雄、馮超驤、曾日全、李炳輝、葉金元、阮德三、馬侶、江繼復、陳復、卓秋元、郭繼枚、林修明、周華、勞培、魏金龍、林西惠、羅乃琳、陳發炎、陳清疇、李文楷、李晚、陳文褒、游壽、張學齡、秦炳、石德寬、陳潮、徐茂燎、徐修成、徐培添、韋統淮、韋統鈴、韋榮初、韋樹模、徐日培、張朝、羅坤、羅仲霍、劉六符、陳可鈞、林覺民、陳興燊、李文甫、徐國泰、程良、徐滿凌、宋玉琳、羅遇坤、林盛初、羅聯、羅進、羅幹、李祖恩、饒國樑、喻培倫、饒輔廷、周增、陳甫仁、嚴確廷、徐佩旒、徐保生、徐應安、徐廉輝、徐松根、徐昭良、黃忠炳、胡應昇、王燦登、龐雄、李德山、韋雲卿、李雁南、陳更新、陳春、徐容九。

第二章 中華民國的建立

武昌起義與各省響應

武漢的革命運動 武漢方面，自從 國父派法國武官聯絡後，革命思想，日漸散布，新軍裡革命黨人不少，光緒三十四年六月，軍中亦成立同盟會。自從三二九廣州起義失敗後，同志們多半灰心，香港統籌部，也覺得五年後方能大舉。然而湖南和湖北的同志，卻準備在中部起義。其時，武漢的革命同志，也組織了革命團體。

共進會 光緒三十二年（一九〇六），日知會被查封後，三十三年，劉公、孫武等人在武漢組織共進會，後來居正、楊時傑、張知本也參加領導，是同盟會的支流。

群治學社 光緒三十三年，湖北軍隊中的同志，又組織群治學社，成爲軍中最大的革命團體，專向軍中發展。後來因事機不密，同志星散，暫停活動。

振武學社 宣統二年八月，軍中革命同志劉堯澂與蔣翊武等多人，繼續組織團體，改名振武學社。由查光佛聯絡各標營同志，兵士報名參加的爲數很多。在湖北的六標新軍和砲隊、馬隊、工兵營，都有優秀分子參加組織，制訂標、營、隊，排各代表負責公約規程，很有紀律。

文學會 振武學社成立不久，被清吏偵悉，只得解散。蔣翊武、蔡濟民等人遂以研究文學爲名，在宣統三年正月元旦，更名文學社，和同盟會互通聲氣。

武昌起義的籌劃 宣統三年閏六月初，陳其美、宋教仁、譚人鳳等，在上海組織中國同盟會中部總會，進行在長江流域的起義計劃，重點卻在武漢。派居正成立湖北分會，焦達峰成立湖南分會。當時，武昌的革命同志，決定起義，對起義後的軍事組織，都有所安排。其時，因爲鐵路國有問題，四川發生保路風潮，湖廣總督瑞澂，在七月間，將武漢最有革命思想的新軍，由端方調走兩標，前往四川，以消弭隱患。一標分駐荊州，其他分散各處，武昌城內只有一標和工程營，黨人恐勢力分散，更積極進行起義。八月初三日，共進會和文學社兩團體開會，商討合作，議定動員計劃，對軍事組織重加安排，決定在八月十五日起事，但消息仍走漏了。

起事前夕 因爲清吏戒備特嚴，漢口的大江報突被查封，同志詹大悲等入獄，只得延期。八月十八日，孫武在俄租界製造炸彈，不愼爆炸，受傷送醫院，其他的人走避，俄警來搜查，將炸彈旗幟文告印信等件搜去，報告捕房，轉告漢口警察局。清吏於是大搜，破獲許多機關，找到名冊。彭楚藩、楊洪勝、劉堯澂先後被提，後來同時就義。武昌各機關也相繼被破獲，同志被捕不少，當晚起義，亦求成功。

起事第一槍 第二天，八月十九日，清史戒備更嚴，城門緊閉，並下令不准士兵請假會客，革命機關多被破獲，同志又有多人被捉，新軍的砲兵和工程營兵士，已參加革命黨的，聽到名冊被搜，清軍統制張彪將下令捉人，爲自存計，決先發制人。工程營後隊正目熊秉坤，因見聯絡不易，與其等死，不如速發難。晚間八時許，因排長禁止士兵擦槍。士兵反抗，程定國於是放出第一槍，熊秉坤也放槍，一時槍聲大起，蔡濟民等又率眾進攻，設法開砲攻督署。瑞澂逃往漢口。這天是陽曆十月十日，因此，後來政府定十月十日爲國慶紀念日，又名雙十節。

各國領事中立 瑞澂在事先與德國領事相約，請他調兵船到武漢，倘有革命黨起事，便開砲轟擊。瑞澂到漢口，請領事開砲。領事因爲需要各國同意，開領事團會議，只要多數同意，就可以開砲。各國領事，都無意見。只有法國領事羅氏，與 國父相識，知道革命內容。而且革命黨起義的一天，即稱是奉 國父命令起義。羅氏極力表示「孫逸仙的革命黨，乃是改良政治為目的，決不是無意識的暴動。」各國領事贊成，於是決定不加干涉。後見民軍舉動文明，於二十七日，正式布告宣布中立。

成立軍政府 瑞澂見領事失約，逃往上海。新軍統制張彪也逃走。清吏方面，沒人統馭，秩序大亂。革命黨方面，孫武受傷，劉公謙讓，蔣翊武到京山沒有回來，上海方面，黃興、宋教仁未到，民軍群龍無首，因為二十一混成協協統黎元洪，平素很得軍心，黨人遂強迫他出面領導，獲任湖北都督。派兵佔領各機關，武昌被革命軍控制。二十一日，漢口光復。二十二日，漢陽光復。當時立憲派人湯化龍，是湖北諮議局議長，出任民政長，軍事方面，則由同盟會中人負責。後來黃興來到，可是生出湘、鄂省界的意見，號令竟不能統一了。

湖南光復 長沙有新軍六百人，巡撫恐怕他們起義，先令駐紮城外，又令移防醴陵。黨人焦達峰、陳作新乘機運動新軍起義。九月初一日，新軍攜砲進城，殺防營軍官，清吏逃走，在諮議局設軍政府，焦、陳為正副都督，譚延闓為民政長。

陝西光復 陝西新軍中亦多黨人，聽到武昌起義，準備響應，清吏將槍支彈藥，分給旗人，加意防備，日事搜捕。新軍七營，遂在九月初一日起事，佔領西安，清吏逃走。公推參謀張鳳翽及錢鼎為正副都督。同時分兵佔據渭南、臨潼。

山西光復 陝西光復後，山西巡撫派新軍守潼關。初七日晚上，發糧彈，定初八日出發。參謀姚維藩是黨人，勸新軍起義。初八日早晨。新軍入城，殺巡撫。公推標統閻錫山及溫壽泉為正副都督。

雲南光復 初五日，張文光光復騰越，又佔龍陵，任滇西都督。雲南總督李經羲，恐昆明新軍有變，於初七日晨操時，下令收回槍械，新軍驚憤。初九日夜間，管帶李鴻祥、協統蔡鍔相繼發難。激戰一晝夜，初十日下午，佔領昆明，李經羲逃。公推蔡鍔爲都督。乘勝攻取蒙自等地。

江西光復 九月初二日，江西九江新軍起義，推標統馬毓寶任都督，佔領湖口馬當砲臺。消息傳到南昌，初十日，紳商學界集議，宣布獨立，晚聞新軍發動，燒巡撫衙門。十二日，組織軍政府，推協統吳介璋爲都督。

貴州光復 貴州新軍，也贊成革命。九月十三日，黨人運動新軍，與陸軍學堂學生起義。巡撫謀反抗，軍隊不從。十四日，宣布獨立，第二日推選楊藎誠、及趙德全爲正副都督。

江蘇光復 上海向爲革命根據地。九月十三日，陳其美率眾在上海起義，第二天光復，出任滬軍都督。接著吳淞也光復。十四日夜間，民軍代表到蘇州，士紳商界代表也見巡撫程德全，請其宣布獨立。十五日，程出任都督，其他各地也相繼光復。後來江、浙民軍聯合，進攻南京，先光復城外的天保城及雨花臺。十月十二日，南京底定。

浙江光復 九月十四日，陳其美派蔣中正先生，率領趕死隊到杭州。於十五日凌晨，會合新軍攻巡撫衙門。天明，故諮議局爲軍政府，公推浙江鐵路總理湯壽潛爲都督。

廣西光復 九月十六日，諮議局議決獨立，巡撫沈秉堃不見。當晚，新軍發出獨立旗幟。十七日晨，沈乃就都督，陸榮廷任副都督。

安徽光復 武昌起義後，新舊軍都發子彈。九月初，又將新軍子彈收回。初十日夜，新軍一度攻城未成，巡撫朱家寶發錢遣散新軍。十五日，壽州光復，張滔任總司令。十八日，諮議局會議，請朱家寶任臨時都督，宣布獨立。

廣東光復 九月初八日，廣州紳商會議，主張承認革命政府。十一日，陳炯明與王和順在東江起義。十八日，諮議局議決宣布獨立，欲推張鳴歧爲都督，張逃。十九日，推黨人胡漢民、陳炯明爲正副都督。

福建光復　九月十七日，諮議局議決，成立新政府。十八日，黨人寫長文勸告總督松壽交出政權。松壽有允意，將軍樸壽不肯。當晚，民軍起義，與旗兵激戰。十九日，旗兵失敗投降，松壽自殺，樸壽被捉殺。由統制孫道仁出任都督。

山東光復　九月十五日，諮議局聞清廷向德借錢，以魯省土地作抵，通電表示反抗。二十一日，宣布獨立，推巡撫孫寶琦爲臨時都督。二十三日，孫接受。副都督爲賈德懋。十月初十日，孫聞袁世凱組閣，取消獨立。二十二日，煙臺起義，胡瑛任魯軍都督。

四川光復　十月初二日，重慶光復，張培爵任都督。初七日，省城紳商與總督趙爾豐協議，宣布獨立，公推諮議局議長蒲殿俊及朱慶瀾爲正副都督。到十一月初三日，殺趙爾豐，成都始告安定。

河北河南起義　九月十七日，吳祿貞想在石家莊起義，事洩被刺殺。十月初三日，王金銘與施從雲在灤州起義，失敗而死。河南省在十一月初三日，張鍾瑞謀在開封起義，不成而死。

東三省保安會　九月二十日，瀋陽紳學各界提議，不分種族，合組保安會，推總督趙爾巽爲會長。二十七日，黑龍江也成立保安會，推巡撫周樹模爲會長。黨人並不贊成，另立急進會，分赴各地起義，不成。

新疆甘肅光復　新疆省到民國元年一月七日，伊犁首先光復。甘肅到民國元年三月十一日，黃鉞在天水起義，始告光復。

各省響應的重要　在各省的光復運動中，最重要的，先是湖南的光復，使武昌無後顧之憂，而且有直接的援助。其次是上海的光復，不但可以增加餉械，影響國際視聽，而且可以抵補漢口的失守；由上海又可以窺取南京。後來漢陽失守，南京又可以抵補。江西的清軍也立足不住，奠定了革命軍在長江下游的基礎。加上各省的響應，全國國土，在一月之內，已光復了一半以上。

中華民國的誕生

國父注意外交　武昌起義時，　國父正在美國各地，宣揚革命主義，籌募革命軍的經費。他覺得爭取國際間的支持，比親自在疆場上殺敵，更爲重要。當他在美國哥羅拉多（Colorado）州典華城（Denver），聽到武漢光復消息，非常快慰。決心進行外交方面的工作。他看出「美、法二國，則當表同情革命者也。德、俄二國，則當反對革命者也。日本則民間表同情，而其政府反對者也。英國則民間同情，而其政府未定者也。」所以　國父注意英國。當時國內革命軍事發展極快，各省多已光復，同志不斷　國父回國，主持大計。　國父遂經歐洲回國。

在英法交涉　國父由美赴英，向英政府要求三事：㈠止絕清廷一切借款；㈡制止日本援助清廷；㈢取消英屬各處之放逐令，以便回國。英政府完全允許。再與四國銀行團主任交涉借款，銀行團主任表示正式政府成立後，即可開議。過法國時，朝野人士，都表同情於革命。經過三十多天，始於十一月初六日（十二月二十五日），返抵上海。

帶回革命精神　當時南北和議已開。在　國父未到上海前，中外各報，多傳說將有巨款帶回，以助革命軍。　國父到上海的一天，同志和各報記者都以此相問，　國父表示：「予不名一錢也，所帶回者，革命之精神耳！革命之目的不達，無和議之可言也。」

臨時政府的籌組　各省紛紛光復，各自爲政，沒有統一機構，對內對外，都不方便。武昌方面，在九月十九日，由湖北都督府通電各省，請派全權委員，赴鄂組臨時政府。上海因爲是革命的策源地，立憲派變成的革命同志多在上海，又是輿論、計劃、交通的中心。也有人提議組織臨時政府。九月二十一日，由蘇督程德全、浙督湯壽潛，聯電滬督陳其美，請各省公推代表來滬。九月二十五日，便依「兩省以上代表到會即行開議」的原定方法，開始開會。

決定臨時政府地點 十月初三日，鄂都督代表居正等到滬，表示希望各省派全權委員，赴鄂組織臨時政府。在滬代表於是決定到武昌，各省仍留一人在滬。十月初十日，在漢口英租界開會，推舉議長。十三日，議決臨時政府組織大綱二十一條。十四日，代表聽到南京光復，議決以南京為臨時政府所在地，俟十省代表到南京，即開臨時大總統選舉會。那時在滬代表因為武昌危急，失去聯絡，於是在十四日，議決以南京為臨時政府所在地，選舉黃興及黎元洪為正副大元帥。卻為鄂方反對，後來，黃興來電力辭，於是正副互相換置，黃興仍辭副大元帥。

選舉臨時總統 正九， 國父於十一月初六日到上海，初十日開會，選舉 國父為臨時大總統，當時到會有十七省代表， 國父得十六票。十一月十三日，為陽曆一月一日，代表會即議決中華民國紀元，改用陽曆，派人赴滬，歡迎孫總統於民國元旦，在南京就職。定國號為中華民國，以五色旗為國旗，青天白日旗為海軍旗。

國父就職 國父於十三日專車來南京，於夜十時行大總統就職典禮。首由代表團推山西代表景耀月，報告選舉情形。繼由 國父宣誓如下：「顛覆滿清政府，鞏固中華民國，圖謀民生幸福，此國民之公意，文實遵之。以忠於國，為眾服務。至專制政府既倒，國內無變亂，民國卓立於世界，為列邦公認，斯時文當解臨時大總統之職。謹以此誓於國民。」

臨時政府成立 臨時政府組織大綱，是採取美國式總統制的。代表宋教仁，力主採用法國式內閣制。經過代表會的討論，纔決定添設副總統和增加國務員，不採行內閣制。到民國元年一月三日，代表會選舉黎元洪為副總統。 國父並提出國務員名單徵求同意。以原革命軍總司令黃興為陸軍總長，黃鍾瑛為海軍總長，王寵惠為外交總長，伍廷芳為司法總長，陳錦濤為財政總長，江蘇都督程德全為內務總長，蔡元培為教育總長，張謇為實業總長，浙江都督湯壽潛為交通總長，並以蔣作賓，湯薌銘、呂志伊、王鴻猷、魏宸組、居正、景耀月、馬君武、于右任分別為九部次長。於是革命軍有統一的政府，和清廷對立。

臨時參議院的成立 各省代表，又依臨時政府組織大綱規定，代行參議院職，各省議員到南京報到，計十七省三十八人。於民國元年一月二十八日，正式成立臨時參議院，選舉林森及王正廷為正副議長。由臨時參議員起草約法。

南北和議與統一

清廷手忙足亂 武昌起義後，清廷於八月二十一日，派陸軍大臣蔭昌率陸軍兩鎮南下，復命薩鎮冰率海軍西上，以圖夾攻。又知陸軍是袁世凱舊部，二十三日，起用袁世凱為湖廣總督，可調遣湖北原有軍隊；蔭昌及其他水陸援軍，也可會同調遣。可見清廷的慌亂。袁世凱在三年前以足疾被黜，心存怨望，知道清廷要利用他，便託辭足疾求好，不肯任職。

袁世凱六條件 清廷無奈，派內閣協理大臣徐世昌勸駕。袁提出六個條件：一是明年即開國會，二是組織責任內閣，三是寬容此次事變諸人，四是解除黨禁，五是須委以指揮海陸軍全權，六是須與十足軍費。清廷不願允許，但是蔭昌戰而無功，薩鎮冰又參加革命，湖南、陝西、九江新軍都參加革命。只得於九月初六日調回蔭昌，授袁為欽差大臣。並以袁舊部馮國璋、段祺瑞分統軍隊，袁仍不肯出來。

袁世凱的復出 九月初八日，灤州新軍統制張紹曾和協統藍天蔚，忽然對清廷提出十二條要求立憲的強硬電奏，且有直取北京情勢，山西又宣告獨立，響應革命軍，清廷只得下罪己詔，頒布立憲十九信條，罷黜皇族內閣。十三日，任命袁世凱為內閣總理大臣。袁世凱已在十一日南下視師，馮國璋也奪回漢口。接著，資政院根據十九信條，選袁為內閣總理。袁將武漢軍事交給段祺瑞，二十三日進京，組織新內閣，表面上網羅各方人才參加，事實上多人不肯就職。袁一面任馮國璋為禁衛軍總統官，奪取載灃和載濤的兵權，將清廷完全掌握在他的手裡。

南北和議的開始 袁世凱在九月十一日南下，得到清廷停戰諭旨，曾派劉承恩、蔡廷幹與武昌軍政府議和，黎元洪、宋教仁拒絕和議，勸袁反正。袁又派兒子袁克定，到漢陽和黃興接洽。袁軍在十月初七日攻下漢陽，革命軍銳氣少挫，袁認為這是議和良機，便請駐北京英使朱爾典（John Jordon）介紹和議，朱爾典令駐漢英領事勸告雙方停戰議和。十月十三日，各省代表在漢口會議，決定若袁反正，可選為臨時大總統。袁更有心議和。於是在十月十五日，提出議和交涉條件，並派唐紹儀為代表，南下與民軍議和。決定在漢口開議。

和議的擱淺 南方的和議代表伍廷芳，在上海辦外交，改以上海為議和地點。唐、伍在十月二十八日，開第一次會議。以後雙方爭民主、君主問題，不久，雙方協定開國民會議，解決國體問題，從多數處決。規定由中華民國臨時政府召集的有十四省，由清廷召集的只有八省。蒙、藏兩地方，由雙方召集。而且，這時，南京臨時政府，已經選出總統，到十三日就要就職了。袁世凱大為不滿，唐辭職，不承認唐、伍協定，和議事要直接與伍電商。袁不肯南下，伍不肯北上，和議遂告停頓。

袁世凱的權術 袁見 國父就大總統職，竟授意段祺瑞、馮國璋、殷芝貴等人，聯合大小將校四十多人，電請內閣代表，一致堅決反對民主立憲，擁護君主立憲，謂若以少數人意見採用共和政體，必誓死抵抗。這樣，又可向清廷敲詐軍費，居然弄到內庫黃金八萬錠。袁拿來售存外國銀行。

清帝退位的交涉 公開的和議雖然擱淺，祕密交涉仍不斷進行。袁世凱因為軍費困難，不敢決裂。南方臨時政府也因民軍不統一，黨人意見不堅定，軍費亦困難，也不願決裂。於是進行清帝如何退位的交涉。袁把優待清帝退位條件，告訴奕劻。讓奕劻在御前會議提出。可是清廷親貴要組織宗社黨，加以反對，主張戰爭。對袁世凱主和，非常痛恨。激烈的革命黨人，以爲袁在和惑中作梗，一月十六日，黨人楊昌雨、張光培等三人謀炸袁，未成，被捉處死。清太后因而深信袁世凱。可是宗社黨仍然反對和議。

國父提出聲明 一月十九日，袁世凱提出取消南北兩政府，另在天津成立臨時政府計劃，清廷和南京政府都表示反對。南京政府也提出四條件，和優待清帝與各族條件。二十二日， 國父又提出最後五條協議，並向報館公開，以免袁再弄手段。大意是：㈠清帝退位；㈡袁宣布絕對贊成共和主義；㈢孫總統俟清帝退位後辭職；㈣由參議院選舉袁爲臨時總統；㈤袁被選後，當宣誓遵守參議院所定憲法。

袁世凱的手段 袁雖同意 國父聲明，但是宗社黨人反對，一時不能達到目的；只好稱病不上朝，後又宣言辭職。再又散布流言，說是北京將有變亂，勸外國人遷入東交民巷。一月二十六日，適有革命黨人彭家珍憤慨宗社黨作梗和議，將死硬分子良弼炸傷，數天後死去。彭自己當時身死。親貴們人人自危，不敢反對，後來紛紛離開北京。袁世凱也另出主意，在一月二十七日，段祺瑞等人又聯合將校四十多人，電內閣、軍諮府、陸軍部及各王公等，主張立採共和政體，以安皇室，而奠大局。

清帝退位 到這時，清廷開御前會議，宗社黨無人敢說話了。三十日，太后召見奕劻、載灃，都主張遜位，以得優待。二月一日，太后命袁世凱與民軍磋商退位條件。條件談好，清帝於二月十二日下詔退位。同時下詔公布優待條件，並飭令各長官維持治安。詔書中有「即由袁世凱以全權組織臨時共和政府，與民軍協商統一辦法」的話，這是袁世凱自己加上去的，以後好由他來組織政府。

袁世凱宣布政見 二月十三日，袁世凱電達南京政府說：「共和爲最良國體，世界之公認，今由帝政一躍而躋及之，實諸公累年之心血，亦民國無窮之幸幅。大清皇帝，既明詔辭位，業經世凱署名，則宣布之日，爲帝政之終局，即民國之始基。從此努力進行，務令達到圓滿地位，永不使君主政體再行於中國。現在統一組織，至重至繁，世凱亟願南行，暢領大教，共謀進行之法。只因北方秩序，不易維持，軍旅如林，須加部署。而東北人心，未盡一致；稍有動搖，牽涉全國。」這便算是他宣布的政見。

袁世凱繼任　國父按到袁電，遵守諾言，同天，向臨時參議院辭職，推薦袁世凱攢任。自願退居在野，爲國經管鐵路。二月十五日，臨時參議院選舉袁世凱爲總統。後又選黎元洪爲副總統。袁當選後，首都又成爭議的對象。　國父和同盟會會員多主張在的南京，必令袁到南京就職，有一部分人卻主張在北京。袁自己則想在北京。

北方突起兵變　臨時政府，派蔡元培及汪兆銘等人，到北京歡迎袁南來就職。二月二十七日到北京，袁招待周到。北京人卻躭心袁南下將有禍變。蔡等見袁，袁表示正在布置一切。其實無意南下。二十九日晚間，袁竟指示曹錕部下兵變，火燒東安門外及正陽門外一帶店鋪。土匪乘機放搶，商民一千多家被害。蔡元培等也遭亂兵威脅。第二天，天津、保定也有兵變。袁遂表示北方非彼坐鎮不可。蔡元培等只得電告參議院，速籌善策。

袁在北京就職　參議院遂在三月六日，決議辦法六條，允袁在北京就職。袁遂於三月十日，在北京宣誓就職。並致電參議院，傳達誓詞。

臨時約法　臨時政府組織大綱爲總統制，又無人民權利義務規定。當時參議院以袁將任總統，難免不生意外。非另訂新法，不足以抑壓袁的野心。於是開始制定約法，民國元年二月七日，由南京參議院編輯委員會起草，經過三十二次會議討論，歷三十二天，到三月八日，完成三讀立法程序。三月十日，由臨時大總統公布。計七章五十六條，對各項重要事件，都有規定，行三權分立制，由參議院代理國會，採行內閣制。國父原有意將五權憲法包入約法，但未爲參議院接受。

第一南北統一　袁世凱根據臨時約法，提名唐紹儀協爲國務總理，經參議院多數同意任命。唐紹儀乃到南京，與參議院會商，任命國務員，並發表政見。內閣名單通過後、正式成立內閣。國父於四月一日解職，親到參議院行正式解職禮。並演講「本總統今日解職，並非功成身退。實欲以中華民國國民之地位，協助造成中華民國之鞏固基礎。」四月二月，參議院議決臨時政府遷往北京。不久，唐內閣和參議員北上，南京臨時政府結束。袁世凱又任命黃興爲南京留守，鎮轄南方各省。於是中華民國第一次南、北統一完成。

各國的承認　臨時政府，依據臨時約法，召集參、眾兩院，民國二年四月八日，國會開幕。正式國會成立。美國首先承認民國政府，巴西、秘魯繼之。十月十日，奧大利、葡萄牙、荷蘭、日本，也正式承認，第二天，西班牙、墨西哥、德意志、義大利、法蘭西、瑞典、丹麥、比利時，相繼承認。不久挪威、瑞士也先後承認。惟有日、英、俄三國的承認，是附有條件的。

第三章　民國初年的內憂外患

政黨政治與二次革命

政黨紛起　民國政府成立，一時政治家各樹一幟，號召黨徒，紛紛組織政黨。先說小黨，有陳錦濤、許世英的國民共進會，溫宗堯、王人文等的國民公黨，董之雲等的共和實進會，張國維等的國民公會，潘鴻鼎等的國民黨。還有共和俱進會、共和促進會、國民新社、自由黨、社會黨等等。

同盟會　同盟會是當時的大黨，民國成立後，總部由日本遷滬，當時發布政綱，以鞏固中華民國，實行三民主義為宗旨。國父為總理，黃興為協理，宋教仁等為幹事，有近二十年的歷史。

共和黨　南京臨時政府成立，同盟會會員章炳麟分立中華民國聯合會，和往昔預備立憲公會的張謇，以江、浙人士為中心，組成統一黨。又與清末憲友會的支派國民協進會，和孫武、劉成禺等另祖的湖北團體民社，合併成為共和黨。在北京臨時參議院中，和同盟會對抗，各有議席四十多人。該黨有袁世凱御用黨之稱。

統一共和黨　由蔡鍔、王芝祥領導；其中不少加入同盟會與立憲派的。有二十五個議席，是重要的第三黨，與同盟會很接近。

國父主張辦鐵路　國父辭去臨時大總統後，在沿江各地講民生主義。民國元年八月，國父到北京參加國民黨成立會時，曾對袁表示，由袁練兵百萬，他經營鐵路二十萬里，使國家臻於富強。袁於是請　國父出任全國鐵路督辦，黃興為粵漢、川漢鐵路督辦。但因為袁後來野心日熾，辦鐵路事，也無形中止。

國民黨的成立 同盟會受共和黨及其他黨的圍攻，宋教仁主張成立大黨，用心策劃，元年八月，同盟會便與統一共和黨及國民共進會、國民公黨、共和實進會合併，成立國民黨。由 國父出任理事長，黃興、宋教仁、王寵惠等人任理事，後 國父委派宋教仁代理。

其他黨派的變化 共和黨也吸收民國公會和前國民黨兩小黨。但統一黨卻分了出去，民元十月，梁啓超回國，正式國會選舉，湯化龍、孫洪伊等將共和建設討論會與共和統一黨合併為民主黨，由梁啓超為領袖。又吸收共和俱進會、共和促進會、國民新黨等小黨，所以在正式國會選舉時，有國民黨、共和黨、統一黨、民主黨四個黨。

國民黨選舉大勝 正式國會的參、眾兩院選舉法，由臨時參議院制定的。在民國元年十二月辦理初選，二年二月，複選完畢。國民黨大獲勝利，得絕對多數，大遭袁世凱嫉忌，其餘三黨在國會裡，為對抗國民黨，又合併成進步黨。不過這時期的政黨，都偏重知識分子的結合，政黨的政綱，也沒有絕大的差別。

唐內閣的倒臺 唐紹儀在清帝退位時，已加入同盟會，袁世凱又認他為私黨。所以南北雙方都同意唐出任首任國務總理，他思想清新，忠於內閣制，閣員都由同盟會會員和袁系人物湊合而成，如袁系的趙秉鈞，任內務部長，竟從不出席閣議。唐對總統府發下的公事，不可行的，即行駁回。元年六月，唐任命王芝祥為直隸督軍，袁主使直隸五路軍界反對，並另派王芝祥到南京遣散軍隊。唐不副署，不告而去。總長們也紛紛辭職。

內閣制名存實亡 唐去後，袁世凱提出外長陸徵祥組閣；七月間組閣，被參議院否決六名閣員，後再提名，始勉強通過，陸自知為難，再三請假。袁遂在九月，提名趙秉鈞為國務總理，陸、趙兩內閣，都秉承袁的意思組成，閣員毫無變動。國務會議竟移到總統府，實權操於總統，臨時約法規定的內閣制，名存實亡。

袁世凱殺宋教仁 可是正式國會選舉完畢，照內閣制的辦法，應由多數黨的領袖負責組閣。宋教仁也以組織內閣候補者自居，在湘、鄂、皖、寧、滬到處演講，批評時政。這本是憲政常規，可是袁世凱絕不願意遵守。民國二年三月二十日夜，宋教仁乘京滬火車往北京，袁嗾使趙秉鈞、應夔丞、洪述祖買通武士英，刺殺宋教仁於上海北站。兩日後，宋教仁逝世。

國父主強討袁 刺宋案查清，證實由袁主使。國民黨人非常憤激， 國父以袁氏身為總統，竟暗殺宋教仁，這是盜賊行為，將來一定背叛民國，主張立即問罪討伐。黃興等主張靜待法律解決。其後國會提出彈劾案，袁置之不理。後來袁恐洩露機密，武士英暴斃獄中。主使犯應夔丞被刺身死，趙秉鈞亦暴死。洪述祖則在民國五年，被法院判處死刑。

大借款的違法 民國二年四月八日，國會開會。參議院選張繼、王正廷為正副議長，眾議院選湯化龍、陳國祥為正副議長。然而袁世凱向外國提出的大借款，竟不經國會通過。於四月二十六日，與英、法、德、俄、日五國銀行團，簽訂二千五百萬鎊善後借款合同，擬作為擴充軍備排斥國民黨之用。袁將這事諮送國會備案，參議院認為違法，當然無效。眾議院以二百十九票對一百五十三票否決，各省都督，也有反對袁的，也有贊成袁的。七月間，又發現對奧國有祕密借款，眾議院提出五彈劾案，趙秉鈞和財長周學熙，因此免職。

袁免三都督戰 儘管國會反對大借款，袁世凱錢到手後，移作軍費，糧餉充足，又收買議員，獎賞奸細。那時，進步黨的成立，就是袁的主意。並嗾使國民黨不堅定分子組織相友會、政友會、癸丑同志會、集益社、超然社，以瓦解國民黨。等到袁的軍隊布置妥當，就在民國二年六月九日，下令將國民黨籍三位都督免職，即江西李烈鈞、安徽柏文蔚和廣東的胡漢民，因為他們不滿袁的措施，反對善後大借款，袁怕他們反抗，特先發制人。復派李純、段芝貴出兵南下。

二次革命開始 國民黨人大憤，七月十二日，李烈鈞起兵湖口，宣布獨立，省議會推爲江西討袁軍總司令。實行二次革命，並檄告遠近。按著，南昌、南京、徐州、蕪湖、安慶、上海以及廣東、福建、四川、湖南也先後響應組織討袁軍，北京戒嚴。南京、上海方面，並推黃興爲江蘇討袁軍總司令。安徽則推柏文蔚爲討袁軍總司令。

二次革命失敗 當時鄂督黎元洪，浙督朱瑞，表示中立。袁派鄭汝成到上海，收買海陸軍，革命軍幾次攻製造局，不能得手，最後潰敗。袁任段芝貴爲江西宣撫使，七月二十四日，會同海軍次長湯薌銘夾攻江西，湖口失守，李烈鈞退走。八月十八日，南昌入袁軍手，徐州也爲張勳攻破。南京不能支持，黃興只得退走。安徽的柏文蔚，因部下師長倒戈，被迫退蕪湖。廣東因陳炯明繼胡漢民爲都督，宣布獨立後，其內部兵變，桂軍龍濟光擁袁，乘機進廣東。福建孫道仁和湖南譚延闓看見事不可爲，取消獨立。四川重慶的熊克武，也爲川、滇軍隊打敗。二次革命，不到兩月，竟紛紛瓦解。贛、蘇、皖、鄂、湘、粵、川、閩各省，全成爲北洋軍閥勢力範圍，由袁世凱掌握。

蔣中正的先見 國民黨成立時，派蔣中正先生任湖州支部主任，他曾對陳其美表示，同盟會的組織，原以中國革命爲事業。袁世凱居心叵測，革命尚未成功，和他黨合流，爭奪利祿，非黨之福。陳其美便說：「總理也不以爲然。」蔣先生於是主張當繼爲革命有效工作。因爲顛覆清廷易，廓清軍閥和驅除帝國主義難。應該及時得地訓練軍隊，建造革命主幹，陳其美轉告　國父，　國父贊成，蔣先生於是到吳淞練兵一團。二次革命失敗後解散，以待異日之用。

袁世凱的稱帝

熊希齡組閣　二次革命以後，國民黨籍議員一部分憤而離北京，國民黨的溫和派，隨處屈就進步黨。袁世凱也暫時要利用進步黨。國會的重心，反移於進步黨。民國二年七月，袁世凱以熊希齡爲國務總理，熊和進步黨，九月，組成所謂第一流內閣，其實只是包括幾個北洋軍閥和進步黨名流。因爲各總長人選，陸軍、海軍、內務、外交、交通各部，都由袁所指定。進步黨只有司法、教育、農商三席，財政由熊自兼而已。

先選總統案　國會成立之初，兩院議員都主張先定憲法，後選總總。二次革命失敗以後，袁希望先當選總統，故一面壓迫國民黨議員，一面還頒令保護議員，以免議員多數南下，無法選舉總統。袁系議員，遂在國會以爭取外國承認中華民國爲理由，提出先選總統後定憲法案多起。經過眾、參議院先後通過，十月四日，兩院合組的憲法會議，也將總統選舉法，完成立法程式。公布施行。

袁世凱脅選總統　十月六日，議員七五九人，到議院議場，開總統選舉會，議場外忽然到了自稱「公民團」的幾萬人，其實就是便衣軍警，將議場包圍幾重。在外大叫「非將公民所屬望的總統於今日選出，不許選舉人出門一步。」選舉從八時開始，兩次投票，袁都未得四分之三規定票數。議員忍餓一天，只得依規定「就第二次得票較多者二名決選，以得票過投票人之半數者爲當選。」最後到夜間十時，袁得過半數票，消息傳出，公民團三呼萬歲而散。第二天，選副總統，首次黎元洪即以四分之三票數當選。十月十日，袁、黎分別在北京、武昌就職，中華民國正式政府成立，各國先後承認。

袁世凱阻撓制憲　袁世凱當選正式總統後，想擴張權力。於十月中先諮請眾議院，修政臨時約法中關於總統職權的規定，爲在京議員反對。再諮憲法起草委員會爭將來的憲法公布權，憲草委員會置之不理。袁於是又諮憲草起草委員會，要求派員到會陳述意見。起草委員會以規章只准議員旁廳，對前來的八委員，加以拒絕。袁不得已，又嗾使進步黨議員組織憲草審查會，也未能實現。復派人妥協疏通，亦無效果。其時，國民黨和進步黨的覺悟分子，爲鞏固憲政，於十月二十一日，成立民憲黨，以維護憲草，貫徹民主精神爲職志，可惜已經遲了。

天壇憲草的速成　憲草會因草案已經二讀，無修改可能。袁世凱於是在十月二十五日，電各省都督及民政長等，請注意憲草內容，指該國民黨籍議員託名政黨，爲虎作倀，危害國家，並列舉憲草關於總統職權規定之不當。憲草委員會知道袁存心破壞，不顧一切壓力，爲迅速完成憲草計，到十月三十一日，一天之內完成三讀。即中華民國憲法草案，亦即世稱天壇憲草。採行責任內閣制，此臨時約法的規定，更爲周詳。

迫使國會流會　袁世凱修改憲草不成。而各省都督，民政長，對憲草並不表示意見，惟主張解散國民黨，撤銷國民黨議員，撤銷草案，解散國會等事。十一月四日，袁以二次革命爲內亂名義，下令解散國民黨，取消國民黨籍議員，追繳議員證書證章，初追繳三百五十多人，兩院尚足法定人數，再補追二次革命前已脫黨的八十多人。五日，兩院便不足法定人數，不能開會。憲法草案，從此擱置。

解散國會　議員們痛恨袁世凱，仍用兩院名義，向熊內閣質問，熊內閣答以「事關國家治亂，何能執常例以相繩？」不久，黎元洪及各省都督、民政長、護軍使三十九人，呈請總統遣散國會殘餘議員。結果交政治會議討論。到三年一月十日，得政治會議答覆，正式下令解散。二月三日，袁又下令停辦各省自治。二十八日，解散各省省議會。

御用政治會議　在撤銷國民黨籍議員的時候，袁向各省長官召集行政會議。國會停頓後，又改爲政治會議。二年十二月成立，除各省各特別區長官派代表外，由國務總理舉二人，各部總長每部舉派一人，法官二人，蒙、藏事務局各酌派數人，總統特派數人，由李經羲任議長，成僞諮詢機構，實爲御用組織。

御用約法會議　政治會議擬定約法會議組織條例，民國三年一月二十六日公布施行，議員六十人。三月十八日開會，選舉孫毓筠，施愚爲正副議長，袁世凱以增修約法大綱草案諮交大會，計有七項，約法會議一一討論。四月二十九日，三讀通過，五月一日，由袁公布施行。同時廢止民國元年三月的臨時約法。

新約法的特點 ㈠廢棄內閣制，採用總統制，凡臨時約法規定參議院所有同意權，一律取消；㈡立法機關採行一院制，名立法院。惟大總統締結條約，變更領土或增加人民負擔者，須經立法院同意；㈢另設參政院，爲總統諮詢機關。在立法院未成立以前，以參政院代行職權；㈣設置國務卿；㈤總統可以頒給爵位。

廢除國務院 國務總理熊希齡，本有意將北洋軍閥勢力納入正規，見袁世凱種種行爲，深表不滿。熊所提的廢省問題，又遭政治會議反對。只得於三月十二日辭職。新約法公布後，即廢止國務院官制，在總統府設政事堂，由徐世昌任國務卿，向例呈國務總理文件，以後一律改呈大總統。又特任各部總長，復設海陸軍大元帥統率辦事處。五月二十三日，改各省民政長爲巡按使，觀察使爲道尹，各省設財政、政務二廳，改各省都督爲將軍，頗有清代的遺風。

參政院的組織 約法會議，先議決參政院組織法，參政由總統委任，參政院於六月二十日成立，黎元洪、汪大燮爲正副議長，政治會議到這時取消。袁世凱便宣布依據新約法，以參政院代行立法院職權，立法院則一直沒有實現。

修改總統選舉法 參政院參政七十人，多爲袁世凱的親信，於三年八月，建議修改總統選舉法。十二月，通過公布。規定總統任期十年，連任也無限制。必要時可無須改選。繼任人可由現任總統推薦三人，現任總統自可繼續當選。這樣，袁世凱當可終身爲總統了。

帝制運動的先聲 民國二、三年，北京已有共和政體不適合中國國情的議論。這些人有的是清室遺老和宗社黨。有的是袁系親信；袁世凱長子克定尤爲熱烈。三年九月，袁恢復專制時代祭天、祀孔諸典禮。然而有人主張帝制，袁又禁止，其實是試探人心。四年春天，日本提出二十一條要求，傳爲承認帝制的交換條件。當時參政院和各省將軍已在醞釀帝制。袁卻常常公開否認贊成帝制。四年八月，總統府顧問美國憲法學者古德諾（F. Y. Goodnow），在袁的機關報—亞細亞報，發表「民主不適於中國」論一文，主張中國以採用君主政體爲宜。

籌安會與帝制運動　接著，楊度、孫毓筠、嚴復、劉師培、李燮和、胡瑛發起籌安會，說是要「從學理上研究民主君主，在中國孰爲相宜？」楊度又作君憲救國論，劉師培作國情論，鼓吹帝制。復電各省軍政長官派代表到京，表示意見。各省也多贊成，梁啓超看清這是袁世凱一人的把戲，發表「異哉所謂國體問題」一文，攻擊帝制。同時，也有人反對帝制。袁世凱對反對帝制團體，不准成立。於是大家纔明白了袁的用心。

國民代表大會　籌安會運用各省旅京人士，來組織請願團體。梁士詒、沈雲霈等人，出來組織請願聯合會，齊向參政院請願，要求變更國體。十月，參政院居然受理，依據新約法，呈請大總統召集各省國民代表大會，投票決定國體，袁遂公布「國民代表大會組織法」。

全體贊成帝制　十月二十五日，各省開始選舉。二十八日，開始所謂「國體投票」。十一月二十日，投票完畢。結果，一九九三位代表，完全主張君憲。各省代表並具有推戴書，那是袁系預先擬好的：「謹以國民公意，恭戴今大總統袁世凱爲中華帝國皇帝，並以國家最上完全主權奉之於皇帝，承天建極，傳之萬世。」每省的推戴書，都有如上所述一段的文字。

袁世凱稱帝　參政院受代表們的委託，十二月上推戴書，袁世凱表示謙辭不受。參政院再上，袁以「國民責備愈嚴，期望愈切，……無可推諉。」遂下令籌備，封王封爵。改民國五年爲洪憲元年。民國五年元旦，袁氏竟稱起皇帝來了。

反對帝制與討袁運動

反對帝制的消極派　袁世凱既登帝位，他們以爲除了國民黨以外，沒有多少人反對的。事實不然，一般民眾，認爲袁要稱帝，必起革命，都是消極反對。清室遺老，希望清帝復辟，如康有爲、張勳等人、也不贊成袁的稱帝。北洋軍閥自身，徐世昌、段祺瑞、馮國璋，也反對帝制，因爲將來他們無當總統的希望。這都是消極的反對派。

反對帝制的積極派　最主要的當然是中華革命黨。還有國民黨的溫和派。國民黨被解散後，黨員有的在國內，有的在國外，在日本的黨員，　國父想要他們參加中華革命黨。他們不贊成革命分成幾級，及加蓋指印等事，故未加入。後來成立歐事研究會，反對帝制時，和進步黨合作。進步黨因爲受了袁世凱的玩弄，又不贊成帝制。所以也反袁，同國民黨一致行動。梁啓超就是進步黨的反袁領導人物。

外交團的警告　帝制發動的時候，四年十月，駐京日、英、俄、法四國公使，到外交部勸告袁政府緩變國體，免起紛擾。十一月中旬，帝制運動加緊，日、英、俄、法、義五國公使又向外交部，質問變更國體能否延期？外長陸徵祥婉辭回答。到十二月中，袁世凱接受帝制，日本公使又向外交部再度警告，要求滿意的答覆。帝制派認爲外交方面，政府已有把握，仍決定元旦登位。

中華革命黨的成立　二次革命失敗後，在國內的國民黨員，好的死難，不肖的變節，在海外的也多消極。　國父在民國二年冬渡日本，即籌備改組事宜，並手定總章。三年六月二十三日，在東京舉行中華革命黨選舉大會，眾推　國父爲總理，七月八日，宣誓就職。這次採取領袖制，黨員須服從黨魁命令，重申誓約，再造規模。規定以實行民權、民生兩主義爲宗旨。黨部成立後，維持和起義經費，都來自海外。

肇和兵艦起義　袁世凱進行帝制時，　國父以總理兼任大元帥，負監督指揮全國軍事之責。自四年初起，即派同志赴海外籌經費，派幹部同志分赴各重要省區，布置討袁工作。陳其美到上海，由蔣中正先生等人襄助。當時上海鎮守使鄭汝成，有精兵數萬，爲袁的心腹。十一月，爲黨人刺死。黨人並運動上海海陸軍。十二月，袁派薩鎮冰調肇和軍艦往廣東。蔣先生時已擬好淞滬起義計劃，肇和軍艦人員贊成革命。遂在五日佔領肇和軍艦，發砲攻製造局。但因聯絡不佳，六日，起義事失敗，同志被捕殺十多人。死傷失蹤一百多人。

雲南起義的策動　中華革命黨成立後，國父派呂志伊回雲南，運動軍隊起義，很有成效。四年九月，滇軍軍官試探掌握雲南軍政大權的將軍唐繼堯，唐也贊成討袁，後來黨人方聲濤、李烈鈞等又到雲南活動，決定在明年元旦起義。

雲南起義前夕　辛亥革命時，蔡鍔原是雲南省都督。後解職到北京，袁世凱知他有才氣，先後給以多種高官。帝制運動發生，蔡鍔及友人戴戡、師梁啓超，密謀反抗。乘機由北京到天津，表示到日本養病，卻轉道回雲南。十二月二十日，到昆明。二十三日，即由唐繼堯和巡按使任可澄電袁，取消帝制，懲辦禍首。限二十五日午前十時答覆；以免袁世凱聯絡日本，損失國權。到期袁無回電，雲南遂在二十五日，宣布獨立。

護國軍的成立　十二月二十五日，成立護國軍，以蔡鍔爲第一軍總司令，進攻四川。李烈鈞爲第二軍總司令，進攻廣西、廣東。戴戡爲第三軍總司令，進攻貴州。唐繼堯則坐鎮雲南。五年元旦，成立雲南都督府，公舉唐繼堯爲都督，廢除將軍、巡按使等名義。袁世凱一面免唐、任、蔡官職，一面派兵抵禦。先派段祺瑞、後派馮國璋任征滇軍總司令，兩人都不肯就職。

黔桂響應起義　戴戡領軍先到貴陽，一月，貴州劉顯世宣告獨立，被舉爲都督。蔡鍔率三千多護國軍進攻四川，與曹錕、張敬堯的袁軍數萬人苦戰於敘州、瀘州、綦江一帶。第一師師長劉存厚附和護國軍。廣西將軍陸榮廷，本來反對帝制，袁世凱竟任命桂軍師長陳炳焜兼護廣西軍務。三月，陸、陳竟聯名宣告獨立。

將由桂省攻滇南的袁軍，加以繳械。陸被推爲廣西都督。當時李烈鈞已把袁軍打敗了，在廣西轉戰。廣東、湖北革命黨人，也分別在惠州、武昌等地起義。 國父又命黨人在山東、山西發動討袁軍。

袁撤銷帝制 外國方面，袁世凱派往日本送禮的特使周自齊，已被日本擋駕。前線戰事也不能得利，廣西又宣告獨立。傳說日本公使表示不承認帝制，對雲、貴方面不視爲亂黨。加上袁世凱無法向外國借款，軍費困難。三月二十一日，袁開會時，表示立即取消帝制，並出示馮國璋、李純、張勳、靳雲鵬、朱瑞五將軍密電，勸取消帝制，以平滇、黔之氣。於是在三月二十三日，下令取消帝制。也不用參政院轉舵了，同日，特任徐世昌爲國務卿。第二天，特任段祺瑞爲參謀總長，明令廢止洪憲年號。

各省紛紛獨立 廣東各地紛紛起義，四月六日，將軍龍濟光被迫獨立。浙江各界也早有計劃獨立，浙軍決定起事，將軍朱瑞逃走。十二月，宣布獨立。四月初，陳其美派楊虎及蔣中正先生襲取江陰砲臺。十六日佔領，宣布獨立。並光復吳江、震澤。五月十八日，陳其美在上海被刺而死。陝西旅長陳樹藩，於五月九日，在三原獨立，進攻西安，被推爲都督，宣布陝西獨立。山東於四月中旬，由居正組織中華革命軍東北軍，謀襲濟南，山東將軍張懷芝恐不敵，於五月十九日，要求袁世凱退位。四川因曹錕、張敬堯軍對抗蔡鍔軍，四川將軍陳宧不能作主，與曹、張不和，川省民眾遂要求獨立。陳宧只好在五月二十二日，宣布獨立。湖南因三面各省已獨立，將軍湯薌銘，也於五月二十七日，宣布獨立。另外湖北、安徽、奉天、福建等省，也有黨人起義。

袁羞憤而死 帝制取消後，袁仍想留任總統，護國軍堅持必須退位，獨立各省也宣告袁必須退位。袁於是在四月二十一日，任段祺瑞爲國務卿兼陸軍部長，組織責任內閣，表示願讓出權力。黔、桂、粵三省響應護國軍後，在五月八日成立軍務院於肇慶，江蘇將軍馮國璋想乘機操縱政局，曾在四月中旬提出和平辦法，請未獨立各省參加，在五月十八日開會，討論近旬，毫無結果。袁世凱當時亦想出兵，後見最親信的陳宧和湯薌銘，也先後獨立，眾叛親離，羞憤交集，於六月六日病死。

恢復法統　袁死後，依照約法，於六月七日由副總統黎元洪繼任總統。各省相繼取消獨立。二十九日，裁撤參政院、肅政府等機關，改各省將軍為督軍，巡按使為省長。南方軍務院也在七月十四日取消，南、北又各統一。八月一日，國會議員再到北京，參、眾兩院同時開會，黎元洪補行就任宣誓典禮。國務總理段祺瑞及國務員也都參加。十月三十日，兩院依法補選馮國璋為副總統。

承認問題與蒙藏交涉

民國臨時政府對外宣言　中華民國臨時政府成立，於元年一月五日，正式對外宣言。凡革命以前，清廷所訂對外條約，及賠款、外債，讓與之權利，均加以承認；以免各國利害一致，援助清廷。並申明革命政府立場，保護外僑，因而外國能採取中立態度，不干涉中國內政。

各重要國的態度　四月二日，參議院議決臨時政府遷北京，各國駐華公使仍在北京，也承認北京政府的駐外代表。但英、俄、日三國，都想借承認問題，達到其所希望的要求，美、法、德三國，只求保護其本國在中國之利益。惟有美國仍主張維持門戶開放政策，一面使各國採取聯合行動，一面設法安定中國的紛亂。

美國首先承認　民國臨時政府成立，曾電請美政府承認。元年二月二十九日，美國兩院議決，慶賀中國共和政府的成立。其後美使主張迅速承認中國政府，七月，美政府電詢列強，列強都不贊成立即承認。民國二年（一九一三）三月，美新總統威爾遜就職，美使又電告政府，主張承認中國政府。中國國會於二年四月八日開幕，五月二日，美國即承認中華民國政府。以後各國繼之。然而俄、英、日三國，竟藉承認問題，大提條件，下面依次敘述。

民國政府勸外蒙團結　國父就任臨時總統，即宣稱：「蒙民爲中華民國五大民族之一。」並在二月二十八日宣布：「今中華民國已完全統一矣！……合漢、滿、蒙、回、藏爲一家，相與和衷共濟。……而今而後；務當消融意見，蠲取畛域。」民國臨時政附北遷，袁世凱也屢電哲布尊丹巴，勸他取消獨立，但因俄人梗阻，未能成功。民國臨時政府，一時也不敢以武力收復外蒙，只有撫綏內蒙，並電駐俄公使，對俄交涉。

俄日英的勾結　俄國恐外蒙問題，引起國際干涉，除助外蒙進佔科布多，阻止民國政府進軍科布多外。並於元年七月八日，與日本簽定第三次密約，俄國承認並尊重日本在內蒙古東部的特權，日本則承認並尊重俄國在內蒙古西部的特權。九月，俄、英又互相承認，英在西藏及俄在外蒙的自由行動權。

俄蒙協約　元年十月，俄派郭索維慈（Korostovetz）到庫倫，壓迫庫倫政府，於十一月三日，簽訂俄、蒙協約。規定俄國扶助蒙古自立，編練國民軍，不准中國駐兵殖民。俄人在蒙古享最優厚之權利。並訂「商務專條」，取得各種驚人權利。十一月，俄人又嗾使外蒙與西藏，簽訂同盟條約，互相承認「獨立」。

中俄交涉開始　民國政府於十一月二日，事先向駐京俄使提出抗議，並電駐俄公使向俄聲明外蒙爲中國領土，俄、蒙任何協定，概不承認。十一月三十日，俄使向民國政府提出四項要求，當被嚴加拒絕。以後由外交總長陸徵祥和俄使會商半年，到二年五月二十日，議定六款，大致如俄使的要求。七月，眾議院可決，但參議院否決，談判停頓。

中俄聲明文件　以後，孫寶琦繼任外長，繼續交涉，與俄使議定聲明文件五款，附件四款；袁世凱使國會不能集會後，由外長孫寶琦於十一月五日，與俄使簽押，六日互換。此項聲明文件，只經袁兵批准，其要點爲：俄國承認中國在外蒙有宗主權，中國承認外蒙自治，不派兵，不設官，不殖民，並承認俄、蒙所訂商務專條。還決定劃清俄、蒙邊界。根據聲明文件，俄人在外蒙享有極大權力。

中俄蒙會議 三年一月二十七日，民國政府派畢桂芳、陳籙為會議外蒙事件全權專使，請俄政府依約派使；俄國遲到八月，始照覆派使。自九月八日，中、俄、蒙三方代表在恰克圖開議，到四年六月七日止，始得協議，當時因中、日二十一條交涉，情形嚴重，又無力收復外蒙，不得不委曲求全，簽訂中、俄、蒙協約。

中俄蒙條約 其要點為：外蒙承認中觀之宗主權，中、俄兩國承認外蒙自治，及承認外蒙為中國之領土。規定外蒙古自治權限。承認中、俄聲明文件及附件與商務專條等。中國僅爭得，此俄國可多派數十名衛隊，冊封尊號，民國紀元等小事。俄國實際上可以控制外蒙。

唐努烏梁海問題 唐努烏梁海在外蒙西北，清時歸烏里雅蘇臺將軍管轄。外蒙獨立後，俄軍佔領唐努烏梁海，不久，收為保護國。恰克圖會議時，俄國不准外蒙代表提及唐努烏梁海問題。但中國代表仍認其為中國領土。

科布多與阿爾泰 此兩地在蒙古、新疆之間，清代設有辦事大臣。外蒙獨立後，俄國嗾使蒙人進攻科布多，中國駐軍三百人和蒙兵千餘人，困守待援，新疆方面援軍，被俄軍阻止前進。元年八月，科布多失陷。俄軍將中國駐軍和官吏逼走。九月，俄國又藉口回兵槍傷俄領事，派馬步砲兵一團，佔領承化寺，進攻阿爾泰區。十一月，阿爾泰帕親王因無援助，只得停戰。與俄議定，科、阿兩地烏梁海、哈薩克人，可在八個月內自由選擇居住，八個月後，科、阿以阿爾泰分水嶺為界。二年十二月簽字。科布多事變發生後，民國政府改阿爾泰為特別行政區；民國八年，改為新疆省的阿山道。

伊犁與新疆問題 武昌起義以後，民國元年，由伊犁黨人在伊犁宣布獨立。俄國陸軍部想乘機進佔伊犁，後因恐引起國際交涉，只派哥薩克兵二百人侵入伊犁。當時伊犁方面與迪化方面業已合作，俄人欲以五百萬盧布策動留在伊犁人士李輔黃、馮特民宣布獨立。而以新省開礦森林為條件。幸新疆都督楊增新處理得當，未成大亂。當時新疆南路有哥老會作亂，劫獄殺官，號為響應革命，實同盜匪，俄人藉口保僑，派兵滋事，幸而亂事，不久平定。

呼倫貝爾問題 黑龍江省西部，有呼倫貝爾區域。外蒙獨立時，俄人煽動呼倫貝爾蒙人獨立，蒙人且攻陷臚濱府。中、俄、蒙協約成立後，四年十一月六日，俄政府又脅迫民間政府，另訂呼倫貝爾條約，改為「特別自治區」，由蒙人任副都統。民國政府不得干預內政，不得駐軍及徵稅，敷設鐵路時，應向俄國借款。

英國鼓動達賴獨立 武昌起義不久，駐藏清軍先後譁變，藏民不良分子，乘機叛亂，驅逐清軍離藏。英人立即將達賴從印度送回，宣告獨立。同時進攻川邊的巴塘、裡塘一帶。民國臨時政府於元年四月二十一日，聲明西藏為中國領土，並任命四川都督尹昌衡為征藏軍總司令，雲南都督蔡鍔，亦領軍相助。七月，川、滇軍連敗藏番，川邊大部收復。

英國干涉軍隊入藏 英國見川、滇軍入藏，由駐華公使朱爾典於八月十七日，向我國外交部提出五項要求，其要點為：㈠中國不得干涉西藏內政；㈡中國官吏不得在西藏行使行政權；㈢中國軍隊不得無限制駐藏；㈣中、英兩國應訂定協定，然後承認中國政府；㈤中、藏間交通，不得經過印度。民國政府迫不得已，於九月中，令征藏軍中止前進。十二月，又答覆英國，不必另訂新約。

中英藏會議 二年五月，英政府重申訂約意見，袁世凱為求得英國早日承認，遂決定舉行中、英、藏三方會議，於二年十月，在印度西姆拉（Simla）開會。

英國壓迫草約劃行 會議經過四月，英方於三月十七日，提出所謂「內外藏」界線問題。主張內藏由中國管轄，外藏自治。三月十一日，英方正式提出調停草案十一款。英方堅持己見，我方再三讓步亦無法協議。後英方略有修改。於四月二十七日，英方表示若不於本日簽約，則英國將與西藏單獨訂約。中國代表陳貽範不得已，遂會問英、藏代表將約稿與界圖劃行，但聲明簽約尚須候政府的訓令。

中英藏印草約 其要點爲：㈠英國承認中國對西藏的宗主權，中國承認外藏自治；㈡中、英不干涉西藏內政，中國不改西藏爲行省，英國不侵奪西藏土地；㈢中國不在西藏駐軍、不派官員，不移民；㈣西藏境界及內外藏的分界，以紅藍色繪明地圖。至於英方所指的內藏，包括巴塘、裡塘、打箭爐等地，即係川邊地方，還包括青海的一部分。

中英交涉擱淺 消息傳出，民國政府電令陳貽範勿簽字於正約，不承認草約。並於六月，與英公使朱爾典直接交涉。當時袁世凱希望英國諒解，提出最後讓步案。英政府只肯稍改界約，不肯重議原約。遂無結果。英、藏遂在七月三日，簽訂西姆拉條約。

藏軍侵川邊 六年，四川省發生內戰，藏兵乘機侵入。各縣番民十多萬投入藏軍。到七年前後，失陷十二縣，川邊軍隊苦戰不敵，損失八營，兵二千，知事、營長、員弁，被俘數十人。邊軍分統劉贊廷遂在七年八月，與藏官在昌都會議停戰，英副領事臺克滿適在甯靜，也到昌都調停，訂停戰合同十三款。川邊官員只能管理東部的十六縣。

中英重開交涉 六年秋天，藏人侵入川邊事起，英國即不斷要求重開藏案交涉。到七年七月，英使再面向國務總理段祺瑞要求。但經外交部詢問結果，始知英方仍堅持原議，遂未進行。歐戰結束後，八年五月，英使又催開議。民國政府遂根據四年所提條件，擬定四端辦法，於五月三十日，照知英使，英使於八月提出答案。

英國提出答案 英使答案要點爲：㈠取消內外藏名稱；㈡將原議劃歸內職之地分爲二，將巴塘、裡塘、打箭爐、瞻對、道孚、鑪孚、岡拖等地歸中國。將德格及德格以西歸西藏；㈢崑崙山以南，當拉嶺以北，劃歸西藏。

藏案交涉中止　中國方面，對英案第一點贊同，對德格及第三點所指地方，則主張收回。國務會議遂於八年八月議決，藏案應從緩議。有關各省，得知詳情，也反對英案。以後英使雖一再主張繼續開議，中國始終拒絕。直列二十二年，達賴十三世死去，中國在藏地位，始漸漸恢復。

對日交涉與二十一條

日本製造中國混亂　在革命前，日本政府，有時幫助中國革命黨，其用意在引起中國混亂，以便乘機取利。武昌起義，全國響應，日本政府以爲清廷必將求援，倘各國贊同日本出兵，日本立即照辦，惟各國表示中立，日本不能行動。但日本一面應革命軍之請，派顧問到漢口，助理外交及起草憲法。一面警告袁世凱，不承認共和政體。同時，對南北政府出售軍火。當中國南北議和時，日本一面向清廷交涉，請以東三省爲日本幫助的酬報，但爲英國阻止。一面與革命軍交涉，願助建共和國，而歸日本保護，爲革命領袖拒絕。

日本延遲承認　元年二月，日本政府照會各國政府，建議對承認中國共和政府問題，應採取一致行動。因而遲延各國對中國之承認。待美國承認後，日本復先向英、法、德、俄各國建議，非至中國內部安定，中國政府確實保障外人在華權益後，不承認中國政府。

中日減稅交涉　民國二年五月，日使先和中國訂立減輕滿、鮮國境關稅章程。約減輕稅課三分之一。從此日本獨佔了東北南部的貿易。

滿蒙五鐵路案　二年五月，國會成立，國民黨佔優勢。袁世凱爲恐日本援助國民黨及阻撓各國承認；九月，特派孫寶琦與李盛鐸，赴日本疏通，日本藉此機會提出由日本建築滿、蒙五鐵路案，即由四平街至洮南、開原至海龍、長春至洮南、洮南至承德、海龍至吉林等五線。且表示此爲承認中國政府的條件。又逢二次革命以後，九月，張勳攻入南京殺三日人，日本以此爲藉口，迫使袁世凱接受。十月五日，日本駐華公使與外交部祕密換文。此一政策實現，日本可深入熱河，及奉天省西部，並阻止中國自建鐵路。

日本圖佔青島　民國三年，歐洲大戰發生，日本乘機以東亞盟主自居，藉口英、日同盟，於八月十五日，向德國提出最後通牒。要求德國撤退在遠東海上的一切軍艦，並將全部膠州灣租借地，無條件交付日本，以備將來交還中國，並限在二十三日午前答覆。

日本對德宣戰　歐戰發生後，八月六日，中國宣告中立，並得各參戰國承認。德國得日本最後通牒，自知無力保守膠州灣，曾表示願直接交還中國。但英、日兩國反對，中國未敢接受。日本又向英、美表示，決無意侵略中國領土。共、日又同向美國表示，有採取行動之必要，但注意中國之獨立與領土完整。最後通牒期滿，日本對德宣戰。

劃定中立外區域　日本對德宣戰後，一面拒絕中國同時出兵要求，一面要求中國將山東省黃河以南劃爲立外區域，並撤退膠濟沿路及濰縣駐軍。袁世凱不敢拒絕，與日使議定縮小中立外區域範圍，並允給與便利。日本同意濰縣不在戰區以內。

日本破壞中立　當時協助日軍的英軍，遵守協定登陸。日本出動大軍二萬多人，在龍口登陸，騷擾民眾。並佔領濰縣車站，及沿路車站。十月六日，竟佔領濟南車站。膠濟鐵路全被佔領，雖經多次抗議，日本不理。

日本不肯撤軍　日本將鐵路職員改換日人，並佔據鐵路附近礦產，還要求中國撤退路警。十一月七日，青島被攻陷。戰爭結束。四年一月七日，中國外交部照會英、日公使，聲明取消特別中立區域，請日軍撤退。日本不肯接受。

日本採取高壓政策　日本見歐戰各國，無暇過問東方事務，遂決定對中國採取高壓政策，竟於四年一月十八日晚，由日使日置益向袁世凱面提二十一條要求，並要求嚴守祕密；若有洩漏，日本當更索取賠償。

二十一條　計分五號，其要點爲：一號四條，要求中國政府，允許日本繼承德國在山東之各種權益，並加以擴大。二號七條，規定日本在南滿、東蒙有多種優越權利。三號二條，給予日本在漢冶萍公司及其附近一帶之各種權利。四號一條，所有中國港灣島嶼，不得讓租與他國。五號七條，要求中國將大部政權交與日人管理，使日本可以控制中國政治、經濟、軍事，及日本在長江各省與福建省之特別權利。

二十一條的談判　二十一條，被外國記者探悉，一時全國大譁，十九省將軍通電反對，朝野力爭，留日學生紛紛回國。革命黨也停止活動，主張一致對外。但袁世凱因想稱帝，仍委曲求全令外交部與日使談判。經過四月，日本雖小有修改，仍無成議。

五九國恥　五月七日，日本表示五號一部分，日後再議，提出最後通牒，限四十八小時內答覆。袁世凱召開緊急會議，以「國力未充，目前尚難以兵戎相見；」決定忍辱承認。美國總統威爾遜，於五月十一日對，中、日宣告，不得因此項要求之承認，致妨害美國之利益，及其開放門戶機會均等的國際政策，並損害中國領土主權之完整。但日本不理。二十五日，除第五號決定容日後協商，及第四號用命令宣布外，其他各條分別換文。從此以後，直到抗戰勝利，五月九日，便成爲國恥紀念日。美國所提倡的門戶開放政策，也因而動搖。

日俄第四次密約　日、俄戰後，日、俄反而互相勾結，侵略中國。光緒三十三年，爲保持平分東三省權益；宣統二年，爲反對英、美勢力進入東北；民國元年，爲攫取蒙古權益；曾先後訂立三次密約。一次世界大戰時，日、俄同爲協約國，爲對抗美國，又於民國五年七月，訂立第四次密約。規定日、俄兩國，務使第三國不得控制中國，倘第三國敵視日、俄兩國，當力謀對策。作戰時並得互相援助。密約範圍，竟由東北與蒙古，而及於全中國。

鄭家屯事件 五年，日人利用袁世凱稱帝機會，暗地資助清室宗社黨首領肅親王善耆，在東北召集馬賊，起勤王軍；同時招引蒙古巨匪率軍南下，擾亂東北。七月，被奉軍二十八師擊退。日軍竟出面阻止。當時，二十八師一部分駐在鄭家屯。八月，鄭家屯日警與中國駐軍發生衝突，日軍大隊竟殺入華軍團部，並佔領鄭家屯一帶。幸張作霖應付得宜，始未擴大事件。經外交部長伍廷芳據理力爭，於六年一月，日本始行撤軍。

老西開軍件 此事附於本節內敘述；當四年日本提出二十一條時，法公使忽向外交部，要求讓與天津老西開地方爲租界，因外交部連續易人，沒有切實答覆。五年十月，法領事自行劃爲租界。引起商民激烈反對。結果，由英使朱爾典出面調停，竟將該地置於中、法共管之下，而告結案。

第四章　護法運動

府院之爭與復辟

恢復臨時約法　國父在五年，因主持討袁軍事回國，留居上海，五月九日，發表宣言，對國事仍主張恢復臨時約法。袁死後，黎元洪繼任總統，於六月二十九日，申令遵重約法，除定於八月一日，召開舊國會外，同日，又任命段祺瑞為國務總理，組織內閣。

府院之爭　國會復會以後，進步黨和國民黨分成許多派系，各有主張。總統府與國務院間，也漸生意見。段祺瑞任國務總理，遇事不問總統。以門人徐樹錚為國務院祕書長，徐為人專權跋扈，就任之初，即與內務總長孫洪伊不合，孫洪伊日往黎元洪處，與總統府祕書長丁世嶧，同不滿於段、徐。孫、徐日日爭持意氣，形成府院之爭。黎、段遂迎徐世昌入京作中間人，到十一月二十日，以總統名義將孫免職，又命徐辭去祕書長，可是黎、段感情，仍不融洽。

對德絕交　歐戰發生，中國即宣布中立。六年二月，因德國使用無限制潛艇，美國與德國斷絕邦交，勸中國一致行動，中國遂向德國提出抗議。參、眾兩院也開祕密會議討論，政府迭經會議，也未解決。三月，參、眾兩院再開祕密會議，段祺瑞報告絕交的不得已情形，經大多數贊成，遂於三月十四日，宣布對德絕交。

對德宣戰問題　美國於四月五日對德宣戰。五月一日，國務院通過對德宣戰案。在段祺瑞的用心，因為宣戰後可借日本債買軍械，以堅固北洋派的實力，而制服反對黨。當即送眾議院請求同意，黎元洪不以為然。議員中也有人擬借此倒閣，不贊成宣戰的。

段以武力威脅國會　段祺瑞恐國會否決對德宣戰案，事先在四月二十五日，召集各省督軍來京開會，一致贊成宣戰案，想藉此威脅國會。到五月十日，段復製造各種請願團，共約三千多人，由陸軍部人員指揮，包圍眾議院，毆辱議員多人。並聲言必俟通過宣戰案，纔肯解散。眾議員因此憤激，停止開會。

黎免段職　事後，國務員也紛請辭職，國務院僅剩總理一人。段再三催國會開會，國會表示要等內閣改組後再議。段乃煽動督軍團，呈請總統解散國會。國會亦請總統免段職務。五月二十三日，黎總統免段職。以伍廷芳代理國務總理。

督軍紛紛獨立　段系各省督軍，於是離開北京。安徽省長倪嗣沖於五月二十九日，首先宣告與中央脫離關係，相繼宣告獨立的，有奉督張作霖，魯督張懷芝，黑督畢桂芳，閩督李厚基，豫督趙倜，浙督楊善德，陝督陳樹藩，直督曹錕，晉督閻錫山。皖督張勳卻以十三省區聯合會名義，電請黎總統退職。黎元洪通電勸止無效。督軍團並在天津設立各省軍務總參謀處，於六月二日，宣告獨立。

被迫解散國會　黎元洪不得已，電召皖督張勳入京，因為張勳不是段的黨羽，希望他來調停。督軍團本想在天津設立政府，因為內部不合作，外國人又不允在天津設立機關。適巧張勳領兵到天津，便慫恿他進京解散國會。張軍五千人開進北京，張勳電迫黎總統解散國會，國務總理不肯副署。六月十三日，竟用步軍統領江朝宗代理國務總理名義副署，解散國會。

張勳導演復辟　張勳準備復辟的主張，據傳事前是得到段系軍人默許的。張勳六月十四日到北京，二十八日，康有為也到北京，經過半個月的復辟布置，黎元洪已不能牴抗。七月一日，張勳宣布擁出清廢帝，實行復辟。同日頒了許多「上諭」，改七月一日為宣統九年五月十三日，大封官爵，各省督軍，仍改為巡撫，一律原人留任。

復辟失敗　黎元洪拒絕受封公爵，並令各省出師討伐。請馮國璋代行總統職務，並特任段祺瑞為國務總理。他自己逃入日本公使館，　國父立命各省革命黨人興師討伐，各省督軍及要人，也一律通電聲討。北洋軍隊就在北京附近，首先發動，七月二日，段祺瑞在馬廠誓師，於十二日進逼北京，張勳及復辟人物，一齊逃走。

段祺瑞重組內閣　段祺瑞於十四日到北京，十七日即組織內閣。馮國璋早於七月六日，在南京就代理大總統職。事平後，馮國璋曾請黎復職，黎堅決不肯。馮國璋設法使他的直系將領，分任蘇、贛、皖三省督軍後，纔於八月一日，到北京就職。

護法戰爭與南北分裂

國父宣布護法　張勳脅迫黎元洪解散國會時，　國父首先通電反對。唐繼堯、陸榮廷、劉顯世也通電護法。段祺瑞重組內閣後，　國父電段維護約法，段不理。等到召集臨時參議院主張出現，　國父於七月二十日，由上海率領艦隊到廣東，發表護法宣言，請國會議員及黎元洪南下，集會並組織護法政府。西南各省，對臨時參議院的說法，也一致反對。

護法政府成立　八月中，議員到粵一百五十多人，以舊國民黨人居多數，政學系次之，益友社較少。舉行非常會議，通過中華民國軍政府組織大綱。九月一日，選　國父為大元帥，陸榮廷、唐繼堯為元帥。任命外交、內政、財政、陸軍、海軍、交通六部總長，對外發表宣言，討伐違法的段祺瑞。中國遂成南、北對立的局面。九月十八日，軍政府將對德宣戰案諮詢國會非常會議通過，於二十六日，宣布對德宣戰，軍政府當時就有廣東、廣西、湖南、雲南、貴州五省。

桂系與段不和　南方的軍政府，事實上爲桂系軍人陸榮廷、陳炳焜等把持。所以各部長多未就職。陸榮廷早在六年三月，與段祺瑞有所接洽，要求鞏固兩廣的勢力範圍，不可輕易更換湘督，段已默許。陸、陳歡迎國父入粵，用意本在對段示威。而段以爲陸、陳與革命黨一致。竟於八月六日，派傅良佐爲湖南督軍，進兵湖南。而陸榮廷因此反對段氏，於是容許軍政府在廣東成立。

北京成立臨時參議院　段再組內閣時，研究系要人獻計，以中華民國已爲張勳滅亡。國家再造，可仿武昌起義先例，召集臨時參議院，重訂國會組織法及選舉法，再行選舉議員，成立國會。因此段不再召集舊國會。九月二十九日，又通令各省及各特別區長官，依元年成例，選派參議員來北京，組織臨時參議院；十一月十日，臨時參議院開幕。後選舉王揖唐、那彥圖爲正副議長。一意孤行，置在粵國會議員反對於不顧。北洋軍閥等十六人並電參議院，反對舊國會，以爲段的後盾。

段南征失敗　九月十八日，湘軍零陵一帶軍事長官，宣告自主，擁護軍政府。傅良佐派軍隊進攻，失利，逃出長沙。護法軍攻下長沙。代總統馮國璋爲直系首領，原主張對軍政府聯和，這時，示意直督曹錕、鄂督王占元、蘇督李純、贛督陳光遠，聯名請求停戰。

段封川計劃失敗　段祺瑞派傅良佐督湘，同時，派吳光新爲長江上游總司令，兼四川查辦使，由岳州率兵入川。卻被川軍師長熊克武繳械，吳乘船逃走，段氏對川省計劃失敗。

對南方戰爭再起　段祺瑞爲皖系首領，因爲武力平南失敗，十一月，只得辭去國務總理。十二月一日，馮國璋以王士珍繼任，王爲人和平謹慎，以爲可以抵制段系，又可調和南方。可是段辭職後，皖系的皖督倪嗣沖、魯督張懷芝等督軍團，於十二月三日，在天津開會議決，主張對南方開戰，反對調停。馮仍進行謀和，但是護法軍知道馮無法主持和平，七年一月，攻下岳州。段系軍人又高唱武力解決，馮沿津浦路南行一次，會商時局，也沒有結果，於是派曹錕為兩湖宣慰使，張敬堯為攻鄂前敵總司令。後又派魯督張懷芝為湘、贛檢閱使。三月，竟攻下岳州。

南北戰爭僵持 二月下旬，奉系張作霖，進兵直隸，威脅馮國璋。三月，毆系督軍又通電脅馮。國務總理王士珍因主和不成，只得辭職。馮不得已，於三月二十七日，再任段祺瑞為國務總理。四月，曹錕部下師長吳佩孚佔領長沙，攻下衡山、衡陽。段以張敬堯為湖南督軍，吳心懷不平，續進又無把握，遂按兵不動。曹錕也不滿，南方政府遂派人與吳聯絡。八月，吳因北方總統選舉，馮國璋未當選，也通電請停內戰，恢復和平。南、北戰事，暫成僵局。

軍政府的處境 北方馮、段暗鬥，南方軍政府也有爭端。因為 國父根本否認北政府，而陸榮廷與唐繼堯主張聯馮制段。因此二人不就軍政府元帥職。論實力， 國父只能掌握少數海軍，而陸、唐卻能把持西南各省。廣東督軍陳炳焜，就是陸的部下。 國父到廣東時，原想組織政府軍，廣東省長朱慶瀾同意，以二十營軍隊交陳炯明統率，竟被排擠去職。陳炳焜更明白表示反對 國父組織軍隊。經過諷解，陳炯明把軍隊帶往福建，叫做援閩軍。粵督改由莫榮新出任，莫竟槍殺軍政府衛兵，對 國父多方為難，擁護 國父之海軍總長程壁光，也被莫派人刺殺。

南方軍政府改組 陸榮廷等人，時常想和馮國璋妥協，與 國父不合。國會非常會議，一些不肖議員，覺得肘腋之下的桂系與軍政府關係疏遠，恐怕軍政府不能維持，主張改組。用意在排除 國父， 國父遂在七年五月辭職。非常國會遂將大元帥制，改為七總裁合議制，選舉 國父、唐紹儀、伍廷芳、岑春煊、陸榮廷、唐繼堯、林葆懌為七總裁。七月，陸、唐等宣布軍政府成立。八月，推定岑春煊為主席。 國父知道不能合作，難期有為，不肯就職，便離開廣州而到上海。護法政府遂為政學系、桂系所把持。

總統任期屆滿 總統任期，依臨時約法為五年，袁世凱於二年十有，就任正式總統，袁死黎繼，黎去馮繼，到七年十月，任期屆滿，馮國璋在八月十二日，通電全國，表示退職。

安福系國會　自從段祺瑞組織臨時參議院後，將舊有國會組織法，及兩院議員選舉法，議決修改，於七年二月，先後公布。又命其黨羽徐樹錚，於三月七日，在北京宣武門外安福胡同，成立俱樂部，段系軍政要人，往來其間，時人稱爲安福系。新國會議員的選舉，其實都是指派，便完全爲安福系把持，其中安福系佔三百三十多人，交通系議員一百數十人，研究系議員二十多人。安福國會當然是段的政治工具，南方軍政府及非常國會，自不承認。

安福國會選總統　八月十二日，新國會開會，組織總統選舉會，於九月四日選舉總統。馮國璋雖有意連任，但事實上絕無可能。而段祺瑞接替，馮系也一定反對。於是改擁北洋派元老徐世昌。九月四日，經四百三十六人投票，徐世昌以四百二十五票當選總統。第二天，選舉副總統，因到會議員，不足法定人數，只得延期。徐於十月十日就職，段辭總理，專任參戰督辦。新國務總理爲錢能訓。國務員大多與段閣相同。

南北和議的難諧　當吳佩孚在七年四月佔領衡州後，八月二十一日，通電請罷內戰。岑春煊即通電表示贊成，復以軍政府名義，否認北方國會有選舉總統之權。但新國會仍選出徐世昌爲總統。九月，駐在湖南前敵兩方軍官，聯名通電主和。十月九日，又擬開副總統選舉會，因爲希望調和南北的一派人，主張以此職留給南方要人，作爲將來議和的條件，遂未開成。但是軍政府卻在十月九日，通告代行國務院職權，攝行大總統職務，根本否認徐的總統。

南北和議重開　徐世昌就職後，高唱和平。美國向南、北政府勸告議和，英、法也照會北政府，指責參戰不盡力，日本也不積極助段，段派很受打擊。只得隨聲附和。時值歐戰結束，徐世昌在十一月十五日，召集北方督軍會議，十六日，發布停戰命令。南方軍政府也在二十三日，下令停戰。國中在野各派名流二十多人，也通電組織和平期成會，於是和議機會成熟。

和議開而復停 北京政府總代表爲朱啓鈐，南方政府總代表爲唐紹儀，於八年二月二十日，在上海開議。因爲北軍仍然攻擊在陝西于右任的護法軍。同時，段系徐樹錚還在招募「參戰軍」，南方代表對兩事都表示抗議。嚴電北政府要求廢止軍事協定，撤銷參戰軍，停止參戰借款。段系不肯。三月二日，和議停頓。

南北和議破裂 後經蘇督李純、贛督陳光遠、鄂督王占元及師長吳佩孚調停，於四月九日，再開和議。討論無結果。接著，五四運動發生，反段的呼聲大起，唐代表遂在五月十三日，於和會上提出八項要求，大意爲反對承認日本承繼德國在山東的權利。取消中、日間一切密約，取消參戰軍國防軍，更換不洽民情之督軍、省長。北京政府拒絕七條，並准北方代表辭職，和議破裂。

和議的餘波 事後，美、英、法、日、義五國公使，共向南、北政府勸告。徐世昌有心無力，對段派無可奈何。國務總理也由龔心湛代理，爲安福系把持。六月，改參戰軍國防軍爲邊防軍，七月，又改參戰事務處爲邊防事務處，特任段祺瑞爲邊防督辦。八月，再派王揖唐爲議和總代表，軍政府不肯承認，吳佩孚也反對。南方代表不肯來出席和會，和議於是完全結束。

護法政府的變化

非常國會的轉變 舊國會在廣東，始終沒有湊足法定人數，只能稱爲非常會議。七年六月，決定開正式國會。在未到半數的議員決定之下，「照開會一月不到，即將不到者除名，以候補議員遞補」的規定，實施遞補。到七年九月，湊足法定人數，開正式國會，並繼續審議憲法草案。八年，南、北和議期間，一度停頓。八年十一月，再開，因爲學系議員不出席，到九年一月，停開。而桂系軍閥因國會爲南、北妥協障礙，以財政困難爲理由，不發國會維持費。三月，因爲李烈鈞與接近桂系的李根源爭奪駐粵滇軍，滇、桂反目；

部分國會議員，到雲南開會。參、眾兩院議長林森、吳景濂及議員，也紛紛離去。

岑陸操縱軍政府　雲南督軍唐繼堯，雖然是軍政府總裁之一，但不能親自出席。伍廷芳後來也離廣東。在粵的總裁，只剩岑春煊、陸榮廷、林葆懌三人。政學系和桂系軍閥，在九年五月，使留粵少數國會議員開會，補選熊克武、劉顯世、溫宗堯為總裁。六月，　國父與唐紹儀、伍廷芳、唐繼堯以岑春煊破壞護法及國會，在滬發表宣言，認為軍政府總裁不足法定人數，其政令及行動，當然無效。

軍政府的瓦解　北方因直、皖二系戰事將要爆發，皖系段派軍閥因而乘勢勾結滇系的唐繼堯，並祕密向國父輸誠。　國父因急於打倒桂系軍閥，收取廣東，和段的祕使假意敷衍。段派的福建督軍李厚基，也以軍餉接濟在閩的陳烱明粵軍。當時桂系粵督莫榮新，存心消滅陳烱明粵軍。　國父命令陳烱明進軍廣東，九年八月，陳進兵粵境；桂軍三年來腐化日深，不能抵抗，到十月下旬，粵中要地，全被陳軍佔領。十月，莫榮新退出廣州。岑春煊宣言引退，並和陸榮廷、林葆懌、溫宗堯宣言解除軍政府職務。

護法各省的分離　西南護法各省，其中屬於滇系唐繼堯的滇、川、黔三省，在五月也起了變化。川督熊克武和滇督唐繼堯反目，川、滇軍發生衝突。後來川軍內部也自起鬥爭。滇軍顧品珍回滇，與唐繼堯鬥爭。後來趕走唐繼堯。黔督劉顯世，也在十一月，被黔軍總司令盧濤趕掉，西南各省，也完全分崩離析了。

國父返廣州　陳烱明於九年十一月一日，進入廣州，以粵軍總司令名義管理全省。　國父、伍廷芳、唐紹儀相繼回到廣州。十二月一日，宣告重開政務會議，並表示北方如開誠相見，仍可謀正當的解決。非常國會，也在廣州集會，尚有二百二十多人。其中以八年用候補當選人補上的議員較多。不過這時軍政府的地區，只有廣東一省。桂系已投降直系，湖南標榜自治。四川熊克武失位，劉湘也宣告自治。貴州和雲南，也與軍政府沒有關係。

國父主張成立政府　外交團本來將關餘一部分，劃與軍政府支用。因這時七總裁只剩三總裁，也不肯交付。　國父因此主張，成立正式政府，非常國會，也極贊成。那時徐世昌已有照舊選舉法重新選舉國會的通令，自然是承認自己名分不正；法統不可中斷，應由舊國會選舉總統。不過陳炯明及其部下與部分議員，卻不贊成選舉總統，成立正式政府。陳是主張聯省自治的。

廣州成立正式政府　到十年四月七日，二百二十多位非常國會議員開會，議決中華民國政府組織大綱。以二百十三票選舉　國父爲大總統，五月五日就職，以伍廷芳長外交兼財政兩部，陳炯明長陸軍兼內務，徐謙長司法部，湯廷光長海軍部，馬君武爲祕書長，李烈鈞爲參謀長。

平定廣西　陳炯明不服從　國父主張，又捨不得地位和職權，於是陽奉陰違。當時桂系陸榮廷，仍想恢復廣東地盤。北京政府也想利用桂系消滅廣州政府，因此互相勾結，想進攻廣東。十年六月，粵、桂戰爭發生，桂軍劉震寰向廣東投誠。六月下旬，粵軍取梧州，陳炳焜逃走。七月克南寧，八月克桂林，九月克龍州，陸榮廷逃越南。兩廣統一。

開始北伐　國父於平定廣西後，爲貫徹護法目的，向非常國會提出北伐案。十年十月，　國父與陳炯明商量北伐大計，請陳留守廣州。切實接濟餉械。　國父到桂林組織大本營，進行北伐。十一年春，北伐軍到全州，進入湖南邊境，湘人大恐，當時陳炯明毫未接濟北伐軍，　國父所賴在後方籌劃接擠的粵軍參謀長鄧鏗，於三月二十一日，在廣州披陳遣人刺死。　國父只得率軍回廣東。

國父削陳職權　十一年四月，　國父到梧州，電召陳炯明到梧州，陳不敢往，提出辭職。　國父準陳辭去粵軍總司令及廣東省長，專任陸軍總長。粵軍由大本營直轄。　國父到三水，陳將軍隊調出廣州，在石龍、虎門布防。當時粵軍第二軍參謀長爲蔣中正先生，主張立即進攻陳部，然後回師廣西，消滅葉舉等各部陳軍，再行北伐。　國父沒有接受蔣言。以爲只要陳不爲北伐軍後方的阻礙，也就算了；主張開誠相示，冀陳悔悟。

葉舉的勒索 國父於處分陳烱明後，即命軍隊集中韶關，在韶關設大本營。當時北方的奉、直戰爭，快要結束。五月六日，國父纔到韶關誓師。北伐軍進入江西，發生戰事。陳烱明的葉舉部隊，進入廣州，國父令葉舉部加入北伐，葉提出恢復陳烱明職務要求。國父爲顧全大局，五月二十七日，命陳以陸軍總長辦理兩廣軍務，陳也再表示服從國父。但葉部以索餉爲名，仍留廣州，人心大爲恐慌。

國父廣東蒙難 國父不得已，六月一日，令胡漢民留守大本營，自率衛隊回廣州。十三日，北伐軍攻下贛州。發現陳烱明與贛督陳光遠竟有祕密勾結的電報。但北伐軍仍然前進。十六日凌晨，葉舉等圍攻觀音山，砲擊總統府。國父遷居軍艦，在珠江以幾艘軍艦和陳部相持五十多天。直到八月上旬，知道北伐軍受陳部所阻，不能回到廣州，纔於八月九日離粵。國父下野，伍廷芳病死。當國父蒙難時，蔣中正先生六月十八日接電，急由上海到廣州赴難，國父大慰，蔣先生對抗陳戰爭，多所籌劃，極有貢獻。

軍閥的混亂

南北的分裂 南、北和議破裂後，南、北雙方，都各自分裂，謀爲縱的結合，南方的桂系和北方的直系，暗中成一聯合戰線。北方的皖系，也想聯合滇、粵兩系夾攻桂系，可是未能實現。後來國父命陳烱明回粵，軍政府瓦解。這在前節已說過了，本節將敘述北方各系軍閥混戰的情形。

直皖的對峙 馮國璋爲河北人，段祺瑞爲安徽人，自袁世凱死後，兩人漸不相容，各有數省軍人擁護，成爲直、皖二系，直系聯絡英國，皖系聯絡日本。明爭暗鬥，已非一日，前數節已說及，然而眞正的戰爭，卻到民國九年纔動手。至於直系首領馮國璋死後，曹錕即起而取代。

奉皖的交惡 八年九月，代國務總理龔心湛，因不堪安福系的壓迫去職，由靳雲鵬繼任，仍爲安福系所把持。十一月，外蒙的庫倫政府，受俄國革命影響，宣布取消自治。對北京政府聲譽有所增加。徐樹錚那時任西北籌邊使兼邊防軍總司令，權勢甚大，靳雲鵬不能過問邊防軍，屢請辭職。而徐出任籌邊使，統轄蒙疆，卻為奉系張作霖所不滿，因為奉系認為蒙古是奉軍勢力範圍，因此奉、皖二系交惡。

吳佩孚撤防北上　直系一面聯絡奉系，一面與南方軍政府妥協，由軍政府供給吳佩孚軍餉六十萬元（一說百萬），令吳撤兵。九年三月，吳以安福系把持國政及久不發餉為理由，由衡州撤防北上，南軍遂連克長沙、岳州，六月，湘督張敬堯，敗退湖北。

直奉聯合　皖系想以段的戚屬吳光新出任豫督。直督曹錕為鞏固己派勢力，九年四月，在保定召集各省代表大會，由直系的直督曹錕、蘇督李純、贛督陳光遠、鄂督王占元、豫督趙倜，與奉系的奉督張作霖、吉督鮑貴卿、黑督孫烈臣，組織八省聯盟，直、奉兩系聯合成熟，靳雲鵬見形勢不佳，辭去國務總理。

直皖戰爭的導火線　吳佩孚北上，在平漢路沿線布置軍隊，並宣言驅逐安福系。不久，曹錕、張作霖、李純等，也宣布徐樹錚罪狀，通電聲討。七月初旬，徐世昌只得免去徐職，調徐任遠威將軍，邊防軍由陸軍部直轄。段祺瑞大怒，決定改邊防軍為定國軍，自任總司令，以討曹錕、吳佩孚，一面脅迫徐世昌，將曹錕四省經略使兼直督，革職留任，並免去吳佩孚第三師師長。直、皖戰爭，於是開始。

直皖戰爭　七月中旬，曹錕先請求公使團，注意日本援段，日本公使否認。曹、張聯合通電討段，奉軍進關。四、五天之內，直、皖軍大戰於北京附近的平漢線上，皖系大敗。

皖系傾覆　段祺瑞戰敗。只得自請辭去一切勳位及職務，並撤銷定國軍名義。七月下旬，徐世昌准段辭職，撤銷邊防事務處及邊防軍。又明令通緝徐樹錚、李思浩、段芝貴等十人。八月，解散安福俱樂部，通緝王揖唐。靳雲鵬再出組閣。

張吳交惡　皖系失敗後，北京政府，名義上雖由總統徐世昌主持，實際上掌握在直、奉二系，曹錕所部吳佩孚，因爲屢立戰功，素有大志，不可一世。但張作霖以吳是曹的部屬，甚爲輕視，吳頗恨張。張的權勢，又高於曹，吳不能平；張、吳二人，因此交惡。

奉直的對峙 直、皖戰爭時，奉系出力不多，但皖系軍械，都爲奉系取得。直系頗不滿意。戰後，曹錕任直、魯、豫巡閱使，吳佩孚爲副使，謀以部下王承斌等督各省，以擴張勢力。張作霖任東三省巡閱使，更求兼轄熱、察、綏三特別區。並和浙督盧永祥聯絡，靜待時機。九年十二月，江蘇督軍李純死，十年初，直、奉爭奪蘇督，卒由直系軍人齊燮元出任。張作霖不快，遂勾結鄂督兼兩湖巡閱使王占元，抵制直系駐軍洛陽的吳佩孚。

聯省自治運動 直、皖戰後，中國可說是四分五裂，統一更無希望；爲了遷就現實，出現了聯省自治運動。也就是想採行聯邦制。主張先由各省自訂省憲，再組織聯省會議，制定聯省憲法，達成統一。實力較小，僅有一省地盤的小軍閥，如湖南、浙江和西南各省當局，爲求自保，表示贊成。據有數省的軍閥，如曹錕、吳佩孚等，都加以反對。所以一面運動聯治，一面依舊混戰。

湘鄂戰爭 王占元在鄂，久爲鄂人不滿。十年六月，武漢駐軍欠餉兵變，各地相繼效尤，放火搶劫。王不能維持秩序。鄂人蔣作賓、孔庚等赴湖南開會，主張自治，組織自治軍。並聯合湖南。當時趙恆惕主張聯省自治，遂出兵援鄂。八月，連戰皆勝，王占元只得辭職。徐世昌任命吳佩孚爲兩湖巡閱使，簫耀南爲湖北督軍。吳佩孚遂到鄂督戰，收復鄂軍失地。不久，又佔領岳州，湘軍失敗議和。

川鄂戰爭 當時，湖南趙軍聯絡四川劉湘，進攻鄂西，川軍屢勝。吳軍佔領岳州後，十年九月，率軍西上，與川軍激戰，在宜昌相持三週，川軍以子彈缺乏，十月，退出。吳部孫傳芳，出任長江上游總司令。

湖南自治與省憲 省憲運動起於湖南，因爲護法戰爭，湖南首當其衝，受禍最多，所以促成自治之議。吳佩孚撤兵後，湖南人驅走張敬堯，由譚延闓任湘軍總司令，主持一切。九年七月，宣布湖南自治。十一月，譚去，趙恆惕繼任。省議會選舉林支民爲省長，正式宣告自治。並進行制定省憲。十年三月，開始起草，四月，開始審查，十一月，由公民總投票，十一年元旦，公布施行。省憲列舉省權，意在實行聯邦制。省議會權力極大。十二月，成立省政府。省憲施行不到三年，十五年，北伐軍進湖南停止。其他各省，只有浙江一省制成省憲，變來改去，督軍盧永祥終不肯實行。雲南、廣西、陝西、江西、湖北、福建等省，也有過省憲的醞釀，但在軍閥的割據下，毫無實效。

奉直戰爭的導火線　直系在南方擴張勢力，奉系不滿。十年十二月，張作霖到北京，國務總理靳雲鵬離職，張作霖推梁士詒繼任。十一年元旦，徐世昌又應張請求特赦安福禍首，吳佩孚不滿。梁組閣前，本允許爲吳籌軍餉三百萬元，又不給付，吳更痛恨。十一年一月，適梁電華盛頓會議代表，對日讓步，想取得日本借款，吳遂通電攻擊梁。陝馮玉祥、贛陳光遠、蘇齊燮元、鄂蕭耀南、魯田中玉、豫趙倜、晉閻錫山、皖馬聯甲等八省督軍，一致響應。前六督軍並由吳佩孚領銜，電請罷去梁士詒，北京也有四十多個團體聯電反梁，梁只得稱病出京。張作霖也發電攻吳。

奉直戰爭　張作霖向廣東職絡北伐軍，又聯絡豫督趙倜弟趙傑。吳佩孚聯絡陳炯明，用優勢兵力壓服趙傑部隊。曹錕及其二弟，本不願打仗，曹、張又是兒女親家，想從中調和。但奉系條件太苛，於是決定打仗。四月中旬，雙方調兵遣將。下旬，曹錕先通電反對張武力統一，吳與直系各督軍宣布張十大罪狀。張也照樣通電。戰爭在北京附近京漢、津浦兩路沿線爆發。數天後，奉軍大敗，退出關外。五月，北京政府又免張作霖東三省巡閱使及蒙疆經略使職。從此，張在東三省也宣布自治。至於在河南響應奉軍的趙倜，也被直系馮玉祥解決，馮繼任豫督。

國父重振革命精神

陳烱明的惡劣　國父於十一年八月十四日到上海，第二天，陳烱明回廣州，自任粵軍總司令。當時廣東紙幣大跌，反叛　國父一戰，浪費更多，陳想以黃埔抵借外債，各界反對。海外華僑，也願接濟　國父，請求驅陳。

陳烱明失敗　國父知民心向背，遂命進佔閩省的北伐軍許崇智、黃大偉、李福林部進剿潮、汕。在桂省的滇軍張開儒、楊希閔、朱培德和桂軍沈鴻英、劉震寰等部，從梧州進攻廣東，又派鄒魯、胡漢民、魏邦平就近向各方聯絡，委派葉夏聲到桂林，和滇、桂軍將領，會議信條。十二月中旬，滇軍攻取梧州，其他各路也節節勝利。十二年一月中旬，陳烱明只得通電下野，退走惠州。

國父回廣州　十二年一月，在粵的桂軍沈鴻英部，受直系利用，陰謀反叛。　國父未即回粵。在上海發表和平統一宣言，主張各派實行裁兵，化兵爲工。後粵軍歡迎　國父回粵，遂在二月下旬，回到廣州。仍發表宣言主張裁兵。並組織大本營，繼續行使大元帥職權，任命蔣中正爲參謀長，朱培德爲參謀處長，楊庶堪爲祕書長，設立內政、外交、財政、建設四部，稱爲革命政府。重定各軍防地。四月，桂軍沈鴻英叛變，五月，即告平定。

國父著書與改革黨務　七年五月，軍政府改組，　國父離粵到上海，深知革命事業不能和軍閥並存，一面計劃整理黨務，一面努力著書，以求改革國民心理。到九年十一月前，先後完成孫文學說、實業計劃、建國大綱等書，孫文學說爲心理建設，實業計劃爲物質建設，合稱建國方略。在七年八月，　國父通告海內外同志，準備「重訂黨章，以促黨務之發達。」到八年十月十日，發布改正黨章，將中華革命黨改爲中國國民黨，以別於元年的國民黨。

中國國民黨宣言 當陳烱明背叛 國父，一般民眾，以爲是孫、陳個人的鬥爭。黨內的機關報雖然指責陳是叛黨。但社會上的知識分子，卻以舊道德觀念責備陳。所以 國父再度由廣州到上海後，覺得非積極整理黨務不可。十一年九月， 國父在上海召集各省同志張繼等五十三人開會，一致贊同改組，遂指定改組起草委員。十一月，又推定宣言起草委員。十二年一月，宣言發表，公布修正黨章，宣言中重申救中國的決心，明白揭示三民主義。

第一次全國代表大會 十二年二月， 國父回廣州，重建大元帥府，更積極進行整理黨務。十一月，先發表改組宣言，十三年一月二十日，中國國民黨，在廣州開第一次全國代表大會，出席代表一百六十五人，選出中央執行委員二十四人，監察委員五人，並擬定黨章，發表宣言，宣言中先說明中國之現狀，次說明三民主義，最後分別列舉依主義而採定的對內對外的政綱，還決議成立國民政府。大會閉幕後，依據新章組織各級機關，向民眾宣傳，從此與民眾關係，更爲密切。

頒布建國大綱 四月，中國國民黨中央執行委員會頒布國民政府建國大綱二十五條，對於革命主義的內容，軍政、訓政、憲政三時期的程序和方法，地方自治及五權憲法的實施，均有明白規定。

創立黃埔軍校 國父革命幾十年，從沒有眞正的革命軍，只是用革命黨去運動原有的軍隊，因此反產生出一些小軍閥。就是陳烱明的粵軍，本爲 國父一手培植，也靠不住。 國父覺得舊的軍隊，都不可靠，必需訓練新軍，首先必需訓練了解主義而有革命精神的軍官。因此在十二年夏天，派遣蔣中正先生赴蘇俄考察。到國民黨改組時，蔣先生由俄回國。二月， 國父命他籌辦中國國民黨陸軍軍官學校，設於黃埔。有三千多人投考，第一期招生五百人，十三年五月，新生入校，蔣先生爲校長，廖仲愷爲黨代表。學生接受革命訓練，軍事與政治教育並重，人格與技能訓練並進，從此奠定革命軍的基礎。

大元帥府的處境 當時 國父主持的大元帥府，只是在廣州城，城外四面都是荊棘，東江一帶，有陳烱明的三萬多軍隊，粵南爲鄧本殷的三萬軍隊，這是與大元帥正面爲敵的。站在大元帥旗幟下，有楊希閔的滇軍，劉震寰的桂軍，譚延闓的湘軍，朱培德的滇軍，許崇智的粵軍，李福林的福軍，樊鐘秀的豫軍。此外還有些零星部隊，人數實力，不能說小。可是楊、劉二人的滇、桂軍，最不聽命令。各軍自劃防區，把持稅收。十三年九月，國父命廖仲凱爲財政總長鐐廣東省財政廳長，希望統一財政，各軍不肯交出一錢，只得辭職。革命政府財政更爲困難，廣東商人，因爲久經客軍搜括，疲敝不堪，對於大元帥府，也淡漠得很。

英國反對革命政府　英國香港政府，對廣東革命政府，素來沒有好感。因此英國恐怕中國革命成功，英商在華利益遭受損失。後來又聽到俄國鮑羅廷到了廣東，發生容共消息。因此香港政府便挑撥廣東商人，援助陳烱明；當時的香港，成了各種反革命的策源地。

英國幫助商團　十三年五月，廣州市政府宣布「統一馬路業權」案，須向商民抽收舖底捐。英人煽動商人代表決議總罷市，並召集商團鄉團反抗政府，以後政府撤回此案，商團鄉團竟議定聯防章程。八月一日，商團團長是兼英匯豐銀行買辦陳廉伯，向政府領到一張買槍執照，竟在四天後運來九千多枝槍械，國父即命蔣中正校長扣留，因爲實數與領發執照數目不符。廣州稅務司英人，竟代表商團來黃埔軍校交涉，態度蠻橫，蔣校長嚴詞拒絕。英總領事亦表示如華軍將要砲擊商團，英國海軍，也要砲擊華軍。革命政府遂向英國政府提出抗議。

商團事變　廣州大多數商人，都贊成由革命政府公平處理，陳廉伯卻要煽情動無知商人，要求發還軍械，否剛罷市。到十月初旬，政府允許在十月發還槍五千枝，子彈三十萬發，由商團繳二十萬元，及全市房捐一月，立即開市爲條件。商團於十日領得槍枝，竟與慶祝雙十節的遊行群眾衝突，打死多人。第二天，商團仍宣布如不發還全數槍枝，即不開市。並煽動北江民團截斷對韶關的交通，宣傳陳烱明不日來攻，叛跡明顯。國父這時在韶關督師，諸將領也以廣州形勢險惡，都想退出廣州。蔣校長不願輕棄根本地點，乃商同許崇智、李福林的部隊與吳鐵城的警衛軍，及軍校學生，於十月十五日，將商團全部繳械，除去軍政府的心腹之患。並利用商團槍械，成立了教導團。

混亂的北京政府

徐世昌辭職 吳佩孚戰勝奉系，想乘勢統一南、北。十一年五月，通電倡議恢復舊國會。來解決時局，向各方徵求意見。可是徐世昌是新國會選出的，於是發生總統問題。長江上游警備總司令孫傳芳等，聯名通電，主張統一辦法，應請黎元洪復位。召集六年國會，速訂憲法，再選副總統。六月，舊國會的參、眾兩院議長，也聯名通電反徐。馮玉祥、劉鎮華又宣言恢復法統。徐世昌知道不能再留，立即宣告辭職。

黎元洪復職 六月，曹錕、吳佩孚聯合十省督軍省長，再請黎元洪復位，黎即表示廢督裁兵，方可收拾時局。曹錕、吳佩孚只得表示贊成，黎乃入京，任顏惠慶署國務總理。當時， 國父也發表宣言：主張將兵士改爲工兵，直系應將半數軍隊交出，改爲工兵，以表示護法誠意。直系本非眞心，自然不能做到。黎本想對全國統一，有所盡力，可是復職以後，一切計劃，都不能辦通，便知道是上了曹、吳的當。

六年八年議員之爭 八月，舊國會在北京開會，以六年的國會議員爲主。可是八年以候補而補上的在廣州的國會議員，卻表示反對，在上海組織法統維持會，北京的部分民八年議員，也組織法統學會。六年、八年的議員，互相指責，弄成雙包案。民六年的議員，只得於九月趕緊閉會。後來由北京政府設一個討論會，安插八年的議員了事。

奉系與皖系的態度 張作霖在東三省，於十一年六月，由三省議會聯合會舉爲三省保安總司令。對北京事決定不過問，一心訓練軍隊。皖系祇贍浙督盧永祥和淞、滬護軍使何豐林，僅承認黎元洪爲事實上的總統，非法律上的總統。廣永祥贊成廢督裁軍，自行廢除督軍名義，改稱軍務善後督辦，其實是宣告獨立，因而浙江也產出制憲的一幕。

其他方面的態度　雲南唐繼堯和湖南趙恆惕，四川劉湘，都不反對恢復法統，但主張聯省自治。曹錕、吳佩孚怎肯接受？至於其他國民國體，實在對法統也無所用心。只有上海在十一年三月，曾成立「中華民國八團體國是會議」，在七月，曾發布擬定的國憲大綱，主張採用聯邦分權制。剛復位的黎總統和復會的舊國會，也有接受之意，所以舊國會在八月開會的憲法審議會，就通過有關省憲的議案。但是想做總統的曹錕，想武力統一的吳佩孚，那裡能允許呢？

黎元洪受窘　八月，黎任唐紹儀為國務總理，唐不肯就，由王寵惠代理；九月，由王繼任。直系在天津、保定的一支，希望攀龍附鳳，都極力擁護曹錕早當總統。十一月，竟由眾院正副議長吳景濂、張伯烈，打擊財長羅文幹，王閣辭職。汪大燮署理。十二月，張紹曾組閣。到十二年五月，親黎派認為黎當有一年三月任期，反黎派認為黎只有洪憲改元和袁死期間的一百六十多天，現已起過一百七十多天，黎應即自動退位。黎於是請兩院準備大選，兩院決定制憲與選舉總統並進。黎籌撥制憲費一百二十萬元，擁曹派以為黎有市恩之意，以不由內閣籌款為名，逼走張內閣。黎先後請顧維鈞、顏惠慶組閣，都不肯就。

黎元洪被驅　六月初，張紹曾離職往天津；北京軍警官佐五百多人，以薪餉無著為名，到總統府索餉，又有流氓乞丐組成的「公民團」，在街上遊行驅黎。向黎住宅騷擾。京畿衛戍司令辭職，北方陷入混亂狀態。黎電曹、吳求救，也不理會。黎大憤，只得於十三日赴天津。將總統印信交法國醫院收藏。十四日晨，直隸省省長在火車站逼迫黎元洪，交出印信，說明眞相取出後，始準放行。黎到津後，公布眞相，否認後任為非法。並南往上海；只有安福系人物歡迎，遂返天津。

議員南下　國會議員褚輔成認為事態嚴重，主張在滬集會，六月二十一日，議員一百八十五人南下。宣言否認以後北京國務院的一切行動，到滬議員二百多人，不足法定人數。後來因為六年、八年間議員的不合和曹錕的收買，議員有一部分，仍回北京。

曹錕賄選　曹錕既想當選總統，八月，與國會議長吳景濂，以巨額費用，收買議員及延長任期。九月，組織俱樂部，估定選票自五千元到萬元不等。十月，所謂「憲法」告成，定於十月五日，舉行選舉，出席議員五九三人，曹錕以四百八十票當選。遂到北京，在十月十日就職，留津議員公布舞弊情形，並有議員出示支票，向京師地方檢查廳告發。曹錕就職後，大封功臣，特任吳佩孚為直、魯、豫巡閱使，大小事都要向吳取進止。國務總理先後有孫寶琦，和顧維鈞代理及顏惠慶等人，也於大局無大關係。

一致聲討　曹錕賄選前一天，國父即通電聲討，十月十日，上海、杭州、蕪湖市民遊行。浙江盧永祥，不認曹錕為總統。奉天張作霖，皖系段祺瑞，雲南唐繼堯，各省聯席會議代表，無不聲討。廣東、浙江、東三省，結成三角同盟，合力對直。

福建戰爭　十一年十月，徐樹錚在延平起兵，佔據福州。後因民眾反對，自行退去。直系孫傳芳、周蔭人即帶兵由湖北、江西進福建，北京政府派孫督理福建軍務善後事宜。孫於十二年四月到福州，反直軍人臧致平，據廈門獨立抗孫。十三年三月，孫、周合力驅逐福建的王永泉，王與臧合力對抗，不能支持，退入浙江。

江浙戰爭　直系以王、臧進入浙江為名，由蘇督齊燮元，向浙江盧永祥挑釁。九月，戰爭在崑山爆發，孫傳芳也領兵攻浙江，盧兩面受敵，大敗，盧軍退上海。因上海鎮守使何豐林，和他一致。齊、孫再攻上海。十月，盧、何解散殘部，與臧致平東渡日本。曹錕任孫傳芳為閩、浙巡閱使兼督理浙江善後事宜，齊燮元兼淞、滬護軍使。

直奉二次戰爭　江、浙戰爭發生，粵軍也出兵北伐。九月，奉系張作霖又分三路進關。曹錕任吳佩孚為討逆軍總司令，三路迎戰。十月，山海關方面戰爭激烈時候，直軍第三軍總司令馮玉祥和將領胡景翼、米振標，聯絡北京警備司令孫岳，突於十月二十三日，撤兵回北京，通電停戰主和，直軍前後受敵，紛紛潰退。要地被奉軍奪去不少。

馮驅曹錕　一次直、奉戰爭以後，馮玉祥任河南督軍，與駐洛陽的吳佩孚不合，改調陸軍巡閱使。曹錕賄選成功，馮仍無地盤，心懷不平，於是在二次直、奉戰爭時，私與奉軍停戰，倒戈回京。要求曹錕發停戰命令，免吳佩孚職，撤銷討逆軍，曹錕只有接受；派吳督辦青海屯墾事宜。馮與胡景翼、孫岳等另組國民軍，與吳對抗。十一月，曹錕被迫退職，由黃郛組織攝政內閣。

吳佩孚下野　吳佩孚從前線返津，集中殘軍，準備對馮決戰。江蘇齊燮元、湖北蕭耀南，因津浦、京漢鐵路被山東、山西軍隊擋住，無法北上援吳。十一月，馮軍敗吳軍。吳遂由塘沽乘輪到南京，再到武昌，擬組護憲軍政府，對抗北方；因各方反對，遂退居岳陽。袁世凱留下的北洋軍隊，到此，已大半消滅了。

溥儀出宮　曹錕退職後，保皇黨又得復辟謠言，馮玉祥遂在十一月五日，廢除清帝名號，命令交出玉璽，即日遷出宮外，國務院仍定有優待清室條件。宮中書物，分存於國立圖書館及博物院。

段任臨時執政　同年十一月，與直系有關八省軍事領袖，否認北京政府，張作霖、馮玉祥等人遂擁住在天津的段祺瑞，爲中華民國臨時執政。直系齊燮元、孫傳芳、蕭耀南等人也聯名電請。段乃進京就職，公布中華民國臨時執政府制六條，執政下設九部，採行集權制度。

第五章 一次世界大戰與以後的對外關係

參戰問題與巴黎和會

五國諒解 六月二日，北京政府因德國實施無限制潛艇政策，曾向德國提出抗議。日本政府命公使向北京政府抗議，如此大事，竟不先行通知日本，甚覺遺憾。同時，日本向英國請求，以同意日本處分山東問題為日本容許中國參戰為交換條件，英國欣然承諾。日本又向俄、法、義三國請求，也得到同意。六年五月，並辦好換文手續。日本遂與英、法慫恿中國對德宣戰，並向北京政府表示，可以借款和買軍械。後來日本又派石井大使與美國務卿藍辛（Lansing）訂立特殊協定，美國承認日本在相鄰國家，發生將殊關係。日本以為有此協定，便不怕美國將來在和會妨礙其對山東的要求了。

北京政府對德宣戰 六年七月，段祺瑞再出任國務總理。八月，在國務院下設立「戰時國際委員會」，研究宣戰後應辦事宜。八月十四日，發布對德、奧宣戰命令。且以參戰為名，積極向日本借款，以擴充北洋派的兵力，並好收買議員，籌租新國會。

督辦參戰事務處 六年十二月，段祺瑞因為武力統一政策失敗。馮國璋任為督辦參戰事務處督辦。當時國務總理名義上雖為王士珍，可是實權仍操段手。七年三月，段再任國務總理後，更繼續進行大量借款，以擴充軍備。

對日大借款 日本對中國大借款目的，在擴大中國內亂，加強經濟侵略。段祺瑞甘心受日本人利用，大舉借款，從參戰開始起借款，到七年九月止，前後借了約三萬萬元，大部分由日人西原龜三經手，通稱西原借款。其中名目有善後借款，參戰借款，軍械借款，電信借款，金礦森林借款，鐵路借款，名目繁多。

山東問題換文　最痛心的，駐日公使章宗祥，不知利害，於七年九月二十八日，與日本訂立濟順、高徐兩鐵路預備借款契約，竟對山東問題換文，規定中、日使辦膠濟鐵路及警察，章宗祥於覆文中，竟表示「關於山東省諸問題，中國政府，欣然同意。」無異自己承認日本繼承德國在山東的權利。

中日軍事協定　七年二月，蘇俄政府與德、奧媾和，協約國提議出兵西伯利亞，日本政府又請段督辦共同出兵。五月，成立陸軍軍事協定及海軍軍事協定。日本藉此將中國領土劃入行軍區域，並控制中國軍事，日本還可以兵到東三省北部和內蒙古。這項協定，中國損失太大， 國父立即通電反對，留日學生罷課回國，組織救國團。北京各大專校學生，也向總統府請願廢止這一協定。各地商民，也開會攻擊段祺瑞，請停止內戰。到十一年十一月，纔由國務總理靳雲鵬與日本交換照會，廢止協定。

日本挑撥中外關係　七年十月，歐戰將結束，日本為中傷中國將來在和會的地位。嗾使北京公使團，向北京政府提出參戰不力的照會，責備北京政府，以緩付的庚子賠款及關餘與參戰軍，從事內戰和黨爭。以致沒有禁止德國在中國的活動及利益。後經北京政府，向各國公使，解釋了事。

中國參加和會　七年十一月，大戰結束；八年一月，各國開和平會議於法國巴黎。中國經南、北政府協商，派陸徵祥、顧維鈞、王正廷、施肇基、魏宸組為全權代表，出席和會。其中王正廷為軍政府代表。事前美總統威爾遜（Wilson）提出十四點和平計劃，主張廢止祕密外交，實行民族自決。

中國提案　中國基於公道和正義，對各國提出希望條件，可分三類：㈠修改外國在華特權，包括廢除勢力範圍，歸還租借地與租界，取消領事裁判權，容許關稅自主，停付庚子賠款，撤退外國軍警，裁撤外國郵電機關；㈡廢止二十一條；㈢歸還德國在山東的權利。當時和會，由英、美、法義、日五國，另祖最高會議，壟斷一切，威爾遜十四點，變成紙上文章。對於中國所提前二項，和會表示非其權力所及，俟日後由國際聯盟處理，所以和會只能討論中國的山東問題。

和會偏袒日本　在和會上，日本堅持在中國無條件繼承德國在山東的權利，並謂其根據為二十一條第一號，且七年九月，中國已表「欣然同意」。中國代表據理駁斥，但英、法與日本具有諒解，美國也恐和會破裂。竟在八年四月三十日，決定將德國在山東權利，歸於日本。明白訂於和約之中。

五四運動　當時北京政府，竟受日本指使，訓令代表簽字。消息傳來，全國憤慨。北京學生，痛恨日本與列強的欺侮，及四年以來辦理中、日交涉的曹汝霖、陸宗輿、章宗祥的誤國，於五月四日，集合北京公私立大專學校學生三千多人，開會抗議，遊行示威。以「外爭國權，內除國賊」為口號，搗毀曹汝霖住宅，毆打章宗祥，學生多人被軍警捕去。於是各地響應，開會演說，學生工商，罷課罷工罷市，上海特別激烈，北京政府只得釋放被捕學生，並將曹、章、陸三人免職。

拒絕對德和約　五月六日，對德和約，全部草案告成。北京政府對代表始略有指示。旅歐僑民學生，也紛請代表拒絕簽字。六月二十八日，和約簽字。其間中國代表，最初請於和約內山東條款聲明保留，繼請在和約全文後聲明保留，再請在和約外聲明保留，都被拒絕。最後要求不提保留，但作聲明，不因簽字而不許將來提出重議，也遭拒絕。這時國內輿情激昂，留法學生又力阻，中國代表遂未簽字。美國參議院又仗義執言。七月十日，外交部也頒發命令，不簽字於對德和約。至於對奧和約，九月十五日簽字。但宣告對德戰爭終止。到民國十年，中、德另訂平等條約。

華盛頓會議與對日英法的交涉

美日發生衝突　日俄戰後，美、日關係日趨惡化，當一次世界大戰期間，日本在中國奪得許多非法權利，美國所提倡的門戶開放政策，破壞無遺，美、英、日三國，競擴軍備，加上山東問題，沒有公平解決，美國國會竟拒絕批准對德和約，不肯參加戰後的國際聯盟。

美國召集會議　當時英、日同盟將屆期滿，日本力謀繼續，美國反對，英國因戰後元氣未復，經濟上要求美國幫助，遂慫恿美以縮減軍備爲名，出面召集華盛頓會議，請英、法、日、義等國參加，謀協調強國間的問題，並解決太平洋上的糾紛。與遠東問題有關的中國、荷蘭、比利時、葡萄牙，也被邀參加。

中國參加會議　十年十一月，九國代表在華盛頓開會。中國代表爲顧維鈞、施肇基、王寵惠。事前中國各界，在全國各地組織團體，集會研究，協助政府，共商辦法。上海各公團公推蔣夢麟、余日章爲國民代表，赴美宣傳國民意見。

華盛頓會議　開會時美國國務卿許士（Hughes）爲主席，態度公正。主張中國門戶開放，廢除英、日同盟，廢除有關遠東祕密條約，美、英應有同等海軍，日本不得在太平洋上設要塞。中國代表提出有關中國問題十原則。討論結果，由美國代表路德（Root）合併爲四大原則。

四大原則　㈠各國尊重中國之主權獨立及領土與行政的完整；㈡與中國以充分機會俾得自行發展，並維持有效力而穩固的政府；㈢確立並維持各國在華之工商機會均等主義；㈣各國不得在中國營求特別權利，致妨礙其他國家在中國之權利，或獎許有妨友邦人民安全的行動。各國將此原則，列爲九國公約之主要部分，還特別訂明切實實施門戶開放、機會均等主義。

其他問題　另外，中國還提出廢除各國加於中國各項限制的要求。各國只承認撤銷在華客郵，及限制在華外人熱線電臺，關稅可酌加。領事裁判權及駐華軍警，雖決議取消，但須俟各國派員來華調查後實行。至於租借地，法允許歸還廣州灣，英、日允歸還威海衛、膠州灣，但延宕實行。

二十一條問題 二十一條，中國要求廢止，美助中國主張撤銷，日本反對討論。隨在遠東委員會，宣言將南滿、東蒙建路借款獨佔權讓與英、美、日、法四國銀行團。放棄南滿政治、財政軍事顧問權，及訂約時第五號的保留。

山東問題 日本想與中國直接交涉山東問題，美、英也不想在會中討論，改在會外談判，由美、英調停。十一年二月，在會外解決。訂解決山東懸案條約：㈠日本歸還膠州租借地，中國開為商埠；㈡膠濟路及青島日軍撤退；㈢膠濟路由中國分年付款贖回；㈣高徐、濟順兩路由國際銀行團借款興築；㈤膠濟路沿線礦山交還中國，日人亦得投資。但不得超過華款一半。十二月，中國收回租借地，膠濟路以四千萬日元贖回，青島官產償價一千六百萬日元。

福州事件 自五四運動以來，國人以抵制日貨為抗日武器，日本政府要求中國政府取締，國人大憤，改以提倡國貨號召，日人遂在福州、長沙，引起衝突。在八年十一月，因為火燒日貨，日本福州居民，擊傷中國學生多人。到九年十一月，日本用公文道歉，付恤金一千二百元。中國聲明對於排貨，深為惋惜。

長沙慘案 因為旅大租借期原約為二十五年，列十二年三月期滿，中國提議收回，日本不理。湖南民眾決定經濟絕交，即日輪也不得乘坐。六月一日，日輪武陵丸入口，乘客恐人非笑，延不上岸，岸上觀眾很多，日本水手上岸驅逐。適有金陵丸入口，有一乘客上岸，被學生蓋「亡國奴戳記」。日本伏見艦水兵上岸二十多人，開槍射死二人，傷者更多，是為「六一慘案」。市民大憤，抬屍遊街。外交後援會及省議會，都主張嚴厲對付。一方面通電全國，喚起民眾同情。一方面通牒日本領事，並電外交部與日使交涉。但日領事表示道歉，不了了之。

金佛郎案 庚子賠款，原約本息皆照金貨付給，或按還時市價易金付紛。光緒三十一年（一九〇五），又重訂賠款電匯辦法。歐戰以後，列強國債增加，紙幣跌價，法國的金佛郎，高出紙幣三倍以上。民國十一年六月，法國向我國要求法國庚款部分，照辛丑條約規定比率，改用金元計算。比、義、西班牙三國，也作同樣要求。適值徐世昌去職，黎元洪復位，恢複第一屆國會，國會以承認賠款照現金計算，則中國國庫，增加國庫負擔八千萬元，極力反對。

法國壓迫 法國乃糾合與庚子賠款有關各國，一致支持用現金付給，北京政府鑒於輿論激昂，終不爲動。法國乃採用壓迫手段，一面不主張批准華盛頓會議條約，使中國不能召集關稅會議。一面請外交團在中國關餘鹽餘之內，照、法、義、比、西四國，按現金計算賠款，全數由總稅務司扣留。不准中國政府提用。到十三年，被扣達一千六百萬元。

中法協定 等到段祺瑞執政，急欲提用關餘鹽餘，於十四年四月，命外長沈瑞麟，與法使成立中、法協定。承認用匯兌美金計算法國賠款，即等於用現金。義、比、西三國，也照例辦理。中國國庫，在七、八年內，竟損失八千數百萬元之多。

蘇俄侵擾北疆

外蒙的轉變 自三年六月中、俄、蒙協約簽訂後，外蒙在俄人操縱下，實行「自治」，遭受俄人剝削，漸有覺悟，當時北京政府任命陳籙爲都護使，駐庫倫辦事大員。到六年四月，改由陳毅繼任。與蒙古王公情感日厚，於是各王公首倡撤銷自治之議，請活佛允准，密請陳毅電北京政府擔任保護。當時俄國內亂發生，俄幣跌價，陳毅恢復庫倫中國銀行，並努力增進內地與外蒙的交通。

北疆恢復原狀　七年春天，蘇俄政府成立，紅軍到達恰克圖，白俄軍也有侵入外蒙情勢，外蒙遂請中國政府派兵相助。北京政府便派馬隊兩營，開入外蒙，又於六月派徐樹錚任西北籌邊使，和外蒙官員相交更密。八年十一月，外蒙活佛呈請撤銷自治，徐世昌總統遂聲明中、俄關於蒙事一切條約無效。並由徐樹錚任專使，冊封活佛，極爲優禮。呼倫貝爾全體總管，也講求撤銷特別區域，和有關呼倫貝爾的中、俄協約。政府又乘機收復唐努烏梁海地方，與科布多的蒙旗，北疆又得恢復清末原狀。

日俄攻取外蒙　徐樹錚失敗後，九年八月，由陳毅任西北籌邊使。九月，改任庫、烏、科、唐鎮撫使。管理庫倫、烏里雅蘇臺、科布多及唐努烏梁海各部一切民政、軍政事務，監督財政及司法行政。當時，日本招白俄將領謝米諾夫（Semenoft）到大連，由日本供給軍械，命他聯絡蒙匪，攻取外蒙。九年十月，我軍擊退蒙匪。十年二月，謝部將領恩琴（Vngem）率同俄、蒙兵匪，在日本軍官協助下，攻陷庫倫，活佛被搶去，守軍退恰克圖。三月，白俄軍在庫倫組織「外蒙獨立政府」。後又攻陷外蒙各地。

蘇俄以外蒙為附庸　外蒙淪陷以後，蘇俄共黨，誘惑二十三個外蒙青年，組織「蒙古人民革命黨」，請求蘇俄驅逐白俄。十年七月，蘇俄紅軍擊敗白俄軍，佔據庫倫。在蘇俄操縱下成立「蒙古人民革命政府」，由一個受俄共訓練的波多（Bodo）出任國務總理。十一月，宣布成立「蒙古獨立國」。成爲蘇俄第一個附庸國，並訂友好條約。規定互相承認爲合法政府，蘇俄在蒙有設電臺與購買土地之權，勘定邊界，簽訂商約與礦約。

俄國控制外蒙　蘇俄政府，一面限制蒙人與內地貿易，一面選派蒙古青年到俄國留學。十一年四月，波多等十五人，以親華嫌疑被殺，蘇俄另派留俄學生爲傀儡官員。十二年一月，又訂俄、蒙密約，外蒙允撥土地與蘇俄農民耕種，允許駐紮紅軍，允許俄人開採一切資源及金礦。十三年春天，俄國又與外蒙訂立協定，修築從赤塔到庫倫的鐵路，俄國可在鐵路兩旁一百俄里內，有伐木開礦建屋等權。五月，活佛病死。七月，俄正式改「蒙古人民政府」為「蒙古人民共和國」。

吞併唐努烏梁海 十年九月，俄國派兵侵入烏梁海，利用青年組織「土文革命黨」。到十五年十一月，成立「烏梁土文人民共和國」，仿照蘇俄制度，並訂密約。由俄人控制軍事、內政及外交。後來，三十三年，正式合併。三十七年，改為蘇俄一自治區。

吉黑收回護路權 俄國在東三省築成中東鐵路，以鐵路的兩旁地區，視為殖民地，由鐵路公司主持一切，儼同政府。清廷常常與其交涉，毫無結果。一次世界大戰發生，駐哈爾濱俄軍約三萬人，鐵路沿線駐軍約六萬人，大半西調。所餘部隊，自俄國革命後，分成對立兩派，勢將發生衝突。六年十二月，吉林督軍不得已，只得先將服從俄共的四千多俄軍繳械，押送出境，由中國軍隊守備中東鐵路。黑龍江省，也在七年二月，派兵自守鐵路，限制俄國潰兵入境。

收回鐵路有關權利 八年，協約國出兵西伯利亞，決議由中國保護中東鐵路。北京政府遂命吉督鮑貴卿兼任中東鐵路護路司令。九年，鐵路俄工反對俄籍會辦，舉行罷工，政府遂將中東鐵路所餘俄國軍警，一律解除武裝，將鐵路區域的司法權、行政權、地畝權、航行權，一律收回。

俄國侵伊犁等地 三年，俄國與英國取得默契，英國承認俄國在天山北路特權，俄國承認英國在天山南路特權。俄軍當時在新疆邊境，集中軍隊五師，準備進攻伊犁及阿爾泰等地。但因一次世界大戰發生，將軍隊西調，陰謀暫未實現。

哈族逃民問題 五年秋天，俄國強徵哈隆克人從軍，哈人不願，俄官殺哈人領袖，激起反抗。俄軍派兵進攻，哈人逃到新疆。同時布魯特人和纏回，也紛紛逃向新疆，總數不下二十萬人。新督楊增新派軍防堵，隨時送回，但來人太多，防不勝防。俄兵又越境追捕，到處搶劫，楊增新請俄政府赦罪，俄政府卻要殺哈族領袖，對自動回國的人，也多加殺害。到七年，纔赦罪允逃民回俄。

白俄侵入新疆　七年到九年，白俄將領阿年闊夫、巴奇赤等人，被紅軍打敗，先後率殘部三萬多人逃入塔城、伊犁等地。楊增新為恐俄共籍口入侵，設法將部分白俄解除武裝，對俄國內爭，嚴守中立。十年春，白俄巴奇赤部，被紅軍壓迫，進入阿山道，沿路殺掠。阿山、承化寺、布爾津等要地都失陷，楊增新與俄共合攻，白俄軍死萬人，邊疆方告安定。

蘇俄在新通商　十一年二月，蘇俄要求在新疆通商，但俄共不肯保證不傳播共產主義，遂無結果。十三年，方恢復通商，楊增新准俄在廸化設總領事，在喀什、伊犁、塔城、承化等地設領事。這是蘇俄共黨在新疆活動的開始。新省也可在俄國斜米設總領事，宰桑、阿拉木圖、塔什干、安集延等地設領事。

蘇俄的新陰謀

共產國際的出現　民國六年（一九一七）四月，列寧回俄國宣布政綱之初，即號召建立新的第三國際——共產國際，高唱「全世界無產階級革命」。十一月，用暴力奪得政權。第三年三月，就成立第三國際，進行所謂「世界革命」。列寧早認識中國在世界的重要性，發出「從北京經加爾各答，是到達歐洲的捷徑」的狂言。中國便成為蘇俄注意的目標。

蘇俄的笑面外交　當歐洲列強仍想在中國保持特權的時候，蘇俄展開了笑面攻勢。七年七月，蘇俄外交部長齊采林（C. V. Chicherin）對蘇維埃第五次會議報告，說蘇俄將放棄在中國的一切特權。八年七月，蘇俄代理外長加拉罕（Leo Karakhan），根據齊采林的報告，簽署一項宣言，致中國民眾及南、北兩政府，申明蘇俄不要求任何補償，願放棄帝俄時代對中國一切侵略的所得。這不過是蘇俄欲取故與的攻勢，但是中國也不放棄機會，收回了外蒙等所謂自治的地區，也收回了中東鐵路。

中蘇開始接觸　九年八月，中國派張斯麐赴俄考察，並接待蘇俄所派遠東共和國的代表優林（Yourin），表面上是磋商通商事件，其實是打開交涉之門。九月二十三日，北京政府宣布停發舊俄使領待遇，派員接收俄國租界，斷絕與舊俄的關係。

蘇俄無誠意　九年九月二十七日，蘇俄代理外長加拉罕接得中國斷絕舊俄關係消息後，再發表宣言，重申第一次宣言原則，引申爲八項具體條件，以爲談判基礎。雙方接觸頻繁，大有進展。十年七月，因紅軍進佔庫倫，又慘殺赤塔中國僑民。優林還在中國策動共黨工作，交涉遂無結果。不久，第二次代表巴伊克（Pailker）來到，而蘇俄又與外蒙私訂條約，更爲中國所不滿。

共產國際代表來華　當蘇俄與北京政府談判，同時，共產國際又到中國組織支部，即中國共產黨。九年春天，共產國際東方部長胡定斯基（即胡定康Gvegori Voitinsky）到中國，與李大釗、陳獨秀籌備中國共產黨。五月，在上海策動並資助成立「馬克斯主義研究會」，八月，成立中國社會主義青年團。並出版刊物，設立俄文學校，在各地派出負責人。冬天，胡定斯基介紹陳獨秀赴俄，申請加入共產國際。

製造中國共產黨　十年春，共產國際又派馬林（Maring）來華，撥款組織中國共產黨。七月一日，共產黨第一次全國大會在馬林資助指導下，於上海舉行，決定政綱，並推定陳獨秀及周佛海爲正副委員長，決定所有文件，不用中華民國紀元，只用公曆。中共成立，最初雖是知識分子爲主，但蘇俄卻要製造爲陰謀暴動的祕密集團。

中共為共產國際支部　十一年七月，中共召開第二次全國大會，決定中共爲世界共產黨運動的一部分，爲共產國際的支部；並遵照一九二〇年（民國九年）共產國際的規定，制定「中華民國應以聯邦之原則組織之」的政綱，決定召集所有眞正民治革命力量統一會議，以造成中國社會革命惟一戰線的主張，並決定各級組織的原則。黨員們如李大釗前往洛陽聯絡吳佩孚，陳獨秀及馬林與譚平山，到廣州聯絡陳炯明；中國人是講人情關係的，他們都給共產黨員以職務和幫助。

中共決定滲透國民黨　中共二次大會，在宣言裡有一段說明，雖未指明對象是中國國民黨，但是針對中國國民黨而說的，就是中共目前要與國民黨合作，組成聯合戰線，並且使黨員加入國民黨，進行「民主主義革命」，而中共必須保持獨立組織，不做國民黨的附屬品，並且要在「民主主義革命」的發展中，以「農民革命」來達成「無產階級專政」。

馬林謁見國父　蘇俄為了進行中共滲透國民黨的陰謀，十年，派馬林到桂林謁見　國父，提出雙方合作建議，　國父以中國不適宜實行共產主義，馬林卻答覆蘇俄已改行新經濟政策。

越飛來北京　華盛頓會議，英、美只注意日本。而中國北方，在奉、直戰爭後，吳佩孚掌握大權，蘇俄遂派越飛（Joffe）率領代表團，於十一年八月到北京。他一面在長春出席日、俄會議，一面和北京政府交涉。表面上蘇俄願與中國建立友誼。十月初，越飛表示將照前兩次宣言和原則與中國談判，但北京政府表示意見後，十一月，越飛竟答以蘇俄並非放棄在中國利益，否認「將中東鐵路無償歸還中國」的聲明，會議遂無結果。翻來覆去，正是世界上所有共產黨的同一手段。

加拉罕來北京　十二年八月，蘇俄派加拉罕東來，到北京後，利用中國民眾對其名字熟悉的心理，九月，發表第三次宣言，以空言讚譽中國。先求兩國親善，再談其他問題。加拉罕正在分向中國各方接觸，想利用各方矛盾，以遂其私。當時的輿論，卻惑於蘇俄的宣傳，對蘇俄頗有好感，中共刊物的捧場，更不用說了。幸中、俄會議督辦王正廷，早與各方接洽，一致對外。並聯絡日本對俄，以破越飛聯日的陰謀。雙方不斷接觸，到十三年三月十四日，大致取得協議，加拉罕竟在十六日，提出限期三日的最後通牒，北京政府拒絕，交涉停頓。

中俄北京協定　加拉罕的帝國主義作風，當時即受北京的教授和學生指責。後以蒙古活佛去世，蒙古將生出問題。五月二十二日，恢復談判。三十一日，簽訂中、俄解決懸案大綱協定十五條，暫行管理中東鐵路協定十一條，聲明書七種，換文一種。俄人對外蒙及中東鐵路特權，並未放棄。七月，兩國政府批准協定，加拉罕被派爲駐華大使。

奉俄協定 中、俄協定，南方政府未加反對，奉天張作霖始終反對。加拉罕竟不循國際慣例，密派代表到瀋陽與張作霖交涉。九月二十日，成立奉、俄協定七款，規定中東鐵路與黑龍江、松花江等江航權，劃界、稅率、通商、宣傳等事項，無異於破壞中國領土主權的完整性。

孫越共同宣言 前述的越飛於十一年八月到北京，即在二十五日，派人持函南下，向 國父要求合作，國父卻力主慎重。及越飛北京交涉失敗，於十二月，到滬謁 國父。十二年一月，共同發表宣言，聲明「共產組織與蘇維埃制度，事實上均不能引用於中國。」俄國並將援助中國的統一與獨立。總之， 國父是不容許共產黨赤化中國的。

中共分子加入國民黨 馬林謁見 國父以後，又趕回杭州，召集中共中央委員會會議，十一年八月，會議中決定「中共黨員以個人資格加入中國國民黨」，經共產國際核准後，即將寄生在國民黨內，以求強大。這一陰謀當時自未公開，不爲外人所知。因此後來李大釗由張繼介紹謁見 國父，請以個人資格加入中國國民黨，共同努力國民革命。 國父爲加強革命力量，並冀誤入歧途的中共分子，能幡然覺悟，故允許加入，但不許在黨內保持共黨組織，及違反黨紀；於是中共黨員，不斷地加入國民黨。

國父的革命立場 十二年八月， 國父又告訴馬林：「我爲愛人而革命！我是由中國道統得來的。我們中國的道統，就是堯、舜、禹、湯、文、武、周公、孔子，一貫相傳而至我孫文。」說明與共產黨以階級鬥爭、製造仇恨爲革命的目的，大不相同。

蔣中正遊俄 十二年八月，蔣中正先生方任大本營參謀長， 國父派他到俄考察三月。十一月末，離俄回國。他發現共產國際對中國國民革命沒有眞切認識，對付革命友人的策略，還比對付敵人爲多。而且連這四人代表團，蘇俄也加以分化，致使考察與報告結果不能一致。但蔣先生卻感覺蘇俄「世界革命」的策略與目的，比西方殖民地主義，對於東方民族獨立運動，更是危險。因爲蔣先生對蘇俄和共產國際有透徹的認識，所以確定他一生掃共的決心與努力。

共黨分子滲透作用 由於共黨分子紛紛加入國民黨，十三年一月，國民黨開第一次全國代表大會時，選舉的中央執行委員和候補委員，就有李大釗、譚平山、林祖涵、毛澤東等八名重要共黨分子。當時大會代表方瑞麟、江偉藩、黃季陸等人提議，在黨章中規定「本黨黨員不得加入他黨」，李大釗竟代表黨內共黨分子，提出申明書，請對跨黨分子不必猜疑和防制，於是共黨以黨團的組織，從國民黨內部操縱分化國民黨！

國父駁斥共產主義 十三年一月，國民黨第一次全國代表大會閉幕後， 國父講演三民主義。在民生主義中，駁斥馬克斯的種種主張，他認爲歷史的重心，不是物質而是生存。馬克斯「只見得社會進化的毛病，沒有見到社會進化的原理。」社會進化是由大多數人的合作，而不是階級鬥爭。因爲要預防共黨破壞革命，所以 國父在四月頒布手訂的建國大綱，以武力掃除革命障礙，而以和平建設方法解決社會、經濟問題。預防階級鬥爭及社會革命。

蘇俄勾結國民黨 當蘇俄聯絡國民黨的時候，同時進行聯絡馮玉祥。因爲陳烱明、吳佩孚兩人，已經不預備聯絡了。蘇俄企圖利用馮玉祥發動首都革命，再控制中國。相傳越飛來華，即與馮有祕密諒解。加拉罕來華，也聯絡馮。十三年十月，馮軍改號國民軍。十四年四月，在加拉罕親自主持下，竟遣派三十六名軍事、政治人員到馮軍工作，同時又運到六百萬盧布的快槍、火砲、飛機，還供給大宗錢財，爲馮軍設立騎兵、砲兵、軍事政治學校。

蘇俄製造內亂 同時加拉罕又煽惑郭松齡反叛張作霖，郭與馮玉祥勾結。命共黨煽惑在浙江的孫傳芳共同反張。奉、直戰爭時，郭竟反張。改稱東北國民軍。加拉罕拒以中東鐵路爲張運兵，張乃捕捉鐵路局長，搜查哈爾濱俄國領事館，加拉罕電請蘇俄派紅軍進攻，但因日本也要出兵作罷。十二月，郭松齡失敗被殺。以後奉、直軍聯合對馮，蘇俄軍事國仍然助馮防守。蘇俄並繼續以軍火金錢供給馮軍。（參見第六章第二節奉、國戰事。）

蘇俄製造中外糾紛　十三年六月，蘇俄向北京政府建議互派大使，照會並指責各國只派公使駐華，是「不認中國與其平等的表徵」。北京政府決定接受這建議後，列強駐華公使，竟藉口辛丑條約，列強須一致行動爲理由，拒絕交還代管的舊俄使館。蘇俄遂指使中共分子，策動大規模的反帝國主義及廢除不平等條約運動，北京、天津、上海，在九月間，都舉行反帝運動週，並號召各弱小民族和列強決一死戰。且漸漸普及全國。但列強在華僑民，不察這運動的幕後眞相，反主張強硬干涉，更爲蘇俄造成良好機會，掩蔽俄國滅亡中國的陰謀了。

第六章　國民政府統一中國

國父逝世與革命勢力的發展

國父北上　曹、吳失敗後，段祺瑞執政。段及張作霖、馮玉祥等人，為解決國是，電請　國父北上。國父為求國家的統一與建設，遂在十三年十一月決定北上，並宣言主張對外廢除一切不平等條約，對內召集國民會議，以職業團體代表組成。於是從廣東到上海，繞道日本神戶，講演大亞洲主義，主張亞洲各民族聯合起來。十二月四日，始到天津。

國父抱病　國父不慣北方寒冷，加上旅途辛勞，致患感冒，並發肝病，在津專心調治。當時，臨時執政府成立，未經　國父同意，不召集國民會議，而進行召集善後會議，並表示器重不平等條約，毫無誠意；對　國父修改意見，也不接受。　國父於十二月三十一日，抱病到北京。對此事尤為感憤；病勢轉重。後曾通電全國，表示不贊成善後會議。

國父逝世　國父於十四年一月二十六日，遷入協和醫院，施行手術無效，於三月十二日逝世，享壽六十。臨終時再三以「和平、奮鬥、救中國」為言，四月二日，殯於北京西山碧雲寺。十八年三月十二日，國葬於南京紫金山。　國父此行的大志，雖未能實現，但革命精神已帶到北方，革命勢力，得到重大進展。

東征陳炯明　陳炯明由廣州退到東江後，因十一年冬天到十三年秋天，　國父忙於北伐，無暇清除陳軍。等到　國父北上，陳竟以為有機可乘，除暗中派人與段祺瑞勾結外，並聯絡廣州附近的滇、桂軍將襲取廣州。當時黃埔軍校，有一、二期學生一千一百人，並有一教導團，原來的粵軍也整頓好了。十四年一月，得陳軍來襲消息，決定分三路東征。黃埔軍及粵軍任右翼，桂軍任中路，滇軍任左翼。蔣中正先生率可翼軍於二月一日進攻，連得勝利，佔領多地。到三月中旬，粵軍克復梅縣，驅陳軍出潮、汕地區。但滇、桂軍按兵不動，幸革命軍棉湖一戰，以數千之眾，破數萬之敵，聲威大振。

消滅滇桂軍 當革命軍東征時，發現滇軍楊希閔和陳軍勾結密電，又發現桂軍劉震寰親往雲南，約唐繼堯來攻廣東。楊希閔一面到香港勾結英人，一面唆使商民電請段執政派他做廣東督理。廣州的革命領袖到汕頭和蔣先生、許崇智會議，決定討伐楊、劉。五月下旬準備。六月十三日，在廣州近郊，不到六小時，即將滇、桂軍二萬多人，完全繳械。

唐繼堯的妄想 辛亥革命，唐繼堯隨蔡鍔起義，民國元年，便出任貴州都督，俟來蔡鍔辭滇督往北京，薦唐繼任。護國軍起，竟成為西南領袖。護法軍政府時代，唐被選為七總裁之一。十年，曾一度被川滇邊防督辦顧品珍趕走，避居香港。十一年三月回滇，任雲南善後督辦，不久改任省長。當十三年九月，陳烱明勢張時候， 國父難於應付，想用唐制陳，以便出師北伐，與奉、浙軍共同反直，曾由大元帥府推唐為副元帥，並加以任命。當時唐態度猶豫，並未就職。到十四年三月，聽到 國父逝世，竟在滇通電就職。實欲攝行大元帥職權，推倒革命政府，而作西南領袖。於是一面派兵入桂，一面派其弟繼虞，進據湘西洪江，助熊克武出常、澧而窺湖北，又聯絡在粵滇、桂軍，擬入粵組織建國政府。革命政府遂通電討唐。結果入桂軍被范石生、李宗仁所破，入湘軍因熊軍被趙恒惕部將葉開鑫所逐，只得撤回。不久內部發生政潮，成立委員制，龍雲等四鎮守使任委員，唐任空頭總裁。

二次東征與南征 潮、汕革命軍回師廣州後，惠州陳烱明殘部洪兆麟等，又侵入潮、汕。十四年九月，革命軍決計再作東征。又發現駐粵川軍熊克武部，有通敵嫌疑，遂先扣留熊，解決川軍。十月二日。東征軍出發，中旬，克復惠州。十一月初旬。克復潮、汕。在東征開始時，陳炯明命粵南鄧本殷部向廣州進攻，連陷六、七縣。後來東征軍回師，始告收復。十二月，粵南雷州半島也告收復。十五年春間，又收復瓊州島。廣東內部，完全肅清。

成立國民政府　國父逝世後，大元帥由胡漢民代理，革命領袖一面致力軍事，一面整理財政，氣象一新。十四年六月，國民黨中央執行委員會發布改組國民政府宣言，七月一日，成立國民政府，採合議制。以汪精衛、胡漢民、孫科、許崇智、伍朝樞、徐謙、張繼、譚延闓、戴季陶、林森、張靜江、程潛、廖仲愷、古應芬、朱培德、于右任等十六人爲委員，主持政務。並推汪精衛爲委員長，許崇智爲軍事部長，胡漢民爲外交部長，廖仲愷爲財政部長。其下成立廣東省政府，分設軍事、民政、財政、建設、商務、教育、農工七廳，由許崇智、古應芬、廖仲愷、孫科、宋子文、許崇清、陳公博分任廳長，並推許崇智爲主席。下設廣州市府，以伍朝樞爲委員長。

成立國民革命軍　國民政府下設軍事委員會，由蔣中正先生、汪精衛、譚延闓三人爲常務委員。取消各種地方部隊名稱，一律稱爲國民革命軍。先分五軍，黃埔新練的軍隊與粵軍爲第一軍，由蔣先生任軍長，譚延闓的湘軍爲第二軍，朱培德的滇軍爲第三軍，李濟琛的粵軍爲第四軍，李福林的福軍爲第五軍。程潛的湘軍在第二次東征後改爲第六軍。兩廣統一後，李宗仁的桂軍爲第七軍。分設有海軍局與航空局。革命軍實行連坐法，臨陣退卻者，負責人即處死，各軍設政治部，訓練軍隊，知道爲民眾及主義而戰。軍隊中有黨代表，可以監督指揮各級軍官。各軍設有黨部，利用黨紀，以扶助軍紀。

廖仲愷被刺　廖仲愷以幹才見稱，十四年八月，被人刺死，兇手當場被捉。由國民黨中央執行委員會、國府委員會、軍事委員會聯合開會，指定許崇智、汪精衛及蔣先生三人，任特別委員處理。由許捕梁鴻楷等重要軍官十多人，魏邦平逃走香港。留廣州嫌疑各軍，盡被繳械。梁等後來釋放。胡漢民因而以國民政府代表赴俄考察。

許崇智去職 當廖案進行時，許崇智部將莫雄、許濟兩部軍隊，忽與當局發生衝突，經學生軍繳械解散，並搜捕許的司令部。許遂於九月，以生病爲名往上海，廣東軍權，遂告統一。

兩廣的統一 國父回粵重建大元帥府後，舊桂系軍閥陸榮廷竟潛入桂林。十三年一月，曹錕任命陸爲廣西軍務督辦。但舊部不聽指揮。廣西內部以李宗仁、黃紹雄、沈鴻英三部較強。六月，李、黃佔領南寧，七月，佔領桂林。陸榮廷敗退下野。十一月，革命政府任李爲綏靖督辦，黃爲會辦。十四年二月，李、黃部又擊敗沈部。接著，西南的唐繼堯和桂軍劉震寰，也想佔廣西，被李、黃等擊敗，廣西纔完全統一。十五年六月，依照國民政府規定，成立廣西省政府，黃紹雄爲主席。兩廣完全統一。把持財政的各地方軍，既已剷除無遺，兩廣的財政也告統一。

第二次全國代表大會 十五年一月，國民黨在廣州舉行第二次全國代表大會，決議遵奉　國父遺囑及第一次大會所定政綱，繼續完成國民革命。蔣中正先生在大會軍事報告說：「現在的國民革命軍，完全在政府管轄之下，一個命令出來，完全可以動員人數，有八萬五千人。……又有各校陸軍學生六千人，足抵一師之眾。再用此精神積極整頓，本黨力量，就不難統一中國。」這話毫不誇大，後來竟成事實。大會選出中央執行委員三十六人，候補二十四人，監察委員十二人，候補八人。後又選出執行委員蔣先生、胡漢民、汪精衛等九人。

北伐前的軍閥大混戰

奉國的暗鬥 十三年，張作霖的奉軍與馮玉祥的國民軍，雖然合作打敗直系。但貌合神離，暗鬥不已。

馮指使黃郛成立攝政內閣，奉系閣員多不到任。奉軍李景林部，又奪去國民軍取下的天津。等到段祺瑞出任執政，馮玉祥竟約吳佩孚出洋，也是爲了奉軍的壓迫。段表示不偏袒任何一方。可是奉軍的勢力要從津浦線伸展到長江，所以段就順著現成的趨勢，以津浦線區域，爲奉軍勢力範國；以京漢線的豫省及西北區域，爲國民軍勢力範圍。

奉國軍的擴展 十三年十二月，奉軍迫段執政免蘇督齊燮元職，派直督盧永祥爲蘇、皖宣撫使，十四年一月，又派張宗昌爲蘇、皖、魯剿匪司令。國民軍方面，十三年十二月，任命胡景翼督豫。十四年一月，派馮玉祥督辦西北邊防，李鳴鐘署綏遠都統，孫岳爲豫、陝、甘剿匪司令。十四年上半年，雙方各就勢力範圍，擴充地盤。因此不斷地發生戰爭。

齊盧戰爭 盧永祥南下，江蘇民眾反對。但齊燮元因部下官邦鐸等不聽命令，只得去滬，蘇督由省長韓國鈞兼理。十四年一月，盧與張宗昌到南京，招集舊部，要解決齊燮元部殘餘勢力，進圖浙江。齊祕密令舊部，逐走師長官邦鐸，並與浙江孫傳芳解決淞、滬護軍使，孫、齊組織浙、滬聯軍，準備作戰。段祺瑞便任命盧永祥兼蘇督，孫傳芳爲浙督，周蔭人爲閩督。表示不侵害閩、浙。又派陸軍總長吳光新南下，勸告孫勿助齊。奉軍遂東敗齊軍，齊逃日本，齊軍也被繳械。二月，奉軍張宗昌與浙江孫傳芳聯和，都從前線退兵。

胡憨戰爭 胡景翼領國民軍入豫，當時豫省尚有吳佩孚殘部，段祺瑞密令陝督劉鎮華派軍到豫助戰，劉派憨玉琨師東下，想消滅吳佩孚的勢力。十二月，胡景翼被任爲豫督。十四年一月，段授憨爲豫、陝、甘剿匪副司令，雙方都表不滿。二月，馮玉祥調停無效。段執政派孫岳帶兵來調停，實來助胡。劉鎮華也來洛陽，實來助憨。三月，雙方發生戰爭，劉、憨戰敗，劉退山西運城，陝督由陝西鎮守使吳新田繼任，憨自殺。四月，胡景翼病死，由師長岳維峻繼任豫督。

奉浙戰爭 奉系想向南方發展，張作霖迫段祺瑞，於四月任命張宗昌爲魯督，改調魯督鄭士琦爲皖督。

八月，並任楊宇霆為蘇督，姜登選為皖督。浙江孫傳芳大起恐慌。俄人又命共黨煽惑孫反奉，希望促成中國混亂，以便在北京成立共產政權。孫遂乘楊、姜布置不周的時候，聯絡舊蘇軍和鄂、皖、贛三省軍人，於十月自稱五省聯軍總司令，分五路進攻。楊、姜被迫，只得放棄上海、南京、蚌埠等地北退。十一月初，雙方在徐州大戰，奉軍敗退山東。

吳佩孚起而未成　奉、浙戰爭起，蘇、鄂、皖、贛舊直系軍人，勸吳佩孚再起。吳遂在十四年十月到漢口。通電全國，自稱受十四省推戴，就討賊聯軍總司令。想假道河南攻徐州，因國民軍攔阻未成。但孫不與吳合作。十一月，孫回杭州，控制東南五省，成為直系軍閥首領，吳佩孚也不及他了。

奉國勾心鬥角　奉軍與國民軍，在奉、浙戰爭以前，一直是對峙情勢，國民軍稍處不利地位。孫傳芳崛起討奉，張作霖知道國民軍將乘隙而動，對馮表面疏通，暗中嚴密防備，馮玉祥也暗中布置。當奉軍失守徐州，河南的國民軍，分從魯西、大名兩處進兵。京畿的奉軍，則向北京三面包圍。十四年十一月，段祺瑞加以調停，京漢鐵路沿線，由馮玉祥、岳維峻維持，津浦鐵路沿線，由張作霖、李景林辦理。李景林只得放棄保定，由國民軍鄧寶珊接據。

奉國戰爭　郭松齡為奉軍第三軍團副軍長，屬新派人物，把持張學良所掌握的奉軍精銳部隊。為同儕所忌，與楊宇霆、姜登選等不相容。入關後多人皆得地盤，獨郭無有。既受蘇俄駐華大使加拉罕的煽惑，復與馮玉祥勾結，成立密約。準備倒張。十四年十一月下旬，電請張作霖下野，隨即由灤州進兵關外，並先誘殺姜登選等將領。郭軍得俄人之助，軍勢銳利，熱河都統闞朝璽回軍援奉，馮玉群部即乘機佔熱河。郭軍前進，受日軍阻礙，奉張得日軍助，十二月二十三日，擊敗郭軍，郭夫婦被捉殺。然而天津的奉軍李景林部，卻在同時被國民軍打敗，直隸省全入國民軍之手。

奉直聯合　當國民軍大部分到直、魯作戰，吳佩孚乘機而起，與張作霖通電合作。但是郭松齡殘部由魏益三統率，仍編爲國民軍。奉軍李景林後往山東，與張宗昌組織直、魯聯軍，準備報復。十五年一月，張作霖出兵進攻關內，吳佩孚部靳雲鶚在魯，由張宗昌助餉，從魯西攻國民軍。

馮玉祥的布置 馮玉祥取得天津後，令段執政委孫岳爲直督。十五年一月，又向段辭職，並通電下野出洋，取消國民軍名義，故弄玄虛。所佔西北地盤，分成京畿附近、口北及察哈爾、綏遠、熱河、甘肅五區，以鹿鍾麟、張之江、李鳴鐘、宋哲元、劉郁芬分任總司令，向政府推薦任命。段執政又發表馮往歐、美考察實業，張之江兼任西北邊防督辦。

奉直合戰國民軍 十五年一月下旬，吳佩孚部寇英傑攻抵河南，三月佔領郾城、許昌。靳雲鶚於二月佔開封。岳維峻於三月退洛陽，後又西逃陝、甘。東北奉軍於一月佔山海關，因中東路與俄爭執，未敢續進。三月中旬，靳雲鶚、李景林兩部逼京畿，國民軍放棄天津，守北京。段祺瑞見勢不佳，轉欲勾結奉軍。四月，被鹿鍾麟發覺，宣布段罪狀，恢復曹錕自由。北京又陷三面包圍，四月十五日，國民軍由北京退南口。以後與奉、直聯軍在晉北、熱、察、綏等地，繼續作戰到八月，國民軍只保有綏遠、甘肅地區，其他各地盡失。

段執政的昏憒 段祺瑞執政時，曾宣布一個月內召集善後會議，三個月內，召集國民代表會議。但因國民黨員不參加，善後會議，毫無成績可言。十四年五月三十日，發生上海慘案，亦不得伸冤。十五年三月十八日，又發生北京流血慘案。由於奉、國戰爭，山東張宗昌，命青島艦隊及奉系海軍，砲擊大沽口，國民軍用水雷防守。八國公使團，向執政府提最後通牒，謂爲「違反辛丑和約，限四十八小時停止軍事行動。」各公團於是開市民大會，以李景林早在天津附近作戰，各國已默認辛丑和約無效。決議請政府駁斥，驅逐八國公使，並遊行請願。竟遭府衛隊射擊，死四十七人，傷一百三十二人，是爲「三一八慘案」，國人痛恨。

執政府的消滅 段先惟奉張之命是聽，郭松齡倒戈後，奉張失敗。當時國民黨發動五萬民眾遊行，請段下野，大有「首都革命」之勢。但段不理，靠馮玉祥維持，幸得渡過難關。十二月三十日，竟發表責任內閣，以許世英為國務總理，還安置幾個國民黨人。但許及國民黨人都不就職，結果以陸軍總長賈德耀代理。四月，因勾結奉軍事洩，只得逃匿東交民巷。後派人迎接張學良，張不理，只得退走天津，執政府消滅。

張作霖稱大元帥　張作霖、吳佩孚，對後繼政府，發生爭議。到五月，由顏惠慶作一度形式上的攝閣，由顏任命海軍總長兼代國務總理，算是攝政內閣。號令不出北京。當時國民革命軍已開始北伐，吳佩孚率兵南下。張作霖在十二月，於天津就安國軍總司令，以吳佩孚、閻錫山、孫傳芳、張宗昌副之，北京政權，轉入張氏手中。十六年六月，又通電討赤，竟號稱大元帥了。

國民革命軍的北伐

湖南的來歸　湖南自民國九年以來，趙恆惕倡聯省自治，境內安定。十二年譚、趙戰後，趙軍編為四師，以三、四師長葉開鑫、唐生智力較強，分任湘西湘南督辦，葉接近吳佩孚，唐接近革命政府。國民政府統一兩廣後，十五年三月，派陳銘樞、白崇禧與唐生智接洽。唐遂迫趙去職，由唐入省主持。葉開鑫走湖北依吳佩孚，得吳派軍來助。唐退衡陽，通電服從國民政府，請求援助，被編為國民革命第八軍兼前敵總指揮，國民政時調李濟琛、李宗仁的第四、七軍前往援助，連敗葉軍。因而國民政府遂決定繼續北伐。七月，唐回長沙主持省政，北伐軍繼續入湘，湖南遂隸屬國民政府之下。

決定繼續北伐　北伐發動，開始在十一年春天，　國父於桂林誓師起。但北伐成功，卻始於十五年七月九日的蔣中正先生誓師。十五年五月十五日，國民黨中央執行委員會，發布時局宣言，接受海內外迅速北伐的要求，加以湖南的來歸。六月五日的會議，通過出師北伐案，任命蔣中正先生為國民革命總司令兼軍事委員會主席，督率三軍北伐。可指揮的軍隊共八軍，計十萬人。七月一日，蔣主席頒布北伐動員令。國民黨中央全體會議，任命蔣先生爲中央黨部軍人部部長，並推爲常務委員會主席及政治會議主席。因出師北伐，由張人傑、譚延闓兩人分別代理。蔣先生受命後，即成立總司令部，以李濟琛爲參謀長，鈕永建爲總參議。

北方的形勢 革命軍北伐前的北方形勢，大致如下：直系嫡派的吳佩孚據有湖北、河南兩省，與直隸保定、大名一帶。遠及湖南、四川、貴州。所部人號稱二十五萬。直系新巨頭孫傳芳佔據蘇、浙、皖、閩、贛五省，實力在吳之上，亦擁眾二十萬人。奉系在東三省。山東爲奉系的張宗昌，直督爲張宗昌部將褚玉璞。合計不下五十萬人。以上三大勢力，與革命軍絕不相容。至於西北的國民軍，馮玉祥已出國，由張之江等主持，與革命軍互通聲氣。馮玉祥在俄國時，經徐謙介紹加入國民黨。到北伐時，馮知道獨木難支，十五年八月十七日，馮由俄回國。二十五日，即率全軍加入國民黨。還有山西的閻錫山，隨風轉舵，保境安民，尚能對國民軍及革命軍一時保守中立。而國民革命軍，論兵力財力，都不及北洋軍閥的十分之一，北伐工作的艱鉅，不難想見。

克復湘北 七月二十九日，革命軍由廣州出發，作戰大方針，爲打倒吳佩孚，妥協孫傳芳，放棄張作霖。當時吳佩孚輕視革命軍的戰鬥力，正在北方指揮攻打南口的國民軍。八月十四日，攻下南口。纔忽促趕回，但革命軍已攻到岳州、平江一帶。蔣總司令於八月十二日到長沙，因北伐軍軍紀嚴明，民眾盡力相助，軍事極爲順利。並繼續分三路出擊，吳軍節節敗退。這時，黔軍也參加革命軍，編爲第九、第十兩軍。

克復湖北 吳佩孚親臨前線督戰，八月下旬，與革命軍在汀泗橋激戰，吳軍大敗。死守金口，又爲革命軍擊潰。九月一日，革命軍逼武昌。另一路革命軍克復漢口、漢陽，又攻下武勝關，吳軍殘部敗退河南。但武昌吳軍死守，革命軍爲保全城內民眾，只得長期包圍，十月十日攻下，吳軍三萬被俘。湖北全省克復。

克復江西 孫傳芳俟革命軍，出征湘、鄂時候，派軍從江西進窺湘邊，並進圖武漢。蔣總司令爲先發制敵，派軍分由江西萍鄉攻宣春、萬載，由湖北通城出修水，由湖南瀏陽出銅鼓。另以新編贛軍攻贛南。九月，各路總攻，贛州、吉安、清江、高安、修水、南昌，均先後克復，惟南昌得而復失。十月，克臨川，十一月，克九江，再克南昌，孫軍被繳械數萬人。孫傳芳由湖口乘軍艦逃南京，江西全省克復。

克復福建 革命軍進攻江西時，孫部福建的周蔭人軍，竟大舉攻粵，破壞革命軍後方根據地。幸何應欽以一軍一部分，警戒粵、閩邊境。十月，攻克永定。十一月，克漳州、泉州，江西新編贛軍又攻進閩省。福州陸海軍降，周蔭人逃走。十二月，革命軍進福州。

克復浙江 浙江前省長夏超，同情革命軍，不幸失敗。閩省定後，革命軍由何應欽主持對浙軍事。十六年一月，革命軍越仙霞嶺。孫傳芳內部因孟昭月部與福建退來的周蔭人部衝突，革命軍突擊順利。二月，幾經激戰，克復多處地方，十九日，克復杭州。孫部紛紛投降，殘眾退松江、吳興。

克復上海 孫傳芳因敗於革命軍，向張作霖求援，以上海、南京，歸張宗昌部畢庶澄、褚玉璞接防。三月，何應欽命白崇禧率軍沿滬杭路北進，並聯絡海軍也參加革命軍作戰。當時上海鐵路工人罷工，滬寧路在眞茹附近，被革命軍便衣隊拆毀，上海形勢嚴重，外兵上陸竟有一萬五千人。幸革命軍應付得法，未成問題。三月二十日，革命軍抵上海，敵方以白俄軍鐵甲車隊抵抗，被革命軍激戰摧毀，畢庶澄因鐵路拆斷，被包圍繳械。二十三日，上海克復。滬寧鐵路沿線，也被革命軍佔領。

克復安徽 十五年十二月，張宗昌來南京與孫傳芳商定合作時，以陳調元負皖省江防之責，制止革命軍東下。二月，蔣總司令擬定進攻南京肅清長江下游計劃，除命唐生智爲西路軍總指揮，向平漢路進攻以外，以何應欽爲東路軍總指揮。自兼中央軍總指揮，李宗仁爲江左軍總指揮，集中英山、霍山，進攻安慶。程潛爲江右軍總指揮，集中九江、祁門，進攻蕪湖。十六年三月，孫傳芳因安徽總司令陳調元態度不明，將其在蚌埠軍隊全數繳械。陳遂與軍務幫辦王普，正式加入革命軍，改爲北路軍，遂克安慶。江右軍又克蕪湖。

克復南京 南京爲褚玉璞所守。三月二十三日，江右軍直逼南京城外雨花臺、幕府山。與褚軍激戰，褚軍不支，棄槍五千支以上及大量軍用品而逃。二十四日，城內肅清。四月九日，蔣總司令進駐南京。

克復河南 吳佩孚退河南後，無力反攻。張作霖見馮玉祥加入革命軍，進取汴洛，對奉軍不利，遂於十六年二月，進兵河南，與吳部靳雲鶚軍在黃河對抗，吳部潰退。奉軍南下，佔領偃城。五月初，武漢國民政府派唐生智、張發奎北上應敵，在偃城得勝。聯絡馮玉祥部，月底，攻下鄭州、開封。馮玉祥就河南省主席，遣孫連仲克南陽。吳佩孚由鄂走四川，河南全定。當時唐生智進攻河南，四川楊森部東下佔領宜昌、沙市。與咸寧夏斗寅部呼應。河南戰事結束，唐回軍漢口，西破楊森部，東平夏斗寅部。

克復淮河流城 南京克復後，國民黨因共產黨的挑撥，四月，南京成立國民政府，與武漢國民政府並立。孫傳芳以爲機不可失，與張作霖、張宗昌計劃反攻，奉軍謀取武漢，魯軍迫浦口，孫軍迫揚州。當時南京政府分三路北伐，何應欽爲第一路軍總指揮，負責肅清江北，白崇禧爲第二路，負責津浦路正面，李宗仁爲第三路，側攻津浦路，北上隴海路。各路進展順利，佔領全椒、蚌埠等地。五月，攻下徐州，六月，攻下海州、郯城，進入山東境內。

克復陝西 馮玉祥率全軍加入國民黨後，八月二十七日，國民政府任爲國民聯軍總司令。九月，馮到包頭，十七日，在五原誓師，分路從綏遠、甘肅，攻進陝西，十一月，指向西安。十六年一月，克復全省。後又出兵潼關，四月，克復洛陽。又與革命軍唐生智部聯合，於五月底，克復鄭州、開封。豫、陝、甘三省，都在馮玉祥統治之下。

山西來歸 革命軍勢如破竹，十六年六月，山西太原開國民會議，改編陸軍十二萬人爲北方國民革命軍，推舉閻錫山爲總司令，宣告服從國民政府。分向大同及娘子關出擊，張作霖請和被拒。與奉軍在平綏、平漢鐵路沿線激戰。

蔣總司令下野　武漢國民政府，因受共產黨把持，將河南的唐生智部革命軍撤回武漢，準備東征。蔣總司令不得已，將津浦路的北伐部隊，調回南京上游布防。張宗昌、孫傳芳都乘機反攻，徐州、蚌埠又失。蔣總司令爲促成寧、漢合作，遂於八月十四日，呈請辭職，返回奉化故居，仍堅決表示反對與共黨妥協。

龍潭血戰　蔣總司令下野後，孫傳芳軍進展到長江北岸，八月下旬，並圖襲取南京，恢復江南。江面敵船不斷，京、滬震動。幸得何應欽、李宗仁、白崇禧等部在龍潭苦戰，經過六、七天，敵軍全部擊潰，革命軍也死傷一萬多人。戰爭之烈，爲北伐以來少有。

清黨與國民黨的分合

國父的容共政策　國父以爲參加中共的青年，惑於馬克斯與列寧的學說及政策，而想移殖於中國，實屬誤解，故先許他們加入國民黨，使他們知道三民主義，較馬克斯階級鬥爭的主張更爲完善，行於中國，較列寧的共產制度與新經濟政策，更爲適當，而使之努力於中國國民革命。這就是　國父容共的本意。

共產陰謀顯露　十三年三月，共黨的中國社會主義青年團周刊，刊出「擴大執行委員會」的決議案，接受共黨指示，對組織的發展，不能停止。加入國民黨，仍要保存組織。六月，國民黨廣州市黨部，及中央監察委員張繼、鄧澤如等人，都根據共黨陰謀文件，提出彈劾跨黨分子。　國父更指示：如中共分子推行共產主義，破壞黨的組織，自要制裁。中央執行委員會遂決議「共產主義者加入本黨，即視爲本黨黨員管理之。」但　國父逝世後，共黨氣勢大張，竭全力分化國民黨。十四年五月，共黨在廣州策動全國勞工大會，決定「勞動鬥爭綱領」。並成立「中華全國總工會」，加入蘇俄的職工國際。同時又召集全省農民協會代表大會，決定「農民鬥爭綱領」。復假借國民黨名義，在各地分設基層機構，共黨勢力激增。

西山會議派主張清共 當時，國民黨第一屆中央執行委員會分設八部，共黨分子譚平山為組織部長，林祖涵為農民部長，工人部長因廖仲愷兼職太多，部務由共黨分子祕書馮菊坡處理。所以共黨能以此有利形勢，作前述的擴張。十四年十月，國民黨一部分中央執監委員，因不滿共黨倡狂專權，離粵北上，十一月，在北京西山碧雲寺 國父靈前集會，出席人有謝持、張繼、鄒魯、林森、葉楚傖、戴傳賢、居正、覃振、邵元沖、石瑛、石青陽、沈定一等，決議取消政治委員會，開除共產黨員在國民黨的黨籍，俄國顧問鮑羅廷（Michael Borodin）及軍事顧問解雇，開除汪精衛黨籍六月，中央執行委員會由廣州遷上海。當時留粵國民黨黨員，反對西山會議派，於是西山會議派南下，在上海成立中央執行委員會，與粵方對立。

共黨操縱二次代表大會 當時，廣州中央黨部，共黨分子從中分化挑撥，否認西山會議的決定，並設法決定於十五年元旦，開第二次全國代表大會，共黨組織祕密團體操縱大會。當選中央委員及候補委員多人。執行常委亦有譚平山、林祖涵兩人，組織、宣傳、農民三部由譚平山、毛澤東、林祖涵三人取得。林並兼財委會主席，復取得中央黨部及農民、工人、青年、婦女、海外各部祕書職務與兩湖、浙江、江西、上海、北京等地方黨部。共黨並成立「共產主義青年團」，吸收青年。軍官學校亦設青年軍人聯合會，國民黨的陳誠等人，乃發起孫文主義學會，以為對抗。

共黨打擊蔣中正 莫斯科邀 國父訪俄，蔣先生力加反對，以為共黨將乘機散播謠言，來混淆國民耳目。共黨對蔣先生，也散布謠言，說已加入共黨，擾亂聽聞。但蔣先生毫不妥協，只知為三民主義而奮鬥。十五年二月，蘇俄顧問季山嘉（Kissarka）煽動一師長叛變，被蔣先生鎮壓，當時汪精衛受共黨煽惑，為共黨利用，對蔣先生辭職既不批准，竟暗示離粵。

中山艦事變 三月十八日晚間，蘇俄顧問竟使代理海軍局長李之龍（共黨分子），矯令將蔣先生坐艦由廣州駛回黃埔上煤，又開回廣州，企圖乘蔣先生上船回黃埔時，劫持往海參威。幸蔣先生洞悉將有叛亂，二十日晨，即派兵逮捕李之龍，及各軍黨代表中的共黨分子，並收回中山艦。共黨將校，退出軍官學校。五月，汪精衛也稱病出國。

整理黨務案 鮑羅廷於四月二十九日，由俄經北方回粵，竟同意訂定整理黨務辦法，五月十五日，提出於中央委員第二次全體會議，經通過的辦法分八條。如共黨黨員不得對孫總理及三民主義，加以批評及懷疑，共賞跨黨分子名冊，應交國民黨中央執委會主席保管。中央各部長須不跨黨者，方得充任，組織國共聯席會議。總之，對國共的關係及共黨的地位等事，均有所決定。並選蔣中正先生為中央常務委員會主席，而由張靜江代理，蔣先生為組織部長，而由陳果夫代理，顧孟餘代理宣傳部長，甘乃光為農民部長，邵元沖為青年部長，葉楚傖為祕書長。共黨問題表面上取得到解決，因而國民黨中央於五月二十一日，決定北伐。

共產國際的陰謀 可是事實上，共黨分子言行不符，十一月，蘇俄的共產國際，作成「中國問題決議案」，要中共分子利用國民政府機關，接近農民，從農村暴動中組織武力，建立共黨政權，共產國際認為鮑羅廷不夠激進，再派印度人羅易（M. N. Roy）和譚平山來到中國。共黨為了執行這一決議，一方面趁革命軍的進展，糾合城鄉的地痞流氓，操縱工會和農民協會，製造武裝暴力。一方面分化及滲透革命軍，擴大其控制。

中央機關暫移南昌 十五年十月，革命軍克復武漢、南昌後，經國民黨中央政治會議決議，將國民政府遷設武昌，十一月，國民黨中常委及國府委員，到南昌集會。後決定機關暫駐南昌。十二月，鮑羅廷竟在武漢集合部分中央委員和國府委員開會，決定組織「聯席會議」，執行所謂「黨的最高職權」，以共黨黨員徐謙為傀儡主席。蔣先生為了團結合作起見，曾勸在南昌的中央委員及國府委員，遷往武漢，並於十六年三月，向三中全會辭中常會主席。

共黨控制武漢政府 十六年三月十日，三中全會在漢口開幕，由共黨操縱，鮑羅廷則在幕後導演，反共的中委拒絕出席，該非法會議竟推翻二中全會的整理黨務案，決議共黨與國民黨共同統治中國，取消蔣先生在各委員會的職務。國民政府增加農政、勞工兩部，由共黨分子譚平山、蘇兆徵爲部長，中央黨部全爲共黨分子非法劫持，兩湖亦已握在共黨手中。

決定積極清黨　當三中全會被共黨控制時，蔣總司令發表制止共黨演說，於是中央監察委員吳敬恆於四月一日，提出共黨叛逆證據，請依法制止。二日，中央監察委員會召集緊急會議，決議請中央執行委員會採取緊急處置，將共黨各地首要分子，制止活動，中央執委會隨即決議清黨，並以武漢政府不能眞正行使職權，於四月十八日，中常會及國府委員會，決定定都南京，即日在南京成立國民政府各機關，以抵制在武漢受共黨操縱的國民政府。五月，中央黨部組織清黨委員會，在南京、上海各地，積極清黨。

共黨利用汪精衛　共產國際知道武漢政權，不足與清共方面抗衡，遂促汪精衛由法經莫斯科返國，四月一日，汪到上海，蔣總司令與吳敬恆等人勸其堅定反共立場。汪竟於四月五日，與共黨總書記陳獨秀聯合發表宣言，主張組織「一切被壓迫階級的民主獨裁制，以制壓反革命。」並即前往漢口，參加武漢政府，自以爲可以領袖全黨及政府，甘受共黨分子利用，遂使共黨氣焰更強。

發動清算鬥爭　十六年五月一日，共黨在武漢召開「第五次全國代表大會」，出席代表百餘人，代表黨員五萬八千人。在四次大會時，共黨黨員只有一千五百人，經過北伐擴充後，竟增加近四十倍。大會提出土地革命口號，決定發動階級鬥爭。清算在漢口與武漢政府所控制各地的資產階級，發動罷工與排外運動，接收工廠商店，使經濟紊亂，銀行錢莊全部停業，在湖南又沒收土地，重新分配。漢口、長沙，每日殺人，兩湖陷入恐怖狀態。

軍人開始反共　共黨的盜匪行動，民眾軍隊無法忍受。五月十三日，革命軍師長夏斗寅，在咸寧宣言反共。二十一日，長沙駐軍團長許克祥，率部攻擊共匪機關，世稱「馬日事變」；各地農民亦群起反抗共黨控制。六月中，江西省主席朱培德，又破壞省內共黨一切群眾組織。至於馮玉祥的國民軍，在鄭州、開封，與武漢方面的革命軍會師後，於六月十九日往徐州，與蔣總司令晤談以後，竟改變親共態度，宣言為三民主義而奮鬥，完成北伐任務。兩人並通牒武漢政府，要求驅逐蘇俄人員，封閉共黨機關，清黨反共，拘捕共黨。

史達林指示中共　共產國際派來的羅易，為史達林的親信助理，權力高於鮑羅廷。鮑羅廷當時主張武漢政府北伐與東征，打破孤立狀態。並保持國共合作。羅易則主張在兩湖、兩廣發展農民武裝革命，包圍東南。六月一日，武漢共黨接史達林的電報指示：㈠土地革命應從下級沒收土地；㈡以黨部力量制止農民過激行動；㈢清除不可靠的將領，武裝兩萬共產黨員，從兩湖挑選五萬工農分子，組織新軍隊；㈣在國民黨中央委員中，以新的工農分子代替舊分子；㈤以知名的國民黨員，組織革命法庭，審判反動軍官。

武漢方面清共　鮑羅廷不願將此電發表，羅易竟告訴武漢政府的主席汪精衛，要求汪保證立即實行。汪始洞悉眞相，遂轉而反共。六月十四日，革命軍進入武漢，共黨首要躲入租界。七月三日，決議送羅易回俄。七月十三日，共黨宣布退出武漢國民政府。十五日，武漢中央舉行反共會議，決定罷免全部俄國顧問，取消共產黨員的國民黨黨籍，及其在政府的官職。鮑羅廷於是經馮玉祥的西北防區回俄。軍事顧問團團長加倫，則經上海回俄。

寧滬漢三方合作　武漢方面清共後，與南京方面意見接近，上海中央執監委員因清共目的己達，主張共同合作。經過三方多次磋商；九月十五日，舉行聯合會議。成立中央特別委員會，並改組國民政府，又組織軍事委員會，分裂的國民黨中央遂告統一。但汪精衛不滿意，通電去職，武漢與廣東方面，也有人表示反對。

南昌暴動　當寧、漢進行合作時候，武漢方面仍有「驅共倒蔣」口號。張發奎率第二方面軍前往江西，共黨密派周恩來、張國燾，隨軍前往。煽動本為土匪的第二十軍軍長賀龍，及共黨分子十一軍二十師師長葉挺，與南昌駐軍團長朱德，於十六年八月一日，在南昌暴動。兵力約二萬人，成立「中國國民黨革命委員會」。四日，即被革命軍包圍。五日，叛軍突圍，直抵粵東，被革命軍在潮、汕擊潰，殘部由朱德率領投降，後又叛變，到湘、贛邊境流竄。

共黨八七會議　史達林再派紐曼（Heirz Neumann）和羅明納茲（Besso Lomiradze）來華，並指使中共中央於八月七日開會，將一切責任推到陳獨秀、譚平山頭上，斥爲機會主義，後被稱僞托洛斯基派，改以瞿秋白、向忠發、李立三爲常委，向忠發爲船伕出身，實權全握於李立三；轉向武裝暴動政策。共黨中央局，也由武漢移到上海租界。

兩湖秋收暴動　共黨派毛澤東到長沙組織暴動，打算建立工農紅軍，組織蘇維埃。瞿秋白並親自指揮。以四萬元運動土匪二千人爲暴動主力，九月八日發動，截斷粵漢鐵路十多天。連陷平江、瀏陽、醴陵、萍鄉、株州等地，在鄂南各縣武裝農民。事實上除了燒殺劫掠以外，暴動軍全被國軍擊潰，瞿秋白逃上海，毛澤東率四百多殘匪，到湘、贛邊境的井崗山落草。

海豐陸豐暴動　十月三十日，由彭湃領導暴動。旋即佔領海豐、陸豐、碣石等地，組織蘇維埃政府，實行土地革命，清算鬥爭，殺害一萬數千人。共黨廣州暴動失敗後，殘部逃來會合，經過革命軍半年力剿，始完全消滅。

廣州暴動　十二月十一日，紐曼等人從俄領事館中策動指揮暴動，由張發奎第二方面軍的教導團執行，該團是由武漢軍事政治學校與農民運動訓練所學生組成，其中不少共黨分子，完全仿照俄國，在廣州成立蘇維埃政府，放火燒去市街三十多條，商店五百十三家，損失達五千萬元。殺死民眾二千三百多人。十三日，革命軍軍長李福林部由河南攻入市區，薛岳部又趕回廣州，廣州機器工會工人，也組織敢死隊，參加作戰，叛亂遂告消滅。

渭華暴動　其他地區，共黨尙發動「順、直暴動」及「江、浙暴動」，但沒有什麼表現；只有陝西的

「渭南、華陰暴動」，由劉子丹主持，失敗後，逃到陝北，建立共黨在北方的根據地。

統一的完成

唐生智的抗命 中央特別委員成立以後，武漢方面，唐生智反對最力，九月二十一日，竟在漢口成立武漢政治分會以對抗。程潛受特委會命令，在蕪湖灣沚將唐部繳械，唐部何鍵、劉興兩軍長退守湖北黃梅、廣濟。李宗仁、程潛、白崇禧領兵西征，唐部失敗。十一月停戰，唐逃往日本。湘阿因唐部何鍵、葉開鑫部相繼歸服。湘南因劉興及李明灝全部收編，都在十七年春，完全解決。

張黃的抗命 當特委會發生糾紛時，廣東李濟琛、黃紹雄等，主張停止特委會職權，先開中央執監會預備會解決。對唐生智出兵東下，擬出師湖南以為牽制。竟引起張發奎、黃琪翔的反對。於十六年十一月，乘李濟琛赴滬開會，驅逐黃紹雄，把持廣東，遂引起共黨廣東暴動。暴動平定後，張、黃自動下野。所部第四軍由繆培南率領，在潮、汕候命北伐。十二月，黃紹雄、陳銘樞等以平亂為名，進兵廣州。十七年三月，中央政治會議再任李濟琛為廣州分會主席。

奉晉相持 山西閻錫山，自響應北伐軍後，十六年十月，即開始由山西東征，不幸援晉的馮軍，被阻漳河，不能前進，南方的北伐軍，因共產黨的牽制，不能如期會師。結果晉軍失敗。傅作義於十月十三日，領輕騎八千人，乘虛攻入涿州，奉軍以五萬人猛烈圍攻，到十七年二月四日，方與奉軍立對等條約而讓城，閻錫山遂北守雁門關，東守娘子關，奉、晉暫時成相持之局。

國民軍的處境 當閻錫山的北方革命軍單獨對抗奉軍時，馮玉祥的國民軍，也在艱苦支撐。十六年九月，河南有靳雲鶚的叛變，陝西有黃德貴、韓有祿的擾亂，都在十月平定。奉軍與直、魯軍因而乘虛侵入。

十月下旬，奉軍佔衛輝，直、魯軍迫歸德、蘭封，其勢都很兇猛，竭力支持。到十一月上旬，纔能出兵分攻曹州、徐州。南京方面，因西征軍事結束，何應欽率兵攻佔蚌埠，配合作戰，聲威大振，十二月，國民軍與革命軍分佔曹州與徐州，國民軍預備繼續北進。十七年一月，馮因漳河奉軍設防堅守，遂選擇防務較弱的大名一線進攻。到三月，與蔣總司令在鄭州會議，便確定北伐大計。

國民黨的四中全會　蔣先生下野後，寧、漢合作，表面上雖已成功，但暗潮時起，中央特別委員會，難以解決當前的問題。十二月，國民黨開二屆四中全會預備會議，汪精衛提議由蔣先生繼續執行國民革命軍總司令職權，一致通過，並恢復中央黨部。汪稱病出國。十七年一月，汪精衛等四人因與廣州共黨暴動案有關，被停止黨權。二月，開四中全會，改組中央黨部，推定國府委員四十九人，譚延闓為主席；軍事委員會委員七十二人，蔣總司令為主席，並選舉各部部長。

蔣總司令再出北伐　十七年一月，蔣總司令到南京重組總司令部，通電復職。即整理部隊，將何應欽所統的第一路軍編為第一集團軍，由蔣先生自兼總司令，馮玉祥的國民軍改為第二集團軍，閻錫山的革命軍為第三集團軍，李宗仁所統的第三路軍和兩湖原有軍隊，改為第四集團軍，何應欽為參謀長，四集團軍兵力，共七十萬人。二月中旬，蔣總司令到開封，與馮玉祥及閻錫山的代表，會商北伐大計，決定於四月上旬、開始進攻。

奉軍的布置　十六年六月，張作霖稱號大元帥，即委任孫傳芳、張宗昌、張學良、韓麟春、張作相、吳俊陞、褚玉璞，為第一二三四五六七方面軍團長。張作霖的用意，在對蔣、閻方面講和，專對馮玉祥的國民軍，因請和未成。十七年二月，開軍事會議，決定津浦、京漢兩線主守，對閻軍及大名方面的馮軍主攻，以張宗昌、張學良、張作相及孫傳芳，分任津浦、京漢、京綏三路及魯西總指揮。

奉軍攻閻馮軍　當鄭州會議時，張作霖知大戰在即，決定由張學良、楊宇霆領奉軍，猛攻晉、豫，閻、馮也集中軍力堅守。井陘和雁門關兩戰，奉軍大敗。彰德方面，馮軍又敗奉軍。磁州方面的楊宇霆，也無能為力。接上津浦大戰發生，晉、豫戰爭，轉趨和緩。

第一集團軍的進展 十七年四月一日，蔣總司令親至徐州督師，四月七日，開始攻擊，在山東省境連獲勝利。二十一日，即與第二集團軍會克濟寧，二十七日，在泰安大破張宗昌、孫傳芳聯軍。五月一日，乘勝收復濟南。因日軍出兵阻撓，仍繞道前進。十七日，與第二集團軍合克德州。六月上旬，克滄州及馬廠，奉軍向北京、天津撤退。

第二集團軍的進展 第二集團軍東路軍由馮玉祥自兼總指揮，配合第一集團軍在魯西作戰。北路軍由鹿鐘麟任總指揮，四月，在河南彰德一帶，與奉軍張學良部，激戰二十多天，於五月一日，得到增援軍，始告反攻，連克順德、大名。六月上旬，克河間，進抵北平附近的南苑。

第三集團軍的進展 五月三日，第三集團軍在娘子關激戰七晝夜，攻下石家莊。五月下旬，克保定、張家口，與第一、二集團軍包圍北京、天津，北京、天津動搖，張作霖只得自動撤兵。

第四集團軍的進展 十七年四月下旬，兩湖及廣東共黨亂平，第四集團軍奉命北上北伐，曾協助第三集團軍攻下保定，進駐京、津附近。

張作霖之死 六月三日，張作霖見大勢已去，偕吳俊陞乘車由京奉鐵路出山海關，四日清晨，在皇姑屯站，為日本人預埋炸彈轟死。留北京辦理善後的張學良、楊宇霆得訊，即指揮奉軍退到灤州，陸續撤往關外。

克復京津 奉軍既退，六月八日，革命軍進駐北京。十一日，進駐天津。國民政府改北京為北平市，直隸省為河北省。鐵路也隨之而改名。並派員接收北平各機關。

右路軍的進展 奉軍張宗昌、褚玉璞部，仍不服從，盤據冀東。乃由白崇禧將各集團軍派隊，合組為右路軍，沿北寧路進攻。九月中，直、魯軍殘部被繳械。革命軍遂在山海關，與奉軍對峙。

全國統一 皇姑屯事件發生後，奉軍將領明瞭眞相。經國民政府派員勸告，遂起服從國民政府之意。十二月二十九日，奉軍將領由張學良、張作相、萬幅麟等通電服從國民政府，東三省即改換青天白日旗，全國遂在民國十七年內，完成統一。

雲南來歸 在北伐完成以前，邊遠各省，也多服從國民政府。茲分述如下：十六年二月，唐繼堯爲雲南軍人龍雲等指責，幾爲所逐，經過磋商後，只得擁虛名居滇。五月，龍雲奉國民政府委任爲國民革命軍第三十八軍軍長。適唐繼堯被人刺死，國民政府遂委龍雲爲雲南省政府主席，雲南全歸國府管轄。

新疆來歸 新疆省本是個故步自封的局面，自革命軍克復長江以後，督軍楊增新知道革命必定成功，想乘機退休，但一時不能解決繼任人選。十七年夏天，楊增新即電京易幟，服從國民政府，六月改組省政府。不意七月七日，楊增新被外交署交涉員兼軍事廳廳長樊耀南刺死，樊爲共產黨員，受共產國際指揮，企圖暴動。幸民政廳廳長金樹仁率衛隊將樊及同黨二十一人拘捕處死。商會等即推金爲省政府主席，從此新疆轉入混亂砍殺的時代。十月，國民政府以鞭長莫及，仍正式任命金爲省主席。

四川來歸 吳佩孚在豫失敗逃川後，依楊森住白帝城，意圖再起。惟四川將領劉湘、劉文輝、鄧錫候、田頌堯等，已先後輸誠國民政府，被任爲國民革命軍軍長。十七年十月，國府組織四川省政府，任劉文輝爲主席，劉湘、鄧錫候、田頌堯等任爲委員。十二月，楊森組四川同盟軍，進攻劉湘、劉文輝。未幾失敗，川局始告平定。

寧夏的平定 寧夏地區原隸屬於甘肅省，因回、漢雜處，時呈不穩現象。十七年十月，國民政府於回教領袖馬廷勷亂事平後，將甘肅西寧道屬各縣，劃入青海省。又以寧夏道及寧夏護軍使轄地，設立寧夏省，委門致中爲省政府主席。十八年四月，回民馬仲英自稱西北民軍總司令，逐走門致中。五月，爲師長吉鴻昌攻克，門主席仍就職。其他邊遠省區，都在國民革命軍北伐先後，輸誠歸屬，大體上全國省區，已完全受國民政府的統屬。

第七章　統一時期的對外關係

英國的暴行與收回租界

上海工部局的苛刻　上海自開埠以來，清政府為謀外人居住便利起見，容許租界內外人有市政自治權；然因中國國勢積弱，與民眾缺乏政治觀念，租界內外人的勢力，日見擴張，到北伐以前，中國在上海租界的主權，剝削殆盡，上海租界已變成列強的共管區域，中國幾乎完全失去了主權。當時，公共租界的工部局，又編訂阻制中國住民自由的「印刷附律」，並未得中國政府允許，任意增加「碼頭稅」，制定「交易所註冊條例」。這三種提案，雖因納稅人會議，開會不足法定人數尚未通過，但工部局終不顧中國住民的不斷反對，而有非通過不可的表示。

日紗廠殺害工人　列強根據不平等條約，可在各商埠設立工廠。日本在上海一地經營紗廠二十二家，佔上海紗廠三分之二。而待遇比他廠苛刻。十四年二月，日商內外紗廠工人要求改善待遇，同盟罷工，經上海總商會等各團體調停，雙方簽定協約，工人即行復工，不料復工以後，廠主不肯履行協約條件，並任意開除工會代表，工人乃二次罷工。五月十五日，工人推派代表八人交涉，發生衝突，日人竟開槍擊斃工人顧正紅，其餘七人受傷。

工部局處置不公　公共租界巡捕房對於此事，不但不依法處置兇手，反再用強力壓迫工人。於肇事後，逮捕工人，以聚眾擾害租界罪，向會審公廨起訴。北京政府既未抗議，上海租界報紙因援助工人，已遭受工部局處罰，也不敢主持公道。上海各大學學生，因此非常憤慨。

五卅慘案 五月二十二日，上海工人開會追悼顧正紅，大學生參加甚多，紛紛出發，沿途講演顧正紅被殺眞相，被巡捕房拘去多人，嚴密監視。學生與工人憤無可洩，遂決定在五月三十日，舉行示威講演，這天，有三千多學生，分隊到租界演講英、日暴行，下午三時，在南京路的講演隊，被西捕拘去兩人，學生三百多人追隨其後，群眾也愈聚愈多。老閘捕房英捕頭愛沃生（Everson）下令向群眾開槍，當場擊斃學生民眾四人，不治而死七人，重傷八人，輕傷數十人，又捕去奔避不及的學生五十多人，是爲「五卅慘案」。

租界的恐怖 慘案發生後，學生罷課，工人罷工，商人罷市，通電全國聲援。而英、日領事和工部局，反宣布戒嚴，由水兵、萬國義勇隊、印度巡捕嚴密布防，遊行示威，封閉學校，禁止行人。並在街上任意開槍殺人，十多天內，死了六十多人，重傷七十多人。租界的中國住民，在慘案發生後數週內，全部陷入恐怖狀態。

上海談判不成 北京政府自六月一日至十一日，由外交總長沈瑞麟向公使團抗議三次，並派蔡廷幹、曾宗鑑到滬調查。公使團三次推辭卸責，最後也派六委員到滬。蔡、曾調查後，向六委員提出十三條，即撤銷非常戒備。釋放被捕華人。並恢復公共租界學校原狀。懲兇。賠款。道歉。收回會審公廨。罷工人員，將來仍還原職時，不得扣薪。優待工人，工作與否，聽其自願。工部局投票案，納稅華人與西人平等。制止越界築路。撤銷印刷附律，交易所領照案。華人在租界內有言論、集會、出版之自由。撤換工部局總書記魯和等事。六委員只表示可以談判前五條。六月十八日會議時，竟藉口無權開議，不辭而去。遂致全國民眾，益爲憤慨。

北京談判 六委員回北京，向公使團報告調查結果，公使團於七月六日決定辦法：懲戒工部局董事。公共租界巡捕房總巡免職。處罰發令開槍的捕頭愛沃生。不料上海公共租界工部局拒絕。英公使又袒護工部局。後來英國主張司法調查，北京政府拒絕。公使團所推英、美、日三國委員，逕自於十月到上海調查，中國人未出席。到十二月，公使團纔將六委員和三委員的調查報告節要發表。決定上海公共租界工部局總巡和捕頭引咎辭職，由工部局以七萬五千元作爲死傷撫卹費。北京政府未曾接受，也無其他的積極表示。

漢口慘案　五卅慘案發生後，全國民眾，無不憤慨。六月十日，英商太古公司武昌輪到漢口，因卸貨錯誤，公司管事將工人打傷，引起工人於十一日全部罷工。當時英、日駐漢領事，即調集義勇隊及水兵布防。工人遊行，接近垂、英交界處，英軍竟開槍射擊，當場死八人，事後死六人，重傷百多人。事後湖北督軍蕭耀南，竟派兵到租界接防，宣布戒嚴。

沙基慘案　滬、漢慘案發生後，廣東各界，主張以廢除不平等條約爲根本解決辦法。六月十九日，香港與沙面的華工總罷工。二十三日，廣州各界七萬多人，對慘案死者開追悼會，並提出廢除不平等條約的辦法，會後學生、工人、商人、軍校學生大遊行，下午遊行到沙基，與沙面外人居留地相隔一水，有謂俄人從群眾所過樓上開第一槍，英、法軍隊竟開槍射擊，英、葡兵艦也開砲助威，死者五十二人，傷者一百十七人。到十五年北伐勝利，中、英雙方在七月十五日開始談判，但以慘案責任問題，英方推謝，致無結果。

省港大罷工　開始於六月十九日晚九時；及沙基慘案發生，廣東民眾益憤，厲行經濟絕交。廣州革命政府並向英、法、葡領事嚴重抗議。英、法、葡領事竟諉稱群眾先開槍，廣州革命政府於八月發布命令，對英經濟絕交。規定不停泊香港的外國船舶，始可來廣東，又取締英貨。港、粵民眾，嚴密組織罷工委員會，香港工人退回廣州，由政府供給生活費用。直到十五年十月，因政府改變政策，方停止罷工，解除封鎖，但在此一年多內，香港市面大損，幾成死港。

南京慘案　六月五日，南京英商和記洋行工人，罷工聲援滬案；因軍警捕人，七月十七日復工。三十一日，英廠主宣布停工，工人要求發給一月遣散費，廠主只允半月。爭議中，英人忽開槍打死工人一名，英海軍陸戰隊又上岸射死三人。交涉員向英領事抗議，英領事拒絕接受。八月五日，英公使竟向我中國外交部抗議，雙方交涉，遂無結果。

重慶慘案　七月二日晚，重慶英艦試放探照燈，南岸龍門浩有工人聚觀，英水兵竟上岸追擊，死四人，失蹤五人，事後重慶地方當局向英領事抗議，幾經交涉，也無結果。

其他的衝突　因爲五卅慘案影響，各大城市和商埠，都有熱烈的示威運動，除以上幾處以外，他如鎭江、九江、寧波、香港、廈門，都和外人發生衝突，不過事情不大嚴重，不久平息，也未釀成重大事變；但是民氣激昂，反抗帝國主義的心理，日益堅強。

萬縣慘案　十五年八月，革命軍克復長沙，英輪萬流號，在四川雲陽，鼓浪翻沈民船，溺死官兵五十六人，損失餉械不少。四川總司令楊森，特扣留萬流輪，以便交涉。重慶英領事即來萬縣，威迫釋放，留萬兵艦及重慶調來兵艦脅同示威。英領事電宜、漢英國海軍，來萬相助。九月五日，英艦由鄂開來，即用槍砲擊死扣輪兵士。留萬軍艦也向萬城各地發砲，市街損失重大。當時革命軍已進攻武漢，楊森遂派重慶關監督到宜昌與英方談判；決定英副提督及駐宜英領事，保證交出被扣火輪後，與非英國之居間人，迅速調處關於未了一切浪沈民船事件。對於萬縣一切賠款，將來另案交涉。

收回漢口英租界　十五年十月，革命軍攻下武昌，英人竟在漢口租界設防。十六年一月三日，漢口各界，舉行新年慶祝，中央軍事政治學校講演隊，在英租界附近講演，英水兵及義勇隊竟用刺刀刺人，當場死數人，群眾受傷以百計，鄂人大憤，向國民政府請願，對英領事抗議。四日，英領事自願撤退水兵。當晚，革命軍即進駐租界接管，設立漢口英租界臨時管理委員會。這是中國第一次的自動收回租界。

收回九江英租界　九江市民，聞知漢口事件後，異常憤慨。一月六日，市民遊行示威。英租界軍警開槍，射死工人二名。群眾與軍隊衝入租界，英國也交出警察權，英僑移居艦上。這是中國第二次的自動收回租界。

收回租界協議 漢、潯慘案發生後，英公使派員到漢口，與國民政府外交部交涉，要求交還漢口租界，外交部拒絕。自十月十二日到十六年二月十九日，會議十六次，始告協議，中國收回漢口、九江兩地租界，但須賠償九江英僑四萬元的損失。

收回鎮江租界 十六年三月二十三日，革命軍克復鎮江，市民擬於二十四日大遊行，英領事請革命軍維持租界治安，遂自動收回。十八年十一月，經過談判後，正式舉行交收典禮。

其他租界的收回 十九年四月，外交部長王正廷與英使蘭浦森簽約收回威海衛租借地，除劉公島續租十年外，其他各區均在十月一日收回。廈門英租界，於十九年九月，由中國管理。二十五年，廬山牯嶺的外人居留地，也經中國收回，設管理牯嶺特別區。

收回天津比租界 十五年十月二十七日，為中、比通商條約十年期滿之日，北京政府於期滿前六月，照會比公使，願另訂平等新約。雙方發生爭執，革命軍收回漢、潯租界後，比政府願另訂新約，並自動交還租界，十八年八月，訂定協定，二十年一月，由中國正式收回。

日本的暴行與干涉

漢口四三慘案 十五年，中國收回漢口英租界後，日人竟在漢口製造慘案。十六年四月三日，日本水兵坐我國人力車，不肯給錢，故意挑釁。水兵竟全部登岸開槍，死傷民眾五十多人。當捕行兇日兵六名，日商四名，國民政府向日使提出嚴重抗議，一面聲明保護日僑，但日商紛紛歇業，相繼離漢，此案遂無結果。

漢口九二一慘案 五個月後，日商復業，在日租界與華界交界處，用沙包鐵絲網堵塞，僅一通口由日兵防守，常與中國人起小衝突。九月二十一日，日輪沅江丸將赴長沙，有徒手華兵數十人搭船，為日水手所拒，致生事端。武漢衛戍司令部派兵彈壓，日兵竟開槍射擊，我方死三人，重傷十多人，日兵輕傷兩人。外交當局即向日領事抗議。結果議定：㈠日領派員道歉，中國方面派員到日領事署慰問；㈡由雙方官署各出卹金，按人分配；㈢日本駐漢陸戰隊，撤退回國；㈣日方肇事武官離漢。此案遂告結束。

第一次出兵山東　革命軍克復南京後，不久攻入山東境內，孫傳芳的軍隊，即將消滅。十六年四月成立的田中義一內閣，竟於五月通過出兵山東案，以保護僑民為藉口，實際係援助孫傳芳。北京政府及南京國民政府，均於六月向日本抗議。適日本幫助孫傳芳反攻目的已達，又值蔣總司令下野，遂在八月聲明撤兵。

濟南五三慘案　十七年四月，北伐軍逼近濟南，日本藉口護僑，出兵三千開往濟南。五月一日，革命軍佔領濟南。五月三日，日兵竟無故在商埠擊斃華兵，繼即派大軍包圍兵營，殺死中國軍民一千多人。當晚又慘殺交涉員蔡公時等十六人，復威脅外交部部長黃郛。砲毀民房，搶劫商民，勒繳軍械，俘虜軍民一千多人。

日本強佔濟南　七日，日本司令官福田向蔣總司令致送最後通牒，要求於十二小時內撤退駐張莊和辛庄的華軍，並要求濟南和膠濟鐵路兩旁二十里以內，華軍不得開入。八日晨，日軍不待答覆，繼續攻城。我軍為避免衝突，忍辱撤退軍隊，繞道北伐，只留兵一團維持治安。但日軍仍猛烈進攻，守軍經三天激戰後，日本於十一日佔據濟南，殺傷兵七百多人，以後，日本並加兵一師團到青島，五大隊到天津。總計此次慘案，中國人死一萬七千多人，傷三千多人，俘去五千多人，生死不明者二百八十多人，已列價損失三千二百多萬元。這些數字，只是就報告而統計得來的。

濟案臨時協定　慘案發生後，中國一面電美國政府主持公道，一面電國際聯盟採取行動，同時多次向日本抗議，都沒有效果。當北伐軍逼近北京時，日本又宣言，如沿京津路的戰事，危及滿洲治安，日本將採取適當有效措施，維持滿洲的治安。濟南慘案談判，久久未得解決。直到十八年二月，談判始告一段落。三月十二日，由日本駐華公使芳澤與外交部部長王正廷，簽訂「濟案臨時協定」。日本允在兩月內撤兵，慘案既往不究，重新調查雙方損失。到十九年五月，雖一再催促，日本仍不肯派人調查。明年，九一八事變發生，此事遂未再提。

日本對張作霖的交涉 十六年六、七月間，日本召集駐華重要官員，開東方會議，決定侵華方針，對華投資、出兵、修約，及滿、蒙等問題。八月，駐華公使芳澤回北京，即促張作霖開議滿、蒙問題，最重要者計有五項，爲吉會等六路之築路權。吉、黑兩省之森林經營權。實行二十一條之土地商租權。取消中國所築之打通、吉海兩路。取消滿、蒙日僑的治外法權，交換內地雜居權。此項要求，爲全國人士群起反對，南京國民政府外交部也函芳澤抗議，並積極北伐。因而日本有出兵山東事件。而且張作霖也不肯聽命，遂發生炸死張作霖事件。

皇姑屯炸車案 當革命軍進攻北京時，日使芳澤即要求張作霖解決懸案，並以保護張經大連歸瀋陽爲條件。張作霖拒絕。六月二日，芳澤仍迫張承認吉會六路的敷設權，張加以嚴拒。日本恨張不爲傀儡，遂生殺張企圖。關東軍認爲，只有殺張，始可解決東北問題，由河本大佐設計，於六月四日，以預埋地雷，在皇姑屯炸死張作霖。

阻止東三省易幟 張學良得悉陰謀，經蔣總司令以和平方式，派員勸說歸服國民政府，即表示願意。日本駐瀋陽總領事，曾書面勸告張學良，東三省應保境安民，不宜實行三民主義。但張學良終於易幟，服從國民政府。

蘇俄的陰謀與侵略

南京事件 十六年三月二十四日，北伐軍佔領南京，俄國顧問鮑羅廷，指使第六軍政治部主任共黨分子林祖涵，有計劃發動一部分兵士，劫掠擊傷南京城的外僑。英、美、日三國領事館，並遭搗毀。英、美停泊下關江面軍艦，以保僑為名，向城內開砲，我居民死傷甚多。事後英、美、法、義、日五國向國民政府方提出通牒，要求懲辦此案負責者，書面道歉及賠償。俄國塔斯社，卻報導美國在南京殺死中國兵民六千人的歪曲事實，以挑撥中、美感情，擴大事態。這一事件，共黨目的，在破壞革命軍的聲譽，欲引起國際糾紛，達成顛覆國民政府，乘機奪取政權的野心。國民政府於四月，分別答覆五國通牒，除抗議英、美砲擊外，其他答覆大約相同，願雙方組成委員會調查眞相。若外人欲求最佳之保證，則非取消不平等條約不可。後外人也明瞭眞相。在十七年一月蔣總司令復職後，於二月與美使開始談判。三月，中、美寧案簽字，十月，中、英寧案簽字。其後中、法及中、義寧案簽字。十八年五月，中、日寧案簽字。我國分向各該國道歉，並保證賠償懲兇，而由各國允諾修改舊約。

上海暴動陰謀 革命軍攻上海時，國民黨領導勞工總罷工，以為響應，鮑羅廷指揮俄籍軍人及共黨，在上海組織工人赤衛軍，散發槍械，企圖乘孫傳芳、張宗昌在上海的守軍被煽惑瓦解時，佔領上海華界及租界，建立蘇維埃政府及紅軍，並挑動革命軍及外人的衝突。這一陰謀將達緊急關頭時，蔣總司令截獲鮑羅廷致上海陰謀執行人的密電，蔣總司令因於三月二十六日由九江到上海。收繳工人赤衛軍槍械，逮捕數千名共黨煽惑分子，大陰謀始未實現。

俄船運送赤化文件 自從十四年七月，國民政府成立後，中、俄關係已由北京移到廣州；北京的俄大使館，只保留了一所館舍，成為北方共黨的大本營。十五年春天，張作霖、吳佩孚聯合倒馮後，北京政府在張作霖控制之下。三月初，有俄船一艘到漢口運茶，經過浦口時，爲奉軍查扣大批共黨赤化文件及鮑羅廷之妻，蘇俄大使館雖加抗議，亦未允予釋放。

搜查北京俄使館 張作霖自中東路與蘇俄發生糾紛後，對蘇俄及加拉罕均表不滿，且以爲蘇俄援助武漢國民政府。又見國民政府大有統一中國之勢，欲以搜查蘇俄使館，破獲陰謀，一振視聽。加上英國認爲五卅運動是蘇俄幕後操縱，也支持北京政府行動。當時北京大捕學生，有重要分子逃入俄使館。四月六日，經過外國公使同意，派軍警搜查俄使館，遠東銀行，中東鐵路辦事處，捉到國共黨員李大釗等六十多人，及祕密文件一百多箱，槍械甚多。蘇俄對華的陰謀，指揮共黨顚覆政府及控制國民黨左派事實，完全揭露。這些文件僅僅擇要印成的「蘇聯陰謀文證彙編」，就有十一大冊之多。

俄使撤離北京 事後北京政府外交部，根據證物，以俄使館容留共黨，違反國際公法及中、俄協定，提出抗議。蘇俄政府聞悉，竟下令各城市舉行示威遊行，反於四月九日，向中國駐莫斯科代辦鄭延禧提出嚴重抗議，並提出四項要求：撤退武官處中國軍警，釋放使館職員，歸還文件，歸還物品。四月十六日，外交部正式駁斥蘇俄要求。十九日，北京俄代辦齊爾尼赫率職員三十多人離去。不過東三省的俄國領事，並未撤退，中國代辦也未撤回。

俄領事策劃廣州暴動 共黨八七會議以後，於十六年十二月十一日，在廣州暴動，便掛起蘇維埃政府的招牌，大暴動是由俄人指揮的，第四軍和李福林軍隊克復廣州時，當場捉到俄國副領事及其助手十人。叛亂平定以後，查到祕密文件，更證明俄國領事館與商業機關，就是俄共間諜組織和策動叛亂的根源。

國民政府對俄絶交 國民政府便在十二月十四日，下令撤銷各地的俄國領事館，並勒令各地的俄國商業機關停業，宣布對俄絶交。各地俄領事於十二月二十四日，先後離華。齊采林卻令駐滬俄國領事，通牒上海交涉員，不承認中、俄邦交斷絶，否認俄領事參加粵變，而華北各地，仍然有俄領事。直到十八年中東鐵路糾紛發生，中、俄邦交，纔完全斷絕。

俄國指使煽惑青年　十五年十一月，史達林發表「論中國的前途」演說，指示中國共產黨，應極力加強青年工作。俄共、中共文件也表示注意青年，實際上特別注重大中學生。在全國反共氣氛下，共黨於十六年底，利用上海創造社，鼓吹「普羅烈塔利亞文學」，煽惑純潔青年學生的不滿現狀心理。出版刊物，組織文藝團體。十八年夏天，在上海成立左翼作家聯盟，兩月後又成立社會作家聯盟，藉以迷惑青年，推行共產學說。

俄國建立蒙古紅軍　俄國對於外蒙，並未因十三年中、俄成立解決「中、俄懸案大綱協定」而放鬆侵略，十三年七月，成立外蒙古人民共和國後，所謂人民革命黨，加入共產國際。幾年來訓練蒙古軍隊，由俄國供給彈藥器械，又編成飛機隊，蒙古軍隊的指揮官和其他重要位置，均由俄人擔任，蒙古紅軍，已爲蘇俄紅軍的一部分。十五年，蘇俄曾通知中國，說業已撤兵，但中國已不能在外蒙行使政治權力。

收回中東鐵路　至於東三省方面，雖在十三年訂有「暫行管理中東鐵路協定」，但蘇俄仍握大權。俄人竟以中東鐵路爲赤化中國的基地。以鐵路收入供給中共活動費用。十八年五月二十七日，哈爾濱俄總領事館，召集遠東各處重要共產黨幹部，開共產國際會議，經地方當局搜查，當場捉到中、俄共黨數十人，赤化書籍數萬冊，並搜得擾亂中國秩序企圖分化中國的文證甚多。七月十日，東北軍政長官張學良，即令中東鐵路督辦呂榮寰根據中、俄協定，免除俄人局長職務。並將俄藉共產分子高級職員五十九人解職，另派華人繼任。收回一切路政。復查封俄人所組設用以作間諜活動的職工聯合會、國營貿易局等機構。

俄國的蠻橫無理　俄國政府一面向我國駐海參威領事抗議；十三日，又由瀋陽俄領事向張學良提出限期三日答覆的最後通牒。十七日，即宣布對華絕交，召回外交領事人員商務人員；並要求中國代表及領事人員速離俄境。搜查中國駐俄領事館，拘捉旅俄華僑達十萬人。十九日，俄國飛機、坦克、軍艦，就向我邊境轟擊挑釁。同時又命令中東路俄藉職員總罷工，破壞鐵路的運行。

俄國大軍入侵　在遠東的俄軍原有三萬人，蘇俄又徵召西伯利亞居民組織十萬人的軍隊，並由本土派祕密警察七千人，派加倫（Galens）爲遠東軍特別軍總軍團長，由沿邊進犯。八月十一日，東自綏芬河，西到滿州里，沿邊各要點，均遭蘇俄陸空軍猛烈轟擊，公然破壞非戰公約。政府爲自衛計，以張學良負責國境邊防，派兵分東西路抵禦。九月，俄國竟有人主張對中國宣戰，共黨御用報紙，表示只能將中東路交還「中國蘇維埃政府」。

俄軍東西猛攻　九月十九日，吉林綏濱城毀於俄軍砲火及轟炸。十月，俄軍萬人又繼續進攻。並猛攻三江口及同江，戰況激烈，同江失而復得。月底，俄國海陸軍突攻富錦、樺川各縣。吉林東北告警。十一月，俄軍更大舉猛攻滿洲里、札蘭諾爾、密山、綏芬河、穆稜等地，東西防務，均告緊張。

守軍英勇抗俄　俄軍各處進攻，守軍無不浴血抗戰，犧牲甚重。滿洲里、札蘭諾爾是國防門戶，尤爲緊要。十一月十七日，俄軍以飛機、坦克、大砲猛攻，爲最激烈的一次戰爭，守軍陣地失而復得，後方亦被截斷，俄軍再三增援，血戰二日，旅長韓光第及全旅官兵十分之八殉難，札蘭諾爾失守。滿州里則由梁忠甲旅防守，激戰三晝夜後，也告失陷，梁忠甲被俘，生死不明。

中俄伯力議定書　對於蘇俄的進犯，中國外交部曾請求非戰公約國調停，十二月，美、英、法出面調停，俄國拒絕。政府因而授權東北地方當局與蘇俄進行協商，由哈爾濱交涉員蔡運升赴俄雙城子與俄談判。先行擬訂草約，經東北地方當局允諾後，於十二月二十二日在伯力簽字。即所謂伯力議定書。允許中東鐵路蘇俄員工復職，白俄人員解職。恢復領事館及商業機關。另開中、俄會議，解決復交各問題。但各方以蔡運升超越權限，其表反對，國民政府只表示承認其中一部分，並聲明另派代表再議。

中俄會議無結果　十九年二月，國民政府派莫德惠爲中、俄會議正式代表，五月赴俄，與俄代表加拉罕會商中東鐵路問題。但因蘇俄毫無誠意。歷時一年多，開會二十五次，並無結果。及九一八事變發生，會議遂告延擱。

中俄事件的反應 蘇俄對外國宣傳進攻中國，是爲了「自衛」，但因蘇俄不斷增兵入侵，國際間也認識蘇俄爲一橫暴政府。當時，中國民眾，無不痛恨蘇俄暴行，但中共竟提出「擁護蘇聯」，「武裝保衛蘇聯」，「打倒國民政府」等口號。毛澤東等匪徒，竟在湘、贛大事搗亂，牽制國軍，劉伯承、葉劍英、周恩來等人，由蘇俄每月供給三十萬盧布，從俄國到東三省，召集中國、日本、朝鮮共產匪徒，組織國際義勇隊，參加蘇俄侵略中國的戰爭，認賊作父，毫無心肝。

九一八事變後的中俄關係

史達林與九一九事變 十六年四月，日本田中義一內閣成立，即計劃積極侵略中國。濟南五三慘案以後，田中竟企圖將中國東三省與朝鮮之一部分及貝加爾湖以南的西伯利亞地區，合併設立一自治政權，並派遣前駐美大使高籐博及前內閣閣員久原房之助等人赴俄密商，史達林業已接受這一計劃，但因張作霖突然被炸身死而擱置。史達林接受這一計劃，認爲既可和好日本，又可以激勵中國反日，蘇俄正好坐收漁人之利。所以三年後，日本終於發動九一八事變。

蘇俄提議恢復邦交 九一八事變以後，蘇俄自動提議恢復邦交。二十一年六月，中央決議對俄復交，經過在日內瓦出席軍縮會議代表顏惠慶，與蘇俄代表李維諾夫談判後，於十二月恢復外交關係。第二年並互派大使，蘇俄即設法鼓動中、日戰爭，故對中國示好，使中國以爲蘇俄友誼可恃。

蘇俄鼓勵日本侵略 當日本進兵東三省時，日本駐俄大使廣田對俄聲明，日本的軍事行動限於東三省南部，蘇俄即表示對中、日衝突採取中立態度。十一月，日本進佔東三省北部，恐怕蘇俄進兵，竟指責蘇俄援助抗日的馬占山部隊，然而加拉罕告訴廣田，蘇俄根本無意干涉東三省事件。因而日本放心侵略。而且在十二月三十一日，俄外長李維諾夫向日本提出締結互不侵犯條約的建議，就是對日本讓步的表示。日本遲遲未予答覆。二十一年二月，僞滿洲國成立。三月，蘇俄同意在中東鐵路局掛上僞滿國旗，且可以利用中東路運兵。國聯派李頓調查團到東三省調查，蘇俄依從日本意願，兩度拒絕參加調查工作。說是嚴守中立方針。中、俄復交，蘇俄強調中、俄友誼時，竟單方出賣中東鐵路。

蘇俄出賣中東路　當日軍侵入東三省時，蘇俄即將中東路機車八十三輛，客車一九四輛，貨車三二〇〇輛，運入蘇俄。二十二年四、五月間，日本停止中東路的對外運輸。蘇俄決定讓步。五月二日，李維諾夫向日駐俄大使太田提議出售中東路，在事實上承認僞滿洲國。從二十二年六月，雙方開始談判，時談時停，到二十四年三月，始告定義，規定以一億四千萬日元，外加俄籍職員退職金三千萬日元，將鐵路售予日本。

中國的抗議　蘇俄開始提議出售中東路時，五月九日，中國外交部即聲明不承認。並令駐俄大使顏惠慶提出抗議。蘇俄等到日本通知決定收買中東路後，始於六月十九日答覆中國，認爲中國權利不及於東三省。以後在談判過程及定議時，中國均發表不承認聲明，蘇俄都置之不理。

俄蒙互助協定　二十四年，日本令僞滿洲國向外蒙政府交涉，派遣代表到庫倫，外蒙拒絕。二十五年三月，蘇俄與外蒙簽訂互助協定，實行攻守同盟。四月，國民政府以此事違背中、俄協定，向蘇俄抗議，指出外蒙爲中國之一部，不能與他國訂立協定。蘇俄則認爲援奉、俄協定先例，對中、俄協定，並無損害，國民政府雖再加抗議，亦無結果。

九一八事變前的新疆　新疆方面，自從十三年楊增新准許蘇俄在少數地區通商後。十五年十二月，蘇俄政府通過建築土西鐵路，十九年完成。這一鐵路包圍著新疆省的西部，蘇俄對新疆南北部的交通，比中國自己方便得多。加上新疆自金樹仁奪到政權以後，安定的新疆，已成多事的地區。十九年六月，金樹仁採取改土歸流政策，引起回民暴動的哈密事變，暴動回民失敗後，向甘肅酒泉的回民領袖馬仲英求援，馬仲英率部到新疆作戰，引起全省回、漢的大衝突。

新蘇臨時通商協定 金樹仁因回亂擴大，竟向蘇俄求援。二十年十月一日，蘇俄迫金樹仁簽訂「新蘇臨時通商協定」。俄人可在新疆多處通商，享有商業特權，竟可控制全省商業。蘇俄允許派電氣、通訊、農村、經濟及畜牧等方面的指導員，並給以軍事支持。金樹仁簽字的密約，不敢公開，俄人竟將公布，並逼金樹仁在二十一年春天通令全省知照。二十二年四月，盛世才發動政變，驅走金樹仁，握得實權。夏天，國民政府先後派遣宣慰使黃慕松及外交部部長羅文幹赴新宣慰，曉諭盛、馬停止戰爭。但因盛世才為人多疑，盛、馬戰爭又起。十月，國民政府宣布「新蘇臨時通商協定」無效。

蘇俄控制新疆 盛世才因馬仲英軍隊逼迪化，竟以「在新疆施行共產主義」為條件，求蘇俄迅速援助。二十二年十二月，盛和蘇俄代表簽訂協定，以新疆獨立為代價換取蘇俄軍事援助。蘇俄即出動陸空軍，打敗馬仲英部隊。國民政府外交部在二十三年六月，照會蘇俄大使，凡各機關以任何名義所締結之借款契約未經國民政府核准者，一律無效。自二十三年起，蘇俄即完全控制新疆，重要事務，都要經蘇俄總領事同意，或由莫斯科決定。

策動抗日統一戰線 九一八事變後，共匪在南方加緊叛亂，企圖推翻國民政府。二十四年夏天，在南方的共匪，流竄到陝北延安時，人數減至五千，已臨消滅階段。七、八月間，共產國際第七屆大會，在莫斯科開會。特別指示中國共黨應策動抗日統一戰線。共匪得到指示，遂分遣黨徒聯絡左傾分子在國內活動，提出「停止國內一切戰爭」，「建立民族統一陣線」，「組織抗日聯軍」，「組織國防政府」等口號，以阻撓政府剿共行動。並以抗日復土為藉口，煽惑在西安主持剿匪的張學良、楊虎城等部，製造西安事變。蘇俄復指使共匪參加調停，竟延續行將覆滅的共匪命運。

與外國爭平等的交涉

國民政府力爭平等　中國國民黨於十二年及十三年的兩次宣言中，提出根據相互平等的原則，修改過去所訂不平等條約的政策後，國民黨即以此為努力奮鬥的方針。十四年七月，國民政府在廣州成立，即本此方針以應付一切涉外問題。十六年四月，南京國民政府成立，胡漢民任國府主席，伍朝樞出任外長，就職時宣布的外交政策，即為取消不平等條約及爭取國際地位平等，並宣言廢除北京政府與各國所訂不平等條約，另訂新約。當時英國提出對華新案，即有願與中國進行改約之意。美國輿論則督促政府速與中國訂互惠平等之約，比利時、西班牙等國，也有同樣的表示。

宣布關稅自主延期　十六年七月二十日，國民政府宣布自九月一日起，實行關稅自主。隨即規定除原有百分之五進口稅外，另徵附加稅。普通貨物為百分之七·五，奢侈品為百分之十三至二十五，菸酒為百分之五十七·五，同時取消內地的釐金及貨物稅。但八月，蔣總司令辭職，國府主席胡漢民也辭職。日本遂首先反對新稅則，各國也紛起效尤。當時北伐尚未完成，寧、漢又在分裂。國民政府只得宣布暫緩施行。

宣布改訂新約　十七年，北伐成功，七月七日，外交部部長王正廷宣布重訂新約辦法：㈠中外間條約已屆滿期者，當然廢除，另訂新約；㈡未到期者，應即以相當手續，解除重訂；㈢舊約已滿，新約未訂者，由國民政府另訂適當辦法，處理一切。當時，中國與義、丹、葡、比、西、日六國所訂友好通商航行條約，及中法越南商約，均先後到期。除日本外，其他六國，均贊成早日開議新約。

美國最先同意關稅自主　同時，外交部又向條約未滿期各國進行交涉，尤著重關稅自主問題。美國首先同意。七月二十五日，由財政部部長宋子文與美國公使馬克漠簽訂整理中美兩國關稅條約。承認中國關稅完全自主原則，對於兩國及民眾則採取互惠及國內之待遇。本約於十七年十一月批准，十八年二月，在華盛頓互換。

各國改訂新約 英國鑒於中國民族革命高漲，美國人又已承認在先，即表示贊成修約。其他各國，也繼美國改訂新條。到民國二十五年止，訂約的有下列各國。十七年八月十七日，中德條約簽訂。十一月十二日，中挪關稅條約簽訂。二十二日，中比通商條約簽訂。二十七日，中義通商條約簽訂。十二月十二日，中丹通商條約簽訂。十九日，中荷關稅條約與中葡通商條約簽訂。二十日，中英關稅條約與中瑞（典）關稅條約簽訂。二十二日，中法關稅條約簽訂。二十七日，中西通商條約簽訂。十八年九月十八日，中波（蘭）通商條約簽訂。三十日，中希通好條約簽訂。十九年二月十二日，中捷通商條約簽訂。五月六日，中日關稅協定簽訂。五月十六日，中法規定越南及中國邊省關稅條約簽訂。二十三年四月四日，中土友好條約簽訂。二十五年六月二十五日，中拉（脫維亞）友好條約簽訂。

新約的內容及限制 以上與各國所訂新約，均以平等互惠為主。除承認中國關稅自主外，並允放棄在華領事裁判權。但以在中國大多數擁有領事裁判權國家廢除為限。惟中日關稅協定，中國允將日本有重要關係之特定物品，於三年內仍維持民國十八年之稅率，以示優待。經過這次改訂新約，中國八十年來所受片面協定關稅的束縛，始告解除。稅率自十八年二月一日，改為七級稅。二十年元旦，裁釐實現，同時廢七級稅，另定新稅率，關稅自主，便完全實現了。

收回法權運動的先聲 中國收回法權的主張，在光緒二十八年（一九〇二）中英馬凱條約與次年中美、中日商約改訂時，即已有「整理本國律例，期與各國一律，」各國即願「允棄其治外法權」的規定。巴黎和會與華盛頓會議時，中國又先後提出廢除領事裁判權的要求。華盛頓會議，並決定由與會各國政府組織一委員會，對中國法權及司法情形加以調查，再作決定。十五年一月，這一委員會在北京開會，並往各省調查司法情形，仍認爲中國司法制度未盡完善，應行改進。故領事裁判權，未能廢除。

收回法權運動的挫折　國民政府既與各國改訂新約，對於廢除領事裁判權，仍積極努力。十八年四月，外交部分致照會於英、美、法、挪威、荷蘭、巴西等國，請各國接受中國撤廢領事裁判權的要求，但各國態度多存觀望。經與英、美各別談判，亦無結果。十二月廿八日，國民政府遂公布自十九年元旦起，自動撤銷各國在華領事裁判權。因國內又生變亂，交涉暫停。二十年三月，又對日本交涉收回法權，但日本須以開放內地、承認商租權爲條件。其後英國同意分期撤廢辦法，美國則因駐美公使伍朝樞辭職，交涉停頓。法國則抱靜觀態度。五月四日，外交部宣告收回法權交涉停頓。同日，國民政府頒布管轄外人實施條例，明定二十一年元旦起，撤廢各國領事裁判權。惟因九一八事變發生，遂未斷然實行。但上海公共租界的臨時法院與法租界的會審公廨，都在十九年先後收回。也算收回了法權的一部分。

參加非戰公約　十六年六月，法國以締結法、美永久友好盟約草案，送交美國政府。經美國政府提議，擴大範圍，任何國家，均可志願參加。遂在十七年八月二十七日，歐、美各國及日本在巴黎簽字後，由美國按照公約第三條規定，邀請中國加入。國民政府遂於九月二十五日，令派駐美公使施肇基爲全權公使，簽字該約。

第八章　安內與攘外

平定叛亂與統一割據

北伐勝利後的努力方向　北伐告成，蔣總司令奉中央命，北上祭奠　國父，祭文以八事自矢，最要者有兩點：㈠破壞之後，亟待建設，全黨同志，遵照　國父遺著之建國大綱，建國方略，努力建設三民主義之國家。㈡國家兵力，當用以捍衛民族利益。本黨以剷除革命障礙，不得已而用兵，今後應知內戰爲可恥，而注全力於國防。明恥教戰，臥薪嘗膽，以求貫澈　國父民族獨立自由之遺訓。

北伐勝利後的派系　但事實上，北方軍閥之打倒，亦得若干機會主義軍人政客的協助。此等人物，無不希冀於勝利後，獲取個人的勢位，全國的統一，因而難以鞏固。當時中國的派系，主要者如：㈠國民黨右派，包括西山會議派及元老政治家。其領袖人物有吳敬恆、張靜江、許崇智、張繼、胡漢民、孫科、林森、王寵惠、與戴季陶；㈡國民黨左派，包括汪精衛、顧孟餘、陳友仁、陳公博、孫宋慶齡；㈢廣西派，以李宗仁、李濟琛及黃紹雄爲領袖，握有桂系軍隊，控制廣東、廣西、湖南、湖北四省；㈣馮玉祥派，握有國民軍，控制山東、河南、陝西、甘肅、青海、及寧夏等省；㈤張學良派，控制東三省與熱河；㈥閻錫山派，握有晉軍，控制山西、河北、綏遠、察哈爾四省。蔣總司令，在北伐勝利後，主要任務，便是建立一個全國性的國民政府，將各派系聯貫而構成新中國的一環。這是一件艱鉅的工作，尤其是握有軍權的派系，仍萌割據之念，全國的眞正統一，尚有待於努力。

湖南事變　十七年五月，成立武漢政治分會，李宗仁任主席。湖南省政府，則以魯滌平爲主席。十八年一月，政府舉行國軍編遣會議，桂系首先騷動。當時魯滌平忠於中央，按期以該省稅款匯繳南京，桂系大爲不滿。李宗仁竟於二月，以武漢政治分會主席名義，撤免魯滌平職，以何鍵爲主席。並令所部軍葉琪、夏威兩師入長沙。魯被迫退入江西省境。國民政府雖下令撤銷魯滌平免職令。但未採取其他行動。桂系竟遣軍入贛，追逐魯軍。

克復武漢　國民政府不得已，即裁撤各地政治分會，免除李宗仁、李濟琛、白崇禧等人職務。三月底，蔣主席下令進擊，得海軍協助，四月四日，克復漢口，窮追至荊門，叛軍被迫南撤。

討桂之役　當時何鍵表示擁護中央，即調何部自湖南攻廣西。李宗仁的桂軍在廣州，則爲陳銘樞、陳濟棠迫令離開，占據汕頭，再圖進攻廣州。但政府自福建調軍往廣東迎戰，擊退桂軍。五月，何部國軍克桂林。六月，克梧州、南寧。桂系人物赴港，桂、粵二省另行改組。當桂系叛變時，白崇禧養病北平西山，謀響應武漢，爲部下李品仙舉發，只得往大連而轉香港。

馮玉祥反抗政府　馮玉祥爲人反覆無常，擁大軍四十萬，常想擴大地盤，所據各省稅收，全被截留；每月仍由政府另撥五十萬元。桂系公開叛變時，馮玉祥即有響應之說。四月，部將孫良誠首先反抗政府。五月，馮部屬聯名通電反對政府，並擁馮爲「護黨救國西北軍總司令」，蔣主席屢電馮勸告，服從政府命令。但馮仍積極準備軍事行動。幸馮部韓復榘、石友三兩人，接受勸告，通電服從政府。馮不得已，通電下野。準備出國。留其部將孫良誠、宋哲元、劉郁芬繼續統率西北軍。當時汪精衛正在歐洲，竟發布改組政府宣言，策應叛軍，以擴大反政府方面的勢力。

西北軍反抗政府　十八年十月，國民軍將領孫良誠、宋哲元、鹿鍾麟等二十七人，聯名通電反抗政府，並分兩路突襲政府軍，蔣主席親往許昌指揮，十一月中旬，政府軍在豫、鄂都獲勝利。十二月，河南已無敵蹤。這一戰西北軍出動二十萬人，政府軍三十萬人，戰事之激烈，可以想見。

張發奎的譁變　十六年十二月，共匪在廣州暴動，張發奎因過失被免職。十八年討桂之役，起用張為第四師師長，駐軍宜昌。九月，西北軍變亂時，政府調張北援隴海路。張竟響應汪精衛宣言，反對十八年三月中央所召開之第三次全國代表大會，歡迎汪任政府要職。同時向東移動軍隊，政府制止不聽，遂明令討伐，張敗退粵、桂邊界。

廣西獨立　十八年六月討桂之役，政府命俞作柏為廣西省主席，多起用清黨時革除黨籍人物。中央派吳鐵城前往調查，俞乃於九月與師長李明瑞響應張發奎，通電宣布廣西獨立。政府即命陳濟棠等負責討伐。十月俞、李敗退龍州。忽張發奎軍由廣西攻廣東。李宗仁等的桂軍亦從桂邊進攻。政府以何應欽為統帥，連敗張軍。十二月，政府軍連克要地，十九年春天，桂局復定。

唐石叛變　十八年十一月，張發奎軍攻廣東，政府命安徽省主席石友三，入粵討張，石部不願往，十二月初，竟在浦口譁變搶餉，在蚌埠通電反政府。在豫西的唐生智，也聯合河南、湖南西北軍將領七十五人，表示擁戴汪精衛。七日，政府免唐、石兩人職務。何鍵、楊杰、徐源泉、閻錫山、張學良、韓復榘等多數將領通電擁護政府，發兵攻唐。唐軍大敗，部下紛紛反正。十九年一月，唐逃亡出洋。石友三見情勢不佳，也接受政府宣撫。戰事結束。

閻馮李反抗政府　唐、石之亂解決以後，十九年二月，閻錫山忽以不滿意三全大會為由，要求與蔣主席同時下野。三月，二、三、四集團軍鹿鍾麟、商震、黃紹雄等五十七將領，復聯名反抗政府。推閻為「中華民國陸海軍總司令」，李宗仁、馮玉祥副之。北路軍自平漢、津浦路南下，由閻、馮率領，南路軍由廣西攻湖南，由李宗仁、張發奎率領。政府軍遂於五月下令總攻，實行武力平亂。政府軍與北路馮部叛軍，激戰於豫南、皖北，叛軍敗退。政府軍韓復榘部與閻軍傅作義部戰於山東，韓部退出濟南。八月十五日，蔣主席親臨督師，克復濟南，叛軍大潰。南路叛軍攻入湖南，佔領長沙，李、張內訌。六月，政府軍從廣東反攻，收復長沙，李宗仁退守廣西。

大亂的平定 當時閻、馮要求張學良合作，日本亦壓迫張與叛軍攜手，以擴大中國內亂。但張於九月十八日，通電擁護政府，並遣于學忠、王樹常軍入關，連克平、津。閻軍遂陷於南北夾擊狀態。閻軍悉數退入娘子關。十月，政府軍連克開封、鄭州、洛陽。皖境石友三部及豫境梁冠英部，都歸順政府。殘部渡河退向西北。十一月五日，閻、馮表示解甲歸田。晉軍、國民軍由政府改編，冀、豫、陝、魯、晉、甘、察等省政府，都由政府加以改組。這一戰役，歷時六月，叛軍出動達六十萬，半數反正，死傷十五萬多。政府軍出動近百萬，死傷九萬，戰區破壞至烈。代價固屬慘重，然中國卻亦因此役而統一。

擴大會議 十九年二月，汪精衛歐遊回國，即與閻、馮合作，主張另立黨統。當中原激戰時候，汪、閻、馮及國民黨二屆粵方、滬方中委都先後到北平。於七月十三日，成立國民黨「北平擴大會議」。八月，舉行正式會議，成立中央黨部。九月上旬，成立國民政府，推定閻錫山、唐紹儀、汪精衛、馮玉祥、李宗仁、張學良、謝持七人，爲國府委員，閻爲主席。不意九月十八日，張學良通電擁護中央，擴大會議派離平。二十五日後，改在太原開會。但閻、馮頹勢已成，擴大會議，無形瓦解。稍後，閻、馮下野，汪精衛也潛自出國。

廣東事變 全國再統一後，中央欲制頒訓政時期約法。二十年，即積極進行國民會議。立法院院長胡漢民，因提議約法問題，不允同意；遭監察院彈劾，四月辭職。其時，廣東陳銘樞已被陳濟棠推倒，陳濟棠竟通電反對國民會議。五月下旬，唐紹儀、汪精衛、陳友仁等人在廣州舉行非常會議，成立中央黨部，組織國民政府，造成割據局面。通電要求蔣主席下野，並組織北伐軍進攻湖南。同時駐防河北的石友三部，也通電支持廣東集團。七月，經政府軍張學良部及商震部夾擊而失敗。八月，石宣告下野，殘部由韓復榘收編。

廣東事變的解決　九月十八日，日本突侵東北，蔣主席為求團結禦侮，表示忍讓，願求和平解決。張繼、蔡元培、陳銘樞奉命南下。十月，政府與廣東代表在上海開會。決定於十一月舉行國民黨第四次全國代表大會，分在南京、廣州舉行，選舉同一的中央執監委員。凡以前因政治關係開除黨籍者，都一律恢復。同時，汪精衛派也在上海開四中全會。十二月，蔣主席辭去所有職務，以求達成統一。接著，四屆一中全會，修改國民政府組織法，並選林森為國民政府主席。廣州政府自動取消。

福建事變的發生　「一二八」上海之役，十九路軍將領陳銘樞、蔡廷楷、蔣光鼐，不考慮參謀總長所制定的整個戰略，逕行對日作戰。當時軍事委員會蔣委員長，令第五軍急速增援，勉以「生死且與共之，況於榮辱乎何有？」外間不察實情，十九路軍遂獨享盛譽。以後十九路軍移防福建剿匪，驕兵致敗，士氣漸頹。在福州的政客與其將領勾結，因而發動叛變。當時陳銘樞新免廣東省主席之職，心懷不滿。二十二年十一月，與李濟琛、蔡廷楷、蔣光鼐在福州成立「生產黨」。聯絡共匪及第三黨分子，在福州組織「中華共和國人民政府」，更改年號，召開民眾大會，宣言獨立。十九路軍改為「人民革命軍」。

福建事變的平定　閩變發生，政府即明令迅予處置，勸告十九路軍將士來歸。十二月，並將叛變分子免職，蔣委員長親飛閩指揮作戰。二十三年一月，分三路進攻，叛軍各線潰敗，十九路軍將領紛紛歸順，不及一月而叛變敉平；福建「人民政府」消滅，陳銘樞等人逃香港，殘部改編為第七路軍。

兩廣事變的發生　十九年，各地軍人叛變，李宗仁部雖侵湘失敗，仍據有廣西，練兵教戰；後與廣東陳濟棠合作，對政府保持半獨立狀態。閩變平定後，江西共匪西竄；全國漸告安定統一，國人莫不希望兩廣聽命於政府。二十五年六月，李宗仁、白崇禧與陳濟棠，以抗日為由，出兵北上，並組織西南政委會，及獨立軍事委員會，反抗政府。其軍隊則向湘、贛、閩各省推進。粵、桂軍隊人數達三十萬，飛機數十架，並自日本購來大量軍火，一旦戰事爆發，情況至為嚴重。當時全國上下及旅京兩廣人士，都力勸李、陳罷兵，蔣委員長於事變之初，也公開勸告，李、陳等未能接受。

廣東問題的解決 七月六日，粵空軍將領通電服從政府，並率機九架飛抵南京。八日，粵第一軍軍長余漢謀偕李漢魂抵京，並電勸粵方將領服從政府。七月中旬，余漢謀復被任為廣東綏靖主任，向韶關進軍。粵空軍又全部服從政府，飛往南昌。陳濟棠見事無可為，遂離粵赴港。國民政府改組廣東省政府，粵事遂定。

廣西問題的解決 粵事起變化後，桂方撤軍西退，並調重兵守梧州。政府任李宗仁、白崇禧、黃紹雄等新職，不就。八月，蔣委員長飛廣州，派員再三勸解，以團結禦侮勸勉。九月，任李為廣西省綏靖主任，白崇禧為軍事委員會委員，黃紹雄為浙江省主席，始決定接受。分崩離析的局面，到此又歸統一。

新疆的變動 金樹仁在新疆數年，貪殘無道，大失民心，以致回、漢相仇，禍延全省。二十二年四月十二日，發生政變，金樹仁被反對者趕走。盛世才亦參加政變，金知失敗而退，民政廳廳長劉文龍被推為臨時省主席，盛世才為臨時邊防督辦，盛世才與馬仲英仍交戰不休。六月，國民政府派黃慕松入新宣慰。七月，政府決定劉任主席，盛任督辦。八月，政府又派羅文幹赴新，調停盛、馬爭執，未成。盛世才竟不惜勾結蘇俄，向蘇俄借兵，擊敗馬仲英部，馬部退南疆。二十三年七月，馬仲英及少數隨員被蘇俄特工人員，冒用國民政府名義，以飛機誘捕送往俄國，二十八年春被殺。

清剿共匪與西安事變

剿共的重要性 中國在平定叛亂時期，共匪的亂事，也日見擴大。從十八年到二十三年間，共匪到處流竄，燒殺裹脅，民眾不安。政府不得已，集中大量兵力，進行五次清剿，以求國家的安定，達成眞正統一與建設的目的。

共匪盤據井崗山 組織中國工農紅軍，是共產國際下的命令，而為史達林策略的一部分。這項命令，已由朱德、賀龍、葉挺、毛澤東等共黨領袖付諸實現。十六年，在長沙暴動失敗後，毛澤東與彭德懷率殘部四百人，竄入湘、贛邊境，收編土匪，加到三千人。南昌暴動失敗後，朱德、賀龍等逃入廣東北江流域，被迫投降滇軍范石生部，范任朱德為團長。廣州暴動發生，朱德又叛，流竄東南。十七年，與毛澤東合流為一軍。四月，佔領湘、贛邊界的井崗山。

第一次剿匪 十七年七月，中共在莫斯科舉行第六次全國代表大會，由共產國際直接導演，通過建立「蘇維埃政府」及「土地革命」兩案，會後，共產國際派向忠發、周恩來、李立三回國，在上海租界成立黨部，實權操於李立三之手。十七年冬天，江西共黨實力加到萬人，連陷江西南部多縣，建立「蘇維埃政府」，沒收土地，十八年春天，又及於閩西各縣。李立三又以鉅款接濟黨羽，在湘東、湘西、桂南、皖北、衡陽、宜昌等地紛起叛亂，殘害民眾，無惡不作。十九年七月，匪軍陷長沙，十天後克復，長沙殘破不堪。其時共匪兵力已達六萬人。閻、馮戰爭結束；十一月，吉安與景德鎮一度淪陷。十二月，政府軍即進剿江西共匪，起初順利，後十八師遇伏失敗，師長張輝瓚殉難；於是增兵再剿。二十年二月，何應欽以三師進攻，因共匪採用閃避戰術，政府軍不易應付，亦無效果。

成立偽組織 二十年，中共特務頭子向政府自首，因而共黨在京、滬所有機關和組織，全被破獲。其「中央委員會」，也全部瓦解。十一月，共黨於江西瑞金召集「第一次全國蘇維埃大會」，重新組織共黨中央。並於十二月，成立所謂「中華蘇維埃共和國」，毛澤東為主席，朱德為紅軍總司令。這地區以後成為共匪的根據地。此外徐向前竄據豫、鄂、皖邊區，賀龍竄據湘、鄂、川邊區，瞿秋白竄據浙、閩邊區。共黨實行匪化，殘忍狠毒，毫無人性，所佔地區，民眾如入水火。

第二次剿匪 二十年五月，國民會議宣言撲滅赤匪。六月，蔣主席親赴江西督師，以二十萬大軍舉行第二次總攻擊。七月，破老巢東固，九月中旬，除瑞金一縣外，均告收復。十三日，又攻克瑞金，共匪堅壁清野，交通不便，接濟不易，一時不能全力撲滅。九一八事變又突然發生，政府軍大部北調，共匪反攻，實力擴充到二十三萬人，再陷贛南各地。一二八事變後，一度威脅南昌。共黨分子並在上海號召罷工，反對政府，響應日本侵略，以削弱政府抗戰力量。

第三次剿匪 二十一年三月，蔣中正先生出任軍事委員會委員長，五月，在漢口設立總部，進行第三次清剿，以政治與軍事並進，則撫兼施。清剿豫、鄂、皖三省匪患。到二十二年春天，三省匪禍，先後平定，但賀龍殘匪，流竄於川、湘邊界，徐向前殘匪，由鄂北而進入陝邊大巴山，仍未根絕。

共匪乘機而動 二十二年春天，日軍進犯熱河及長城各口。蔣委員長赴河北坐鎮，國軍也抽調北上，共匪乘機反攻，政府軍十八軍敗退，共匪迫南昌附近，幸國軍八十七、八十八兩師增援反擊，遂未得逞。其時，共匪武力不下五十萬人，大多數為被裹脅的農民，蔣委員長對被脅從者，特准免罪來歸，教育後授以謀生技能，使之成為良民。

第四次剿匪 二十一年十二月，國民黨四屆三中全會宣言曾說：「赤匪奔突，村邑為墟，腹地既殘，藩籬不治。遂致安內攘外，兼顧兩難。」為了攘外抗日，必先安內剿共。二十二年四月，蔣委員長再抵南昌，進行第四次清剿。採取圍攻戰略，各路並進，成立保甲，建立碉堡，成效大著，連復各城。再實行封鎖政策，斷絕匪區交通與接濟，時時出奇制勝，破匪主力。十一月，因十九路軍在福建叛變，則匪軍事暫停。四次圍剿前，共匪實力，據二十一年十二月共產國際開會時，中共代表陳紹禹報告：「紅軍正規部隊有三十六萬人，非正規部隊六十五萬人。」四次圍剿後，共匪勢力大減。

第五次剿匪 二十三年春天，政府進行第五次剿匪，使用兵力近百萬人，各種飛機一百五十架。從六月下旬起，在鄂、湘、贛、閩各省同時發動總攻擊，共匪節節敗滅，十一月，克復赤都瑞金。殘餘共匪突圍向湖南西竄，在江西的共匪政權完全摧毀，僅湘、鄂、皖三省，尚留有少數的共匪巢穴。江西省原有人口二千七百五十萬，經七年共匪作亂，戰後僅餘一千四百萬人，浩劫之慘，可以想見。

共匪西部流竄　共匪西竄，起初並無一定目標。連同裹脅兒童，或不下十萬人，一云七、八萬人。沿途也有糾合參加者。南路由蕭克、賀龍率領，經貴州入雲南。二十四年四月，在普渡河被政府軍擊潰，流竄川、康邊境。北路共匪進入四川，與徐向前合流，因四川軍人各劃防區，共匪勢力復張。二十四年三月，蔣委員長親往重慶主持剿匪，冬天，共匪被迫退入川、康邊境，與雲南竄來的共匪合流，沿川、青邊境進入甘肅。因天寒缺糧，復經政府軍沿路攔擊，經寧夏東部而到陝北，殘部僅不過五千人，與當地共匪劉子丹合股，亦不過二萬人。

共產國際支持中共　當共匪流竄時，二十四年七、八月間，共產國際在莫斯科舉行第七屆世界大會，爲鼓勵將消滅的共匪，選毛澤東、周恩來爲共產國際執行委員，在莫斯科的陳紹禹，被選爲共產國際主席團主席之一，同時，在中國採取「聯合戰線」政策，提出「中國人不打中國人」，「停止內戰」，「各黨派、各團體、各軍隊聯合抗日」的口號，實際是以反日爲名，進行反政府的陰謀。二十五年五月，他們要求立即抗日，停止剿共。政府以共匪如能誠意悔改，爲積極準備抗日，故對共匪採取政治解決，允予談判，共匪遂得到喘息的機會。

共匪煽惑張楊　張學良自東北淪陷後，即率軍退入關內。二十四年十月，政府派蔣委員長爲西北剿匪總司令，張學良兼副總司令。與陝西綏靖主任楊虎城進剿陝北殘共。當時共匪以聯合戰線，停戰抗日之說，鼓動張、楊，張竟不察，停止剿共，在西安收容所謂人民陣線分子及政客，公開反動宣傳，頓使西北社會不安。

西安事變　二十五年十一月，張學良電告政府，所部不穩。十二月，蔣委員長親往西安坐鎮，張部將領，竟要求立即抗日，學生亦抗日遊行，西安秩序紊亂。十二日，張、楊等命部隊劫持蔣委員長，及政府將領十七人。張通電全國，提出八項政治主張，堅欲蔣委員長接受其條件。蔣委員長因抗日有全盤之計劃，拒不接受。然八年剿匪的努力，預計在半月或一月可告成功的，竟因此次事變，功虧一簣！

蔣委員長成民族領袖　事變發動，張學良顯有容共反政府之意。當日政府即決議出兵討逆，免張學良職務，全國軍政領袖及各界人士，聞訊無不痛心，聲討張、楊；外國輿論，亦斥張、楊為暴行。十四日張、楊在西安組織聯合抗日軍，包括共軍及東北軍、西北軍。政府即頒討伐令，派何應欽為討逆軍總司令，出動陸空軍。西安行將被圍，輿論又不利於張、楊，張乃悔悟前非，於二十五日送蔣委員長返洛陽，明日抵京。張亦隨行，束身歸罪。蔣委員長脫險，全國皆歡，國際咸賀。國步化險為夷，國本亦免動搖，蔣委員長已成為全國擁戴的領袖。

陝西局勢的解決　蔣委員長返京後，楊虎城在西安，仍未表示服從政府。二十六年一月，蔣委員長函勸楊悔悟，但楊提出許多不可能接受的條件。政府不得已，集中兵力於潼關。二月初，張、楊兩部因對政府態度不一，發生兵變。二月五日，部隊始撤出西安，搶去各銀行二百萬元，商民亦被搶。八日，政府軍進西安。三月底，楊虎城、于學忠出席杭州軍事會議，楊表示辭職出國。四月，東北軍由陝、甘移到河南、安徽。陝西局勢，復歸安定。

中共問題的解決　共黨為挽救消滅的命運，欲與政府協議，以圖再起機會。二十五年五月，周恩來即來上海談判。二十六年二月，政府即著手收編共軍，周恩來再到南京商談，中共中央並提出四項原則，國民黨五屆三中全會開會，通過「根絕赤禍案」，針對共黨四項原則，決定四點。政府雖仍反共，然對共黨的禁制，則告停止。

共赴國難宣言　對日全面抗戰開始，中共中央於九月二十二日發表共赴國難宣言，向政府提出四項諾言：㈠孫中山先生的三民主義爲中國今日之必需，本黨願爲徹底實現而奮鬥；㈡取消一切推翻國民黨政權的暴動政策及赤化運動，停止以暴動沒收地主土地的政策；㈢取消現在的蘇維埃政府，實行民權政治，以期全國政權之統一；㈣取消紅軍名義及番號，改編爲國民革命軍，受國民政府軍事委員會之統轄，並待命出動，擔任抗日前線之職責。明日，蔣委員長發表談話，「望其眞誠一致，實踐其宣言所舉諸點。」而相信共黨是悔禍歸誠，共同禦侮。然而墨瀋未乾，共產黨永遠不能改變本來面目，其事實竟與諾言完全相反！

日本的侵略東北

日本準備大侵東北　日本軍閥，目光如豆，一意以蠶食中國爲目標。在民國初年到北伐統一過程中，無時不進行削弱中國或分割中國的陰謀。忌中國的強大，尤怕國民黨得志，而妨礙其侵略。十八年，日本因受國際壓力，被迫撤退中國駐軍。張學良因痛恨日本之壓迫，悉心經營東北。如吉海、奉海、打通等鐵路的銜接，經營葫蘆港，使東北的物產，可利用自己的鐵路網及港口進出。盜憎主人，更引起日本的猜忌，迫不及待，遂有大侵東北的行動。

日本對東三省的移民　先是日本政府獎勵日人移民東北，但日人怕東北的寒冷，民國以來的十九年，移民尚不到九萬人，而中國山東一省，同期內竟移民二十五萬人。後內田康哉出任南滿鐵道總裁，設法使朝鮮人移民東北，朝鮮人擅自在吉林省內強佔土地，與居民引起糾紛。

萬寶山事件　二十年夏天，長春萬寶山居民郝永德，租得民地五百晌，未經長春縣政府批准，轉租朝鮮人耕種。朝鮮人導引伊通河水，攔河築壩，強挖民田，引起衝突。日本督察以護僑爲名，開槍射擊中國農民，死傷數百人。

日本鼓動朝鮮排華　事後日本又在朝鮮，鼓動排華風潮，漢城日警不負責保護華僑生命財產，中國領事交涉無效。華僑被殺一千多人，損失財產無數。仁川、平壤、釜山等地，也相繼發生排華事件，情形嚴重。

中村事件　萬寶山事件尚在交涉，日本又揚言陸軍上尉中村麗太郎，於八月二十八日，爲中國興安駐屯軍殺害，提出抗議。同時在日本散發傳單，謂「日本在滿州之特權與利益，現處於危險狀態。」以刺激日本民眾；一面增兵東三省南部，準備引起釁端。

九一八事件　九月十八日晚間，日人將南滿鐵路，自行炸毀一段，誣爲華軍所爲，逕向瀋陽中國駐軍進擊。當時張學良爲東北最高負責人，遊息北平，爲保存實力，及歷次日軍來華，終得撤兵，遂不以爲意，電令不抵抗而退。第二天，日軍占瀋陽。同天，長春、營口、鐵嶺、開原、安東、鳳凰城、撫順、延吉，也被日軍佔領。日軍到吉林，代主席熙洽迎降，各軍繳械。數日之內，遼、吉兩省要地全失。十月一日，日本組織「吉林長官公署」，以熙洽爲傀儡；遼寧則成立「地方維持會」，由袁金鎧爲傀儡。

中國向國聯申訴　日本這一舉動，全中國人無不憤慨，政府特組外交委員會，主持對日交涉。爲愛護和平，不顧訴諸武力。除對日本提出抗議，即電駐國聯理事會代表施肇基，要求據盟約十一條，召集理事會。當時國聯理事會長西班牙外長通知中、日兩方，避免擴大事態。並令日本撤兵回原地。九月三十日，國聯行政院復開會決議，請日、中雙方從速就撤兵回原防及保護日本僑民完成諒解，以恢復尋常關係，並令日本在十月十三日前撤兵。

國聯再令日本撤兵　但日本視國聯公約如廢紙，反以飛機襲擊錦州，擴大佔領區域，增派軍艦，在沿海長江示威。國聯行政院於十月十三日開會，英、法各外長出席會議，美國也派代表參加。十月二十四日，以十三票對日本一票，促日本在十一月十六日完成撤兵。日本仍不理會，繼續進攻黑龍江省。十二月十日，國聯遂通過組織五人調查團，實地調查，再行核奪。國聯之無實際行動，因爲控制國聯的英國，態度模稜；

蘇聯則袖手旁觀。美國勢孤，只能對日本以道義制裁；於二十一年一月，由國務卿史汀生（H. Stimson）聲明，凡違反對華門戶開放政策條約公約者，概不承認。

日軍攻黑省與錦州　十一月初，日本進兵黑龍江，與代主席馬占山軍激戰。中旬，日軍大舉進攻，馬軍以軍少械鈍失敗。十八日，龍江失陷，馬部退守克山。其時，遼寧省政府移設錦州。十二月下旬，日本自昌圖、新民西攻；更由營口進攻錦州。國民政府電告國聯，請速制止；並令張學良堅守錦州。二十一年一月二日，日軍佔錦州。山海關以外中國行政機關，悉遭破壞。

日本在上海挑釁　日本爲求永佔東三省，轉移中國人的目標，使中國難於應付，遂在天津、青島、福州等地，嗾使浪人，製造糾紛。上海是商業中心，也是抵制日貨要地。二十一年一月十八日，日僧五人與三友實業社工人衝突。二十日，日本浪人竟火燒三友實業社，殺華警，搗毀商店。下旬，日海軍司令鹽澤要求取締抗日運動，日領事又提最後通牒，要求上海市政府，道歉、撫卹、懲兇、制止反日四事。市府於二十八日下午，表示接受，日領事滿意。

一二八事變　但日軍對上海攻擊已準備就緒，於晚十一時來通知上海市政府，勒令華軍退出閘北。但竟於通知到達前，向閘北駐軍進攻。當時蔣先生於下野後重返南京不久，知淞滬駐軍十九路軍已應戰，急調第五軍八十七、八十八師增援，保衛上海。萬千市民因日本突襲而喪生，自閘北逃往租界者，達二十五萬人。

淞滬戰爭　自一二八起，到三月一日，國軍退出淞、滬第一道防線止。計一月又四日，我國物質損失甚大。據上海社會局調查，損失達十四億元。災民十四萬戶。因我軍奮勇抵抗，日軍失利，數次加調援軍，擴大戰線，延及吳淞、太倉、嘉定一帶，並派機轟炸蘇、杭。日本前後出兵近十萬，並四易主帥。終未得決定性的勝利，後國軍因瀏河被襲，遂致後退。戰事暫告沈寂。當時國民曾自動接濟餉需，過千萬元，也可見民氣的激昂。

上海停戰協定 淞、滬戰爭時，英、美、法等國，曾出面調停。中國代表亦向國際聯盟要求制裁日本，國聯遂成立上海國際調查團，邀美國加入。國軍撤退後，三月四日，國聯要求雙方停戰。限日本在五月十日以前，恢復九月十八日以前原狀。如日本拒絕，則根據盟約第十六條，各國制裁日本。又通過由十九國組織特別委員會，負責處理糾紛；並建議調解方案。十九日，十九國委員會議決，日本應令日兵撤退，將地方交還中國警察。上海方面，再經英、美、法三國調停，幾經停挫，在五月五日，簽訂上海停戰協定。日軍退去，上海由中國接管。

還都洛陽 日本在上海挑戰時，又派軍艦到南京威脅。政府為長期抵抗起見，一月三十日，遷往洛陽辦公。四月七日，在洛陽召開國難會議，討論安內攘外問題。十二月一日，政府仍遷回南京。

日本製造偽滿洲國 日本為便利控制東三省，於二十年十一月，勾通漢奸，擾亂天津，挾廢帝溥儀往旅順。二十一年一月十六日，令漢奸鄭孝胥、臧士毅等在瀋陽開「滿洲善後會議」。二月十九日復開「東北行政委員會」，籌備偽組織。三月九日，成立偽滿洲國於長春，年號「大同」，追溥儀為終身執政。並以武籐信義為關東軍司令兼駐偽滿大使，宰制東北。九月十五日，日本承認偽滿，簽訂「日、滿議定書」。我政府當即否認。日、滿又簽訂軍事協定，關東軍司令部移長春。

國際調查團的結果 二十一年二月，由英、法、德、義、美五國委員組成之國聯調查團到日本。三月，到中國上海，調停滬戰。四月二十一日到六月四日，在東北實地考察，後漫遊日本、中國。九月初，完成調查報告書二十萬字。十月二日公布。認為日本的軍事行動，不能視為合法的自衛。所謂「滿州國」，並非由眞正自然的民意所產生。主張召集中、日及當地民眾代表，設立特殊制度，以治理東北。我國不能接受，日本則痛詆調查團。二十二年二月，團聯非常大會，通過該報告書，不承認偽滿洲國。日本當局羞憤成怒二二月二十七日，竟宣布退出國聯。

馬占山的反攻 馬占山自二十年冬天，退守克山。二十一年四月，在黑河組織省政府。五月十五日，分三路進軍，哈爾濱為之震動。適日軍將上海軍隊調到東北，以陸空軍大舉進攻；馬軍始告不支，退守海倫。後化整為零游擊，一部退入俄境。

義勇軍的奮起 繼馬占山而起的義勇軍，大有人在，遼寧省有唐聚五，於十月在通化與日軍大戰，後退守長白山。吉林省則有李杜、丁超，曾統治吉東十二縣，十月，曾克復樺川。終因環境關係，仍歸失敗。九月二十七日，蘇炳文在滿州里，扣留日僑數百人。十月，就任護國軍司令，曾在富拉爾基擊敗日軍，日本因僑民被拘請和。十二月，日軍以飛機大砲猛攻，蘇部不得已退入俄境。以後日本在東北逐漸清剿，義勇軍因孤立無援，或退或散。

日人志得意滿 日本既佔領東三省，趕急於二十二年八月完成吉林到朝鮮會寧的鐵路，並進行收買中東鐵路。另外添建鐵路公路，經營葫蘆港。日人志得意滿。二十三年三月一日，迫溥儀在長春僭號稱帝，改元康德。以掩世人耳目，而遂鯨吞東北夢想。中國外交部當即宣言，不承認此項偽組織。

日本侵略的擴大

日攻佔山海關 國聯對偽滿洲國的出現，無何有效處置。東北義勇軍，也漸告失敗。日本的侵略野心，因而加大。二十二年一月初，即猛攻山海關，守軍激戰而退。全城大半毀於砲火，民眾傷亡亦多。戰事重心，移至九門口，石門寨一帶。九日，九門口失守，熱河遂危。

日攻佔熱河省 日本先使偽滿發表攻熱聲明，二月下旬，日、偽軍分三路進攻。東北兩路，守軍不戰而退，南路亦退。張學良於三月三日命所部反攻。但熱河省主席湯玉麟，竟以軍用汽車運私產南逃，承德成一空城，日軍一百二十八人，於四日進承德。熱河全省失陷，舉國譁然。張學良以督責無方去職，北平軍事委員會分會，由何應欽主持。

長城各口血戰 日本仍南向攻長城各口，當時國軍已北上增援。古北口之役，關麟徵、黃杰兩師力抗強敵，徐庭瑤軍也逆襲日軍後，黃杰師堅守南天門。喜峯口之役，宋哲元部馮治安師浴血抗戰，奪回失地。冷口之役，商震部苦戰死拼，日軍無大進展。

冀東察北的失陷 日軍因正面難攻，改變戰略。四月，由山海關進攻灤東。一度退卻，五月再行攻佔。四月底，察北的重鎮多倫，亦被日、僞軍攻陷。國軍退守沽源，張垣感受壓迫。五月中旬，日軍由灤東攻陷灤西。我後方受威脅，長城各口因而失陷。日軍迫近平、津，情勢危急。故宮古物南遷。

塘沽停戰協定 五月十七日，駐平政務整理委員會委員長黃郛，到達北平。英使出面調停。另派軍分會總參議熊斌爲代表，與日本關東軍參謀副長岡村寧次，於五月三十日在塘沽進行交涉。第二天，成立協定，劃冀東爲非武裝區域，日軍退至長城附近。從此，河北與察哈爾，也岌岌可危。

何梅協定與河北事件 二十四年五月，日本天津駐屯軍司令藉口中國援助東北義勇軍，派兵侵入冀東，同時增兵華北，向中國提出極無理要求。中國當局由於抵抗未有準備，只得忍辱負重，於六月由何應欽與梅津簽訂協定，強我撤退駐紮河北省的中央軍及東北軍，撤換河北省政府主席及天津市長，取消河北省的各級國民黨黨部，制止反日運動；即所謂河北事件。

察東事件 接著，日本又製造察東事件，壓迫中國撤退察省東部駐軍，停止察省國民黨的活動。

藏本事件 二十四年六月八日，日本駐南京副領事藏本失蹤，日人誣指中國人殺害，由上海調陸戰隊及警察到南京城外，砲艦也到下關，欲先佔下關，再行談判。幸而在城東孝陵衛找到藏本，交回日本使館，而告解決。

日本再製僞組織　日本利用河北事件，影響冀、察政局以後，即策動所謂「華北自治運動」，使脫離國民政府，陰謀造成第二個僞組織，但當時山西的閻錫山與山東的韓復榘，均不接受「自治運動」。十月，日本遂指使浪人及民族敗類殷汝耕，製造「香河暴動」。十一月，利用冀東非武裝地區二十二縣，成立僞冀東防共自治政府，設於距北平四十里的通州。政府不得已，十二月，特設冀、察政務委員會，以平津衛戍司令宋哲元爲委員長，委員中參加親日漢奸王克敏之流，以資折衝。但委員會從未受日本控制，宋哲元也完全聽命於政府。

日本三製僞組織　十二月，日本指使僞軍李守信部侵佔察北六縣，政府仍然百般忍耐。日本嗾使德王，於二十五年六月，在內蒙地方，另立一僞組織。

日本擾亂經濟及社會　日人利用冀東區域，公開走私，傾銷無稅商品，使中國經濟財政工商業遭受極大損害。如二十五年四月。據海關報告，這一月因走私蒙受損失，即達八百萬元之多，二十五年，全年損失達五千萬元。一面在中國，遍設間諜機關，收買漢奸，偵察軍情，擾亂治安。一面在平、津、張家口各地，大量運銷鴉片與白麵等毒品。浪人公開設立煙館，損害中國國民健康，在河北構築祕密工事，事後將工人投屍海河，浮屍多至數百人。並在天津成立惠通公司，開辦對東北各地的航空線，損害中國領空權與郵權。

天羽聲明　外交方面，日本更屬毒辣。因二十二年六月，美、英曾分別貸款中國，國聯亦派遣技術合作團來華。二十三年四月，日本外務省情報部部長天羽，竟發表狂妄聲明，反對各國給予中國以任何援助，不許中國自行處理外交，儼然以東亞主人及中國保護者自居。

廣田三原則　二十四年九月，當華北自治運動正激烈時候，日本外務大臣廣田竟提出對華外交三原則：一爲中日親善，取締反日運動。二爲承認僞滿洲國，加強中日「滿」經濟合作。三爲中日「滿」採取聯合措施，共同防止共產主義的傳播。其目的實在控制整個中國。國民政府堅決拒絕。

日本製造華北事件　當中日談判時候，二十五年五月，日本又向平、津加兵。再出現所謂自治問題，駐華北日軍將領，想利用漢奸，在河北、察哈爾、綏遠、山西、山東五省，成立僞組織，脫離國民政府，因各省駐軍及地方政府。服從國民政府，未能實現。九月以後，日軍不斷在平、津鬧事，違約演習。

中日七次會談　二十五年七月，日本新任駐華大使川越茂到任，進行交涉，欲藉此解決所謂「華北特殊化」、「共同防共」、「取締排日」、「減低關稅」、「中日航空運輸」等喪失中國主權的重大問題。國民政府外交部部長張群，則提出取消塘沽停戰協定，撤退東北及察哈爾日軍，取消冀東僞組織，停止走私等問題以爲對抗。雙方自九月十五日起，會議七次，毫無結果。川越曾一度要求謁見蔣委員長，蔣委員長亦告以於不喪害領土主權之原則下求兩國和平。辭正言順，日本無所施其伎倆。後因綏遠局勢緊張，談判停頓。

會議中止　十二月初，因國軍在綏遠勝利，日軍登陸青島，張群外長乃臨時約川越大使會談，對青島事件，痛斥日本水兵非法行動，提出書面抗議，同時要求日本制止日籍軍民參加綏戰。不料川越於談話後，勉強留下過去交涉紀錄。張外長以內容純係揑造，拒不接受，川越強留而去。次日送還日使館，日方又送來，再行送還。其意蓋在誣賴中國外交部，已接受了日本的要求。

日本製造無數糾紛　在中、日談判到抗戰開始前，日人在中國各地無端滋事，製造事件。如六月，豐台日軍毆傷馬夫，反提抗議。七月，日軍在大沽與華軍衝突。八月下旬，日人二名在成都橫行，與市民衝突，被害。九月，北海民眾反日示威，日商反對，被害，日本派軍艦南下。豐台中、日軍又衝突，華軍連長被擄去。漢口日租界警察被殺，日艦到漢口，水兵登陸。上海日水兵忽被槍擊，一死二傷，日本水兵戒嚴，並越界布防，形勢嚴重。十月下旬，華北日軍大規模演習；十一月初，日軍逕入北平，始告結束。十二月初，青島日營紗全部自行停工，二萬七千華工失業。日水兵千餘人登陸，搜查黨政機關。十一日，因接受日本七要求，青島事件始告一段落。二十六年一月，日機在青島上空散發荒謬傳單。鄭州日本浪人企圖暴動。三月，日本浪人在上海私運大批銅元出口，毆傷關員七人。日艦七十艘來青島作大演習。四月，華北日軍又演習。五月，天津海河發現浮屍。汕頭日本浪人毆傷警察，日艦也到汕頭。天津日本浪人強佔海關分卡。六月，日本廣田再就任外相，決從大處改善中日關係。但日本軍閥，已迫不及待了。這許多的事件，中國均以忍讓爲主，獲得解決，但新事件層出不窮，這忍耐也就到了最高限度。

日本侵綏的失敗 二十五年十一月，日本發動蒙僞軍，加上王英的匪軍，合計數萬人，全係日本裝備，由綏遠東北進犯省境。在綏東與中國守軍展開激戰。二十四日，國軍反攻，攻克百靈廟。綏東軍事勝利，日本製造「大元帝國」的陰謀失敗。十二月九日，國軍又攻克大廟。王英匪軍瓦解，紛紛反正，日機竟加以轟炸，但日、僞軍竟未能再進綏遠。當綏遠戰爭進行時，政府及全國民眾，莫不奮起支援，其熱烈爲向所未有。

第九章　抗戰與建國並進

七七事變與全面抗戰

日本全面侵略的原因　(一)因日本爲貫徹大陸政策，對華侵略，非到吞併大陸永無終止；(二)因當時德、義二國稱霸歐洲，日本軍閥與之勾結，遙相呼應。二十九年（一九三〇），三國結爲同盟，稱爲軸心國；(三)因日本國內有識見的政治家，雖主張與中國親善，但少壯派軍閥，對彼等非加排擠，即予刺殺；一意孤行，無時不欲發動侵略戰爭；(四)因中國日見強大，內亂漸平，統一在望，建設猛進，富強可期；(五)因廣田三原則被中國所拒，中國外交態度強硬，堅守立場；(六)因漢奸不能發生作用，華北各省及冀、察政務委員會堅決擁護中央政府；(七)因西安事變後，徹底證明蔣委員長爲全國軍民所愛戴的領袖；中國復興基礎大定。日本遂迫不及待，再度發動全面侵略。

日本在中國駐軍　外軍駐防華北，始於辛丑和約以後，規定地點爲從北京到海道凡十三處，每國兵額不得過二千人。但日本駐屯軍在二十五年時，已加到八千人以上，地點也越出規定的十三處。而且經常演習，竟視同日本領土。

日本的兵力　七七事變前，日本陸海軍，因訓練準備已久，又行徵兵制，而且工業發達，裝備優良，無論數量質量，均大佔優勢。其全國兵員有四百四十八萬一千人，但其戰鬥兵僅爲一百九十九萬七千人。計陸軍常備師團十七個，海軍約一百九十多萬噸，空軍飛機約二千七百架。

中國的兵力　中國的訓練準備，不過五六年，陸軍現役兵一百七十多萬人。壯丁訓練到二十五年底只五十多萬人，繼續訓練者約一百萬人。學校軍訓，二十五年底止，計預備兵士一萬七千四百九十人，候補官八百八十八人。陸軍步兵分一百八十二師，四十六獨立旅，騎兵分九師又六獨立旅，砲兵分四師又二十獨立團。尚有其他特種部隊。海軍約十一萬噸。空軍各種飛機共約六百架，戰鬥飛機僅三〇五架。後據陳納德將軍估計，能戰鬥的飛機的實只有九一架。

七七事變　二十六年六月，日本按照預定計劃，先將平、津駐屯軍集中兩聯隊於平郊豐臺一帶。七月七日夜，在蘆溝橋附近施行演習，揚言有日兵一名失蹤，強欲進入宛平城內搜索，且迫令城內守軍撤退。守軍當即拒絕。日軍即以追擊砲轟城，守軍團長吉星文以守土有責，奮起抵抗，遂成蘆溝橋事變，也就是七七事變。

日本積極進兵　事變發生，日本即令豐臺駐軍進攻宛平縣城，同時自東三省及朝鮮調兵，分三路進攻華北。冀、察政委會當時尚進行談判，以求解決問題；但日本多方為難，無從談起。迨日本添兵到達，在十萬人以上，於七月十六日，即佔令豐臺、宛平等處，北平近郊，戰火大起。

蔣委員長的聲明　事變發生時，蔣委員長方在江西廬山主持暑期訓練；即召集各界領袖，共商國是。於七月十七日發表對時局聲明，重申前年十一月國民黨五全大會外交報告中所說：「和平未到絕望時期，決不放棄和平；犧牲未到最後關頭，決不輕言犧牲。」、「最後關頭一到，我們只有犧牲到底！抗戰到底，唯有犧牲到底的決心，纔能博得最後的勝利！若是徬徨不定，妄想苟安，便會陷民族於萬劫不復之地。」我們希望和平，而不求苟安；準備應戰，而決不求戰。說明中國的嚴正立場，任何解決不得侵害中國主權與領土完整，冀、察軍政現狀，不容任何不合法的變更！這是中國莊嚴果決的表示，動員令也隨之而發。

外交部致日本照會　同時，中國以和平條件照會日本政府，指出：㈠日本應承認在華北發動敵對行為的責任；㈡日本應正式道歉；㈢日本支付賠償，並保證今後不再有同類事件發生。使世界各國，知道中國是被攻擊的一方。

平津失陷　日本知道中國不肯屈服，決定再進一步行動，妄想在三個月內征服中國。七月二十六日，日機轟炸廊坊。要求宋哲元軍，退到河北省南部。宋知和平無望，命軍隊盡力抵抗。當時日軍包圍平、津，已達十萬以上。二十八日，在南苑激戰，副軍長佟麟閣、師長趙登禹力戰殉國。國軍被迫放棄北平。天津也發生激戰，日機炸毀南開大學。三十日，國軍也撤出天津。日軍分由平漢路、津浦路南下，另一路由平綏路攻南口。

八一三事變　日本要佔領華北，必須牽制華中兵力。同時日本企圖毀滅中國經濟心臟的上海，以削弱中國的抵抗力。於是運兵南來，發動淞滬戰爭。八月九日，日駐滬海軍陸戰隊乘汽車衝進虹橋機場，引起衝突，中國死保安隊一人，日兵一死一傷。日方以此事爲理由，一面交涉，一面添兵。楊樹浦、虹口一帶日兵紛紛登陸，中國方面，亦急調八十七、八十八兩師增防。十三日晨，日軍於天通庵附近突然進攻，守軍立即還擊，展開了全面抗戰。

淞滬的撤退　國軍攻擊日本，極爲得手。後日軍在寶山縣境登陸，向羅店、瀏河南犯，火力極猛，戰況激烈。九月初，吳淞、寶山失陷；國軍退守北站、江灣、廟行。十月中旬，日軍以二十萬兵力，集中火力，進犯大場陣地，由中央突破，國軍只得退守蘇州河南。十一月初，日海軍登陸金山衛，北進攻襲滬西國軍後方，松江失陷。九日，國軍只得放棄上海，浦東和南市的軍隊，也在十一日退京滬路西。這次戰爭，日軍增兵七次，出動達十師團，傷亡在十萬人以上。

南京失陷與大屠殺　上海淪陷後，日軍連陷京滬、滬杭和蘇嘉路上城市。隨即集中全力，進攻南京。十二月十三日，南京失陷，日軍燒殺姦淫，無所不爲，據首都敵人罪行調查委員會宣布，軍民被集體射殺者十九萬多人，零星屠殺屍體經收埋者達十五萬多具。是為南京大屠殺案。

平綏線戰況 日軍從八月十一日起，向長城沿線南口、居庸關一帶進攻，國軍迎戰多日。十五日，南口陷。二十七日，張家口又失。十月初，日軍繼續西攻，中旬，歸綏、包頭淪陷。

山西省戰況 二十六年九月，日軍從晉北侵入蔚縣，攻陷廣靈等縣，九月下旬，國軍在平型關痛擊日軍。十月中，在忻口會戰，日軍傷亡三、四萬，為初期抗戰的大勝利。郝軍長夢麟、師長劉家麒殉國。正太線方面，日軍於十月攻陷石家莊，西攻山西，進入娘子關。接近太原，晉北國軍只得向南撤退。十一月上旬，與日軍在太原外圍激戰。九日，國軍撤守太原，退入太行山及中條山。

平漢線戰況 南口淪陷後，日本集中三師團兵力，猛攻平漢線。九月下旬，攻陷保定。十月上旬，陷正定及石家莊。十一月初，陷河南安陽。此後，與國軍在衛河、漳河北岸相峙。

津浦線戰況 日本以兩師團兵力，沿津浦線南攻。九月，在姚官屯激戰，滄州失陷。十月，山東德州失陷。十一月中，國軍退黃河南岸，炸黃河鐵橋，與日軍隔河相峙。

遷都重慶 四川為天府之國，富於人力物力，足為持久抗戰、民族復興的根據地。可惜連年戰亂，政治不修。蔣委員長於二十四、五年，曾兩次入川，整頓軍政，致力建設，轉移風氣，政治上大有起色。上海撤守前，國民政府即於十月二十日，宣布遷都重慶，以西南各省為抗戰的大後方，粉碎日本短期屈服中國的妄想。

臺兒莊大捷 南京失陷後，日軍沿津浦線北犯。二十七年一月到三月，雙方在魯南和淮河兩岸，展開爭奪戰。華北日軍，也南下策應，謀攻徐州。三月下旬，日本主力磯谷、板垣兩師團，與國軍孫連仲、湯恩伯、關麟徵三部，在臺兒莊激戰兩週。四月六日，獲得大勝，殲日軍三萬多人，日兩師團潰不成軍。使南京失陷後的士氣，為之一振。

徐州開封的放棄 日軍敗退以後，不斷在津浦線南北大量增兵，企圖包圍徐州的大軍。五月上半月，以飛機更番轟炸。國軍以死守無益，乃將魯南軍隊，整軍西移。徐州守軍，於十九日退出，於豫東展開激戰，六月五日，國軍放棄開封，日軍擾及鄭州附近；國軍為穩定戰局，將趙口附近黃河堤炸毀，河水沿賈魯河南流，日軍被阻，隔河相峙。

豫北與晉南的戰況 日軍從二十六年十一月到二十七年二月，與國軍在豫北湯陰以北相峙。二月中，日軍突然猛攻，激戰四晝夜。同時冀南敵軍於二月中陷長垣，豫北國軍因後方被佔，只得退守太行山區。至山西守軍，於二十七年二月，曾反攻太原，失利。四月中旬，再計劃反攻，激戰兩月，克復晉南十餘縣。

浙東與浙南的戰況 二十六年十二月，在杭州灣登陸的日軍，向杭州攻擊，二十四日，陷杭州。國軍退守錢塘江南岸，另一枝日軍沿太湖岸侵入皖南，十二月上旬，陷宣城及蕪湖。

武漢會戰 南京淪陷後，武漢成為軍事政治重心，日本攻下徐州以後，決心冒險進攻。分兵兩路，一路沿長江西犯，二十七年六月，陷安慶、潛山、太湖，破馬當要塞，七月到江西的湖口，攻陷九江。九月，陷湖北的田家鎮。十月，攻黃陂。另一路日軍，從淮河西上，沿大別山麓西上。十月，陷信陽，從武勝關南下，威脅武漢。國軍為避免包圍，十二月二十五日，放棄武漢。這一次大會戰，經過四個半月，大小戰鬥數百次，日軍動員十二師團，補充五、六次，死傷二十萬人以上，海空軍亦受損失。

廣州失陷 日本為斷絕中國對外交通，及牽制兵力，於二十七年十月，以四萬兵力，進攻廣東。十月十二日，在大亞灣強行登陸；十五日，攻陷惠州，日軍由東北分路進攻廣州；二十一日，廣州失守。外圍也失去數縣，中國對外最後的一個大海港，又告陷落。

防禦戰的結束 從蘆溝橋抗戰到放棄武漢，歷時十六個月，是抗戰的第一期。這一期的戰略，是以空間換時間，使敵人陷入泥淖，為防禦戰，先後消耗日軍七十萬人。武漢撤退，國軍集中平漢、粵漢兩鐵路以西的預定地區；就是在淪陷區，仍留下不少部隊，以擾亂日軍後方。

轉守爲攻的運動戰

轉守為攻的運動戰　從武漢會戰以後，到三十年，抗戰轉入第二期。日本最初的戰略是速戰速決，中國的戰略，自始即決定長期抗戰，爲持久戰，消耗戰，磁鐵戰，吸引日本兵力，使其不能動彈，陷入泥淖而不能自拔。第二期抗戰開始時，最高統帥部在南嶽召開軍事會議，斷定日軍戰鬥能力，已發揮到最高點，今後在山嶽地帶作戰，完全於國軍有利。蔣委員長指出爭取勝利二十要點：其中政治重於軍事，民眾重於士兵，精神重於物質，訓練重於作戰，情報重於想像，行動重於理論等項最爲切要。第二期抗戰的特質，在爭取主動，轉守爲攻，變敵人的後方爲前方，積小勝爲大勝，爲運動戰。這一期重要的戰役，有如下述。

廣東的戰況　二十八年二月，日本以海空軍掩護，登陸海南島，佔領沿海各地，守軍保安隊激戰後退入山地抵抗。六月，日軍又登陸粵東，攻陷汕頭及潮州。十二月，日軍爲策應桂南作戰，集中十一個聯隊兵力，分三路進攻粵北，攻陷英德等地；經反擊後，二十九年一月，收復失地，日軍退回未進攻以前的陣地。

廣西的戰況　二十八年十一月，日軍在欽州灣登陸，攻陷防城、欽縣後，並進陷南寧。十二月，國軍趕到，開始反攻。與日軍激戰，收復失地甚多，在崑崙關得勝，日軍第五師團潰不成軍。二十九年一月，日軍再集中三師團，進攻桂南，企圖包圍崑崙關守軍，崑崙關守軍激戰而退，在桂南各地展開惡戰。二月，崑崙關一帶，完全克勝，斃日軍一師團以上，是爲崑崙關大捷；日本截斷中國西南對國際交通線的目的，未能實現。

南昌會戰　武漢會戰後，國軍與日軍在修河對峙。二十八年二月，日軍以五師之眾，向修河全線南犯，三月二十七日，南昌失陷。四月，國軍反攻到南昌近郊，因日空軍投毒彈，未能克復南昌，日軍仍守南昌。

第一次長沙會戰 二十八年九月，日軍以十萬之眾，自長沙外圍，分向東北兩方企圖攻長沙。東面國軍阻日軍於武寧、靖安、奉新一線。北面日軍，分三路南下，國軍按預定計劃，向正面撤退，置重兵於兩翼，十月初反攻，軍民合作，殲滅日軍四萬以上，並進向通城、岳陽，是為第一次長沙大捷。

北戰場戰況 山西的中條、太行、呂梁各山岳地帶，成為日軍盲腸，日軍曾兩犯潞、澤，七攻中條山，都被國軍擊退。二十八年五月，又第八次攻中條山，亦告失敗。七月到八月，日軍以五萬兵力進攻，激戰結果，死傷不下二萬，國軍收復數縣。河北則國軍在冀中游擊，消耗日軍兵力。魯南的國軍游擊隊，也予日軍重創，二十八年六月，發生激戰；但游擊隊仍遍布全省。

隨棗會戰 日軍因國軍不斷攻擊武漢外圍，二十八年四月，日軍集中兵力三師團多，分由鍾祥、信陽西進，五月上旬，攻陷棗陽、新野、唐河、桐柏等縣，中旬，國軍反攻，收復所失四縣，斃日軍一萬三千以上。

襄東戰鬥 二十九年四月，日軍以南陽、襄、樊為目標，集中七個師團；五月，分由信陽、隨縣、鍾祥三地區開始進攻。國軍圍日軍於漢水東面，激戰半月，日軍死傷四萬五千以上，得砲六十多門，馬二千多匹，戰車七十多輛。十六日，第三十三集團軍總司令張自忠在襄河東岸力戰陣亡，棗陽再度失陷。

棗宜會戰與鄂中戰鬥 日軍於五月底突過襄河西岸，六月陷襄陽，並南向進襲宜昌。十四日，國軍放棄宜昌。但先期收復棗陽、襄陽、宜城。二十九年十一月下旬，日軍集中三師團，企圖包圍襄河兩岸國軍，激戰一週，擊潰日軍，日軍死五千多人，傷七、八千人。

鄂西鄂北與宜昌的戰役 三十年三月，宜昌日軍發動局部攻擊，經國軍反擊，日軍死傷四、五千人，斷絕西窺之念。五月，又在鄂北發動局部攻勢，激戰十日，棗陽失而復得。九月，國軍為策應長沙會戰，又發動宜昌攻擊，激戰到十月上旬，日軍死三千六百五十一人。俘日軍及槍械亦不少。

上高會戰 三十年三月，日軍出動二師團，飛機數十架，進攻江西上高外圍，國軍以七師迎戰，激戰兩週，摧毀日軍企圖，日軍死傷一萬五千多人，國軍傷亡略重。

第二次長沙會戰 三十年九月，日軍集中兵力十二萬人，大小砲四百多門，戰車、裝甲車約九十輛，飛機一百到一百五十架，向長沙外圍進攻，國軍設伏以待。二十七日，日傘兵數百人降落長沙城外，便衣隊進到株州，均被消滅。外圍國軍並將日軍層層包圍，猛烈圍殲，日軍死四萬一千五百多人，俘獲槍械不少，九月底，日軍突圍北潰。十月初，恢復原陣地，是爲第二次長沙大捷。當時豫、鄂、皖邊區，和江、浙、閩、贛各處，爲策應長沙會戰，也發動攻擊，以牽制日軍兵力。

南戰場戰況 二十九年五月，日軍爲擴充廣州外圍據點，進犯粵北，攻陷花縣、良口，六月，國軍反擊，收復失地。二十九年九月，國軍進攻桂南。十月，克復龍州、南寧，及桂南多縣。十一月，攻克欽州，桂南全部收復。

沿海的戰況 日軍爲截斷中國對海外交通，三十年四、五月，攻擾東南沿海，曾攻陷浙江的溫州、臺州、海門、鎮海、寧波、餘姚、諸暨等地。但因沿海地方都被克復，惟餘姚成相峙狀態。同年四月，福州、連江、福清、長樂等地失陷。八月反攻，九月全告收復。粵海方面，日軍曾於三十年二月，在北海、海康、電白登陸，經守軍反擊七日後，收復失地。日軍乘艦而逃。

豫南會戰 三十年一月下旬，日軍又發動豫南攻勢，戰線橫鄂、皖、豫三省邊界，長達四百多公里，出動步兵十五萬多人，騎兵八千五百多人，砲五百五十多門，戰車、裝甲車五百多輛，飛機一百多架。企圖消滅國軍主力。國軍避免正面決戰，進行側翼攻擊。到二月十日止，日軍不支，全線潰退，傷亡九千多人。無功而還。

晉南會戰　二、三年來，日軍圍攻中條山十多次，均受損失而退。三十年五月，又集中七個師團，十多萬兵進攻。激戰二十一日，國軍損失若干山隘及山南的幾個渡口；但突破包圍，轉入敵後作戰。

綏西戰況　二十八年冬季，國軍曾一度克復包頭。三十年一月，日軍增援，攻佔五原；三月，經國軍反擊，並掃蕩包頭外圍日軍，四月，克復五原。七月上旬，再向包頭外圍反攻，收復據點多處。以後日軍遂停止進攻。

日本封鎖與濫炸　在第二期抗戰中，雖然和日軍在山嶽地帶作戰，但是長江下游和黃河以北的敵後，仍留有國軍部隊，隨時進攻日軍，日軍所控制的僅為鐵路沿線的城市，不能佔領廣大的鄉村。日本知道戰爭不是短期可以結束，一面登陸沿海的小港口，還截斷滇越，滇緬兩條對外路線，以加強經濟封鎖。一面施行空襲，濫炸後方各重要城市，以動搖軍民抗戰信心。當時全國軍民茹苦含辛，忍受任何犧牲困難，也不改變抗戰的主張。

抗戰期中的建國大業

工廠西遷　日本侵略中國，勢在必行，國民政府早已洞悉，抗戰前即作應戰的準備。抗戰開始，同時決定進行建國計劃。以增強國力，而利於長期抗戰。上海為中國工業的中心，淞滬抗戰三月，重要目的之一，即為遷移工廠。據二十四年統計，登計合格的工廠，以江蘇、浙江、山東、河北、上海、北平、天津、青島、威海衛等地，合為沿海區，共計六、一二三廠，工人四六九、五八三人。安徽、湖南、山西、陝西、漢口合為腹地區，共計二〇六廠，工人四萬七千多人，西南各省為西南區，計十六廠，工人四千多人。所以沿海區的工業，對於中國的戰時工業，關係最大。從二十六年十一月到二十七年一月，經漢口西遷的大工廠達五十多家。塘沽的碱廠，武漢及鄭州的紗廠，都已內遷。到二十七年十一月，內遷工廠，到四川的有一四二家，到湖南的有一一〇家，到廣西的十五家，到陝西的二十家，未定目的地的有五十五家。當時並對西南的交通建設，也特別努力，接通粵漢鐵路，完成浙贛鐵路玉萍段，並建築湘桂鐵路和湘黔鐵路。

改組最高統帥部　南京淪陷後，為便利指揮起見，二十七年一月，改組最高統帥部，修正軍事委員會組織大綱，以軍事委員會直隸國民政府，設委員長一人，委員七人至九人，並以參謀總長、副參謀總長、軍令部、軍政部、軍訓部、政治部四部長及軍事參議院院長為當然委員，委員長統率全國陸海空軍，並指揮全民負國防之全責。參謀總長為委員長之幕僚長。軍令部掌理國防建設，地方綏靖，陸海空軍之動員作戰，後方勤務之籌劃運用，情報之搜集整理等。軍政部掌理陸海軍之建設改進，並管理一切軍需物品的補給及衛生保健等。軍訓部掌理陸海軍之訓練整理及三軍之校閱，與軍事學校之建設改進。政治部掌理三軍之政治訓練，國民軍事訓練，與戰地服務，民眾組訓等。此外尚有軍法執行總監，航空委員會及其他單位。全國戰區以平漢路方面為第一戰區，山西方面為第二戰區，蘇、浙方面為第三戰區，兩廣方面為第四戰區，津浦線為第五戰區，甘、寧、青方面為第八戰區。戰區以後續有添設。另設武漢衛戍總司令部，西安行營，福建綏靖公署等機關。當時全國總兵力有二一〇步兵師，三十五步兵旅，十一騎兵師，六騎兵旅，十八砲兵團，八砲兵營，其他特種部隊在外，兵員已較抗戰開始時增加。

國防參議會　二十六年七月，決定長期抗戰時，政府曾在廬山牯嶺召開談話會，實為國內各黨派及無黨派人士的集會。抗戰開始後，政府又邀約中國青年黨，國家社會黨，中國共產黨，以及文化界領袖，成立國防參議會，為政府的諮詢機關。

國民黨臨全大會　當時中國國民黨為執政黨，負責全國訓政，為確定大計，於二十七年三月二十九日，召開臨時全國代表大會於武昌，四月一日開幕，決定四大議案：㈠制定抗戰建國綱領，為全國一致信守之準則；㈡推舉蔣委員長爲總裁，在制度上明確規定爲全黨之領袖；㈢結束國防參議會，成立國民參政會，爲戰時最高民意機關；㈣設立三民主義青年團，訓練全國青年，以增強抗戰建國之基礎。蔣總裁在會議中，對黨派問題，表示「我們要領導全國各黨各派，本黨同志必須公正寬大，推誠接納。尤須精誠團結，力求自強。」並「提高黨德，使其他黨派與全國人民，心悅誠服，乃目前最重要之急務。」臨全大會並發表宣言，呼籲全國人民，共同努力於抗戰建國偉大事業之進行。而確立抗戰必勝、建國必成的無限信心。

國社黨擁護政府　中共中央於二十六年九月二十二日，即發表共赴國難宣言，表示擁護政府。臨全大會宣言發表後，國家社會黨代表張君勱於四月十三日，致函蔣總裁，表示該黨所主張的以國家民族爲本位，修正的民主政治，社會主義，與三民主義；精神並無二致。全黨願本精誠團結共赴國難之意旨，與國民黨合作，並認定除對於國民政府，一致擁護而外，別無起死回生之途。蔣總裁即回信表示敬佩欣慰，願同心同德，共濟時艱，以求國家民族之前途光明。

青年黨擁護政府　四月二十一日，中國青年黨代表左舜生，也致函蔣總裁，表示此次國民黨臨全大會所揭示的主張，與該黨所主張之國家主義、民主政治相符。認爲「國民政府爲今日舉國共認之政府，亦即抗戰唯一之中心力量，同人等必本愛國赤誠，始終擁護。」蔣總裁當即復函，對來函「掬示擁護政府之赤誠，願爲抗戰建國而盡最善之努力，彌深感慰。」到此，全國最重要的各黨派，無不與國民黨合作，竭誠擁護政府。

抗戰建國綱領　抗戰建國綱領，不只是國民黨的重要文件，且爲各黨各派所接受的。全文分成七項，三十二條。這綱領明白宣示兩點：㈠確立三民主義暨　國父遺教爲一般抗戰行動及建國的最高準繩；㈡全國抗戰力量應在中國國民黨及蔣委員長領導下，集中全力，奮力邁進。此外還規定了外交的獨立自主，軍隊的加緊訓練，民眾武力的充實，計劃經濟的實行，全國民眾的動員，戰時教育的推行，與國民參政會的組織。

此後全國軍民的思想和行動，都有所遵循，從而發生巨大的力量。共產黨心裡雖不願意，只好陽奉陰違，但在全國民眾要求之下，也不敢公然反對。

國民參政會 根據國民參政會組織條例，設參政員一百五十名。均爲各省市、蒙古、西藏、海外以及文化經濟團體中之信望素著人物，由政府選請參加，對國事貢獻意見，各省市共選擇五十八名，蒙古四名，西藏二名，海外六名，文化經濟界五十名，各黨各派均包括在內，實爲全國民眾大團結之象徵。二十七年七月七日，第一屆國民參政會舉行第一次會議，十五日閉幕，宣言「我們中華民國本爲統一完整之國家，國民政府實爲全國共戴之政府。自九一八以來，國難嚴重，不但一般無黨派之國民，更堅其擁護統一之決心，即各黨各派，亦咸舍小異，而趨大同，翊贊統一，共同救國。一年以來，我全體將士忠勇赴戰，壯烈犧牲，我全體國民，包含邊疆各民族，無分黨派、宗教、職業，一致決心，忍受艱苦，奮鬥到底。」道出中國全面抗戰時的眞實情況。

國民精神總動員 二十八年三月十二日，政府爲振奮國民敵愾同仇的心理，達成抗戰建國的任務，頒布國民精神總動員綱領及其實施辦法。其目標有三：㈠國家至上，民族至上；㈡軍事第一，勝利第一；㈢意志集中，力量集中。對國民精神方面之改造提出五項要求，對思想行動之準繩提出四項要求。並自五月一日起，各地開始舉行國民月會，宣誓國民公約十二條，以求全國軍民精神上之團結一致。而達到抗戰必勝、建國必成的目標。

確立戰時三年計劃 三十年三月，國民黨第五屆中央委員第八次全體會議，爲將抗戰建國綱領，更具體化，又確立戰時三年計劃（自三十一年一月到三十三年底止）。主要任務，略如下列各端：㈠以充實軍事、政治、經濟、社會等工作爲前提，從而爭取最後之勝利；㈡擴大軍事物資與民生物資之生產；㈢在抗戰期間，改進有關國防之設施。戰後並求質量繼續邁進；㈣加強政治組織，特別注意基層政治機構；㈤調整一切政治，經濟、社會之組織，使能成爲動員國防力量之樞紐；㈥一切文化教育之事業，均須適應國防之需要。建設之目標，則爲基層政治建設、國防經濟建設、國防社會建設、國防教育文化建設等方面，其中國防經濟建設，更分財政金融、交通、工礦業、農林水利四部門，尤爲重要。

建國的成績 各黨派的團結一致，全國軍民一致爲抗戰建國而努力，這都是抗戰以後看到的成績。社會風氣，煥然一新。軍政的整飭，軍令的統一，都有空前的進步。中央政令的推行，日趨靈活。地方自治的建設，頗具規模。成效最著者，如搶救教育，組訓民眾，遷移沿海工廠數百家，器材數萬噸到後方，興建戰時工業。還新辦輕重工業，開玉門油礦。交通方面，更有顯著成績，凡鐵路、公路、運輸、電信、航空的新建或修築，數字甚大，可抵得以前幾十年的成績。長達九七四里的滇緬公路，動員十五萬人，蜿蜒高山峻嶺間，外人至譽爲現代的萬里長城。這是就其縈縈大者而說，其詳當見於本書第十一章。

共黨的破壞抗戰與割據擴軍

政府收編共軍 抗戰開始時，政府爲求團結禦侮，根據中共的四項諾言，於八月二十二日，由軍事委員會將共軍改編爲國民革命軍第八路軍，任命朱德、彭德懷爲正副總指揮，共轄三師，師長爲林彪、賀龍、劉伯誠，兵額二萬人。軍事委員會並令歸第二戰區閻長官錫山指揮，開赴晉北作戰後，改爲第十八集團軍。至陝、甘、寧邊區，則由林祖涵與張國燾分任正副主席。以後又收編葉挺、項英的江南各地共軍，成立新編第四軍，以葉、項爲正副軍長，共轄四個支隊，兵額一萬餘人，歸第三戰區顧長官祝同指揮。

共赴國難的用意 二十六年九月二十二日，共黨發表共赴國難宣言的目的，實際上別有用意，只是執行共產國際第七次大會的決議而已，那決議案說：「在反帝人民戰線的總策略要求之下，中國共產黨必須將擴大蘇維埃運動，和中國正在發展的民族革命運動，連絡起來。」而且在二十六年一月，共產國際派主席畢特洛斯偕陳紹禹飛延安，密令共黨：㈠應設法使南京政府，信任吾人對於抗日聯合戰線的誠意；㈡應設法減少英、美的仇視與干涉，進而爭取同情；㈢應儘量擴大紅軍；㈣可向南京政府保證抗日場合，得考慮蘇維埃政府名義存在問題，但不得損及紅軍的獨立存在；㈤應在綏、甘、寧、青、新五省建立人民戰線，以與國民黨妥協。」可見共黨的共赴國難，完全是共產國際的一大陰謀。

共軍得到的指示 二十六年秋天，朱德率八路軍從陝北出發時，毛澤東向部隊講話，要點是：㈠中、日戰事是中共發展的絕好機會。我們的決策，是七分發展，二分應付（對國民政府），一分抗日；㈡這一決策，可分三個階段來實施：先與國民黨妥協、以求生存發展、再與國民黨取得力量平衡，而與之相持。最後深入華中各地，建立華中根據地，向國民黨反攻，進而代替國民黨的領導權。所以共軍在山西參加平型關一戰後，就努力於保全實力，擴充力量，而逃避抗日了。

中共中央政治局的決議 二十六年十月，中共中央政治局對關於「抗戰前途及中共之路線」，作成決議，認為如果「抗戰勝利結束，國民黨軍必然削弱到極小程度，而紅軍必可不斷的擴大，即可急轉直下，發展為十月革命的勝利。」對工作方針，決定：「㈠擴大並加強統一戰線，將組織與活動，由祕密變為公開，由局部變為全部，為黨取得合法的平等競爭的地位；㈡在中國政治上的決定力量是武力，要在抗戰過程中，儘量擴大黨的武裝力量，以為將來爭取革命領導權的基礎。」可見共黨純在利用抗戰機會，以達成奪取政權目的。其所謂抗日，只是對世人的宣傳口號而已。

共黨的友軍工作策略 抗戰初期，共黨提出「百萬紅軍，百萬黨員」的口號。抗日則在「不打硬仗」口號下，逃避作戰，卻暗中進行所謂「友軍工作策略」，據共黨文件說：「友軍工作策略，是爭取部隊，和瓦解部隊。是加強在國民黨部隊中，祕密組織之發展，與祕密工作之建立，待機而動，小則攜槍逃跑，大則率眾叛變。瓦解部隊，用挑撥離間的分化方法，製造派系，……使互相對立，然後……各個擊破。友軍工作的中心目標，是……爭取他們（指政府軍）離開政府與國民黨的領導，而走向本黨的方面來。」共軍根據這一指示，因而有不守作戰命令、不抗日而襲擊友軍的荒謬行動。

共黨割據與襲擊友軍 二十六年九月，共軍進入山西後，即自由行動，不久王震部開回陝北，賀龍部開入河北。共軍最先建立晉、冀、察軍區及晉、冀、豫軍區，並進入冀、魯、豫平原，進入冀中的呂正操部，在博野一帶圍攻抗日的民軍張蔭梧部，進入冀、魯邊區的邢仁甫部，在鹽山襲擊抗日的第五十三游擊支部，殺害其司令孫仲文。劉伯誠、徐向前部在冀中、魯西收繳團隊槍械，攻擊河北、山東省政府，使不能行使職權。二十八年三月，共黨又在陝、甘、寧邊區，成立特區政府，並在鎮原、寧縣策劃暴動。其「山東縱隊」進入蘇北，肆行暴動。在山西成立「晉、冀、察、綏邊區政府」。又在晉南煽動韓鈞部隊十多團叛變。其他各地，也有被共黨煽動叛變的軍隊。

第一次商談 二十八年六月，蔣委員長召見周恩來、葉劍英，規誡共軍，應信守諾言，解決各地糾紛。二十九年一月，參謀總長何應欽向共軍參謀長葉劍英提示，中共應將違令擴充之部隊及軍區加以糾正，但共黨要求擴爲三軍九師，擴大陝、甘、寧邊區；第一次商談，遂告停頓。

共軍襲擊友軍加劇 以後，政府派往河北省的鹿鍾麟部及朱懷冰部，爲共軍壓迫退出河北省境。山西省局勢更亂，晉西北趙承綬部，河東王靖國部，都被共軍襲擊。山東省魯西的孫良誠、高樹勳部各部，被共軍壓迫退到黃河以北。政府軍因不欲自相殘殺，故處處退讓，因而傷亡都重，有潰不成軍的。但共軍從魯西向豫東、皖北伸展，企圖與江南向北移動的新四軍打成一片。

第一次商議結果 二十九年七月，何應欽與周恩來、葉劍英再行商談，同意劃定陝、甘、寧邊區範圍，和第十八集團軍及新四軍作戰地境：十八集團軍擴編爲三軍六師，五補充團，新四軍擴編爲二師。由周恩來交朱德、彭德懷執行。統帥部並令各地政府軍，避免與共軍衝突。

共軍仍猛襲友軍 共軍對同意的商談並不遵守，二十九年八月，魯西共軍進攻魯村的山東省政府，省主席沈鴻烈突圍而走。同時，新四軍乘江蘇省政府主席韓德勤，在江北與日軍激戰時，渡江襲擊江蘇省作戰基地如皋、泰興等地。十月，又攻長江北岸要地黃橋，韓部損失重大，撤退東臺，仍進攻不已。

新四軍事件 統帥部由參謀總長何應欽，於十月十九日，以皓電將前述同意的商談，限新四軍在十一月開到黃河以北。蔣委員長復於十二月九日，仍照商談所定戰區，限期至遲在次年一月前，全部移至黃河以北，新四軍抗不遵令北移；十二月，進兵蘇南，佔據金壇、句容等縣，企圖掌握京、滬、杭三角地帶。三十年一月五日，竟在三溪圍攻換防的第四十師，破壞抗戰。顧長官祝同迫不得已，下令制裁，解散叛軍；軍委會於一月十七日，下令取消新四軍番號，並將葉挺交付軍法審判。而政府對各地共黨的非法活動，也不得不採取防範。然而共黨另派陳毅爲新四軍軍長，並擴充爲七師。共黨分子也拒絕出席國民參政會。政府曾於三十年三月，向國民參政會報告事件經過，參政會決議：「對外作戰之勝利，以國內軍政軍令統一爲前提。」對十八集團軍違法亂紀的罪行，也決議五點，加以糾正。然而共黨抹殺事實，大事向國外作虛僞宣傳，誣詆國民政府，蘇俄則在幕後，發縱指使。

第二次商談 三十年六月，俄、德戰爭爆發，蘇俄危急，史達林轉變對中國友好，中共也對政府趨於平穩狀態。到三十二年二月，俄軍在高加索肅清德軍，中共態度又轉強橫。新四軍的殘部，再乘韓德勤部對日軍激戰時，襲擊省府基地漣水及軍隊。山東的共軍也襲擊于學忠部。周恩來、林彪又在三月向何應欽對政府提出四項要求：㈠共黨取得合法地位；㈡擴充共軍爲四軍十二師；㈢陝北邊區改爲行政區，其他各邊區另行改組；㈣黃河以南共軍，開入指定作戰區域，請俟戰後。何應欽仍重申皓電所提示的原則。周恩來表示接受，但對開拔時間及軍隊數量重談，遂無結果。

共黨對英美的宣傳 共產國際曾指示中共應爭取英、美同情。共黨於是向英、美反覆說明，中共是農民改革運動者，既不是共產黨，且與共產國際無關。利用美共及同路人，滲透美國政治、社會與輿論界，使美國人不察，產生對中共及共產國際的錯誤觀念，認為：㈠史達林放棄世界革命，蘇俄能與資本主義國家和平共存；㈡民主各國如不援助蘇俄，蘇俄將與德國妥協；㈢德國戰敗後，蘇俄對日作戰可節省美國人的生命；㈣中共不是共產黨，是土地改革者，中共部隊有抗日決心，作戰比政府軍強。這些錯誤觀念，一旦為美國政治界接受，自然影響了以後的對華政策。

日本的製造偽組織

日本的和平條件 二十六年末期，日本攻陷南京，以為中國必然屈服，遂由德國駐華大使陶德曼於十二月二十二日，轉達日本所提和平條件：㈠中國政府放棄其抗日反滿政策，須與日本共同防共；㈡必要地區，劃不駐兵區，並成立特殊組織；㈢中國與日、滿成立經濟合作；㈣相當賠款。而且表示談判時不停戰，須派員到其指定地點直接交涉。蔣委員長即堅決拒絕。

日本不以國民政府為對手 二十七年一月，日本發表「不以國民政府為對手」的聲明。「期望眞能與日本提攜之新政府成立與發展，而擬與此新政府調整兩國國交。」當即召回其駐華大使，中國也召回駐日大使。於是日本要利用其製造的偽組織，來作為談判的對手。當時，國民政府，也以嚴正立場，宣告世界，日本在佔領區的任何非法組織，絕對無效。

日本製造的偽組織 日本認為用政治方法對付中國，就是製造偽組織。二十六年十月二十九日，以內蒙德王為主角，在察、綏兩省成立偽蒙疆自治政府。十二月十四日，又以漢奸王克敏、湯爾和、王揖唐為主角，在北平成立僞臨時政府，劃冀、察、綏、豫、魯五省爲統治範圍，二十七年三月二十八日，以漢奸梁鴻忠、溫宗堯爲主角，在南京成立僞維新政府。劃蘇、浙、皖三省爲統治範圍。日本意在割裂中國，利用傀儡組織，以華制華，進而滅華。施行所謂治安運動，「清鄉運動」，以消滅遍布敵後的地方政府及國軍。而且提出「以戰養戰」口號，企圖奴役淪陷區的人力，搾取淪陷區的財力。僞組織各自成立銀行，日軍又發軍用手票，到處收買，征發掠奪物資。以支持對中國的長期侵略。但是這三個僞組織，絕不受民眾的同情，反而更增加民眾擁護國民政府抗戰的決心。陷區民眾，不甘受敵僞統治的，紛紛移往西南各省，達一千六百萬人以上。日本的政治攻勢，可說毫無作用。

東亞新秩序　武漢會戰以後，日本的兵力增加愈多，愈陷入泥淖而不能自拔；國內的政治、經濟、社會危機，也日趨嚴重。二十七年十二月二十二日，日本首相近衛發表「中、日兩國調整關係之基本政策」聲明，狂言「徹底擊滅抗日之國民政府，與新生之政權相提攜，以建設東亞新秩序。」中國外交部立即加以駁斥。蔣委員長也痛斥近衛聲明，揭穿其滅亡中國陰謀。二十八年一月，美國向日本表示不承認「東亞新秩序」。近衛內閣，也隨之倒臺。

汪精衛的動搖　汪精衛素以自私及富於野心著稱，對抗日本無堅決意志，竟於十二月，離重慶潛往昆明，煽惑雲南省主席龍雲一同叛變，未成。二十一日，到越南河內。近衛聲明發表後，汪精衛即於二十九日，在河內發表豔電，主張停止抗戰，對日求和。後轉往香港，高唱和議。政府當即加以處分，各方先後聲討，內部益爲團結。

南京新僞組織　二十八年六月，汪精衛到東京投靠，國民政府下令通緝懲辦。汪以上海爲總部，召開所謂「六中全會」，自任主席。十二月，汪與日本簽訂所謂「日、支新關係調整要綱」。二十九年三月二十九日，在南京成立僞「國民政府」，將南、北僞組織合併。國民政府外交部立即照會各國使節，否認僞組織。

並通緝附逆首要漢奸陳公博等七十七人，以正視聽。對少數汪派潛伏分子，也加逮捕。十二月，察哈爾省主席石友三，因爲參加汪的陰謀，以叛逆罪處死刑。

日僞的勾結 二十九年二月，汪精衛即與日本簽訂八種協約。無非將中國一切物質資源和經濟權利斷送與日本，這就是所謂經濟合作。也聽任日本駐軍中國，代管中國國防，這就是所謂共同防共。還有承認僞滿及由日本統制中國教育文化等，這就是所謂「善鄰友好」。十一月底，日本正式承認汪精衛的僞政權，僞滿也隨之承認。並發表「日、滿、華共同宣言」，簽訂所謂「調整中、日關係條約」。英、美當時即表示不承認南京的僞政權。三十年七月，德、義兩軸心國，「承認」南京僞政權，軸心國的附庸，如羅馬尼亞、保加利亞，丹麥等小國也相繼「承認」，國民政府，遂對軸心國家斷絕邦交。當時，國人對南京的汪僞政權，都一致唾棄。三十年，汪僞政權在河南北部所編粗的三萬軍隊，突然攻擊日軍。歸降國民政府，從事抗日。所以汪僞政權，不但無助於日本，反成爲日本的一種負擔，對抗戰影響甚小。

第十章　二次世界大戰與中國的勝利

太平洋戰爭前後的中國

日德義的結合　抗戰以前，因爲國際聯盟的軟弱無力，不僅日本不停止侵略，義大利與德國也在非洲、歐洲發動侵略，侵略國氣焰高漲。抗戰初起時，歐、美各國曾給中國若干同情與支援。美國總統羅斯福於二十六年十月，在芝加哥發表「防疫隔離」的演說，實際上是斥責日本以不宣而戰的方式，施於中國。並於比京布魯塞爾，召開九國公約會議，僅通過宣言，斥責日本而已。都無補於事實。二十六年十一月，日、德、義成立反共協定。二十九年九月，正式成爲同盟。

美國對華貸款　二十七年九月，國際聯盟行政院決議，由各會員國分別決定適當步驟，對日本實施制裁。美、英二國，首先以經濟援助中國。美國在抗戰發生時，雖撤退在華僑民，但未撤退駐軍，以表示維護在華權利之決心。二十六年十二月，美艦巴納號被炸後，日本屢次侵犯美國在華利益，美國連續抗議無效。美國遂於二十八年七月，宣布廢止美、日商約；十一月，通過新中立法，規定現購自運辦法。對華貸款，於二十七年十二月，成立桐油借款二千五百萬美元，二十九年三月，成立滇錫借款二千萬美元，鎢砂借款二千五百萬美元，均爲易貨貸款。日、德、義同盟後，二十九年七月，禁止軍需物資輸入日本。十二月，復貸款一億美元。三十年二月，美國羅斯福總統派代表居里訪華。

英國對華貸款　中、美成立桐油借款的同時，中、英成立信用貸款首次五十萬鎊。二十八年三月，復成立平衡基金借款五百萬鎊。二十九年下半年，英、美採行平行對華政策，十二月，復貸款一千萬鎊。三十年六月，中，英成立出口信用借款五百萬鎊。七月，英政府並同意英國各處華人在英國的存款，均加封存，須經中國政府允准，始可支用。這一款項，遂得為抗戰而運用。

美英的安撫政策 抗戰初期，中國戰費全賴後方籌措，美、英貸款，起初數目不大，精神作用大於物質作用。到後來貸款增加，效用始著。當時美、英雖對中國經濟支持，然畏日本兇燄，同時採行安撫日本政策。二十九年以前，美國仍以廢鐵輸日。英國尤恐觸犯日本，曾聲明無意贊助有礙日軍在華任何行為。二十八年九月，德國攻擊波蘭，二次世界大戰正式爆發，日本宣稱專力解決中、日戰事，西方國家竟不顧道義，俯順日本。二十九年六月，英國將天津英租界存銀，交付日本，法國封閉滇越鐵路，承認日本在華的特別權利。七月，英國也宣布封閉滇緬公路三月，中國對外交通，等於完全斷絕。

蘇俄封華貸款 蘇俄一貫政策，在早日促成中、日戰爭。中、日開戰後，深恐中國停戰，對中國抗日極表支持，二十六年八月，即與中國成立互不侵犯條約。十一月，史達林竟破例接見駐俄大使館參事張沖，表示：「中國現在抗戰甚力，且有成績。若中國不利時，蘇聯可以對日開戰。」以鼓勵中國長期抗日。二十八年六月，簽訂中、蘇通商條約。並先後訂立信用借款三次，第一次在二十六年十一月，第二次在二十七年七月，各為五千萬美元，第三次在二十八年七月，為一億五千萬美元，以汽車、動力原料、飛機及原料等折價計算，中國則以農、礦產品各半，在十年內付還本息。當時西方局勢緊張，中國能對日長期抗戰，自可解除蘇俄東顧之憂。

蘇俄態度轉壞 當二十八年八月，德、俄簽訂互不侵犯協定後，立即停止援助，並指使共黨公開破壞抗戰。三十年四月，且與日本締結中立友好協定，互相承認偽滿洲國及偽蒙古人民共和國。直接對中國加以打擊。但蔣委員長早在二十七年十二月，即已決定，無論國際形勢如何，中國必自力更生，獨立奮鬥。在太平洋戰爭爆發前一、二年，國際環境雖對中國不利，亦毫不動搖抗戰意志。

美國態度積極　三十年三月，美國總統羅斯福，宣稱援助中、英抵抗侵略，必俟援華獲得勝利而後已。四月，批准四千五百萬美元的援華軍用器材。中、美與中、英平衡基金協定，也在華盛頓簽字，美國供應五千萬美元，英國供應五百萬鎊。這時，美、日談判已在華盛頓開始。日本以解決中國事件爲藉口，威脅美國。五月，美國政府又批准貸華五千萬美元的武器。六月，中、英也成立五百萬鎊的信用借款。德、俄戰爭爆發後，七月，日本佔領越南，美國封存日本在美資金。八月，美國派遣軍事代表團來華。十月，到達。九月，美國通告中國，美、日試談時，凡有涉及中國的問題，必與中國先行協商。日本要求在中國境內駐兵，經濟合作，承認僞滿等事，中國都表示堅決反對，美國也不同意。十月，美政府又撥五千萬美元援華。

日本突襲珍珠港　日本在三十年一月，即已決定進攻美國。美、日談判時，日本知美國不肯讓步，故意進行無誠意的談判，以拖延時間。當時德、義在歐洲侵略順利。日本也想在亞洲先發制人，以遂獨霸太平洋的夙願。十一月，一面派專使來栖赴美交涉。一面準備突襲，出動各種兵艦三十七艘，飛機三百多架，於十二月八日，大舉偷襲美國檀香山的珍珠港，美國損失八艘主力艦，十艘小型艦，一個浮動船塢及二五〇架飛機，大過第一次世界大戰中美國海軍的損失。同時，日機狂炸威克島、關島、香港、新加坡、菲律賓等地。並襲擊北平、天津、上海的英、美軍。

太平洋戰爭　當日，英國立即對日本宣戰。九日，美國對日宣戰，中國亦對日本及其同盟國德、義宣戰。日本也在馬來西亞、新加坡登陸，兩日間，另有十八國也對日本宣戰。二次世界大戰，已波及全球。四年半以來，中國孤軍奮鬥，今後則與美、英等國並肩作戰，抗戰進入第三期聯合戰的階段。

中國列入四強　三十年十二月二十三日，中、美、英三國在重慶舉行東亞軍事會議，由蔣委員長主持。決定如日軍侵入緬甸，中國將派陸空軍助戰，美國負責供應中國戰略物資。三十一年元旦，中、美、英、俄等二十六國在華盛頓簽訂反侵略共同宣言，表示對軸心國作戰到底，決不單獨媾和。三日，同盟國並推舉蔣委員長任中國戰區（包括越南、泰國）盟軍最高統帥，實際上緬甸亦在其內。中國從此列於四強之林。

英美貸給巨款　太平洋戰爭爆發後，美、英積極援助中國。三十一年二月二日，美國宣布貸款五億美元與中國。三日，英國也宣布貸款五千萬鎊。以供給中國作戰及穩定貨幣之用。六月二日，中、美在華盛頓簽訂「中、美抵抗侵略互助協定」，即租借物資協定，以美國武器，裝備及訓練中國軍隊。這兩筆借款，對中國的幣制具有穩定作用。

飛虎隊來華　三十年春天，美國政府特許美國空軍志願來華服務，八月一日，飛虎隊正式成立，由陳納德任指揮，支援中國地面部隊作戰，極有成績，太平洋戰爭爆發後，改為美國空軍第十大隊。三十二年，復改為美國空軍第十四大隊，仍留華抗日。

史迪威的來華　蔣委員長就任盟軍中國戰區統帥後，於當時請羅斯福推薦參謀長，以加強中、美軍事間的聯繫。羅斯福即推薦史迪威（Stilwell）中將，三月，史迪威來華。史迪威於二十七年，曾任美國駐華大使館武官，即與反蔣親共之人為友，頗受影響。當時即盛讚共軍較政府軍優於對日抗戰。以一具有偏見的人出任參謀長，實屬不幸。史迪威除統率中、印、緬戰區之美軍，並監督管轄撥給中國租借物資的處理。將中國軍隊，送往印度訓練，加以美式裝備。史迪威的權力太大，又過於自負，既欲掌握中國的軍隊，又欲裝備中共軍開往江南作戰，在緬甸亦自由指揮中國軍隊，一意孤行。對整個的作戰計劃，難免發生不良的影響。

平等新約與國際合作

調整英印糾紛　中國獨力抗日四年半，立於不敗之地，在同盟國中，自然佔有重要地位。當時英、印發生糾紛。三十一年二月，蔣委員長訪問印度，與盟國在印軍政要員及印度朝野晤談，調處英、印糾紛，臨行時，發表文告，勸英人給與印度以政治自由權，印人努力參加反侵略戰爭。戰後，印度半島遂獲得獨立自由。當時，蔣委員長並允遣軍赴緬，以解英軍之危。

英美放棄在華特權　中國抵抗暴日，國際間不乏同情。三十年五月末，美國即與中國換文，願在戰後取消在華特權。七月，中、英爲修改不平等條約，也有同樣的換文。太平洋戰爭爆發後，中、美、英已成同盟國。三十一年十月十日，兩國宣布撤銷以往的不平等條約，另訂平等互惠新約。

中美中英平等新約　三十二年一月十一日，中美、中英平等條約，分別在華盛頓與重慶簽訂。中美新約共八條，中英新約共九條，同年五月二十日，雙方互換批准書生效。兩國所取消的特權，計有領事裁判權，使館及其駐兵區域，租界，特別法庭，外籍引水人等權，軍艦行駛之特權，英籍海關總稅務司之特權，沿海貿易與內河航行權，影響中國主權之其他問題。兩約大部分的條文，都是放棄特權的規定，並提到保障美、英在中國不動產的產權，設領事館和領事應享的權利，以及內地經商等事。至影響中國主權之其他問題，是規定此新約未涉及的問題，如影響於中國主權者，應由雙方根據國際公法，國際慣例洽商解決。惟香港及九龍兩地，英國尚不肯歸還中國。平等新約訂立的一年，是西元一九四三年，上距清道光二十二年，是西元一八四二年，恰巧是一百年；過去一世紀的恥辱，經過全國軍民的流血流汗，終於完全洗刷。

他國續訂平等新約　美、英簽訂平等新約後，其他各國也相繼聲明，放棄特權，另訂新約。如三十二年八月的中巴（西）友好條約，十月的中比及中盧（森堡）友好條約，十一月的中挪友好條約，十二月的中古友好條約。美國國會，也在十一月，通過廢除歧視華人的移民法案，中美的尼加拉瓜和哥斯達黎加的國會，也規定新移民法，給予中國僑民，以合理平等的待遇。三十五年二月，中、法也訂平等新約。其他有不平等條約的國家，也陸續重訂。

英美重歐輕亞 世界大戰是全球性的，中國既已參加世界大戰，照理說，以同盟國的身分，應該參加同盟國的一切重要會議。但美、英兩國在戰爭早期，即確定將歐、亞戰區嚴加劃分，不使中國參與歐洲政策的討論。所以三十二年一月，美總統羅斯福與英首相邱吉爾，在北非的卡薩布蘭加（Casablanca）會晤時，決定聯合國作戰到軸心國無條件投降爲止，並未徵求同盟國中國的意見。因爲這一決定，延長了德國的抵抗，並使俄國有機會參加遠東戰爭，以致造成中國的悲劇。所以無條件投降政策，對中國竟發生直接利害關係。而且這一會議，還決定歐洲第一政策，因此，中國在反侵略戰爭中，只能得到極少的物資。

魁北克會議 三十二年八月，羅斯福與邱吉爾在魁北克會議，商討歐、亞戰略。中國外交部部長宋子文爲此事訪問美國國務卿赫爾，對會議事提出意見，隨即參加羅、邱會談。羅、邱會談後，發表聲明說：「會議主題，爲對日作戰與有效援華。」

共同安全宣言 三十二年十月，在莫斯科，中、美、英、俄四國代表，傅秉常、赫爾、艾登、莫洛托夫簽訂四國協定，發表共同安全宣言。確定中國爲四強之一的地位，承認四國共同作戰，共同維持國際和平，組織國際合作機構之權利與責任。

開羅會議與宣言 三十二年七月，羅斯福表示，想與蔣委員長相晤，蔣委員長同意，在秋季相晤，會晤後應發表宣言，包括七個項目。十一月二十一日，蔣主席即往開羅，與羅斯福及英首相邱吉爾相晤，並於二十三日至二十六日舉行會議，十二月一日，發表宣言，聲明制止及懲罰日本的侵略，使日本竊取於中國的領土，如東北四省、臺灣、澎湖群島等歸還中華民國。其他日本以武力所取得之土地，亦務將日本驅逐出境，並使朝鮮獨立。會議中，蔣主席對於日本，竟不主張採取實施報復手段，關於日本天皇的存廢，認爲應讓日本人民自決，這一主張之寬宏與光明磊落，深得盟國的贊佩。

聯合國的發起 三十年八月，羅斯福與邱吉爾會晤於大西洋的兵艦上，發表大西洋憲章，羅斯福所揭示之四大自由，言論自由宗教自由，不虞匱乏的自由，免於恐懼的自由，即包括其中，全憲章以促進世界各國的自由，與和平爲目的。後來成爲聯合國組織的原則。三十一年元旦，二十六國簽訂反侵略宣言，即稱爲聯合國宣言。中國成爲聯合國的發起國之一。以後在三十二年五、六月舉行的糧食會議，十一月成立的善後救濟協定，三十三年七月在美國舉行的貨幣財政會議，都是以聯合國名義召集的，中國都是首要分子。

頓巴敦會議 三十三年八月到十月間，美國邀中、英、俄三國在華盛頓頓巴敦橡園舉行會議，專商建立正式新國際組織問題。十月，四國同時公布戰後組織聯合國的建議案。在開會時，蘇俄以未對日作戰爲理由，反對與中國代表同席。會議分二組舉行，美、英、俄爲一組，先期舉行，中、美、英爲一組，繼續舉行。可見俄國這時已在國際間實施排華政策。

舊金山會議 三十四年三月，中、美、英、俄四國邀請世界上愛好和平的五十國（四強在內）派遣代表，於四月二十五日，在舊金山舉行會議。四強外長均親率代表團參加，到六月二十六日閉幕。會中通過聯合國憲章。對新會員之加入及否決權，均有規定。主要的機構爲安全理事會，四強及法國爲常任理事國，享有否決權，另有六個非常任理事國。

雅爾達祕密會議 在舊金山會議之前，三十四年二月，羅斯福、邱吉爾爲謀早日結束大戰，與蘇俄總理史達林，會晤於克里米半島的雅爾達，除討論「聯合國」及德國失敗後歐洲土地分劃問題外，並討論對日作戰問題，史達林又重提三十二年十一月，美、英、俄在德黑蘭會議中，蘇俄曾要求恢復帝俄在中國的權利一事。邱吉爾曾表示支持。雅爾達會議時，羅斯福已精神不濟，隨員中又多共黨同路人。美國爲使早日結束對日作戰，減少美國人的死亡；英國爲使蘇俄力量轉向東方，減少其對歐洲的威脅；終於不惜出賣盟友，簽訂雅爾達祕密協定。會議中，蘇俄表示將與中國訂立友好同盟條約，使中國能早日得到抗日勝利。

雅爾達祕密協定 這一祕密協定，許俄以旅順軍事基地，大連優越權利，南滿鐵路及中東鐵路優越權利，保持外蒙古「獨立」地位。庫頁島南部及千島群島，均割於俄。其中旅順、大連、南滿鐵路，是帝俄戰敗自行轉讓給日本的，中東鐵路是蘇俄對日屈服，自己出賣與僞滿的，外蒙古是中、俄北京協定承認爲中國的一部分的。依法依理，都應由中國自行收回，或爲蘇俄所信守，美、英自然無權處理，蘇俄更無過問餘地。所以這一協定，是國際間的一大可恥與不道德的事件，對中國引起了莫大損害。也是以後世界無窮禍患的由來。

波茨坦宣言　德國於五月無條件投降，美、英、俄三國爲處理戰後德國及軸心附庸國問題，並完成對日作戰。於三十四年七月在柏林西南的波茨坦會議。七月二十六日，中、美、英三國領袖發表波茨坦宣言十三條，指出日本軍閥必將潰敗，警告日本應立即無條件投降。

中俄談判　雅爾達密約簽訂後，六月十五日，始由美駐華大使赫爾利通知中國，並希望中國與蘇俄直接談判。中國爲顧全世界和平大局，迫不得已，遂於六月派行政院院長宋子文，訪問莫斯科，與史達林晤談，史達林強調以雅爾達密約爲基礎；嗣因波茨坦會議談判停頓。八月，宋子文再偕新任外交部部長王世杰飛俄，於八月十四日午夜，簽訂中、俄友好同盟條約。完全以雅爾達密約爲基礎。二十五日，經兩國政府批准公布。

中俄友好同盟條約　這一條約除盟約本文外，尚包括關於長春鐵路協定、大連協定、旅順協定，俄軍進入東三省後中、俄行政關係協定。其要點爲：㈠中、俄防日同盟三十年；㈡蘇俄允以一切援助給予國民政府，尊重中國在東三省的主權與完整，不干涉新疆事變；㈢外蒙古獨立問題由公民投票決定；㈣中、俄共有共營中東及南滿兩鐵路幹線三十年，定名爲長春鐵路；㈤大連闢爲自由港，碼頭倉庫之半，由俄租用三十年；㈥旅順軍港，由中、俄共同使用三十年，民政歸中國管轄；㈦進入東三省之俄軍，於日本投降後三星期開始撤退，三個月內完全撤畢。中國當時簽訂與批准這一條約，可說是出之兩害相權取其輕，壯士斷臂的心情。希望能以此條約約束中共的叛亂，及保持邊疆的安寧。因此，俄國就恢復了帝俄時代的特權，又成了面臨太平洋的大海權國。

艱苦奮鬥的聯合戰

太平洋戰爭的初期　珍珠港事變後不久，菲律賓、馬來西亞、荷印以至阿留申群島的重要部分，都被日本佔領。美國麥克阿瑟（D. MacArther）將軍統領的軍隊，由菲律賓退往澳洲。日軍轉而西向。在日本掀起太平洋戰爭時，立即壓迫泰國，訂立軍事同盟。三十一年一月，日、德、義訂立軍事協定，日軍即向緬甸進攻，策應德軍向東進攻，企圖會師波斯灣，並截斷中國對外的國際通路。

緬甸援英之戰　三十一年二月，日軍以四師團及泰軍二師，共十多萬人，自泰北、緬南地區，向西分三路進犯。英軍兵力單薄，且缺乏鬥志，只得撤退，並向中國求援。中國政府為履行諾言，遣駐滇的第五軍、第六軍及第六十六軍開入緬甸，協助英軍作戰。二月，日軍強渡薩爾溫江。三月七日，中國二百師戴安瀾部到同古，日軍於八日攻陷仰光。二十五日，以飛機、大砲、毒氣猛攻二百師，二百師血戰四晝夜始退。另路日軍，於四月一日攻佔普羅美，十六日，包圍英、緬軍七千多人，輜重車百餘輛，經孫立人部力戰解圍。國軍一部退向臘戍，一部退向密支那。日本則向北進攻臘戍，國軍退入國境。五月五日，與日本隔怒江相峙。另一支則退向密支那的國軍，因密支那失陷，遂一支轉向怒江東岸，遭遇日軍激戰，戴師長安瀾負傷殉國。另一支則於八月進入印度雷多（Ledo），途中官兵饑寒而死不少，備極艱苦。

緬甸戰役的檢討　緬甸之戰，蔣委員長主張應堅守曼德勒，與日軍在緬南以兩棲部隊決戰，以包抄日軍後路。蔣委員長曾告史迪威，如在緬北進攻，則易遭失敗。加上史迪威與中國將領不能合作，堅持緬北作戰，遂有此失。史迪威更要求蔣委員長加撥軍隊，以致中國正式裝備的保留部隊，大多數投入緬甸戰役，輸入的租借物資也大爲減少。到三十一年六月，由駝峯輸入中國物資，始能恢復一月間的數量。由於史迪威堅持注重緬甸戰場，直到三十三至六月以前，除雲南遠征軍外，全體中國軍隊，未領到美國租借法案的一槍一砲，對於中國大陸的抗日戰爭，發生重大損害。三十一年上半年，浙、贛戰爭，就因爲軍隊缺少供應，致遭失利。

第三次長沙會戰　日軍進攻香港，國軍爲援救在香港的英軍，而反攻廣州，日軍遂發動長沙會戰。緬甸戰場，中國軍隊進援英軍，日軍遂發動浙、贛會戰。三十年十二月二十三日，日本集中七萬多兵力，對長沙發動第三次攻勢。二十四日，分八路渡新牆河，國軍正面及右翼各軍奮力抵抗，三十一年一月一日，日軍猛攻長沙城郊，激戰四天，長沙陣地不動。日軍已全部陷入包圍，傷亡慘重，遂突圍而出，又遭國軍截擊。十五日，新牆河南已全部肅清。這一戰役，日軍死亡五萬七千多人。是爲第三次大捷。亦爲同盟國的一大勝利。

浙贛會戰　三十一年四月十八日，美國空軍轟炸東京、橫濱、名古屋等處，日本人心惶惶，加上國軍出援緬甸，日軍遂在五月中集合五師團十餘萬之眾，進攻浙東；又在南昌集合兵力三萬多，策應作戰。浙江日軍沿浙贛鐵路攻陷浙東、贛東多縣。南昌日軍，也在六月中旬，先後攻陷臨川、宜黃、南城、及浙贛線上的上饒、貴溪。因國軍主力未遭損害，轉移敵後，於六月中旬，開始反攻，所有失地，除浙東三縣外，均告收復，恢復戰前形勢。

大別山戰鬥　三十一年十二月，日軍因大別山南部國軍，時時威脅長江航運，集中二師團兵力，沿黃崗經九江到安慶一線，向大別山南麓各城鎮大舉進犯，到十二月下旬，因國軍後撤，誘敵深入，日軍佔領多縣。遂在潢川、商城、桐城，大舉反攻，日軍傷亡達萬人，所失城鎮，全部收復。

太行山戰鬥 日本為鞏固華北佔領區，於三十一年六月起到三十二年秋季止，對太行山區國軍發動三次攻擊，第一次軍隊約三萬，第二次約五萬，第三次約五、六萬，並有飛機助戰。前兩次都被國軍擊退。第三次仍留有軍隊駐守，而令馬法五軍南渡黃河整理，被共軍沿途兩次襲擊，死傷和武器，均損失甚重。

長江及荊江的戰鬥 三十二年二月及三月，日軍兩次發動沙市東南戰鬥，都無功而退。四月，又以陸空軍進攻荊江兩岸及洞庭湖西岸地區，經過五月全月的激戰，美國空軍也出動作戰。到六月，失地全部收復，十萬進攻的日軍，死者以數萬計。

常德會戰 三十二年十月下旬，日本又集合六師團十多萬兵力，在華容、石首、藕地、沙市一帶；十一月，向鄂西、湘北全面進攻，雙方激戰極烈。十二月三日，常德被攻陷，八日，國軍反攻，即告克復。當時中、美空軍聯合出擊，士氣大振。日軍全被驅除，傷亡達四萬多。

豫中會戰 日本為打擊豫西的國軍，及打通平漢路，於三十三年四月，集中兵力約十萬，分由中牟、邙山頭渡河南犯。五月上旬，連陷豫西數縣，五月十日，圍攻洛陽，二十六日失陷。又陷洛陽附近數縣。豫南亦失陷數縣。國軍雖力戰收回一部分地區，但平漢路被日軍打通。是役李家鈺總司令及一師長殉國。

長衡會戰 日本為打通大陸交通線，與南洋日軍取得聯擊，以解除海上交通的危機。於三十三年五月，集會兵力二十多萬人，向長沙發動第四次攻擊。仍分三路南下，國軍雖不斷抵抗，為免損耗主力，遂轉移到敵後，六月十八日，撤出長沙，並放棄湘東、湘西各縣。日軍遂於二十三日，進抵衡陽，並陷耒陽，分犯湘鄉、攸縣，戰線成犬牙交錯形勢，衡陽守軍苦守，血戰四十八日，始告放棄。這一戰，日軍死傷六萬六千多人，國軍死傷九萬多人。

桂柳會戰 長、衡會戰後，日軍繼續進攻廣西，除將湘南十五萬兵力集中南犯，並從廣東方面出動三萬多兵力攻入桂東，從雷州半島集合三、四千兵力，向邕、柳前進，採分進合擊之勢。當時國軍僅八個軍。

十二萬人，其中只三個軍是援軍，後方交通困難，增援不易；但仍予日軍以打擊。因敵眾我寡，十月十日，十一日，桂、柳失，二十二日，邕寧失。二十七日，南丹失。十二月二日，獨山復失，貴陽震動。何應欽赴貴陽指揮援軍反攻。八日，克復獨山，日軍退河池，戰局因而穩定。

滇西與緬北的反攻　日軍攻陷緬甸，於三十一年冬天，攻進雲南，先後佔領騰衝、龍陵等地。三十二年秋天，爲配合盟軍攻勢，打通中、印公路，自滇西及印度反攻。九月，滇西國軍克騰衝，十一月，克龍陵，即行修築公路。二十日，克芒市。三十四年一月二十日，克畹町。駐印新軍，於三十三年十月由密支那進攻，十二月十五日，克八莫。三十四年一月十五日，克芒友。二十七日，與滇西國軍在芒友會師，完全打通中、印公路。並沿公路修建油管，使軍用汽油，由印度大量輸入中國。駐印國軍，仍協同英、印軍南攻，克復臘戍等要地。三月三十日，與英、印軍會。這一次反攻，日軍死亡約四萬九千人，獲槍一一、六四四枝，他物更多。三十三年十月，美國以魏德邁（Wedemeyer）繼任中國戰區參謀長兼美軍司令，中、美軍事合作無間，從此進入順境。

豫西鄂北會戰　三十四年三月下旬，日軍集合七萬多人，戰車百多輛，分路向南陽、老河口、襄樊、西峽口進犯，國軍因裝備劣勢，四月，南陽、老河口均失。後來，襄、樊日軍被擊退，西峽口日軍則被消滅。到五月底止，日軍先後死一五、七六〇人。

湘西會戰　三十四年春天，日軍爲鞏固湘桂、粵漢鐵路交通，於四月初，集合兵力七、八萬人，分三路進攻湘西，兩路被阻，五月八日，國軍以陸空軍聯合反攻，日軍潰敗，退回原來形勢，日軍死亡二八、一七四人。

湘粵贛邊境的戰鬥　三十四年一月，湘、粵兩省日軍分從粵漢路向南、北進攻，並從道縣、樂昌東犯，另一路從蓮花、遂川東犯，四路兵力約十萬人，分進合擊，企圖打通粵漢路，奪取遂川、贛州機場，經國軍沿路抵抗，一月下旬，曲江、郴州、遂川，二月七日，贛州等地，都先後失陷。增援部隊到達後，始阻止日軍攻勢。至六月，日軍又以四萬兵力，由南雄、南康、贛縣北犯遂川，七月，經國軍迎擊，攻克南康、贛縣，並擊退進攻遂川日軍，向北克復萬安、泰和、吉安等地。

閩浙邊境的反攻 三十四年五月，國軍向福州外圍反攻，十多日後，克復福州、長樂、連江，日軍逃入浙江，與浙江日軍會合，追擊的國軍與浙省保安縱隊合擊，六月，克瑞安、永嘉、樂清，七月，再克黃岩、海門。

廣西的反攻 三十四年四月，國軍乘湘西大捷的威勢，自廣西發動反攻，第二方面軍於四月，克都安，五月，克邕寧，六月，克樂思，七月，克龍州、憑祥，日軍被趕出國境。另一支國軍配合民團，克復桂平、武宣等地，六月，迫柳江。第三方面軍於五月，克河池及德勝，六月，克宜山、柳城、柳州，七月末，克復桂林。廣西大捷，日軍士氣已衰頹不堪。不到半月，日本便投降了。

十萬青年從軍 抗戰發生時，戰地知識青年及後方知識青年投軍參加抗日的，即不下數萬計，或從事政工，或投考軍校，成爲基層幹部，成績卓著。三十二年冬天，由國立東北大學、國立第十八中學生發動，四川各大、中學凡三百多校，大中學生掀起從軍運動，達一萬四千多人。全國大、中學生也繼起響應。三十三年秋天，政府爲配合美援，建立新軍，十月，蔣主席發表告知識青年從軍書，號召十萬智識青年從軍。報名應征的達十二萬人，到三十四年四月，因戰事關係及交通關係，報到入營的有八萬六千人，一萬人分發駐印軍及其他部隊外，實編成九個師。在駐印軍及各處參加作戰的，都立有戰功，爲中國青年寫下了光榮紀錄。

光榮的勝利

日本的敗亡　三十四年春，日本遭中、美兩軍的夾攻，已呈不支。三月底，日外相重光葵，曾密托瑞典駐日公使向美、英試探和平，因日內閣改組而終止。五月，德國投降，日本已成孤立，國軍連捷於陸上，美軍也連勝於海上，日本本土，又遭受猛炸，波茨坦宣言發表後，日本內閣仍決心戰爭。

日本宣布投降　八月六日，美國以原子彈投廣島，毀城十分之六，死傷十多萬人。八日，蘇俄趕急對日宣戰。九日，原子彈再投於長崎。日本上下驚怖。十日，將降書請瑞典、瑞士轉達同盟國，完全接受波茨坦宣言。但要保留天皇爲日本的元首。十四日，正式宣布投降。喜訊傳來，全國歡騰。

盟國受降　九月二日，盟軍在東京灣美國密蘇里號戰艦上受降。受降盟軍統帥爲美國麥克阿瑟元帥，中國代表徐永昌將軍，及各國代表，都到場參加。

中國戰區受降　依照盟軍總部規定，中國之受降區爲中華民國（東北除外，由俄軍受降）、臺灣及越南北緯十六度以北地區。日軍投降代表爲日本駐華派遣軍總司令岡村寧次，投降的兵力爲一百二十八萬三千二百人，日軍先派遣乞降使節到湖南芷江，接受備忘錄，指示日軍投降應行準備事項。九月九日九時，由中國陸軍總司令何應欽，代表中國政府主持中國戰區日軍投降簽字典禮，並爲迅速辦理受降事宜，全國及越南分十五個區受降，指派就近之最高軍事長官，分別接受日軍投降。

繳械與遣俘　自三十四年九月十一日至十月中旬，日軍大部繳械集中，惟蘇北、山東、華北因共軍阻撓，遲至三十五年二月始繳械完成。主要的武器，計收繳步騎槍手槍輕重機槍共七七六、〇九六枝，大砲一二、四四六門，戰車、裝甲車五三四輛，飛機一、〇八六架，海軍五萬四千六百餘噸，其他物品甚多，應行遣送的日僑日俘爲二百零三萬九千九百七十四人。分別集中重要城市，於三十四年十月開始遣送回日，三十五年七月，遣送工作完成。

臺灣光復 甲午戰爭以後，日本即不斷侵略中國，臺灣同胞更直接受其宰制。但臺地同胞，始終不屈，抗日運動，前仆後繼。羅福星曾參加三二九之役，重傷未死。辛亥革命成功，反日運動更烈，死數千人，或云死數萬人。羅福星回臺灣組織黨部，民國二年三月，被捕而死。愛國志士，組織詩社學會，提倡國文國語，以保存民族精神。臺灣淪陷二十五年後，史家連雅堂撰成臺灣通史，發行詩刊，提倡國文。他們最後的希望，都是重歸祖國。國民革命的目的，是在求全中國的自由平等，所以十六年北伐期間，蔣總司令即聲稱臺灣必須歸還中國。二十七年中國國民黨的臨時全國代表大會，即申明解救臺灣。抗戰的目的，即爲收復東北四省及臺灣。抗戰發生，臺胞回國者，第一年即有五萬多人。內地臺胞，均紛紛申請回復國籍，組織團體，或投身軍旅，直接參加抗日工作。對日宣戰以後，所有對日條約作廢，臺灣自當收回，開羅宣言更明白昭示，波茨坦宣言，又重申必須實施開羅宣言的條件。臺灣爲構成中華民國的一省，國際間已一致承認。及日本投降，臺胞五十一年之桎梏，遂告解除，軍政人員來臺，於十月二十五日在臺北受降，臺灣光復，金甌復全。

盟國支援的價值 抗戰八年，一旦勝利，其喜可知，但此勝利得來實屬非易。自抗戰開始，中國即振奮哀兵，以百折不撓之精神，孤軍抗日，支持甚艱。太平洋戰爭爆發後，雖與美、英並肩作戰；但因美、英歐洲第一的戰略，中國仍賴自力支持。美國開闢中、印空運，初期僅供美軍十四航空隊的需要，直到三十三年春季以後，始略有物資接濟國軍。至於美國援助裝備的陸空軍，共值五億美元。雖只佔美國援助盟邦二百億美元的四十分之一，然對後期抗戰的幫助，實屬不小。美國一面代訓海空軍，一面以空軍協助作戰，並協助陸軍訓練與作戰。同盟國間互助合作的成功，遂促使日本加速崩潰，早日投降。

中國的抗戰費用 中國以一近代化程度不足的國家，對抗一近代化的工業國家作戰，其艱辛必更加倍。

八年中經常維持六百萬兵員的一切作戰補給，實非容易。二十六年的軍費為十三億七千七百四十九萬餘銀元，佔國家總支出百分之六五．五。以後每年的百分比，亦在此數上下，僅二十八年為百分之五十一．八，二十九年，則高至百分之七二，三十四年的軍費為八千二百四十九億多元，這是通貨膨脹下的數目，約佔百分之六十九。八年戰爭，直接作戰之費用，即如此之巨大，其他間接為戰爭而消耗者，當亦不下此數。

中國的犧牲　八年來的作戰，計會戰二二次，重要戰鬥一、一一七次，小戰鬥二八、九三一次。陣亡、負傷、失蹤者經軍令部統計，為三、二一一、四一九人。因傷病而死亡殘廢及逃亡為一、三八〇、九五七人。各戰區歷年實補兵員為一二、一三八、一九四人。養成及補充軍官，都約近十三萬人，各省歷年實征壯丁為一千四百零五萬多人。軍糧軍械馬匹的消耗，也為數甚大。空軍則先後消耗各式飛機二、四六八架，報廢者佔三分之一強，陣亡官兵達四、三二一人，傷三四七人。至損失估計，直接間接死傷的民眾及公教人員，在二千萬人以上，流離失所的在一萬萬人以上。韓啟桐曾就七七事變到三十二年七月六日止，以六週年為期，期內，日軍佔領中國城市凡七五一處，政區面積廣五、七八一千方市里。所受損失，計分官兵平民傷亡、財產損毀、資源損失、稅收及日偽發鈔票的損失四類估計，合共損失達戰前的國幣四四、九六七、五七一千元。若以戰前全國人口總數為準，每人平均負擔約為國幣九四元，或美金二八元。但這數目尚是最低的估計，若連同後兩年合計，其損失數字當再增加一倍以上。

遷都南京　日軍投降後，政府機關紛紛東遷。三十五年四月三十日，國民政府頒布還都令。政府首長都先後抵京，五月五日，國民政府在南京辦公。

裁軍復員　三十五年二月中旬，政府在南京召開軍事復員會議，確定國軍整編方案，採取精兵主義。自三十五年三月起施行，一年完成。擬定整編國軍為步兵三十軍九十師，及騎兵十旅，編餘官兵退伍者一一六萬人，成立軍官總隊，收容二十四萬人，留用或輔導轉業。士兵除退役資遣外，集團轉業者約百萬人。五月，改組軍事機構，七月，成立國防部，建立新的軍事體制。但整編計劃，因共軍抗不遵命，遂未能完成。

蘇俄的侵略北疆

吞併唐努烏梁海　三十年六月，俄、德戰爭爆發，蘇俄雖對中國態度轉好。但唐努烏梁海的拓跋傀儡組織，宣布對德參戰。三十三年八月十七日，蘇俄指使拓跋傀儡組織向莫斯科請願，併入蘇俄。三十七年三月，蘇俄將唐努烏梁海併為一自治區。

俄國勢力進入新疆　新疆是亞洲心臟部的戰略基地，帝俄與蘇俄無時不思染指控制，自二十三年秋一，蘇俄幫助盛世才擊敗馬仲英後，蘇俄即逐步進行控制新疆；盛世才也宣布八項宣言，以掩護親俄的用心，俄人不滿意，又改成九項新任務，明白標榜親俄。二十四年五月，蘇俄給盛五百萬盧布的貸款，俄國的控制也更加強。盛所宣布的三大政策，二十五年改成五大政策，最後又變成「反帝、親蘇、民平、清廉、和平建設」的六大政策。俄人加以利用，以排斥英國進入新疆，俄人也漸漸進入新疆各部門。在盛的用心，志在割據，所以對俄宣稱信仰共產主義，無非是挾親俄以抗國民政府而已。所以他在新疆，利用共產黨人，採取俄式特務作風，設置祕密機關，以控制全省民眾，使外國人及外省入均不能進入或留居新疆。從此屢興大獄，被免殺之各族人士，難以數計。

俄國控制新疆　二十四年八月，共匪殘部從川北向西北流竄，目的地就是新疆，想打通國際路線，與蘇俄聯成一片。但被政府軍在陝、甘邊境阻截，遂逃往陝北。二十七年，蘇俄陸軍第八團進駐新疆哈密，以阻止政府軍西上。二十八年九月，盛世才赴莫斯科，加入國際共產黨，於是全省各機關密布俄人，二十九年十一月，俄，德協定後，又迫令盛世才簽訂租借「新疆錫礦條約」，蘇俄取得在新疆設置鐵路、公路、電話、電臺、及測量、採礦、建築、居住與駐兵守衛權，期限凡五十年。這就是蘇俄併吞全新疆野心的明證。

新疆歸順政府 三十年上半年起，蘇俄對新疆壓迫愈甚。盛世才亦深感威脅。六月，俄、德戰爭爆發後，俄國接連失利，駐西伯利亞及中亞的軍隊抽調一空，駐新疆的紅軍八團，也調走一部分。當時國軍在甘肅河西走廊置有重兵，朱紹良長官入新勸盛歸順。盛的態度始有轉變。三十一年八月，蔣主席派夫人及朱紹良往迪化，慰勞當地軍民，與盛商保全國家領土主權，與還政國民政府問題。盛趁俄、德戰爭激烈的時機，完全接受，政府仍令盛主持新疆一切職務，加以倚重。蘇俄竟派外交部次長趕赴迪化，要求盛履行在二十三年所作施行共產主義的諾言，但無結果而返。三十二年一月，政府所派之軍政各機關人員到任，新疆全告收復，並請駐哈密的紅軍第八團及迪化俄駐軍與機關，一律撤退，以保主權。蘇俄到四月始允撤退。正是蘇俄解散共產國際，向世界反侵略國家爭取好感的時候。

阿山事變 然而史達林野心不死，中國在新疆恢復完全主權後，遂不斷挑撥邊地民族，製造叛亂，藉以樹立傀儡政權。阿山區是介於蒙古、蘇俄中亞而位於新疆北部的一區。分東山、西山二部分，東山包括福海、富蘊、青河、布爾根等縣，西山包括承化、布爾津、吉乃本、哈巴河等縣，當地哈薩克人與蒙人雜處，以游牧為生。由於盛世才的高壓統治，阿山的哈薩克同胞，曾於二十九年上半年，和三十年下半年發生反抗行動，雖被壓平，但對盛的怨恨未消。蘇俄遂得加以利用，三十二年五月，蘇俄派人邀哈族首領烏思滿晤談，送他禮物，鼓吹革命。九月，蘇俄指使外蒙官員，送給槍械物資甚多。使其編組軍隊，征兵百名。外蒙又運來連珠槍三百五十枝，機槍一百挺，遂公開反叛。三十三年三月，烏思滿部與外蒙軍，在蘇俄空軍掩護下，進攻青河、烏河。十一月，烏思滿與另股達力汗叛軍，西竄承化寺。三十四年二月，吉乃木、富蘊、福海等地，也相繼失陷。三十五年六月，省政府與叛軍簽訂和平條款。七月，國民政府以達力汗為省政府委員兼衛生處處長，烏思滿為阿山區行政專員兼保安司令，但達力汗仍留阿山區任副專員。後烏、達二人不和，達被逐，烏投順政府。三十六年二月，伊寧叛軍來攻阿山；五月，烏被迫退走北塔山。

新疆聽命政府　三十三年春，美總統羅斯福看到中、俄邊境衝突擴大，恐同盟國發生糾紛，派美副總統華萊士到新疆，衝突稍停；華離又起。華到莫斯科，知蘇俄欲去盛世才，華到重慶即表示盛去可改善中、俄關係。政府即擬將盛內調。三十三年八月，正是長、衡會戰，抗戰艱苦階段，盛恐內調，加上蘇俄特工從中挑撥搗亂，遂於八月十一日，將政府派往新疆工作人員，上至廳長，下至地方幹部，共二百多人，逮捕下獄，並誣爲共產黨。幸政府立即公正處理，加以解決。內調盛世才爲農林部部長，由吳忠信任主席，將新疆軍政事權，直接聽命國民政府，納入常軌。

伊寧事變　因爲新疆完全聽命政府，蘇俄又發動伊寧事變。早在三十二年十月，俄人即在伊寧邊界滋擾，並在阿拉木圖成立「新疆突厥民族解放委員會」，逐步布置。三十三年九月，蘇俄指使塔塔爾族人法合提，以蘇俄運來的武器，發給暴民，迫民眾參加叛亂。十月，法合提領暴民，攻佔鞏哈縣城。伊犁區到處發現俄文傳單標語，有「打倒中國政府」，「建立工人政權」的語句。十一月七日，在蘇俄領事策動下，大批俄軍參戰，與暴民聯合發動伊寧事變，圍攻軍政機關。守軍退守少數據點待援，死傷殆盡，於三十四年一月三十一日，軍民四千餘突圍，失敗，全被俘殺。另處四千多人，也只餘八百人。可謂爲邊地一大慘劇。於是出現了僞東土耳其斯坦共和國，僞主席爲俄籍烏孜別克人艾力汗土烈。後伊寧九城也告失守。三十四年三月，精河也爲俄空軍助戰攻陷，伊寧全區各縣全失，守軍數千人與數萬漢民，全做了俄人挑撥下的犧牲品。

塔城事變　三十四年七月，新疆額敏縣與蘇俄交界處，有白俄股匪五百多人，與阿山區暴民領袖達力汗，合攻額敏、裕民、和豐等縣，蘇俄紅軍八團騎兵三千人助戰，額敏失陷。三十一日，塔城失陷。八月，和豐失陷，守軍不屈突圍。九月初，烏蘇、精河失陷。其他各縣，也先後失陷。新疆北部的阿山、伊寧、塔城三區，全被俄人操縱邊民，供給武器，殘殺漢人及傾向政府之各族，而脫離政府了。當塔城失陷時，正在談判中、俄友好同盟條約，俄國曾照會「關於新疆最近事變，蘇俄……無干涉內政之意。」然而條約上是如此，事實上卻是如彼，蘇俄的信義，連一分鐘的作用也沒有！

南疆的騷擾　三十四年秋天，伊寧叛軍經俄軍官領導，進攻南疆英吉沙，被擊退。八月二十二日，叛軍二百人又經俄境南攻蒲犂，俄機三架助戰。九月十七日，叛軍再攻南疆，國軍痛擊，擊斃叛軍中，有俄官兵十五名。三十日，再敗叛軍，又斃及俘俄軍官各一人。蘇俄的不干涉內政之說，全屬欺人之談。

新疆的聯合政府　伊寧事件發生後，中國外交部向俄駐華大使抗議俄軍助戰事實。十五日，俄大使表示願爲調停。政府遂派張治中往迪化與伊寧方面商談，三十五年一月，簽訂所謂和平條款，六月，三附件又簽字。張無能而喪心病狂，不顧國權，完全承認叛徒所造既成事實，新疆省政府二十五名委員，由各族推薦十五人，叛亂分子竟過半數。伊犁份子任副主席。這一俄人指使的聯合政府便告出現，而成爲蘇俄操縱的工具。阿、伊、塔三區，仍成爲特殊區域。三十六年五月，政府以維族人士麥斯武德爲主席，七月、八月，伊寧份子及省參議員五十一人，又乘俄機由迪化赴伊寧，再生分裂，政府力求和平解決，終無結果。三十八年，聯合政府所容納分子，遂策動叛變，推翻麥主席。

北塔山事件　北塔山在新疆省北部，是外蒙和新疆省間的要地。二十九年，蘇俄地圖竟將這一地區劃入外蒙範圍，面積八萬五千方公里。三十五年十月，及三十六年一月，俄人嗾使外蒙軍兩度越境，進入北塔山區。三十六年六月，並向北塔山駐軍烏思滿部及馬希珍部攻擊，俄機助戰。戰鬥時，奪得俄軍槍械甚多。三十七年一到四月，入侵不停，中國外交部及駐俄大使向蘇俄屢提抗議，俄人反誣國軍越界，交涉遂無結果。

蘇俄盤據外蒙察綏　三十四年八月九日，蘇俄對日宣戰。十一日，外蒙古的傀儡組織也對日宣戰。三十五年二月十三日，俄、蒙重訂新約，使外蒙古在所謂「獨立」的名義下，併入蘇俄統治。俄軍宣戰後，左翼兵團進入東北，中央兵團由外蒙古直趨熱河承德，右翼則由外蒙，連同外蒙軍，於三十四年八月中旬，侵入察哈爾，爲求與共匪取得聯繫，不顧盟軍總部停戰命，直趨張北。八月二十三日，中共匪軍即由俄蒙軍掩護，竄入張家口。俄共與中共即製造「內蒙自治」運動，外蒙並供給軍火，裝備訓練匪軍，三十五年一月，竟在興安葛根廟，成立所謂「東蒙人民自治政府」。四月，又在承德召集東、西蒙傀儡會議，將東蒙自治政府，併入所謂「內蒙自治運動聯合會」。三十六年五月，成立僞「內蒙自治政府」；發縱指使，全爲俄共及中共。

蘇俄與日勾結　附帶在本節一提的，當八一三戰爭爆發，蘇俄駐上海總領事館由虹口遷到法租界。二十八年八月，俄、德協定激起歐洲戰爭，俄總領事館又遷回日軍事區虹口，與日本軍部特務機關往來，並表示俄國對汪僞組織，將於適當時間予以承認。日本並與蘇俄祕密諒解，日本佔取中國的華北、華東、華中、華南。而外蒙、新疆、西藏及潼關以西的大西北，則爲蘇俄勢力範圍。在蘇俄的野心決不止此，徒見日本軍閥的幼稚。三十二、三年，俄共與中共，在國際上對國民政府發動宣傳攻勢。中共軍並將國軍軍事部署與作戰計劃，透過日軍特務機關交給日軍，引誘日軍深入華西。共軍則擬乘機向西北擴張，再與日軍夾擊川、黔。但未能成功。蘇俄駐迪化的總領事，則在三十三年之內，於新疆不斷地製造事變，以配合日軍的攻勢與中共的行動。

蘇俄卵翼下的共匪與俄劫東北

共黨的整風運動　抗戰期間，民族意識發展到最高潮，一致擁護國民政府，連共黨分子也受到影響。三十一年二月，毛澤東在延安發起整風運動，接連四月，對黨徒要求「以階級性克復民族性，代替人性」，並建立「毛澤東的一元領導」。這就是中共全面轉變的準備工作，以配合共產國際的陰謀。

第三次商談 史達林拒絕參加開羅會議後，三十二年十二月，美、英、俄在德黑蘭會議，史達林趁俄軍收復失地大半的氣燄，擊敗邱吉爾在巴爾幹開闢第二戰場的提議，促成盟國在法國登陸的計劃，註定戰後東歐淪入鐵幕的命運。三十三年，俄軍對德戰爭勝利，而中國在六月正長、衡會戰緊急的時候，中共在西安的商談代表，竟推翻以前商談內容，要求政府給共軍五軍十六師的番號，並承認陝、甘、寧邊區及華北根據地的政府爲合法政府。共軍不移防。還有其他要求，商談遂無結果。

中共的軍費和政治資本 政府按照核定的三軍六師及五補充團，十足發給共軍經費，共黨轉用以在各地辦報刊、書店、及訓練學校，以進行組織、宣傳、滲透及顛覆的工作。而共軍的糧餉，則以非法方式，在「特區」和「邊區」，進行土改鬥爭、製造嗎啡及各種稅捐徵發與走私、推銷鴉片、私發僞鈔而來，對國際和國人，則宣傳政府不發共軍經費，以淆亂聽聞。

第四次商談 中共自第三次商談後，更積極進行分化中、美關係。三十三年十一月初，中共不斷邀美國特使赫爾利赴延安，毛澤東竟向其提出設立聯合政府、聯合軍事委員會的新要求。政府鑒於過去國共合作的經驗，拒絕「聯合政府」，願商談所提其他各點。但中共拒絕。

第五次商談 三十四年一月，中共派周恩來到重慶商談，提出「聯合政府」口號，一面詆毀政府。因爲赫爾利大使，曾經聲明「美國不以武器支持中國擁有武力之政黨」，也對其公開誣蔑，談判遂在五月停頓。

中共阻撓實施憲政 三十三、四年，抗戰雖極艱苦，勝利已經在望。政府遂決定提早於三十四年十一月，召開國民大會，制頒憲法。三十四年七月七日，國民參政會討論召開國民大會議案，中共拒絕出席，另籌組所謂「解放區人民代表會議」。

國際共黨配合行動 史達林在雅爾達會議取勝後，美共及同路人在美國致力「反華倒蔣」的宣傳；中共及其外圍黨派，則在中國進行政治顛覆及軍事變亂。三十四年六月，中、俄談判時，陝北、浙東、浙西、綏南、綏北共軍襲擊國軍，美共及同路人反誣蔑國民政府「發動內戰」，要求美國政府停止以軍火援華。幸而國民政府始終控制對日戰局，國軍對共軍也密切注意，再加抗戰勝利來臨，中共遂未能在抗戰期內顛覆政府。可是蘇俄在中國抗戰結束時，即加緊其外部征服與內部顛覆的計劃。

共匪大舉叛亂 日軍投降，盟軍總部將中國東北領土劃歸俄軍受降。然事實上蘇俄在日本請降前一天始行宣戰，在日軍投降前三天，始進入中國的東北和熱河、察哈爾。此一不合理的措施，遂成爲蘇俄對中國外部征服及中共內部顛覆的新起點。當時，對於日軍受降，政府有全盤措施，即電令十八集團軍就原地駐防待命。但朱德竟公然抗命，以「延安總部」名義，於八月十日，發出七道命令，指使各地匪軍全面暴動。八月十五日，朱德致電岡村寧次，要求日軍向共軍投降，岡村拒絕。八月十七日，復向政府提出六項要求。這七道命令和六項要求，其內容是在破壞國家統一，破壞軍令系統，採取自由行動，收繳日、僞武器，佔據及破壞交通要道，擴大匪區地盤。特別是依附俄、蒙軍隊，大舉進入東北及熱、察、綏，以造成割據局面。同時向國民政府再提出聯合政府口號，展開其政治鬥爭與顛覆活動。

重慶會談 勝利後，政府爲貫徹和平建國方針，除與俄國談判外，也與中共進行商談和平共存之道。蔣主席曾三電毛澤東來渝。八月二十八日，毛來重慶，政府與中共代表，於四十一天內舉行五次會談。對和平建國基本方針，政治民主化問題，國民大會，軍隊國家化，受降等問題，都取得協議。毛去渝前，也表示「國共兩黨與各黨派團結一致，……在蔣主席領導下，徹底實現三民主義的方針下，一切困難都是可以克服的。」然而在毛澤東回延安一月後，一切諾言，又全部推翻了。

共匪阻撓受降 在商談期間，共匪仍不停進攻，自日本投降時始到十月五日止，據共黨新華日報公布，已佔據城市，江蘇三十一縣，湖南一縣，廣東二縣，河北八十縣，山東八十三縣，河南二十五縣，山西四十二縣，共三百零二處。在黃河兩岸及以上各處鐵路，都佔有據點。山海關到杭州沿海，黃河下游兩岸，蘇、皖兩省長江線及運河線，都受到匪軍的威脅。對於日軍，在各地被匪軍邀械的達三萬人，都扣留不遣送。當時美軍在天津、青島、煙臺等地，協助國軍受降，共匪則指為「干涉中國內政」，企圖使國軍不能接收東北及華北地區。同時，共匪在各處嚴重破壞鐵路，挖堤炸礦，破壞工廠，燒平村鎮，屠殺人民，強拉壯丁，擴大地盤，以削弱政府區的人力物力。

俄軍接應匪軍　當時，入侵中國境內的俄軍，中央兵團直趨熱河，佔領承德，另一路經赤峯取平泉。接應匪軍李運昌部進入熱河。右翼兵團，則掩護匪軍佔領張家口，取得日本儲備的大批軍用物資。匪軍林彪復經察北、多倫、赤峯進入東北，山東匪軍，也渡海前往東北。太行山區匪軍，同時紛紛東竄，沿路裹脅，實力大為膨脹。

俄軍繳收日軍物資　俄軍左翼兵團，進入東北，日軍不戰而降。一個月內，俄軍收得日本戰俘五十九萬四千人，飛機九百二十五架，坦克車三百六十九輛，裝甲車三十輛，野砲一千二百二十六門，機槍四千八百三十六梃，步槍三十萬枝，無線電機一百三十三座，汽車二千三百輛，拖車一百二十五輛，騾馬一萬七千四百九十七匹。補給站和倉庫繳出的，尚有野砲一千四百三十六門，機槍八千九百八十九梃，擲彈筒一萬一千零五十二具，卡車三千零七十八輛，馬十萬四千七百七十匹，補給車二萬一千零八十四輛，特種車八百一十五輛，指揮車二百八十七輛。日俘則迫往西伯利亞奴役，物資則掃數裝備進入東北之林彪匪部二十萬人。

蘇俄培植東北共匪　蘇俄將在俄境訓練十年之華人隊伍，開入東北，以李兆麟部負責哈爾濱、松江地區，王明貴負責齊齊哈爾、黑龍江地區。長春以南地區，則由關內共匪發展。九月，由關內及山東半島進入東北之共匪，在俄軍協助後，到處收繳日、偽軍武器，及收編偽軍部隊，實力擴充至速，俄軍並為訓練陸空軍人員，挑選青年往俄境接受海軍及兩棲訓練。

蘇俄阻撓政府接收東北 根據中俄友好同盟條約的協定，俄軍應在日本投降後三星期內撤退，並於撤退前，協助中國政府建立地方政府。但史達林於八月末，告美國駐俄大使哈里曼；詭言紅軍並未與中共取得接觸。對於國民政府派遣軍隊及行政人員，進入東北，接收主權，則處處阻撓，並正式拒絕；爲中共匪軍，爭取進入東北時間。

俄軍助匪阻止國軍登陸 等到蘇俄在東北布置就緒，十月一日，蘇俄大使彼得洛夫通知國民政府，謂蘇俄政府決定於十月上旬開始撤兵，請派員於十日前，到長春與馬林諾夫斯基元帥，商談接防辦法。當日下午外交部即通知俄使，國軍第十三軍，定於十月十日，由九龍乘美艦前往大連登陸。蘇俄則以大連爲商港而堅決反對。政府迫不得已，遂改在葫蘆島與營口登陸。俄方未表示意見。二十七日，到達葫蘆島的國軍，在葫蘆島竟遭岸上匪軍射擊，只得折回青島。營口亦被共匪佔領。蘇俄又表示自十一月十日，俄軍即向北撤退，撤退地方情形，不能負責。

俄軍阻撓國軍進駐 政府一面空運國軍到長春瀋陽，一面在當地籌組保安隊，俄人拒絕，並將長春的保安隊繳械。十一月初旬，長春城內，有共匪軍開入擾亂，空運國軍計劃無法實施。俄軍對派員助政府人員往各省市接收，亦不同意。當時，國軍已於十月三十日，在秦皇島登陸，沿途遭受匪軍攻擊，十一月六日，奮戰出山海關，二十六日，進錦州。三十五年一月三日，進新民，五日，進營口，十日，進四平街，二十六日，進瀋陽。但俄軍對接防時時阻撓，且不撤退。

國軍進駐的原因 蘇俄的違約背信，阻止國軍接收東北，以及俄軍在東北擄掠姦淫，任意屠殺，無惡不作，濫發軍用票搜括物資，種種暴行，不勝枚舉。國軍遂決定不接收東北，將在長春的接收人員撤回山海關。十一月五日，外交部通知俄使。政府並電告美總統杜魯門，指出眞相，請共同積極防止惡化。杜魯門表示即行妥商辦法。然而蘇俄卻又轉變態度，表示可以協商。後俄方一再作友好表示，於是山海關進駐錦州的國軍，遂到瀋陽。

維護國權運動 三十五年二月，全國學生發生維護國權運動，反對東北特殊化，要求俄軍撤離東北，指責中共不遵從政府命令。一月二十五日，重慶區萬餘大、中學生遊行請願，提出「國家利益高於一切，放棄黨派私見，我們要變不要亂！擁護蔣主席領導和平建國！政治民主化，軍隊國家化！」等口號。二月十一日，去年同日簽訂的雅爾達密約在華盛頓、倫敦、莫斯科公布，全國同胞眼見俄軍助共匪劫據東北，極度憤怒。二月二十二日，重慶沙磁區各大、中學生及教職員一萬餘人，在重慶大遊行，北碚、南岸、璧山及全國各地：漢口、南昌、天津、上海、成都、遵義、昆明、北平、南京、杭州、濟南、鄭州、青島、臺灣的大、中學生，也紛起為維護國權，抗議俄國，質問中共而大遊行；馬來西亞及美國多處的中國留學生，也宣言支持。這二二二引起的各地大遊行，與八年五月四日引起的各地大遊行，及二十四年十二月九日引起的各地大遊行，先後輝煌，成為鼎足而三的青年愛國運動。

俄軍不待接防而撤 全國的民眾及學生發出憤怒的吼聲，國際間也為之支援。蘇俄被迫，遂在二月二十六日，發表撤兵聲明，經政府一再努力，四月一日，始達成協議，規定各地俄軍撤防及國軍接防的程序與日期，但俄軍不肯遵行。三月十三日，俄軍不告而撤出瀋陽，十四日，又撤出四平街，四月十四日，撤出長春，二十五日，撤出哈爾濱，五月三日，退到中、俄邊境。國軍無法接防，於是除錦州到瀋陽外，各地均陷入共匪手中。

蘇俄企圖強佔東北工礦 日本自強佔東北後，為加緊實行大陸政策，十年間投資各種輕重工業，達一百億美元。俄軍侵入東北，立即調遣三千多技術人員，前來拆遷優良工礦設備。三十四年十月十七日，俄方提出日本所經營的工廠企業，均為戰利品。十一月二十四日，馬林諾夫斯基向東北行轅經濟委員會主任委員張嘉璈，提出一百五十四種工礦企業的清單，佔東北重工業十分之八以上，建議由中、俄共同經營。三十五年一月十六日，馬又向張表示，如不接受，則俄軍永不撤兵。並由俄使向外交部正式提出這一要求。二月一日，馬又表示「東北經濟合作問題，希迅予解決，更不願第三者參加。」這是破壞門戶開放政策與排斥美國的宣告。中國政府對於敵僞產業，已定有全盤辦法，對於蘇俄要求，只允部分酌與合辦，俄方全不同意。

中國堅拒蘇俄要求 一月十七日，政府派張莘夫率領技師等七人赴撫順煤礦視察，回瀋陽時，在中途爲匪軍加以殺害，這是蘇俄阻止中國接收的辦法。自無法再往他礦視察。而美國得悉蘇俄要求後，於二月九日照會中、俄政府，反對東北工業由中、俄協商共管，及以爲戰利品，並重申對華門戶開放政策。但這照會並未能阻止蘇俄的行動。三月二十七日，俄使又向中國外交部提出「中、俄經濟合作建議草案」，要將東北各地移不動的資源囊括無遺，而且要掌握東北的民航。中國政府自然加以拒絕。

蘇俄掠奪下的損失 自三十四年九月起，蘇俄將東北輕重工業趕緊拆遷，不能移動者，則予以破壞。以免將來中國政府加以運用。如電氣工業、鋼鐵工業、煤礦設備、水泥廠、煉油廠、飛機坦克廠、火車頭、客貨車，大半被運走。餘下的則殘破不堪。工業城市，只剩斷牆殘壁，鐵路不通，工礦都停，電力也大爲減少。盟國日本賠償委員會美國代表鮑萊曾率領調查團，到東北實地調查，發表報告：「工業上的直接損失達八億五千八百萬美元，如果計算工業設備的雜置費用和品質變壞損失額，應爲二十億美元。」這是戰前的幣值計算；間接而引起的損失，又該加上一半。蘇俄把中國人流血流汗得來的勝利果實，輕易地而囊括無遺了！

第十一章　現代中國的進展

現代的政制

民國開國時的臨時政府　武昌起義後，由光復各省推派代表，在武昌開會，議定臨時政府組織大綱，而以南京為臨時政府所在地。選舉　國父為臨時大總統，旋代表又決議添設副總統一席，選黎元洪擔任。孫總統就職，經過代表會的同意，設陸軍、海軍、司法、外交、財政、內務、教育、實業、交通九部。至立法機關，為參議院，由各省都督所派參議員組成。　國父辭大總統，薦袁世凱繼任，參議院遂事先訂定臨時約法，改總統制為內閣制，添設國務總理於各部之上，以減削總統的大權，防止袁世凱的擅專。

民國開國時的地方政制　臨時政府成立，各省以都督為最高長官，內部組織紛歧。民國二年一月，北京政府公布劃一現行各省地方行政官廳組織令，規定已設民政長的省，以民政長為該省行政長官，未設民政長的省，以都督兼任民政長。並各設行政公署，分總務處、內務、財政、教育、及實業四司。惟少數由都督兼任民政長的省分，仍暫沿用舊制。民意機關，有省議會。至清代於省下所設的道，則仍保留。地方行政組織，成為省、道、縣三級。每省設三道到七道不等。分為六等官缺。二年一月，北京政府曾公布劃一現行各道地方行政官廳組織令，各道設觀察使，置觀察使公署，設祕書一人，及內務、財政、教育、實業四科。另公布劃一現行各縣地方行政官廳組織令，將直轄地方的府及直隸廳、州和散廳、散州，一律改稱為縣，各縣地方行政長官，為縣知事，分設二科到四科。另外，尚設有警察所、勸學所等獨立機構。民意機關，清末的縣議事會，依然保留。司法機關，則有初級審判廳與地方審判廳。

民國初年的正式政府 元年，袁世凱在北京就職，國務院和參議院，也遷往北京，袁世凱依據臨時約法，召集正式國會，二年四月八日，國會成立，分參議院和眾議院。旋制定大總統選舉法，十月，選舉袁世凱為正式總統，黎元洪為副總統，外國先後承認。民國國體，為民主立憲。政治組織，行立法、司法、行政三權鼎立制度。立法有國會。司法有大理院及總檢察廳。行政以大總統為首長，採責任內閣制，設國務院，下轄各部。

民國初年的省及道制 三年五月，北京政府公布省官制，各省的民政長一律改為巡按使，行政公署改為巡按使署。五年七月，復將巡按使改為省長，巡按使署改為省長公署，由總統直接任命。巡按使署與省長公署下，均設政務廳，下分總務、內務、教育、實業四科。但各省亦另設其他附屬機關，三年，加設財政廳，五年，專設教育廳。後又專設實業廳。同時，公布道官制，改觀察使為道尹，隸屬於巡按使，為一道行政長官。至民意機關仍有省議會，三年二月，被袁世凱解散。五年十月，重告恢復。十年六月，又加設省參事會。司法機關，則設有高等審判廳及高等檢察廳。

民國初年的省軍政機關 自民國成立至國民政府成立以前，地方上最高軍政機關，為都督府，其長官則為都督。也有兼管民政的，故地位甚為重要。三年六月，政府裁撤各省都督，在中央政府設立將軍府，以將軍指定督理某省軍務，為一省的軍政最高長官，設將軍行署。五年七月，又改為督軍，設督軍公署。復改為「督辦軍務善後事宜」，仍設公署。軍政長官名義雖屢加改變，其內部組織無大變動，在督軍時代，權力特大，省長幾成為附庸。五年到十三年期間，各省督軍擁兵自重，形成割據，常與中央分庭抗禮。此外，尚有超越省界的地方軍政機關，如巡閱使，可控制數省的軍政民政，甚至控制中央。十三年十二月，北京政府明領裁撤。在省內尚有臨時組織，如與省軍政長官同等地位的護軍使，以及綏靖一部分地方的鎮守使，都是旋設旋廢，有時也形成割據勢力。

民國初年的縣制 三年二月，袁世凱停辦各級自治，取消縣議事會。五月，公布縣官制。縣設縣知事，隸屬於省下的道尹。爲一縣行政長官，得自委椽屬。內部組織，仍照以前。十年以後，則逐漸推行局的制度，如公款局、實業局、教育局等。司法機關，則設有地方審判廳及地方檢察廳。小縣則由縣知事兼理司法，設承審員佐理。

民國初年的市制 至市，則於十年首次頒布市自治制，次年制定市自治制施行細則，規定在首都、省會、商埠、縣治城廂及其他滿一萬人口的地方設市，認定「市爲法人，承監督官署之監督，於法令範圍內，辦理自治各項事務。」市分爲普通市與特別市，特別市由內政部呈請中央政府以政令定之，其他則爲普通市，市長除首都外，連同市自治會，均由民選，且有市參議會的組織。

國民政府的前身 護法之役，國會議員到廣州，於六年八月，開非常會議，通過軍政府大綱，成立軍政府。此爲第一次在南方成立的政府，七年四月，爲求各方合作，改大元帥制爲合議制，由非常會議制定中華民國聯合政府組織大綱，設七人爲總裁，並以一人爲主席總裁。十年四月，非常會議制定中華民國政府組織大綱，選　國父爲大總統。五月五日就職。陳烱明叛亂平定後，爲統率各種複雜部隊，設立大本營，以　國父爲大元帥，於十二年四月組成。這四次政府，可說是國民政府的前身。

國民政府的成立 十三年一月，中國國民黨第一次全國代表大會開會，曾通過組織國民政府案，但未即時成立。十四年六月，國民黨中央執行委員會政治委員會決議創立國民政府，旋通過國民政府組織法。七月，成立國民政府，當時推定委員十六人，互推一人爲主席，五人爲常務委員，下投軍事、外交、財政三部，部長依法由委員兼任。

第一次的改組 十七年二月，國民政府第一次改組，常務委員增至七人，由常務委員中推定一人爲主席。委員人數則推定四十六人。下設內政、外交、財政、交通、司法、農礦、工商等部，及最高法院、監察院、大學院、審計院、法制局、建設委員會、軍事委員會、蒙藏委員會、僑務委員會等機關。但監察、考試兩院未即設置。

訓政綱領的頒布 十七年六月，革命軍收復北平，雖革命全功，有賴於繼續努力，而軍事程序，已失去了最後的障礙。國民政府乃遵照建國大綱，開始實行訓政。十月，中國國民黨中央頒布訓政綱領，及五院制的國民政府組織法。並選任蔣中正先生為國民政府主席，譚延闓為行政院院長，胡漢民為立法院院長，王寵惠為司法院院長，戴傳賢為考試院院長，蔡元培為監察院院長，試行五權之治，這是中國政治上的創舉，並為以後國民政府組織法的圭臬。訓政綱領的大意是：「中華民國於訓政時期，由中國國民黨全國代表大會，領導國民，行使政權。中國國民黨全國代表大會開會時，以政權付託中國國民黨中央執行委員會執行之。依照　國父建國大綱所定選舉、罷免、創制、複決四種政權，應訓練國民逐漸進行，以立憲政之基礎。治權之行政、立法、司法、考試、監察五項，付託於國民政府總攬而執行之，以立憲政時期民選政府之基礎。指導監督國民政府重大國務之施行，由中國國民黨中央執行委員會政治會議行之。」

訓政開始時的國民政府 五院制的國民政府組織法，國民政府由國民政府委員會暨五院組織而成，總攬全國治權，設主席委員一人，委員十二人到十六人，主席兼海陸空軍總司令，行政、立法、司法、考試、監察五院的正副院長，由國府委員兼任。國府直轄機關，有參謀本部、訓練總監部、軍事參議院及中央研究院等，其餘各部分視其性質分隸於主管院。十九年十一月，將國務會議改稱國民政府會議，行政院會議改稱國務會議。原定公布法律發布命令須由國府主席及五院院長共同署名，改為公布法律由國民政府主席署名，以立法院院長副署，發布命令，由國民政府主席署名，以主管院院長副署，國民政府已自形式上的會議制，成為由行政院院長總攬行政權的制度。

約法時期的國民政府　二十年五月，國民會議在南京開會，出席代表四四七名，共開大會八次，議案甚多，最重要者爲制定訓政時期約法八十九條。六月公布，中國進入約法之治。中國國民黨三屆五中全會，也將國民政府組織法，隨之修正。新規定「國民政府五院院長副院長、陸海空軍副司令及直隸於國府之各部院會長，以國民政府主席之提請，由國民政府依法任命之。」主席有極大之任命權。十二月，四屆一中全會，爲適應政治環境，再修正國民政府組織法，規定國民政府主席爲中華民國元首，不負實際政治責任，不兼其他官職，任期二年，連選得連任一次。五院獨立行使五種治權，並各自對中國國民黨執行委員會負責。各院院長及副院長，均由中央執行委員會選任。國府委員亦增爲二十四人至三十六人。主席任期，至二十四年五屆一中全會，原已屆滿，但全會以二十五年即召開國民大會。故決議不予改選，將主席之任期延長至憲法頒布時爲止。後因國民大會集會期延緩，主席遂迄未改選，直至三十二年七月，林主席森逝世。

抗戰時期的國民政府　二十六年十一月，國民政府西遷重慶，授權軍事委員會委員長，執行統率全國陸海空軍之職權，並指揮全國軍民，負國防之責。軍事委員會成爲最高統帥部，會內各部與行政院各部，也有改併。三十二年九月，五屆十一中全會，依據當時情勢，將國民政府組織法局部修改。主席爲陸海空軍大元帥，任期三年，連選得連任，主席職權，亦大致與二十年未改制前相同，主席負實際責任。三十三年十二月，爲配合盟軍對日作戰，成立中國陸軍總司令部。三十四年十二月，恢復國民大會籌備委員會。民意機關，則於二十七年七月，成立國民參政會；三十七年三月，國民大會開幕，國民參政會結束。

還都後的國民政府　三十五年五月，國府還都南京，六月，將軍事委員會及其所屬各部會，以及行政院之軍政部裁撤，改於行政院設立國防部，惟軍事參議院改屬國民政府，中國陸軍總司令部撤銷。七月，各地軍事委員會委員長行營，改稱爲國民政府主席行轅，其組織及職權照舊。

國民政府的擴大改組　三十六年四月，國民政府爲由訓政達到憲政之過渡期間，完成實施憲政的各項準備，實行擴大改組，由中國國民黨、中國青年黨、中國民主社會黨、暨社會賢達等共同參加。同時修改國民政府組織法，增設副主席一人，委員為四十八。國府委員會為國民政府的最高國務機關，商討國家大計，任免各部會長官政務委員及立法、監察委員，及其他要政，權力極大。行政院設政務委員，兼管部會，並設不管部會的政務委員五人到七人。立法委員則擴增為一百四十九人，監察委員擴增為五十四人到七十四人，均由各黨派參加。一黨政治，遂轉為多黨政治。三十七年五月二十日，行憲總統府成立，國民政府同日結束。

國民政府成立後的省制　十四年七月，國民政府成立，即頒布省組織法，由過去的獨任制，改為合議制，保持至今。當時規定省政府設七廳，各廳廳長合組省務會議，並選舉一人為主席。十五年十一月，規定省政府委員名額為七人至十一人，合組成省政府委員會，互推三人至五人為常務委員，並由常務委員互推一人為主席。下設六廳，必要時並得增設數廳。廳長由委員兼任，亦有不兼廳的委員。十六年七月，廢常務委員。委員人數及設廳數目，常有加減。民意機關，二十七年，國民政府為在抗戰期間，集思廣益，促進省政興革起見，決定成立省臨時參議會。二十八年，後方各省，先後成立。勝利以後，全國各省，又成立正式省參議會。

省政府的合署辦公　二十三年，南昌行營以省政府「各廳駢肩而立，各成系統。」同時，「省府與各廳處，縣府與各局科，均各截然形成兩級，中央部會往往認省之廳處為其直屬機關，省之廳處亦認縣之局科為其直屬機關，而彼此直接行文。」遂致指揮不靈，乃於七月創設省府合署辦公制度。在剿匪區內的贛、鄂、豫、皖、閩五省試行。規定祕書處、民政廳、財政廳、教育廳、建設廳、保安處，均併入省政府，合署辦公，一切文書，由祕書處總收總發，由主管廳處承辦，分別副署，或會同副署，簽呈主席判行。除上列各廳處外，所有一切直屬省政府的機關，應分別裁併，或量為縮小，改隸於主管廳處。而將縮減的經費，移補於縣。因為行有成效，仿行者達十五省之多。二十五年五月，行政院召開地方人員高級會議，決定頒布省政府合署辦公規程，通令全國施行。省府主席權力增加，各廳處工作協調。但省級附屬機關，不斷增加；抗戰以後尤甚。各方屢有簡化歸併意見，終未能實現。

行政督察區制　十九年三月，中央政治會議議決取消道制。二十一年七月，豫、鄂、皖三省剿匪總司令部公布剿匪區內各省行政督察專員公署條例。目的在整飭吏治，增進行政效率，以便徹底剿匪清鄉，及辦理善後。在三省劃成若干區，設立專員公署。專員並兼區保安司令及駐在地縣長。公署組織簡單，設祕書一人，署員四人，及聘任的參事數人。當時非剿匪區內各省，也設置類似組織，顯有紛歧。二十五年三月，行政院爲統一起見，公布行政督察專員公署組織暫行條例，另行成立區保安司令部，但不一定由專員兼任司令。規定專員公署爲省的輔佐機關。由國民政府簡派，仍兼縣長。下設祕書一人，二科到四科。抗戰期間，稍有改變，加兼團管區司令，不兼縣長。

地方自治的籌備　十八年三月，中國國民黨第三次全國代表大會舉行時，通過「確定地方自治之方略及程序，以立政治建設之基礎案，」以爲實行地方自治之準繩，確定縣爲自治單位。制定地方自治法。由國民政府選派曾經訓練考試及格人員，到各縣協助人民籌備自治。地方自治之籌備宜逐漸推行，選舉完畢，爲籌備自治之終期。依照　國父建國大綱規定，凡一省全數之縣，皆達成自治者，則該省訓政便告完成，而進入憲政時期。十八年六月，國民黨三屆二中全會，復通過決議案，限二十三年底完成縣自治，並規定訓政時期爲六年，二十四年完成。國民政府復於二十年七月，通令各省，實行地方自治，且定於三個月內完成區、鄉自治，四個月內，完成縣、市自治，但以各省財政困難，進行遲緩。到二十年，又因發生嚴重國難，內亂相乘，遂不果行。

國民政府成立後的縣制　十六年六月，國民政府規定縣行政長官爲縣長。十七年九月，公布縣組織法，規定縣設公安、財政、建設、教育四局，必要時可設衛生局及地政局。縣分三等，一等縣並設四科，二等縣三科，三等縣二科。十八年六月，又規定各縣有必要時，將局改科，或增設他局。因各局分立，事業難得通盤籌劃；二十三年十二月，決定先於剿匪省份，實行裁局改科，將各局職掌分別歸併各科辦理。但人口眾多，事務繁劇之縣，仍可設局。民意機關，十八年六月，雖規定縣應設置參議會，但未實行。二十三年二月，規定扶植自治時期，縣設參議會，由縣長聘任一部分專家擔任，有不少的省，曾成立過縣參議會。

縣各級組織綱要　二十八年九月，國民政府公布縣各級組織綱要，二十九年，在後方各省施行，稱為新縣制，縣的地位，由自治體轉為行政體。規定縣政府設縣長一人，分設民政、財政、教育、建設、軍事、地政各科，設科之多寡及其職掌之分配，由各省政府依照縣之等次及其實際需要定之。後來並裁撤許多新縣制規定以外的補助機關和縣長兼職。民意機關，則規定應設縣參議會。當時，各省因籌辦不及，先成立縣臨時參議會。

縣以下的層級　光緒三十三年，公布各省官制通則，規定各州、廳、縣，應將地方酌分為若干區，這是縣以下有層級的開始。光緒三十四年，又規定城、鎮、鄉為府、廳、州、縣以下的層級。民國三年，北京政府公布縣佐官制，縣佐所管的區域，為縣以下的層級；同年十二月，又公布地方自治試行條例，以區為縣以下的層級。到十八年六月，國民政府公布縣政府組織法，規定縣以下有區、鄉鎮、閭、鄰四級。二十三年，行政院公布改進地方自治原則，改為鄉鎮村、閭、鄰三級。剿匪區內，則改為區、保、甲三級，後又改為區、聯保、保、甲四級。二十八年公布的縣各級組織綱要，規定縣以下只有鄉鎮一級，保、甲變為鄉鎮內的編制，縣的面積過大或有特殊情形者，得分區設署。

國民政府成立後的市制　十七年七月，國民政府公布特別市組織法與市組織法，十九年五月，合併為市組織法。三十二年五月，根本修正，三十六年，再加修正，成為現行之市制。規定設市之標準　院轄市：首都，人口在百萬以上者，及在政治、經濟、文化上有特殊情形者。省轄市：省會，人口在二十萬以上者，及在政治、經濟、文化上地位重要，其人口在十萬以上者。市以下爲區，區內之編制爲保、甲。

國民政府成立後的司法制度　民國初年，司法制度，雖分四級，但同一案件，只能經過三級審判。十九年，司法院擬訂法院組織法草案，改爲三級三審制，而以地方法院爲法院之單位，上級爲高等法院，再上級爲最高法院。二十一年十二月公布，二十四年七月施行。依規定，地方法院設於縣或市，但其區域狹小者，得合數縣、市設一地方法院；其區域遼闊者，得設地方法院分院。高等法院設於省或特別區域；但其區域遼闊者，得設高等法院分院。首都及院轄市，亦得設高等法院。最高法院設於國民政府所在地。

民國初年的行政區域　民國初年，省及蒙古、西藏的區分，仍沿清制。惟於二年一月，廢府、州、廳，改縣存道，計得縣一千七百九十一，二十二省共分九十二道，外加川邊的邊東、邊西二道。到九年，增加到一百道。除省以外，尙有京兆地方及熱河、察哈爾、綏遠、川邊、東省五特別區。

國民政府成立後的行政區域　國民政府奠都南京，遵照建國大綱，規定省、縣二級，廢除道制，改直隸省、奉天省爲河北省、遼寧省，以京兆地方併入河北省，熱河、綏遠、察哈爾、川邊四特別區改爲四省，另在西北劃設青海省、寧夏省。抗戰時，國民政府西遷，西康省始正式成立。至是全國共爲二十八省及蒙古、西藏二地方，六院轄市，十五省轄市，一千九百三十五縣，四十三設治局，二行政區。在內地十二省，並分設一〇九行政督察專員區。

抗戰勝利後的行政區域　臺灣復歸祖國，仍建臺灣省。東北各省，經日僞劃爲十八省，國民政府爲便於接收及縮小省區之試驗起見，大致以兩省併爲一省，改爲九省。各省轄境，於三十六年六月公布；於是全國轄三十五省，十二院轄市，五十七省轄市，二〇九行政督察專員區，二千零十六縣，一百三十二蒙旗，四十設治局，一管理局，一地方。

現代的軍事

民國時代的軍制　民國初年的軍制，淵源於清末的新軍。光緒三十年，練兵處爲改良全國陸軍，規定管制餉章，頒布各省。長江南北疆吏，頗注意徵兵。管制分常備軍、續備軍、後備軍，正副目兵共十四名爲一棚，三棚爲排，三排爲隊，四隊爲營，三營爲標，二標爲協；步隊兩協，馬隊一標，砲隊一標，工程一營，輜重一營，共目兵九千五百七十二名（排長以上的官弁未計在內）爲一鎭。合兩鎭爲一軍，這是常備軍的編制。戰時徵調，則三鎭合爲一軍，或合數軍爲一大軍。民國成立，軍制未加變更，惟更改名稱，陸軍以師爲單位，下分旅、團、營、連、排、棚。合若干師則爲一軍。後來棚改名爲班。軍官分將、校、尉三等，各分上、中、少三級，海軍官制亦同。並按江防、海防，分爲第一、第二艦隊。空軍在北京政府時代，曾設立航空署。

十年國防計劃　國父因中國遭受強敵侵略，十年，曾著有「十年國防計劃」一書，後被毀於陳烱明的叛亂。就其書目來看，主張在十年內完成陸海空軍的發展，軍艦、飛機及新式武器的製造，軍港、要塞及航空站的建設與兵工廠的擴充。並派遣青年出國學習軍事，組考察團赴各國考察，聘強國人才來華教練，期於十年內，完成訓練國防基本幹部人才三千萬人，軍事技術工程人才一千萬人。如能實現這一計劃，自可免於侵略。

北伐後的裁軍計劃　國民革命軍北伐時，曾合所有的軍隊，編爲四集團軍。十七年七月六日，蔣總司令、馮玉祥、閻錫山、李宗仁及參與北伐軍事的首長數十人，於西山碧雲寺致祭　國父後，討論整理全國軍事辦法。當時國民革命軍凡二百二十萬人，每年軍費約需三億多元，而全國收入僅約四億元。製成整理軍事方案，主張成立編遣委員會，編成五十師，編餘官兵改充憲兵、警察、保安隊等，並實行兵工政策。

國軍編遣會議 十八年一月，國軍編遣委員會成立，通過「國軍編遣大綱」及其他議案。決定將全國分六個編遣區，前四個編遣區分管四集團軍編遣事宜，第五編遣區管東北，第六編遣區管川、新、雲、貴。全國軍額不得逾六十五師，騎兵八旅，砲兵十六團，工兵八團，共八十萬人。三月，中國國民黨三全大會，通過整理軍事及改編國軍基本原則，規定國軍之最高統率權完全屬於國民政府，後雖內亂外患相乘，可是整軍的工作，並未停止。

整備國防工事 九一八事變後，國防建設，刻不容緩。二十一年三月，政府於軍事委員會內；設國防設計委員會，調查研究國防問題，由參謀本部辦理。到抗戰爆發前，曾先後整建長江的江陰、鎮江、江寧要塞，構築蘇、浙縱深國防線，並在徐、海及黃河下游，魯、豫、晉、綏各省的戰略據點，構築國防工事，以防萬一。

整理軍隊 二十五年，決定採取逐步實施計劃，先就二十師調整充實，加強戰鬥力。並預定自二十五年到二十七年內，完成調整六十個師，配以相當特種部隊，以為建軍基礎；但實施方半，抗戰爆發。至訓練軍官方面，十八年三月，將廣州黃埔軍校，遷至南京，改稱「中央陸軍軍官學校」，以造就初級軍官。二十一年四月，在南京成立陸軍大學，造就高級陸軍人才。二十三年，中央軍校並增設軍官團，軍官教育總隊，高級班，軍官政治訓練班，特別研究班；另在各地設立分校，復儲備作戰物資，擴大兵工設備，達成輕兵器自造計劃。

建設空軍 十七年十月，在陸軍軍官學校成立航空隊。二十一年五月，在杭州成立中央航空學校，後並設洛陽及廣州分校。二十五年十月，在南昌成立航空機械學校。到二十六年止，計訓練飛行人員六二〇名，機械人員二三〇名。編成空軍九大隊。

頒行兵役制度 二十二年，公布兵役法，規定男子年滿十八歲至四十五歲，皆有服兵役的義務。二十五年三月，實行兵役法，試行徵兵。不久，各省設軍管區，下劃分若干師管區，就行政督察專員區設團管區，徵調壯丁受訓。

培養戰鬥意志 爲激勵民族精神，以團結禦侮。二十二年七月起，開辦廬山軍官訓練團，後擴充至軍政黨教工作人員。二十四年夏，又成立峨嵋訓練團，訓練西南軍事幹部。二十六年夏，復成立廬山暑期軍事訓練團，召集全國文武重要幹部，作短期講習，研究對日作戰計劃。

抗戰期間的整軍建軍 抗戰發生後，對國軍仍隨時抽調整訓。二十八年春到二十八年冬，曾整理各軍師達五分之三。三十年，採精兵主義，在三十一年，調整九十二軍，二百四十五師。三十二年底，擴充到一二四軍，三五四師。三十一旅，一一二獨立團。三十四年初決定縮編，年底縮爲八九軍，二四二師。另在三十一年秋，利用美租借法案，建設駐印新軍，到三十三年，建成兩軍五師，及其他特種部隊；在雲南復編組遠征軍，利用美械裝備，至三十四年勝利時，裝備成十三軍，三十六師。至兵工廠，於抗戰發生後，內運物資達二十萬噸。到三十二年，追擊砲生產達一、三八一門，三十四年，機槍生產達一萬挺；國軍輕武器，到勝利時，較戰前加到三至七倍。

現代的財政

民國初期的財政 清末財政即感困難，常借外債。民國成立，政治未上軌道，財政仍然竭蹶。政府用度，惟持內外債以資挹注。三年，財政稍有充裕，而袁世凱經營帝制，竭全國的收入，以爲運動，入不敷出，年至四千萬元。帝制運動以後，政府威權失墜，各省多不解款，遂致專賴借債支持。歐戰以前，所借最大的債，爲善後大借款。歐戰期間，各國無暇顧及東方，又逢南、北分裂，北京政府遂大借日債，財政益爲紊亂，九年以後，日債亦不能借，則專借內債。北京政府債款，已達二十六萬萬元以上。其數不可謂不巨。各地方則軍閥割據，截留稅收，以供自用，無財政政策之可言。

國民政府改革財政　國民政府在廣州成立時，北京政府財政已山窮水盡，混亂不堪；國民政府統一後，財政困難，不減昔時。加以各省受軍閥割據，戰禍頻仍，幣制混亂，達於極點，政府民眾，交受其困。國民政府為求建立現代化的國家，使國家日趨富強，乃從事於財政、幣制、金融的整理與改革。其後抗戰八年，財政遂得以維持，而不致於竭蹶；重大的改革成就，有如下述。

創立新財政制度　國民政府，鑒於過去財政制度的不合理，遂建立聯立綜合的財政制度。除財務行政仍由行政人員辦理外，其預算、會計、統計等事務，由地位超然的主計人員辦理；其審計及稽核事務，由審計部派遣各地辦理審稽事務之人員辦理；其金錢財物之出納保管，則由統一之公庫機關及其所委託之代理機構辦理。如此劃分，適合現代理財的制衡原理，倡導分工合作，俾清積弊，而增效率。十六年，首先實行會計獨立，繼設立審計機構，二十年，成立主計處。十七年，中央銀行成立國庫局，二十七年六月，公布公庫法，二十九年，中央及全國省、市、縣，都設立公庫。

國地收支的劃分　十六年夏天，國民政府於南京頒布國地、收支標準案。凡向屬國家徵收的田賦、契稅、牙稅、當稅等項收入，及各級地方行政機關、省防、公安、司法等支出，一律劃歸地方。十七年七月，財政部召集第一次全國財政會議，復就原案加以審議，國、地收支，各有更改。二十年及二十二年略有修正。中央重要的收入，為關稅、鹽稅、統稅（包括捲菸、麥粉、棉紗、火柴、水泥、薰煙、啤酒、洋酒……等貨物稅）、菸酒稅、印花稅、礦稅等。地方重要的收入，為田賦、契稅、營業稅。

稅政的改革　十八年二月，關稅實行新稅則，裁撤二．五附加稅，十九年五月，與日本締結條約後，關稅完全自主。二十年一月，全國將釐金及類似釐金的稅捐，完全取消，實施國定新稅則，增高稅率，凡進口洋貨原值百抽五者，一律增爲百分之七．五至百分之二七．五不等，共分七級。同時將船來捲菸的進口稅及統稅，併入關稅，而關稅徵收權集中於海關。此外鹽稅收歸財政部處理，由稽核機關長官兼管。二十三年，又開財政會議，限制田賦附加，並通令各省，裁撤苛捐雜稅。

徵稅機關的改革　二十一年，將各省統稅設稅務署，總管其事。旋爲徹底整理起見，自二十五年度起，決定將同一區域內所有統稅、礦稅及菸酒稅各機關，分別裁併改組。另將全國各省、市，劃分爲若干區，各設稅務署爲督徵機關，其下分設稅務管理所、稅務分所，專司稽徵事務。先在豫、贛、湘、鄂、川五省試辦，後推行全國，其各地方機構名稱，後來屢有變更，但其制度不變。

開辦直接稅　二十五年，更依各國先例，採行直接稅，實行徵收所得稅。抗戰期間，二十八年二月，開徵過分利得稅。二十九年七月，又開徵遺產稅及特種營業稅。爲徵收直接稅，財政部設立直接稅處，後擴充爲署，下設地方機構，辦理稽徵。

幣制金融的改革　十七年六月，國民政府召開全國經濟會議於上海，對於幣制改革，多所籌劃。十月，改上海造幣廠爲中央造幣廠，統一鑄幣。二十二年四月六日，復實行全國廢兩改元，以安定國內金融，確立新銀本位制。二十二年八月，因美國宣布白銀國有政策，倫敦、紐約銀價日漲。政府乃徵收白銀出口稅，並限制外匯及標金買賣，旋復增加中國、交通兩銀行官股，使變爲國家銀行，以加強金融機構。二十四年十一月，公布貨幣政策緊急命令，全國白銀收歸國有，禁止使用銀幣，以中央、中國、交通三行鈔票代替，定爲法幣。設立發行準備管理委員會，辦理法幣準備金的保管及其發行收換事宜。中央、中國、交通三行無限制買賣外匯，以穩定對外匯價，實開中國貨幣史新紀元，全國通貨，更趨統一。

改革財政收支系統　財政收支系統，在抗戰以前，原分中央、省（市）、縣（市）三級，惟縣級財源，常感貧乏，仍多附庸於省。抗戰發生，政府爲遵循抗戰建國綱領，推行地方自治而充實縣、市財源，於二十九年九月，頒行縣各級組織綱要時，對於縣、鄉財政，予以明確規定。三十年，第三次全國財政會議，通過將各省財政併入國家系統，於三十一年施行。改訂的財政收支程序，確立縣、市為單位的自治財政系統，省級財政劃入國庫，統一辦理，俾增強中央財政統籌力量，以渡過戰時財政的困難。原為一時措施。抗戰勝利後，省政恢復常軌，三十五年六月，第四次全國財政會議決定，仍劃分為中央、省（市）、縣（市）三級，鄉、鎮財政編列單位概算，列入縣、市總預算。仍恢復十七年到三十年的三級制。

抗戰期間的稅政　抗戰發生，沿海大都市淪陷，稅收減收十分之九。政府惟有另闢稅源，整飭舊稅。如舉辦消費稅；擴大直接稅範圍，提高稅率；創辦過分利得稅；徵收遺產稅；改進貨物稅；整理營業稅；開徵土地稅；以及田賦徵實，食糖徵實，棉紗、麥粉、統稅改徵實物等，以裕稅收。

抗戰期間及戰前的舉債　抗戰以前，國民政府，雖大加整理財政，然財政困難，為辦理建設事業，曾舉內債十餘次。其數目自一百餘萬元至一萬二千萬元不等。至於二十五年，將所有過去舊債，整理為統一公債，發行十四萬六千餘萬元。二十五年，發行復興公債為三萬四千萬元，則為數較巨。至清末民初所借外債，在抗戰前都整理就緒，對息金負擔大為減輕。抗戰發生後，因收支不敷，到抗戰結束止，曾發行內債十九次，計發行國幣公債一百五十一萬二千三百萬元，關金一萬萬元，英金二千萬鎊，美金二萬萬元。外債三十二次，計英金一萬五千萬鎊，美金十萬零四千七百八十萬元，法郎十萬零三千萬，國幣一萬二千萬元。

抗戰期間的金融　抗戰發生，政府即限制提存，以防資金逃避。一面對中、中、交、農四行實行管制。三十一年五月，更推行四行專業化，完成發行統一。對商業銀行，亦加管制。對法幣發行，初期稍有增加，惟數額不大；後期因物價高漲，始行增加。三十二年六月，解除金銀管制，准許自由買賣，並由銀行出賣黃金，惜未能達成抑阻通貨膨脹目的。至外匯則因日、偽發行偽鈔，套取法幣以換外匯，實行統制外匯。並於二十八年，與英國合設外匯平準基金委員會，中、英銀行各出資金五百萬鎊，以支持法幣信用。三十年，復成立中、美、英外匯平準基金一億美元，以備調節匯價之用。

抗戰期間的貿易與物價 對出口貿易，加以統制，非抗戰建國及民眾日用必需品，與日本貨物，一律不准進口。對桐油、茶葉、豬鬃、礦產，由政府統購統銷。但太平洋戰事發生後，桐油、茶葉等開放內銷。至物價則因二十八年，開始猛烈上漲，遂實施統制物價政策，實行評價及加強物資供應，取締囤積居奇與實行限價等辦法。

對日偽的財政政策 日本強佔華北後，先在張家口設立偽「蒙疆銀行」，發行「蒙疆銀行券」，兌換法幣。後在北平設立偽「中國聯合準備銀行」，發行「聯銀券」，與日圓聯繫，一再貶低法幣比值，並禁止法幣流通。後又在上海設立偽「華興商業銀行」，發行「華興券」，與法幣聯繫。偽「國民政府」成立後，設立偽「中央聯合儲備銀行」，發行「中儲券」，並濫發軍用票。而以各處收兌之的法幣，套購外匯。政府於二十七年三月，規定申購外匯，加以審核；六月，並定「商人運貨出口及售結外匯辦法」。太平洋戰爭發生後，上海外匯停止，法幣准流入淪陷區。對於日貨，初則禁止輸入，內地特產，則禁止輸入淪陷區。惟太平洋戰事發生後，因上海不能供應外匯，以法幣自淪陷區搶購物資，供應後方。

現代的經濟

入超情形嚴重 中國因受帝國主義的經濟侵略，產業落後，農村經濟破產，國民經濟危機，日趨嚴重。清季已然，民國更烈。從貿易入超數字便可看出。假如以元年的一萬零三百萬兩為百分，三年便超過一倍，四到八年，正是歐戰凋敝的時候，美國、日本大獲其利，中國卻依然入超。九年以後，數字又增，以後十年，除十六年，不滿一萬萬外，常在二萬萬兩左右。十九年，加到四萬萬。二十二年，又超過七萬萬。抗戰期間，進出口更不能相抵，勝利後，出口與外貨進口相較，爲一與五、六之比；經濟上若不急起設法，這種情形，自難有所改善。

民國初年的機器工業 民國成立，全國的經濟建設，仍繼續清末的路線進行。從機器進口的數字，可以看出工業發展的盛衰，二年機器進口價値爲四、六五〇、〇〇一兩，到歐戰結束後，十年，猛增至五五、六四七、七四四兩。十二年，即銳減不及半數。十七年，仍不到二千萬兩。國民政府統一後，十八年，達三千零六十萬兩。以後二年，則四千五百萬兩上下。在各年所有進口機器中，以織造機器爲多。十年進口的織造機器，即近全年機器進口額的半數。

民國初年的煤鐵業 礦業情形，仍如清末，煤礦仍佔產額百分之九十以上，其次爲鐵。以十八年爲例，煤產量爲二五、八四二、四五四噸，鐵礦產量爲三、一五〇、五五二噸，其他合計則不足十萬噸。其中東北煤、鐵礦藏產量，均甚豐富，後被日本強佔，損失各超過三分之一。雖在他處開發，煤產量有所增加，鐵礦則不及前數。

民國初年的交通 清末光緒二十二年到三十四年的十二年間，所造鐵路最多，大陸上重要鐵路，多成於此時。民國成立以後，僅東三省於四年及十年建鐵路二條，共五六四公里。十四年到十六年，建鐵路七條，共一、三九一公里。他處無所建設。航業發達較速，光緒二年（一八七五），全年出入船隻爲一六、九九四艘，總噸量爲九、八六七、六四一；到民國四年（一八一五），加到出入船隻爲二〇六、八八七艘，總噸量爲九〇、六六三、〇〇五。前者輪船與帆船的百分比爲八五比一五，後者則爲九三比七。十六年出入船隻，雖減到一五四、二七五艘，但總噸量加別一一六、二二〇、七八五，而輪船與帆船的比例，成爲九七比三。內河航線，可通大小汽船者，達一三、三五三公里，連同通小船者，則達三八、九四八公里。航業雖日見發達，但航業多操於外人，據二十五年申報年鑑統計，全國輪船總噸數爲八三二、三九九噸，中國佔

三一二、四五八噸，英國佔三二三、九三九噸，日本佔一〇九、六七八噸，其他佔八六、三二四噸。可見外資壓迫的嚴重性。

民國初年到抗戰前的金融 金融爲經濟事業的神經，資以運用其製造力。清末全國自辦銀行，只有七家。民國成立，大有發展，十年，加到一百十多家。二十一年以前，在財政部註冊的商業銀行，即有一〇四家。二十五年，又加到一六四家。中國所有公私銀行資本達四萬零四十九萬六千多元。然外國在華銀行及中、外合辦銀行資本，即達十二萬三千三百二十萬八千元。竟三倍於華行。此外舊式錢莊，仍然並行不悖，投資於工業的款項，與銀行相比，元年爲六八比三二，十七年爲八三比十七，銀行不及錢莊遠盛。但國民政府統一後，十八年，錢莊銳減，錢莊與銀行對工業的投資，成爲四一比五九。以後錢莊日見減少，多有改成銀行者。

國民政府的經濟建設政策 從十七年到二十六年，國民政府的經濟建設政策，以配合國防爲主。十八年一月，成立建設委員會，研究及設計國防經濟。二十年九月，復與國際聯盟合作，合併一切設計機構，成立全國經濟委員會，籌劃全國經濟建設。執政的國民黨，認清國民經濟生活的建設，爲國民革命的主要工作。在歷屆的中央全會，經常注意此事，多所決議；政府的財政經濟，遂有不斷的改進。二十四年八月，蔣委員長更倡導國民經濟建設運動，由全國經濟委員會負責推動，其目標在振興農業，鼓勵墾牧，開發礦產，提倡徵工，促進工業，調整消費，流通貨運，調整金融。總目標則爲：盡人力、闢地利、均供求、暢流通。十二月，國民黨五屆一中全會，復通過「確定國民經濟建設實施計劃大綱」，以適應國民經濟的發展，在中央、省、縣成立機構，以求建設事業的普遍與深入。國民政府，在抗戰前十年，建設成績，顯著成效，其重要的有如下述。

建築鐵路 國民政府統一後，專設鐵道部，並成立新路建設委員會，到抗戰前止，全國鐵路由八千多公里加到一萬三千多公里。重要的鐵路如粵漢鐵路的韶關、株州段，於二十六年夏通車。隴海鐵路由河南靈寶，於二十五年，通到西安、寶雞。浙贛鐵路，起於杭州，穿過江西，二十六年夏通到株州，聯結粵漢鐵路。由大同到蒲城的同蒲鐵路，二十四年通車，溝通平綏、隴海兩路。另外還有較短的蘇嘉鐵路、淮南鐵路、江南鐵路。二十四年，完成南京輪渡，聯貫津浦、京滬鐵路。二十六年，完成錢塘江大橋，聯貫滬杭、浙贛鐵路。

建築公路　十年，中國公路，不過一千多公里。國民政府統一後，由交通部主持建築公路，爲應政治及經濟上的需要，二十年，加到六萬六千多公里。二十一年十二月，改由全國經濟委員會公路處主持。到二十五年底，達一一五、七〇三公里，大後方各省，都有公路可通。

開創航空線　十九年八月，中國政府與美國飛運公司，合組中國航空公司，設有滬蓉、滬平、滬粵、渝昆四線。二十年二月，又與德國漢沙公司，合組歐亞航空公司，設有滬新（疆）、平粵、平蘭（經歸綏、寧夏）、西安到成都四線。二十二年六月，西南軍政首長集合官、民股，成立西南航空公司，航行兩廣省內，並可通昆明、福州。

擴展郵電　郵政方面：十年，全國郵政的分支機構，不到一萬處，郵路四十萬里。二十年，加到一萬二千處，五十一萬里，二十四、五年，更加到一萬四千多處，五十八萬四千八百多里。電信方面，民國初年，全國電報局六百餘所，電線路約五萬公里。後因軍閥內亂，破壞不少。國民政府統一後，大事興修；二十五年底，電線路約九萬五千三百多里。十七年，並興修無線電臺二十八處，到抗戰以前，達一百七十多處，並與各外國電臺聯絡通話。市內電話方面，十六年，屬於交通部達二十多處，四萬多號，尚有省營民營數十處。到二十五年夏，屬於交通部的電話約七萬三千多號，其中三萬數千號爲自動式，省辦及民營的電話約三萬多號，美商上海電話公司有四萬多號。長途電話方面：十四年僅四千多公里，抗戰時，交通部所屬達五萬二千二百多公里。此外尙有省線、鄉線。

改善農業　中國以農立國，農田耕種，全用人力。國民政府統一後，始參用機械。十八年進口機械植二、二一二、〇三二元。十九年，增加到二、七二九、〇七六元，二十年，減到一百零七萬餘元。以後五年，僅數萬元到十多萬元。但中國尙有自造機械，向農村推廣。農作物也專設機構，以研究改良品種。對農村社會，各處設有實驗區，對農村進行全盤的改良，作爲廣大農村改進的參考。二十二年，成立豫、鄂、皖、贛四省農民銀行，後增加資金，擴大爲中國農民銀行，以低利貸款與農村信用合作社，轉貸農民，以改進農民生活。二十五年，全國農村信用合作社，達二六、二二四所。又以各處水利不修，每逢水旱，均易成災。國民政府特設立黃河、長江、粵江、淮河等水利委員會，於各省建設廳，設立水利局，負責疏導、防洪等工作，以解除水患及水荒。

建設工礦　爲建設國防經濟，只有發展國營工礦事業。二十一年，有實業部的四年計劃；二十五年，有資源委員會的三年計劃；二十六年，有國民黨五屆三全大會的經濟建設五年計劃。四年計劃的工礦部門，共分十一單位，即煤礦、鋼鐵、銅業、石油、陝西油頁岩、三酸、機械工業、自動車、製糖、造紙、磁業等，其中大半屬於重工業，有完成一部分者，亦有未著手或半途而廢者。三年計劃，如設立鎢業、銻業管理處，以求改善生產，統籌外銷；如開發雲南錫礦，青海、四川金礦，湘潭天河煤礦，靈鄉鐵礦，四川油礦，水口山鉛鋅礦，以求建立初步的重工業。第一年，計劃完成，第二年，因抗戰發生中止。五年計劃，亦因抗戰發生，未能實現。

抗戰期間的鐵路建設　抗戰期間，仍積極建設鐵路，以利後方運輸，如湘桂鐵路，從衡陽到柳州，二十八年十二月完成。川滇鐵路，由昆明興築，三十年四月，通到曲靖。黔桂鐵路，起於柳州，三十三年冬，通到都勻。延長隴海鐵路，於三十四年底，通到天水。另外，尙建有四川的綦江鐵路，及湘桂、粵漢鐵路的三條支線。至於二十七年興築的滇緬鐵路，因太平洋戰爭發生而停工，只築成一小段，後又拆去，移用延長川滇鐵路。

抗戰期間的公路建設 抗戰期間，一面加強舊有公路；一面興建重要新路，如重慶經漢中到蘭州線，重慶經貴陽到昆明線，瀘州經宣威到昆明線，三線共長二、八五六公里。次要者尚有川康公路、樂西公路。另興建西北公路，由蘭州經張掖、酒泉、迪化而到蘇俄邊境，長二、六七四公里，利用此路，以羊毛換俄國軍火，稱爲羊毛車隊。滇緬公路，由昆明經保山到緬甸的畹町，長九七四公里。三十四年一月通車，輸入卡車達一萬輛。兩路爲國際路線，賴以輸入外來物資。

抗戰期間的航空事業 戰前航空路線達一三、八二六公里，戰時僅有二、二九三公里。二十八年，復加到一四、八〇三公里。太平洋戰爭後，國際航線停頓。另闢由昆明至印度的航線，輸入外來物資。

抗戰期間的郵電 抗戰發生，郵政尚維持舊制，以利通訊。統計戰時添設郵局一萬一千九百多所，新闢郵路一萬一千一百多公里。惟電信事業，因抗戰而告銳減。但有線電線，到三十二年底，已恢復到九萬零五百六十公里。長途電話線較戰前增加甚多，共有六萬六千七百多公里。

舊式交通工具的恢復 長江中下游，雖不能航行，但後方內河仍多，交通部遂製造木船，航行淺狹河流，共完成二千六百多艘，約四萬二千噸。又提倡驛運，在公路和舊日大路行走。幹線長六千六百多公里，支線二萬一千多公里。並行走於新蘇、新印、康藏印三國際路線。從二十九年秋到三十三年底，各線共運貨一百二十四萬九千多噸。

抗戰期間的農業 抗戰以前，糧食即感不足。抗戰發生，必須自行設法。二十七年，行政院設立農業促進委員會，並於各省、縣設立農業推廣所，配合行政機構，從增加耕種面積、推廣改良品種、減少病蟲害、改良施肥、改善水利、調劑運輸各方面進行。因此糧食如稻米、小麥、玉米、甘薯，衣著原料如棉花、生絲、苧蔴，油類作物如花生、大豆、菜子、豌豆，出口物資如桐油、豬鬃、茶葉等，產量均有增加，極有成效。二十九年，因糧食漲價，特設全國糧食管理局，各省、縣也分設分支機構。三十年，改設糧食部，併合各省糧政田賦機關，實施田賦徵實，以裕軍需民食。二十九年，又設立農林部，並置墾務總局，安置流亡義民，及督促榮軍屯墾及民墾；到抗戰勝利前，共移徙屯墾軍民七萬多人。

抗戰期間的工礦　抗戰前期的工業，重在拆遷戰區工廠，二十九年止，沿海沿江工廠內遷者有六三九家，包括輕重工業。抗戰後期，重在拆遷工廠的復工，後方工廠的整理和擴充，與國防和民生所必需的工廠的設置。到三十年止，後方新興工廠達一千三百多家。成為新工業中心的城市，計四川有十五處，雲南有六處，湖南、陝西各四處，貴州、甘肅、廣西各三處，西康二處，青海一處；凡四十一處。後方各省年產棉紗量，戰前不足三萬件，三十二年已產十三萬件，麵粉自年產一百九十多萬袋加到五百多萬袋，煤自每年產二百六十萬噸加到六百多萬噸，純鹼自年產二萬三千四百桶加到四萬二千桶，水泥自年產十二萬桶加到三十多萬桶。機器自年產工具機二十部加到一千四百部。為配合戰時需要，三十二年止，政府並設有煉鋼工廠、機器工廠、電力廠、電器工廠、化學工廠，共約二百所。礦業方面，二十九年，玉門油礦大量出油，分汽油、柴油、煤油三種。國營煤礦有十六、七個，銅鐵礦三、四個，鎢、銻、錫、汞亦有出產，到三十二年，後方能生產灰口鐵三萬多噸，銅一萬噸，電銅六百噸，汽油三百萬加侖，酒精一千萬加侖。還可製造無線電收發報機三千架，電話機二千多架。抗戰後期，後方工業的進步，實屬難能可貴。

現代的社會

都市發達與人口集中　現代社會的變化，比清末更為劇烈，清末所發生的變化，依然存在，而且在繼續的擴大下去。很容易看出來的，就是都市的發達。在農業社會時代，除了京城和沿海或內陸極少數的城市，夠得上說是熙熙攘攘以外，各處都只是些小城市，建築不好，街道窄小，也沒有什麼公共設備，不是節日或趕市的時候，總是充滿了安靜與寂寞。然而海通以後，商埠愈開愈多，中外交通頻繁，爲了商業上或工業上的需要，成爲新式都市，建設了寬廣的街道和高大的房屋，種種的公共設施，紛紛出現。不但沿江沿海，看到許多的大都市，就是沒有設商埠的地方，也仿照新式都市，加以改造。也有些舊日的城市，本是手工業的集散地，因爲大都市工廠的產品加多，手工業沒有銷路，也就零落下去。由於大都市的工廠多，前來謀生的人也多，人口自然增加到很快。而且工廠多，出品也多，商業也就發達，市面熱鬧，生活隨之而豐富，各種新的設備和不同的娛樂，也只有在都市裡可以得到，更易誘人前往。這種都市發達和人口集中的情形，也是走上工業化的必然現象。

手工業的衰退 產業革命對於工業有兩種影響，一是機械工業代替手工業，二是工廠工作代替家庭工作；晚清末年，洋務運動推行以後，家庭工業，便逐漸被本國和外國的機器製造品所破壞。這情形到民國以來，更爲嚴重。例如十四年，棉布棉紗進口共值一萬一千多萬兩，十五年，共值一萬零九十多萬兩。國人用了這麼多的洋貨，也就是少用了這麼多的國貨。還有在十七年，華商紗廠有七十所，紗錠有二、一四五、三○○個，布機有一五、六四二臺。在十六年，日商在中國有紗廠四十二所，紗錠一、二九二、○○○個，布機九、六二五臺。英商有紗廠四所。紗錠有二○五、○○○個，布機有二、三四八臺。再從棉紗消費量來看，元年，本國紡出棉紗八十萬擔輸入棉紗二百三十萬擔；十年，本國紡出棉紗四百五十萬擔，輸入一百二十萬擔。新式棉紗業的發達愈快，也就是手工紡織業崩潰的加速。這一現象固然可悲可喜，但最可悲的是外國工廠和外貨進口所佔的比重，是如此的大。中國的工業，並沒有眞正的抬起頭來，棉紗如此。其他的土貨遇著洋貨，也是一樣。手工業品沒有出路，只有完全崩潰。手工業者除極少數的能夠轉業以外，大多數都沒有出路，成為遊民，引起了社會上的嚴重問題。懦弱者流為乞丐，狡猾者變為流氓小偷，兇狠者成為盜匪；有的投身軍旅，為軍閥的刀俎，因而戰爭不休，民眾益困，這又替共匪製造了溫床，培植了開路先鋒。

農業社會崩潰　外貨的大宗輸入，不僅使中國的手工業加速崩潰，農村也同樣受到影響，農村的副業衰退，洋布、洋貨、洋錢，甚至連洋米都衝進了農村，焉得不窮且困？加上內亂頻仍，兵匪橫行，天災不已，苛捐亂徵。四川有的防區，預徵錢糧到民國六十年，田頌堯的防區到五十四年，劉文輝的到五十二年，鄧錫侯的到四十五年，至於預徵一、二年到幾年的，更是不知凡幾，農民將何以堪？於是有的出售土地，屈身為小農或佃戶，造成土地兼併情形。有的逃離鄉村，走上前述遊民的幾種出路。因而農村人口減少，荒地加多。二十年前後，共匪到處騷擾，農村首先受害，江西經過共匪盤據以後，人口減少了一千三百多萬，有些地方，幾乎十室十空，到大陸陷入鐵幕前，匪區仍然是瘡痍滿目，殘壁處處。

社會在蛻變中　現代的幾十年，因為經濟上變動的劇烈，因而社會隨之而生變化。人總是要求生存的，而且改善生活，好新務奇，也是人的天性。在經濟和社會的改變中，自不得不努力奮鬥，以求出路。所以近幾十年，文化上也起了激烈的變動。自由平等的學說出現，舊日等位上下的理論便不能再維繫人心了。交通便利，都市發達，遠離鄉村的人日多；舊日安居歸鄉的觀念改變，大家族也告動搖了。連帶父子、夫婦間的倫常關係，也出了問題。新興的事業加多，成功的機會也多，舊日樂天安命的觀念也改變了。物質的發達日廣，享樂的慾望也高，舊日受人贊佩的安貧樂道的態度，也被人看不起了。人們能隨時接受新觀念，不拘限於往事舊習，本是件好事。然而舊時共信的標準，既已推翻，現代必需的條件，尚未建立，難免有青黃不接之感；混亂矛盾，就成了蛻變中的社會現象。難怪不少有心之士，大聲疾呼，要建立社會上的共信標準，以減輕社會上的混亂矛盾情形！而免於國家民族的沉淪。

新生活運動的倡導 社會上在蛻變中，舊道德既已破壞，新道德尚未建立，多數的人，凡所作為，都不務實際，專事詐偽。加上幾十年來，內外交鬨，社會不安，到了極點；人心益趨僥倖，缺乏信仰心，不重德義，妄冀非分，過嗜財利，幾成了無處不見的情形。蔣主席有見及此，十九年元旦，在歲首獻辭，曾指出社會道德的墮落，籲請全國民眾提高道德水準，轉移社會風氣，掃除社會上一切腐敗惡習。二十三年二月，蔣委員是正在南昌督師剿匪，特提出「新生活運動」，以為當前救國建國與復興民族的最有效運動。在時間上來看，那時正在九一八、二一八事變以後，很含有「臥薪嘗膽」的意味。新生活運動的目的，在以禮義廉恥表現於衣食住行。其重要原則有四：㈠精神方面，喚起尚武愛國的精神；㈡行動方面，注意迅速整齊的行動；㈢生活方面，實行簡單樸素的生活；㈣習慣方面，養成遵守紀律的習慣。其用意在以中華民族固有之德性為基礎，求國民日常生活的現代化、軍事化。惟其能改變生活的方式，便可以恢復民族的生活力，進而可以求民族的復興。推行這運動的責任，蔣委員長說：「絕不希望全體民眾都能作到，完全全靠一般知識分子作民眾領袖之人，推己及人，以身作則，切實去作，然後可以推動全國民眾，方能收效。」於是在南昌組織促進會，首先發起，各省、市、縣及海外華僑紛起響應，組成分、支會達一千四百處。對於日後的抗戰，發生極大影響。抗戰發生後，日本首相阿部信行演講中國問題，指出整理財政、整理軍備與新生活運動，是三件不可輕予看過的大事。

國民精神總動員的實施 這在第九章第三節，已經說到，但這事在社會上是有很大影響的，不能不在這裡再提一提。國民精神總動員綱領，頒布於二十八年三月十二日。五月一日，開始舉行國民月會，宣誓國民公約，以求實施綱領。國民精神總動員的目的，在全國民眾守定「國家至上，民族至上；軍事第一，勝利第一；意志集中，力量集中」的共同目標下，發揮至大至剛的精神力量，來完成繼往開來的時代使命。八年抗戰，最後勝利的獲得，可說是由於民族大義的發揚，精神動員的成功。

現代的教育與學術

民國初年的教育機構 民國成立以後，中央設教育部，以代學部，地方則於都督署內及縣知事署內，各設教育科管理其事。到四年，各省始設教育司，六年，又改爲廳；至於各縣，則不一律，到十二年，始有縣教育局的規定。於是省、縣都有獨立的教育行政機關。

民國初年的學制 民國初年，教育思潮，不外尙武，尙實，而貫以道德教育。元、二年間，教育部曾先後頒布普通教育暫行辦法及各種學校章程，改革學制，除改學堂名稱爲學校，廢止清末學堂出身獎勵辦法；並定初級小學爲國民教育，改名爲國民小學。其他重要改革有：㈠初等小學，可以男女同學；㈡中學爲普通教育，不分文、實科，大學預科也廢分科制，初等小學、高等小學、中學校的修學年限，各減一年，大學本科廢除經科，仍分七科，修學年限延長一年。過去從小學到大學，須修學二十年，現則爲十八年；㈢與高等小學平行者，有乙種實業學校；與中學平行者，有甲種實業學校及師範學校，惟師範學校修學年限爲五年。與大學預科平行者，有專門學校，預科一年，本科三年；㈣提高女子教育程度，得設女子高小、女子中學、女子師範及女子高等師範。

以國民教育為中心的學制 民國成立前的學制，大抵取法日本。「五四運動」以後，一方覺得以前的教育精神過求整齊嚴肅，一方欲樹立以國民教育爲中心的教育制度；故教育思潮，務求能適應個性，易於普及，進而求學制的改革。經過全國教育聯合會的討論，教育部的學制會議，於十一年十二月，教育部頒布新學制，其改革的標準：是適應社會進化的需要，發揮平民教育精神，謀個性的發展，注意國民經濟力，注意生活教育，使教育易於普及，多留各地方伸縮餘地。大抵取法美國。學制上也用了美國的六三三制，定小學爲高、初兩級，高級兩年，初級四年，爲義務教育。中學亦爲高、初兩級，初中爲普通教育，高中則文、實分科，各三年畢業；與之平行者，有師範學校，職業學校。大學不設預科，實行選科制，四到六年畢業，與大學首三年平行者，則有專門學校。得設單科大學。高等師範改爲師範大學。這一次改革，也成爲現行學校制度的基礎。

國民政府的大學區制 十四年，國民政府在廣州成立，設一教育行政委員會，以指導監督地方教育行政。十六年，奠都南京，教育行政委員會主席蔡元培提議設大學區制，主張全國劃分爲若干大學區，各區設一大學，由大學校長綜理區內一切學術及教育行政事宜，而總轄於中央的大學院。此種制度仿自法國，其用意在使教育設施得有學術的根據；先試行於江蘇、浙江兩省，管理各級教育，頗遭教育界反對。全國統一後，十七年十一月，仍改爲教育部，主持全國教育行政，各省仍設教育廳，各院轄市設教育局，各縣及省轄市設局，後改爲科。

國民政府時代的學制 這一期的學制，和十一年學制，無大出入。只中等教育變更較大，即：㈠初級中學和高級中學得單設；㈡取消普通科名稱，及文、實分組辦法；㈢初級中學得視地方需要設職業科；㈣高級中學得分普通科、師範科及農工商各科；㈤各地應設中等程度的補習學校，或稱民眾學校；㈥爲補充鄉村小學教員的不足，得招收初中畢業生，酌設一年畢業生的鄉村師範學校。大學則分文、理、法、教育、農、工、商、醫各學院，四年畢業，惟醫科年限五年；可升研究院，攻讀期限二年以上。有三學院始得稱大學，否則稱獨立學院。專科學校爲二年或三年。並規定自小學及大學，除初中外，男女一律可以同學，不必另設各級女子學校。後又規定師範學校、職業學校獨立，不附設於高級中學。此外，如民眾學校、各種補習學校、圖書館、博物館、美術館、講演所、體育場等也普遍設立，屬於社會教育範圍。

留學生情形 清季即盛行往外國留學，當時因路近費省，文字易學，往日本的最多。民國以來，赴歐、美者漸多，私費多於公費。因美國首先退還庚子賠款，規定作爲派遣學生赴美留學之用，因而促成多人赴美留學。以前文科實科，同樣重視。二十年以後，因研習文科者較多；加上社會需要，政府的限制，留學生及國內高等教育，遂側重實科。

教育宗旨 民國元年的教育宗旨，為「注重道德教育，以實利教育輔之，吏以美感教育完成其道德。」四年，袁世凱所頒布的教育宗旨，為「愛國、尚武、崇實、法孔孟、重自治、戒貪爭、戒躁進。」與清末的教育宗旨相似，有類於日本的宗旨。受到教育界的反對，以為不必特定教育宗旨，所以十一年頒行的學制，未規定教育宗旨，只提出前述的七條教育標準。十八年四月，教育部公布三民主義的教育宗旨：「中華民國之教育，根據三民主義，以充實人民生活，扶植社會生存，發展國民生計，延續民族生命為目的，務期民族獨立，民權普遍，民生發展，以促進大同。」明確而又實際。

國民政府對教育的興革 國民政府修改學制，建立現行學制，使臻於完備，完成各級學校法，規定課程標準。對於各級教育，積極整理與擴充，校數與學生，均日見增加，學術水準，也逐漸普遍提高。實行普及義務教育，實行軍訓，加強體育與童子軍訓練，都是很有成就的。

國民政府恢復考試制度 中國古代以考試選士，其法至美；惟明、清以八股取士，遂致為世人所詬病，連帶廢除了本質優美的考試制度。而國家一切行政、司法……等機關的公務人員，又不可不用，惟有出於援引推薦，於是八行書遍天下，大開濫用私人之門，政治因而腐化。北京政府時代，也曾舉行幾次高等、普通文官考試，但已無法挽救頹風。 國父獨具卓見，深感考試制度優良，故列考試權為治權的一種，而成五權憲法。十七年十月，國民政府正式成立考試院，總攬全國考選政務，按年在全國辦理高等、普通及特種考試。

抗戰期間的教育緊急措施 抗戰發生，學術文化機關損失重大。政府以教育為立國之本，特加重視，重要學術機關，分別內遷；於戰區附近地區，設立機構，搶救戰區青年，往後方求學；更設置大、中學校加以收容。並於二十七年起設置學生貸金，以維學生在校生活，畢業後再行償還，抗戰後期，一律改為公費。抗戰期間，中等以上學校學生，得此補助而完成學業者，達十四萬人。為配合戰時需要，二十八年起，徵調大學醫學院畢業生擔任軍醫。三十年起，又徵調工學院畢業生趕造公路及兵工製造。同年，因美國志願空軍來華，徵調外文系畢業生擔任譯員。後美軍來華人數日多，遂徵調各院系畢業生擔任，前後任譯員的達三千六百多人。法科畢生，也調充爲軍法官。

民初及抗戰期間的高等教育　民國成立，專科學校大量設立，元年，全國專上學校達一一五所，學生四〇、一一四人；其中大學僅有四所。但專上學校，內容多不充實，後來也有改爲大學者。至十七年度，專上學校減爲七四校，學生減到二五、一八九人。國民政府統一後，整理並擴充大學，十七年度，公私立大學達四十九所。學生則在二十年度爲四四、一六七人。二十五年度，全國有專上學校一〇八所，學生四一、九二二人。抗戰發生後，學校減爲九一所，學生減爲二七、九〇六人。經政府積極內遷及興復；並釐訂學校組織，整頓課程，審查師資，提倡學術研究，獎勵著作發明，創設師範學院，均有成績。到三十四年度，全國專上學校加到一四一所，學生加到八三、四九八人。復派遣學生出國留學，與外國交換教授、學生，以促進國際文化的交流。

抗戰期間的普通教育　中等教育方面，政府爲收容淪陷區來後方青年，先後設立國立中學二十九所。並特別重視中學、職業、師範學校的均衡發展，以適應戰時政治、經濟、及社會的需要。並積極增設中等學校。二十五年度，全國中等學校爲三、二六四所，學生爲六二七、二四六人。三十四年度，全國中等學校加到五、〇七三所，學生加到一、五六六、三九二人。小學方面：二十五年度，全國小學有三二〇、〇八〇所，學生爲一八、三六四、九五六人。三十四年度，小學爲二六九、九三七所，學生爲二一、八三一、八九八人。小學反有減少，人數增加不多。因淪陷區小學兒童，都未計算在內。

國語統一運動的繼續　清末已有人提倡國語統一運動。民國元年七月，教育部召集臨時教育會於北京，通過採用注音字母案。二年二月，教育部更召集各省及蒙、藏、華僑的聲韻及語言專家，在北京開讀音統一會，工作月餘，審定七千多字的國音，並決定注音字母，計聲母二十四，韻母十二，介母三〇。這些字母，都是採自古文籀篆徑省之形，讀音統一會閉會後，因教育部部長易人，未及施行。

頒布注音字母　帝制運動失敗以後，新文化運動起，有人主張改革漢字。六年，蔡元培等組織國語研究會，宗旨在研究本國語言，選定標準，以備教育界的採用。七年，該會致力鼓吹注音字母，吳敬恆又編成國音字典；全國教育會聯合會，也議決請教育部速定國語標準，推行注音字母。教育部於是在十一月，公布注音字母，接著組織國語統一籌備會，預備討論修正，並將字母次序修改。八年，由教育部以部令公布注音字母。九年，通令小學低年級，皆用國語課本。

國語統一運動的完成　十七年，國民政府教育部設立「國語統一籌備委員會」，仍聘吳敬恆為主席，國語專家錢玄同、黎錦熙、趙元任等為常務委員。十九年，國語籌委會開第一次會議，吳敬恆提議改「注音字母」為「注音符號」。經通過後，由教育部通令全國，並在部內成立注音符號推行委員會，編製注音符號傳習小冊，以為推行工具。經數年來的努力，成績斐然，中學也以國語與國文並列。二十一年，教育部公布國音常用字彙。國語已成為最通行的語言。

新文化運動　民國成立，政治制度雖全變更，但社會思想仍陷於錮蔽。在帝制運動以前，學術偏重研究政論、法理，以為能辦到法治，即可坐致富強，孰知徒法不足以自行。加上不少人假借政法以獵官，遂致出現了帝制運動。帝制運動失敗，政法人材的命運也就告終。這時教育界有一部分人士，他們認為政法人材只注意到政治的外表，而沒有注意到建立現代國家，應該有怎樣的國民精神和國民意識。便毅然以矯正國民意識為己任。這一部分人士多集中在北京大學；因為北京大學，在五年十二月，由蔡元培出任校長後，他提倡學術自由，吸引了各方面的人才任教授；這一部分人也在其中。他們的重要分子，有陳獨秀、胡適、高一涵、錢玄同等人，主張打破傳統的意識，建立科學的精神，可說是先破壞而後建設。在建設方面，他們只提出，「民主」與「科學」兩個原則。在破壞方面，也許中國國民的傳統意識太多，比較用力。這一運動，因爲所討論批判的內容，均爲前人所未發，史家便稱它爲新文化運動。新文化運動，自有其貢獻所在。它助長了學生的愛國思想，因而在民國八年，出現了保護國權的五四運動。

無奇不有的思潮 推動新文化運動的人物們，對於舊的思想與制度，深懷不滿，全盤加以進攻。他們既要掃除中學爲體、西學爲用的看法，又要打破國人尊古賤今的傳統觀念。於是對尊孔、禮教、婦女與貞操、婚姻、玄學、科學、人生觀、民主制度、文化、文學和文字改革等問題，莫不提出討論，加以批判，引起了激烈的論戰，得出了新的結論。傳統的思想與制度是摔碎了，但是沒新的去代替，社會上失去舊日所賴以維持的東西，日趨於紛亂。思想界更是五花八門，複雜萬分。當時，出現了無數的學會，無數的雜誌，無數的著作和翻譯品，頗爲熱鬧；雖然彼此的目的，都在改造社會，反抗舊勢力，但思潮的路線，卻無奇不有。如張繼、吳稚暉、李煜瀛談無政府主義，陳獨秀、李大釗談社會主義，周作人談新村主義，胡適談實驗哲學，梁漱溟談印度哲學，張君勱、丁在君談人生觀，屠孝實、梁漱溟談宗教。……不過他們對民主與科學，都認爲是不爭的事實，而民主與科學，遂成爲新文化運動破壞中國舊文化的工具。梁啓超在十六年，曾對此大加感慨嘆說：「一方面又從外國舶來了許多甚麼黨，甚麼派，甚麼主義，……把甚麼道德的標準，統統破壞無遺。」而深覺改造社會風氣的必要。但後來這許多新文化運動者，因易見所長之一念，不少人走上研究哲學、文學和國學的道路，民主與科學兩個原則，漸漸被冷落了。

文學改良運動 新文化運動中，對文學改良一事，很有成就。原來中國的傳統文學，都以文言文傳主，讀書的人，要費去很多精力，纔能有所成就，對於其他的學問，自難有暇研究。雖然古代也出現過不少白話作品，如佛家和理學家的語錄，但範圍狹隘，不能流行。白話文寫的小說，只流行於民間，難登大雅之堂。清末民初的國語統一運動，也自然使人覺得文學有改良的必要。改良文學只有從言文合一和充實內容下手。

民國六年，胡適在新青年雜誌發表文學改良芻議，主張以白話代替文言，內容須言之有物，不摹仿古人，須講求文法，不作無病呻吟，不用爛調套語，不用典，不講對仗，不避俗字俗語。接著陳獨秀又提出文學革命論，主張推倒雕琢的阿諛的貴族文學，建設平易的抒情的國民文學；推倒陳腐的鋪張的古典文學，建設新鮮的立誠的寫實文學；推倒迂腐的艱澀的山林文學，建設明瞭的通俗的社會文學。不久，胡適又發表建設的文學革命論，主張建設國語的文學，文學的國語。北大教授錢玄同、劉復、沈尹默等人，也幫助提倡，蔡元培和梁啓超，也表示贊成，白話文的流行，遂更普遍。支持古文的林紓、嚴復、梅光迪、吳宓、胡先驌、章士釗，雖極力攻擊，亦無效果。從此白話文成爲全國最通行的文體，文言雖未廢棄，但通行範圍，大爲縮小。

國父的思想建設　國父所提倡的三民主義，爲救國救世的良藥。民國成立，國人對共和的信念雖已建立，革命主義，仍未能眞正實行，民眾困苦不已。　國父的奮鬥，也屢經挫折。基本原因，是積弊太深，意見紛歧，是非不明，認識不清。　國父認爲「建國之基，當發端於心理，」革命先要「革心」，必需要改革國民的心理，革命始可成功。他在七年六月到上海後，即撰述心理建設（即孫文學說）一書，闡述知難行易的道理。鼓勵國人實行主義。新文化運動發生，　國父覺其精神與平素主張相同，極爲重視。他在九年「致海外同志書」中說：「自從北京大學發生五四運動以來，一般愛國青年無不以革新思想，爲將來革新事業之預備。於是蓬蓬勃勃，發抒言論，國內各界輿論，一致同倡。此種新文化運動，……。在我國今日，誠思想界空前之大變動；倘能繼長增高，其將來收效之偉大且久遠者，可無疑也。吾黨欲收革命之成功，必有賴於思想之變化。兵法攻心，語曰革心，皆此之故。故此種新文化運動，實爲最有價值之事。」那時，北京方面的教授和學生，創辦一每週評論，討論國際國內的現實問題。　國父也教戴季陶在上海辦星期評論，討論新文化及政治問題。教胡漢民、朱執信等人辦建設月刊，發揮建設性的主張。另發刊民國日報。以爲鼓吹。都是爲了「灌溉新思想之萌櫱，樹立新事業之基礎。」以啓導國人。他自己也在這期間，潛心著述，手撰三民主義一小冊，約七千餘言，並完成建國方略巨著。指示思想方針，定下建國藍圖，使國人有所準繩。

社會科學時期 大家的目的，都是要改造社會，但如何改造，群起並興的思想家，並不曾提出系統的主張，和實現的方法。政治紛亂更加劇烈，民眾生活，益感不安。 國父的所以從事思想建設，即在積極實現三民主義，以挽危亡，而蘇民困。同時，其他方面人士，也有提出主張，來從事政治運動的。譬如新青年雜誌，原是以陳獨秀、胡適兩人爲中堅，因爲談到政治運動，兩人的思想有所不同。陳獨秀一派走上共產主義之路，與李大釗發行嚮導週報，組織共產黨，從無產階級觀點出發，主張無產階級革命、無產階級專政。竟貽下後來無窮的禍患，使大陸淪入鐵幕。胡適一派主張好人政府，發行努力週報，打算從事實際政治、去謀改良，後來有不少人參加政府行政工作，分挑起治國的擔子。還有個少年中國學會，是專門以上學校有爲青年所組織的，本意也在改造社會，因爲談到政治運動，也分裂成兩派。一派信仰共產主義，加入共產黨。一派信仰國家主義，組織中國青年黨，發行醒獅週報，從國家觀點出發，主張「內除國賊，外抗強權。」這些主義雖然並行，但由於國民革命軍北伐的順利發展，三民主義遂普及於全國，群起研究，取得獨尊地位。所以從北伐以前到二十年以後，這一期間，因爲各種主義盛行，可說是學術上的社會科學時期。

自然科學時期 研究社會科學，成爲風氣，後來不免生出流弊；往往不是削足適履，硬以外國改造社會的方法強加中國。便是捨本逐末，流於空疏，雖似言之成理，實無補於國家民族。國民政府統一後，因內憂外患的嚴重，特別注意國防建設，於是提倡自然科學的呼聲大起，中國加速走上科學化現代化的大路。到九一八事變發生，這種要求，更感迫切。於是政府的教育政策，也朝著這一方向進行。早在十八年，國民政府頒布大學組織法，就規定大學必設理科。二十年的國民會議，也通過「大學教育以注重自然科學及實用科學爲原則」；同年國民政府頒布「確定大學教育實施趨向辦法」，即明定上述原則爲教育方針。二十二年，即於大學及學院招生辦法中，限制文、法、商、教育、藝術等科學生數額，同時對於理、農、工、醫等科則大加獎勵。從此各大學學生比例，學習實科者年有增加，成爲風尚，抗戰期中，亦無改變；惟因戰時財政上的需要，學經濟及商科者大增。勝利前後，又因需要翻譯人材，學外文者亦增，惟純粹理科，學者較少，然多人學習工、農、醫的風氣，則始終不衰。

科學研究的提倡　新文化運動以後，中國學術界接受西方文化，運用新的科學觀點和方法，整理中國固有的學問。自然科學方面，以地質和古生物的研究，最有成績，社會科學，也有專門機構，做實地的研究。如中央研究院社會科學研究所的民族學組，對廣西凌雲的傜人、臺灣的高山族及松花江下游的赫哲人，都加以調查及研究。人文科學中的史學，從褒善貶惡的觀念，進步到注重社會民族文化的進展；並利用地下掘出來的古代遺物，和外國的材料，使史學的考證，更爲精確。對清內閣檔案的整理，使近代史的研究更爲便利。大學裡逐漸添設研究院所，作進一步的研究，發刊研究報告，提高學術研究風氣。

研究機構的設立　國民政府定都南京，爲提高學術水準，十六年五月，即設立中央研究院籌備處，制定條例，確定爲中華民國最高學術研究機關。十七年四月，任蔡元培爲院長，籌備工作，逐漸告成。中央研究院直隸國民政府，其任務有二：一爲從事科學研究，二爲指導聯絡獎勵學術之研究。陸續成立數學、天文、物理、化學、動物、植物、心理、氣象、地質、歷史語言、社會科學、醫學工程等十三個研究所，先後都有貢獻。十八年九月，又成立北平研究院，爲國立學術研究機關，院長爲李煜瀛。該院學理和實用並重，以實行科學研究促進學術進步爲任務，所設立的物理學、鐳學、化學、藥物學、生物學、動物學、植物學、史學等八個研究所，也頗有成績。這兩個機構的研究工作，多偏重自然科學。私人設立的重要學術團體：如十六年成立中國科學社，十八年成立的靜生生物調查所，十九年成立的中國天文學會、中國氣象學會、中國農學會、中國林學會，二十年成立的中國礦冶工程學會、中國紡織學會、中國化學工業會，二十一年成立的中國地質學會、中國建築師學會，二十二年成立的中國化學會、中國物理學會、中國工程師學會、二十四年成立的中國水利工程學會，廿五年成立的中國地理學會，對於促進自然科學的研究工作，也很有貢獻。

第十二章 勝利以後的經濟與實施憲政

勝利以後的經濟問題

勝利以後的新問題 對日戰爭結束，中國面臨許多懸而未決的問題。首先須在一切非中共控制的地區，建立正常的政府機構，推行政務。全國大多數的民眾，認為勝利既已來到，今後一定可以走上安定建設的道路；大家都集中注意和平時期應該進行的事情。對於中共及同路人把黨派及個人的利益，放在國家利益之上，並且猛烈阻礙國民政府在收復各省區的復員工作，以及破壞各種經濟基礎，並沒有加以適當的重視。

工商業遭受的困難 三十四年十一月二十六日，蔣主席在最高經濟委員會發表演說，分析戰後國內情形，他指出：「以往八年抗戰，曾經嚴重的破壞了我們的經濟，這並不僅指城市的轟炸，以及房屋與工廠的破壞而言。在戰爭的期間，我國喪失了無數人民的生產力量，他們都被迫離開了農村，離開了城市，我們因為敵人的封鎖海岸，失掉我們所需要的商業。在很多地方，日本曾整個的或部分的拆掉我們的工廠，在另外的地方，他們並曾把我們民生工業，改變成他們的戰時工業。所以現在要把這些工廠復員，使其生產我國人民所需要的東西，並不是一件容易的事。目前我國工業，有的已在停頓的狀態，有的僅維持小量的生產，大多數的勞工都失了業，造成普遍的困苦現象。這種情形是不能讓它牽延下去的；我們第一件事必須要使人民重新得到工作，可是要想復興工業，使工人都得到工作，因為種種的困難，確是一個很複雜的問題。我國有很多地方都缺煤，我們現在的鐵路及公路設備，絕不能滿足運輸的需要，我們也沒有充分有訓練的管理及技術人員，去接收並經營以前日本人所辦的事業。我們的國家財政因爲戰費之浩繁，以及敵人之搜括，已受列很大的摧殘，我們必須把這些情形都糾正過來，否則我們的工業不能希望發達。」

農業遭受的困難 蔣主席又說：「我們的農業，也是同樣的大受阻礙，我們並沒有充分的現代農業原料，例如肥料殺蟲劑與良好的種籽；也沒有充分普遍的現代耕種智識。專家們認爲如果我們採取了這些新的方法，短期以內收穫一定可以大增。另外一件重要的事，就是現在一般農民，都負擔了過重的地租田賦及利息，這種現象，使整個的我國農業機構大爲削弱。現在政府對於收復區的地租規定，減收百分之二十五，並且免徵田賦；就是要想糾正這種現象的第一步措施。」

解決困難之道 勝利以後，在工商農業方面，既遭受如此嚴重的困難。要渡過這個難關，蔣主席認爲「需要我們人民拿出全部的毅力來應付。在這個時期所需要的，就是一切公私生活，都必需絕對的公正廉潔。……絕對不能容忍緩慢貪污或自私自利的人來搾取人民，以圖謀個人的富貴，這種人員，必須剷除，並嚴加懲辦。」……「在我們歷史上從來沒有過的一個偉大的經濟機會，就要展開在我們面前。……我深信在未來的幾個月中，我們一定能夠並且必須努力在和平建設及發展方面，採取準備的步驟。」只要秩序能夠恢復，中國便可走上復興的光明大道。

建設的步驟 蔣主席認爲，戰後建設，採取的步驟，首先應該健全地方行政；這是建立一個強大民主國家的基石。並且提出六點：㈠完成全國性的運輸改善計劃，是推進經濟建設及進步的一切努力的基礎。㈡增加肥料殺蟲劑及改良種籽，灌輸農民現代農業智識，減低地租及高利貸，長期普遍造林。㈢增加各種必需品的工業，並穩定金融，重新檢討各銀行的利率及貸款政策。㈣發展對外貿易。㈤改進全國衛生，改善住宅及義務教育。㈥完成全盤的經濟建設與發展的計劃。

經濟建設的先決問題 上述令人興奮的計劃，蔣主席希望最高經濟委員會立刻有所行動，以滿足民眾的需要。但事實上，經過八年嚴重消耗戰爭後的中國，遭遇了許多特殊任務和困難。最主要的如：一百萬日軍的遣同本國，六十萬僞軍的復員，中共與其擴大武力的繼續叛變，鐵路橋樑等交通工具的迭遭中共破壞，戰時通貨膨脹的後果，農村經濟復興的急迫。以及實現政府在戰時對政治所爲的諾言，如起草及制定憲法，結束一黨政治，撤銷新聞檢查等。這些任務和困難，若不先加解決，經濟建設是難以順利進行的。

改善民眾經濟的受阻　爲了重建戰區，救濟無數流離失所的民眾，國民政府在對日勝利後兩年內，就所掌握的經濟資源，發動幾項遠大措施，以求改善民眾的經濟；這些措施的項目，是整編軍隊，減縮軍費，恢復交通，整理工礦業，復興農村經濟，和組織有效率的民主政府。此項努力，不幸由於中共在華北與東北的軍事叛亂，而遭受破壞。因爲一個安定而繁榮的社會，共黨是不易立足的。

勝利以前財政的回顧　勝利以前的財政，由財政部部長孔祥熙主持。孔祥熙從二十二年十一月起，出任行政院副院長兼財政部部長。二十七年，又任行政院院長。二十八年十一月，爲指揮軍事便利計，蔣委員長出任院長，孔仍任副院長，負實際責任，對於財政的措施，自可全權處理，在財政上頗多新獻。他在出任財政部部長十週年時，曾檢討十年來成果爲：㈠廢除苛捐雜稅，以蘇養民力；㈡實行關稅改革，整理內外債，以樹立國信；㈢建立國家金融機構，以奠定金融基礎；㈣創行法幣制度，以統一幣制；㈤創辦直接稅制，以開拓稅源；㈥實行主計系統，以執行預算決算；㈦推設公庫制度，以稽核收支；㈧改正國家財政收支系統，以期達到平衡預算之目的；㈨舉辦田賦徵實，以調節軍糈民食；㈩辦理專賣事業，以創造國家資本，調節社會供應等。這十大措施，使得中國財政納入正軌，奠定基礎。以一個工業落後的國家，居然對工業進步的日本作戰八年，終獲勝利，財政上的支持，自然是很重要的因素，功不可沒。惟抗戰後期，因財政上的支出日增，已呈現通貨膨脹的趨勢。但孔祥熙在三十三年十一月，交卸財政部部長時，據財政部公布數字，國庫存儲美金九億美元，黃金六百萬兩。以如此龐大的庫存，在抗戰勝利後，倘能善加運用，是可以抑止通貨膨脹的。

通貨日形膨脹　三十三年十二月，宋子文任代理行政院院長，三十四年五月，宋出任行政院院長，翁文灝爲副院長；負責處理和平時期的經濟問題，及應付戰爭末期通貨膨脹問題。自三十二年六月，財政部廢止「取締買賣黃金各種法令」，准許人民自由買賣黃金，並舉辦黃金儲蓄存款，即存入法幣，定期付給黃金，至三十四年三月，黃金官價每兩高至法幣三萬五千元。六月，即停止辦理黃金儲蓄。至法幣對美金之官價兌換率在戰前爲三比一，當時則爲二十與一之比，勝利時仍未改變；蓋因抗戰期間，外來物資稀少，外匯需要不大，故甚少改變。勝利後，因海洋航運恢復；三十五年二月，國防最高委員會即決定開放外匯市場。三月，法幣與美元兌換率，猛升至二、〇二〇比一。三十五年八月，升至三、三五〇比一。三十六年二月，再升爲一二，〇〇〇比一。黑市較官價更爲低落。在三十六年初，法幣發行總額已達三萬五千億之多，幣制益難穩定。

勝利以後的美援　在通貨日形膨脹之下，經濟方面仍有不少有利的因素。如勝利以後，美國深知中國經濟急需復蘇，遂將租借法案，在中國適用時間延長至三十五年六月三十日，計戰後租借物資分配於中國者共值五一三、七〇〇千美元。但按照美國會計帳法，在三十四年爲運輸中國軍隊北上的費用，亦列入租借法案，故實際供給中國的物資，遠不及上數。

聯合國的善後救濟　聯合國於三十二年十一月成立善後救濟總署，在協助會員國恢復戰前原有生產能力，由國土未受侵略的各會員國，各捐其一年間國民總收入百分之一，以爲事業費，共得二十億美元。中國政府經調查研究後，所需善後費用爲三十五億美元。僅希望聯總協助九億四千五百萬美元。其後聯總決定供應中國物資方案爲五億六千二百五十萬美元，連同估列運費在內，爲六億七千五百萬美元。到三十七年三月底，輸入善後救濟物資達五億零九百三十五萬五千美元。其中不僅包括急需的糧食與藥物，並有肥料、鐵路裝備、建築器材、機器及其他必需品，對中國經濟復興，大有裨益。

敵僞資產的接收 日本及僞組織在淪陷區所建立的工廠及經濟機構與各種資產，勝利後，由經濟部分別派員接收。爲防止國家資產的分散，特將需要集中管理的重要企業移交資源委員會，或另組公司經營，新成立的公司有中國紡織建設公司、中國蠶絲公司、中華水產公司、黃海水產公司、冀北電力公司，並擴大國營招商局。接收資產，如在戰前爲私人所有者，經查明後，發還原主。至確爲日僞資產，則仍歸政府所有。此項日僞資產，加上日本所賠償的一些物資；對戰後中國經濟，自亦有所幫助。至於臺灣省區，經日本佔據半世紀之久，興建工業不少；戰時雖因盟國飛機轟炸，不無損壞，工業生產縮減。但臺灣復歸祖國後，所有紡織、糖業、茶葉、鋁業、煤業、化工、電力及其他工業，加以整理修復，仍然恢復生產。

美國貸款的取消 經濟方面，雖有上述有利因素，然通貨膨脹未已。在對日勝利後，爲求穩定幣制，中國政府曾向美國進出口銀行申請貸款五億美元，雖得核准，但進出口銀行規定，須將每項計劃逐一提經該行核定。美國杜魯門總統，且在三十五年（一九四六）十二月十八日聲明，給予實際上貸款的同意，須以中國實現馬歇爾聯合政府計劃爲條件。當馬歇爾聯合政旺計劃失敗後，五億貸款遂成泡影。雖然在三十五年內，進出口銀行，曾有五次貸款，合計六千二百五十五萬美元，以供購買美棉及其他建設之用，然與當時英國獲得美國三十七億五千萬美元借款相比，以中國之地大人多，此數自屬微不足道。

通貨加速膨脹 在中共擴大叛亂情形之下，全國收入四分之三用於軍費，甚至高達百分之八十五。國家實力不斷消耗，任何恢復經濟的努力，只能維持短時間的安定。法幣繼續貶值不停，宋子文無力應付惡化局勢，只得於三十六年三月一日辭職。在辭行政院院長前的演說中，指出政府賴印刷機以應付預算的赤字時，幣值惟有日趨低落。但此一問題，在國內叛亂未平前是無法解決的。四月，張群繼任行政院院長。七月，法幣發行總額達十萬億。

勝利前後的黨派

政黨再度紛起　抗戰期間，國民黨號召全國各黨派，「精誠團結，力求自強。」黨派活動，遂公開進行。勝利以後，一因實施憲政在即，二因政府召開政治協商會議，宣布各黨派均屬合法；新興的黨派更多。除國民黨、共產黨的情形，已分見前述各章外，茲將其他各黨派概況，略述如後：

中國青年黨　十二年二月，曾琦、李璜、李不韙、何魯之等，在巴黎正式舉行中國青年黨結黨式，即在全歐發展組織，並創辦先聲週報。十三年九月，曾琦、李璜、張子柱三人回國，與少年中國學會會員陳啓天、左舜生、余家菊等在滬辦醒獅週報，提倡國家主義及主張全民政治，並團結全國國家主義團體，成立中國國家主義青年團。二十六年七月十五日，政府召集廬山談話會，曾琦、李璜、左舜生等多人被邀。政府並成立國防參議會，羅致各黨派領袖及社會賢達，共商國是，曾、李、左三人被聘爲參議員。二十七年六月，國民參政會成立，曾琦、李璜、左舜生、陳啓天、余家菊、常乃悳等七人被聘爲國民參政員。該黨擁護抗戰建國綱領，與朝野各黨共同聯合救國。黨員多屬知識分子，抗戰期間，在成都辦有新中國日報，在重慶辦有國論國刊。

中國民主社會黨　九一八事變既起，張君勱約集張東蓀、胡石青、湯住心、羅文幹、徐傅霖、羅隆基、梁秋水等九人，於二十三年成立國家社會黨。對政治制度，主張「國家政事重在效率，貴乎敏活切實；社會文化欲其發展，當任其自由歧異。」對經濟問題，主張確認私有財產，確立公有財產。全國經濟，須在國家制定之統一計劃下，由國家與私人分別擔任而貫徹之。抗戰軍興，張君勱、張東蓀、江庸，參加國防參議會。後並有七人被聘爲國民參政員。三十三年十二月，張君勱遊美，海外民主憲政黨人士，要求合作。三十五年春，政治協商會議後，張君勱、張東蓀、徐傅霖、蔣勻田等齊集重慶，議更改黨名。五月，海外民主憲政黨人士李聖策、洪少植、李大明等到上海，商兩黨合併事，八月十五日，成立中國民主社會黨。三十六年七月，各省市黨部相繼成立，並在上海召開第一次全國黨員代表大會。

第三黨　十六年，譚平山、鄧演達、陳友仁、章伯鈞等人，在上海成立中華革命黨，以介乎國「共」兩黨之間，國人稱為第三黨。十八年，發表宣言，認為「中國革命，需要科學的三民主義（對三民主義加以曲解），走向非資本主義的道路，達到社會主義的建設。」其分子及名稱數度改變。二十七年，章伯鈞被聘為第一屆國民參政員。三十六年二月，又改名為中國農工民主黨，與中共勾結。後因政府宣布民盟為非法，總部由上海遷香港。

救國會　二十三年，匪共經五次圍剿後，遂策動同路人發動人民陣線運動。二十五年，沈鈞儒、章乃器等組織全國各界救國聯合會，六月一日，發表成立宣言，並創辦團體及刊物，鼓吹抗日。蘆溝橋戰起，若干幹部即投身延安。二十七年，沈鈞儒等六人被聘為國民參政員。為中共聲援，參加民盟。然組織不健全，且無基本主張，民盟解散後，轉趨散漫。

職教派　六年六月，黃炎培、江恆源、錢新之等人，在上海成立中華職業教育社。黃炎培於革命軍北伐時，反對北伐。抗戰開始後，發行國訊週刊。二十七年，被聘為國民參政員。繼於重慶設國訊書店，專銷中共書刊。利用複雜政治關係，以自高身價。並入加民盟。勝利後仍與中共合作，後因中共壓迫過甚，黃炎培態度消極。民盟解散後，遂轉向為純粹教育團體。

鄉建派　即村治派。王鴻一在北平創辦村治月刊，鼓吹鄉村自治。十八年，梁漱溟由廣東北上，接辦村治月刊，於河南創辦村治學院，時人稱為村治派。十九年，梁又在山東創辦鄉村建設研究院，鄉村建設實驗區；後又組織中國鄉村建設學會，故又稱鄉建派。二十七年，梁被聘為國民參政員。三十年參加民盟。勝利後，對民盟及中共不滿，民盟解散後，於重慶北碚辦理鄉村學院。

中國民主同盟 二十七年七月，第一屆國民參政會在漢口開會後，左舜生、沈鈞儒，羅隆基、章伯鈞、張君勱、梁漱溟，曾發動組織抗戰建國同志會，結合在野黨派。武漢棄守後，又改組為統一建國同志會。三十年十月十日，宣布成立中國民主政團同盟於重慶，實際在香港組成。參加黨派，計有中國青年黨、國家社會黨、中華民族解放行動委員會（第三黨）、救國會派、鄉村建設派、職業教育派、東北救亡同志會等黨派，中共亦以個人分子參加。香港陷日後，暫趨停頓。中共為發展「統一戰線」陰謀，策動章伯鈞、沈鈞儒恢復活動。三十三年九月十九日，在重慶成立中國民主同盟，主張建立各黨派聯合政權。民盟分子複雜，有文人、政黨分子、失意軍人及政客、士紳等。與中共訂立協定，密切合作。三十四年冬，中國青年黨退盟。三十五年八月，國家社會黨與民主憲政黨，合併為民主社會黨，亦脫離民盟。民盟愈受中共操縱。三十六年十月二十七日，政府宣布民盟為非法團體。十一月六日，張瀾以主席名義，宣布解散。

民主建國會 抗戰勝利後，遷川工廠產業界人士及教育界人士，與職教派黃炎培，於三十四年十二月十六日，在重慶成立民主建國會。雖提倡促進民主和平，實受中共及民盟利用。每當國內發生事故，必發表主張。

中國民主促進會 三十五年「六二三」反內戰運動後，馬敘倫、鄭振鐸，將上海人民團體聯合會改組為上海民主促進會。同年五月，蔡廷楷等在香港成立中國民主促進會，李濟琛為幕後人。三十六年七月，兩會在香港合併。由李濟琛任主席，反對政府。李濟琛屢抨擊國民黨，為國民黨開除黨籍。然與中共聯絡密切。

九三學社 國民參政員褚輔成、許德珩、王卓然及左傾立委張西曼組織學社，為紀念九月三日接受日本投降而命名為九三，實為政治團體。領導人物複雜，為中共及民盟之同路人。

中國致公黨 香港洪門首領陳其尤，在香港號召洪門分子，以中國致公黨名義活動；三十六年五月，在香港開第三次全國黨員大會，選陳為中央執行委員會主席。該黨對政府不滿，提出解決內戰、重開政協、成立聯合政府等主張。

三民主義同志聯合會 爲國民黨脫黨分子柳亞子所組織，三十五年復員後，在上海成立總會，以李濟琛爲名譽理事長，柳自任理事長兼書記長，三十六年春，遷總會於香港；曾在港創辦大同日報。

中國勞動協會 上海郵務工會低級職員朱學範，加入國民黨後，努力工運，於二十四年二月組織中國勞動協會，由於政府支持，會務發達。二十八年，朱爲出席國際勞工聯合會代表，後被任命爲立法委員。抗日勝利後，因中共爭取，態度曖昧。勞協內部溫和派不滿，朱遂於三十五年十一月往香港，反對召開國大。勞協改組，將朱排除，朱遂在港成立勞動協會辦事處對抗，向國際肆意攻擊政府。朱有意組織中國勞工黨而未果。

民主統一陣線 三十六年一月，民主同盟召開二中全會，爲擴大外圍勢力，籌組民主統一陣線；主要分子爲沈鈞儒、馬敘倫、柳亞子、郭沫若、鄭振鐸等。及政府與中共和談破裂，決定組織委員會，以呼應中共地下活動。參加團體，有民主同盟、民主建國會、上海人民團體聯合會、三民主義同志會、中國民主聯合協進會、華僑民主聯合會、農工民主黨、中國民主運動協會、中國勞動協會、救國會等。在上海發動工商各界及學生簽名，致電蔣主席及杜魯門總統，要求停止內戰，撤退在華美軍，發動罷課罷工，遊行請願，製造事端，以攻擊政府，成爲中共的外圍。

林立的小黨派 除以上所述的黨派外，尚有眾多的小黨派，出現於勝利以後，有的由民國初年或北伐前後或抗戰期間的社團改組而成，有的則爲前述各黨派分子另創，有的爲地方的祕密會社分子組成。計有中國中和黨、光復會、中國洪門民治黨、中國建設黨、中國國民自由黨、中國少年勞動黨、中華人民自主同盟、中華社會建設黨、中國革命鬥爭先驅社、中國民主黨、中國人民黨、中國農民黨、中國民主自由大同盟、中國共和黨、中國工農聯合促進會、中國救國運動會、民生共進黨、洪興協會、洪門民治建國會、中國大同黨、中國民主運動協會、中華農民黨、進步社會黨、二二護國聯誼會、憲友社、中國民族聯治民主黨、中國公利黨、利群會、國民憲政社、民主自由黨、中國急進黨、中間黨聯盟、中國宗教徒和平建國大同盟、中國民主建設學會、中國人民社會黨、民主社會協進會、中國民主合眾黨、中華社會黨、中國農民自由黨、中國民主和平統一政團、中國民主憲政促進會等四十一個。均為少數人之利害結合，欲在政治上分一杯羹而已。其他三人一會，五人一黨之社及會與黨，尚有四十餘個。此八十餘個小黨派，除少數有所活動外，餘均未發生任何作用。

勝利以前的制憲

國父的憲法觀念　國父的憲法觀念，亦即中國國民黨的主張，在國民政府建國大綱中，規定從革命到制憲，分三個時期：㈠為「軍政時期，一切制度悉隸於軍政之下。政府一面用兵力以掃除國內之障礙，一方面宣傳主義以開化全國之人心，而促進國家之統一。」㈡為訓政時期，「凡一省完全底定之日，則為訓政開始之時，而軍政停止之日。」訓政的方法，為分縣自治。在以縣為試行民生主義及民權主義的基本區域；㈢為憲政時期，「凡一省全數之縣，皆達完全自治者，則為憲政開始時期，國民代表會得選舉省長，為本省自治之監督；至於該省內之國家行政，則省長受中央之指揮。」「全國有過半數省分達至憲政開始時期，即全省之地方自治完全成立時期，則開國民大會，決定憲法而頒布之。」

憲政實施的時間　國父在早年所訂的軍政府宣言，有三年完成縣自治，與全國平定後六年，實施其理想憲法的假定。

約法問題　照　國父遺教，訓政時期仍應有一約法。十七年八月，中國國民黨二屆五中全會，曾有「訓政時期應遵總理遺教，頒布約法」的決議。但黨中有力領袖之一的胡漢民，認為　國父的全部遺教，即是訓政時期的根本大法，不必另訂；約法遂未產生。後因編遣會議，引起十九年中原之役。政府平定變亂後，國民政府蔣主席中正，於十月三日，致電中央執行委員會，建議提前召開第四次全國代表大會，確定召集國民會議之議案，頒布憲法之時期，及確定在憲法未頒布以前，訓政時期適用之約法。十九年十一月十二日，三屆四中全會，決議二十年五月召開國民會議，議定約法。

國民會議代表　二十年一月一日，國民政府公布國民會議代表選舉法。代表共五百二十名，由各省選出四百五十名，各市二十二名，蒙古十二名，西藏十名，華僑二十六名。各省代表由：㈠農會。㈡工會。㈢商會及實業團體。㈣教育會、大學及自由職業團體。㈤中國國民黨等團體選出。

國民會議　二十年五月五日，國民會議開會，第一次大會，即開始討論約法草案，經全體大會四次討論後，於五月十二日，即三讀修正通過。六月一日，由國民政府公布，稱為中華民國訓政時期約法。

訓政時期約法　共八章，計八十九條，前言述明本約法係遵中國國民黨孫總理遺教，由國民會議制定的；其目的則在促成憲政。第一章為總綱；第二章為人民之權利義務；第三章為訓政綱領；第四章為國民生計；第五章為國民教育；第六章為中央與地方之權限，採取均權原則的規定；第七章為政府之組織，分中央與地方兩節，中央制度以十九年十一月二十四日施行的國民政府組織法為根據，地方制度無詳細的規定；第八章附則，規定約法之效力、解釋，約法公布及將來之制憲方法。其中第八十六條規定：憲法草案，當本於建國大綱，及訓政時期之成績，由立法院議訂，隨時宣傳於民眾，以備到時採擇施行。

決定起草憲法草案　九一八、一二八事變後，二十一年十二月，國民黨四屆三中全會，通過集中國力，挽救危亡案，擬在二十四年三月舉行國民大會，制定憲法，決定憲法頒布及施行日期，由立法院迅速起草憲法草案發表，以便國民研究，隨時採擇。

立法院起草憲法草案初稿　立法院於二十二年一月二十日，組織憲法起草委員會，由院長孫科自兼委員長，並派立法委員張知本、吳經熊等四十人爲委員，張、吳並兼副委員長。該會於二月九日開第一次會議，共開會二十四次，於二十三年二月二十四日成立中華民國憲法草案初稿。三月二十二日，立法院派立法委員傅秉常等三十六人爲審查憲法草案初稿審查委員，經九次審查會議，擬成「初稿審查修正案」，於七月九日發表。立法院於九月二十一日，開院會討論「初稿審查修正案」，前後開院會八次，於十月十六日，將憲法草案三讀通過。

五五憲草的頒布　立法院於通過憲法草案後，即呈國民政府轉送中國國民黨中央執行委員會政治會議。二十四年十月七日，由國民黨中常會審查完竣，決定原則五項，交付立法院，作爲修正草案標準。立法院依照五項原則，指定吳經熊等七人負責修正，於十月二十四日及二十五日討論通過。二十四年十二月，國民黨五屆一中全會，一面決定於二十五年五月五日宣布憲法草案，於當年十一月十二日開國民大會，一面指定中央委員葉楚傖等十九人，組織憲草審查委員會，以審查立法院所修正的憲法草案。二十五年四月十八日審議完畢，擬定修正點二十三項。四月二十三日，由中常會議決交立法院修正，立法院仍交吳經熊等委員先行整理。五月一日，由立法院院會討論，分別修正，完成三讀程序。此項草案，呈經國民政府於五月五日公布；即世稱五五憲草。二十六年四月二十三日，中常會重加修正，交立法院照案通過，五月十八日，國民政府又公布修正案。

定期舉行國民大會　憲法草案既於二十五年五月五日公布，並決定於同年十一月十二日舉行國民大會。立法院亦制定國民大會組織法，及代表選舉法，國民政府於二十五年五月十四日公布，七月一日施行。選舉總事務所，各地選舉事務所，亦自七月中旬後陸續成立。惟因事實上的困難，能如期完成初選者，僅有蘇、浙等十七省市。（即照選舉法第十一條規定，各縣之鄉鎮長，聯合推選該區應出代表名額十倍之候選人。）因此十月十五日，國民黨五屆中常會，決議大會延期，俟全國代表依法選出，即定期召集。二十六年三月，國民黨五屆三中全會決定於同年十一月十二日舉行國民大會，制定憲法。並授權中常會，將國大組織法及代表選舉法，酌予修改。後立法院依照中常會所定原則，於四月著手修改。修改原因，在於政治問題；將制憲國民大會之職權，與第一屆國民大會之職權劃清，論者多予讚許。

國民大會的停頓 二十六年七月七日，蘆溝橋戰起，日本侵略中國，抗戰軍興，全國進入戰時狀態；國民大會的進行，無形停頓。至二十七年三月，國民黨臨時全國代表大會，制定抗戰建國綱領，決定組織國民參政機關，以集中全國之力量與思慮，以利國策的決定與推行，並實行以縣為自治單位，健全民眾自衛組織。故同年國民參政會及各省縣臨時參議會，相繼成立。

國民大會再定期舉行 二十八年九月九日，國民參政會開第四次大會時，通過「請政府明令定期召集國民大會，制定憲法，實施憲政。並由議長指定參政員若干人，組織國民參政會憲政期成會，協助政府促成憲政案。」當經兼議長蔣中正指定張君勱、周炳琳、褚輔成、黃炎培、左舜生、周覽、傅斯年等十九人，為期成會委員。參政員左舜生、張君勱、章伯鈞等三十六人提議：「請結束黨治，立施憲政，以安人心，發揚民力，而利抗戰案。」經通過，建議政府。一時憲政運動大起。同年十一月，國民黨五屆六中全會，復議定於二十九年十一月十二日舉行國民大會。

國民大會的第三次延期 四民政府責成選舉總事務所，從速補辦選舉未完事宜。然當時在淪陷各區補辦選舉，絕不可能；即已選出之代表仍匿居淪陷區者，亦無法入川開會。若由非常方式指派，湊足人數，又恐發生合法與否問題。選舉總事務所努力從事一年，卒無結果。二十九年九月，五屆中常會，因事實上的困難，遂決議「國民大會之召集日期，應俟另行決定。」

憲政期成會的修正憲草 國民參政會憲政期成會成立後，對憲草多加研討，於二十九年三月三十日，通過「草擬中華民國憲法草案修正案」，對五五憲草改變不少，最重大的改變，則為於國民大會閉幕期間，設置國民大會議政會，爲常設機構。由議政會與行政院掌握實權。草案於二十九年四月提出國民參政會第五次大會，對議政會問題，發生重大爭執，四月六日，決定將修正草案及反對設置議政會的意見，併送政府考慮。

國民大會的第四次延期　三十四年五月，國民黨第六次全國代表大會，在重慶舉行，因戰事將告結束，決定於同年十一月十二日舉行國民大會。並在重慶趕建國民大會堂，嗣以政治協商會議舉行，關於國民大會開會日期，亦另有協定，國民政府乃明令公布國大會期，改爲三十五年五月五日。

勝利以後的制憲與行憲

政治協商會議的修正憲草　政治協商會議，提出對五五憲草修改原則十二項，並組織憲草審議委員會，於三十五年二月十四日舉行首次會議，成立協商小組，五方面各推二人，並由主席指定專家二人參加，議定凡涉及變更政協會議之憲草修改原則者，無論在大會或協商小組，均由五方面協議決定。三十五年三月，國民黨六屆二中全會，對政協所擬定之憲草修改原則，經周詳討論後，提出異議數點。由國民黨出席憲草審議會代表，將異議意見提出討論；三月十五日，於憲草審議會與政協綜合小組聯席會議中，對下列三項取得協議：㈠國民大會爲有形組織，行使四權；㈡取消政協會議修改原則第六項。（即立法院之不信任權及行政院之解散權。）㈢取消省憲，改爲省得制定省自治法。其餘各項，因中國青年黨及民主社會黨持之甚力，未加更改。憲草協商，遂告一段落。

國民大會第五次延期　政治協商會議，雖決定於三十五年五月五日舉行國民大會，後因共軍破壞停止衝突令，衝突不已，交通無法恢復。加上各黨派因爭論代表分配問題，名單遲未提出。且中共及民主同盟堅持先改組政府而後召集國大之議。至四月二十四日，蔣主席復邀請各黨派代表及社會賢達商討召集國大問題。

中共及民主同盟均藉詞請求展緩，蔣主席只得允其所請；國民大會於是作第五次的延期。

國民大會第六次延期 當時國民大會代表，已有一部分來京，以政府屢次延期，頗感不滿。國民黨黨人，亦深知中共對於停戰統一，並無誠意，大會久延，徒損政府威信。七月三日，蔣主席乃向國防最高委員會，提出決定於三十五年十一月十二日召開國大，次日，國民政府即以明令公布。並於會期前一月，通知各地代表，自十一月二日起，來京報到。及至開幕之日，中共及民主同盟仍不肯提出名單，且表示不贊成召開國大。政府在第三方面人士要求之下，爲予其他黨派提出代表參加國大之機會，復決定將會期延緩三日，希望中共能最後回頭合作，是爲第六次的延期。

國民大會的揭幕 三十五年十一月十五日上午十時，此十二年來難產之制憲國民大會，終於揭幕。中國共產黨及民主同盟，仍然拒絕參加。惟中國青年黨及民主社會黨，分於十一月十五日及二十三日提出代表名單，由國民政府公布，青年黨代表一百名，民社黨代表四十二名。除中共應出席之一百九十名，及民主同盟之八十名，在會場仍留空位外，其餘代表，先後報到者，共一千七百餘人，十五日出席首次大會者，爲一、三五五人，由最年高之代表吳敬恆爲主席。

制憲國民大會開會經過 從十一月十八日至二十二日，爲預定會議階段，決定主席團選舉辦法，並選舉主席團主席四十六人。從十一月二十五日至十二月二十五日舉行大會二十次。十一月二十八日，第三次大會，國民政府主席蔣中正向大會提出中華民國憲法草案，由主席團主席胡適接受，提付大會作廣泛討論。大會代表除在大會討論外，並提出書面意見四百十八件，交付各審查委員會審查。十二月十七日，乃將憲草原案及審查意見，提出大會討論。至十二月二十五日，經過三讀會，全體出席代表一、四五八人，一致起立表決通過。制憲國民大會於是日午後閉幕，中華民國憲法，遂告完成。

中華民國憲法的公布 閉幕時，大會主席將中華民國憲法遞送國民政府主席。國民政府依照大會決定，於三十六年元旦公布，並定於同年十二月二十五日施行。此一由制憲國民大會通過之憲法，與政治協商會議所提出之草案，原則上可謂無有改變，即次要之修正，或條文文字之整理，亦不甚多。可說是　國父五權憲法思想，歐、美議會制度，及中國當時各黨派憲法主張兼容並包的產物。

中華民國憲法　共十四章，凡一百七十五條。十四章之題目，爲：㈠總綱；㈡人民之權利與義務；㈢國民大會；㈣總統；㈤行政；㈥立法；㈦司法；㈧考試；㈨監察；㈩中央與地方之權限；⑪地方制度；⑫選舉、罷免、創制、複決；⑬基本國策（包括國防、外交、國民經濟、社會安全、教育文化、邊疆地區等六節）；⑭憲法之施行與修改。憲法第一條云：「中華民國基於三民主義，爲民有民治民享之民主共和國。」憲法的基本精神，於此可見。

行憲的準備工作　制憲國民大會，並通過準備實施程序十項。三十六年三月中旬，國民黨六屆三中全會通過憲政實施準備案，共分九項，與準備實施程序大致相同；惟補充改組國民政府之辦法及與各黨派合作共施憲政之決心。立法院於憲法公布後，開始草擬各種行憲法規。於三十六年三月先後完成：國民大會組織法，國民大會代表、總統副總統、立法院立法委員、監察院監察委員等選舉罷免法，及行政、立法、司法、考試、監察等五院組織法，共計十種，由國民政府於三月三十一日公布。後因各方提供意見，於七月通過修正案。同時制定各種選舉施行條例。

政治上的新團結　中共因不願放棄武力割據，拒絕參加國民大會。但中國青年黨及民主社會黨則表示願參加政府，共負時艱。是爲政治上的新團結。政府對於改組一事，擬將國民政府委員會、立法院、監察院、行政院、參政會及憲政促進會駐會委員擴大基礎，邀請各黨派參加。三月一日，經由國民政府公布，除國民政府及行政外，其餘四機構均增加名額。由國民黨、青年黨、民社黨及無黨無派人士參加。

共同施政的實施　國民黨、青年黨及民社黨，於四月十八日，將共同施政綱領十二條簽署公布，參加商討之社會賢達，亦表贊同。同日國民政府公布選任張繼、鄒魯、宋子文、翁文灝、王寵惠、章嘉、邵力子、王世杰、蔣夢麟、鈕永建、吳忠信、陳布雷、曾琦、陳啓天、余家菊、何魯之、伍憲子、胡海門、戢翼翹、莫德惠、陳輝德、王雲五、鮑爾漢，爲國民政府委員，並選任張群、孫科、居正、戴傳賢、于右任爲行政、立法、司法、考試、監察各院院長。國府副主席亦經明令選任孫科擔任。四月二十三日，新國府委員會舉行首次會議。決定行政院之改組名單：院長爲國民黨黨員張群，副院是爲社會賢達王雲五；政務委員爲張厲生、王世杰、白崇禧、俞鴻鈞、朱家驊、谷正綱、谷正倫、薛篤弼、謝冠生、李敬齋、翁文灝、許世英、劉維熾、彭學沛、雷震（以上國民黨），李璜、左舜生、常乃悳、楊永浚（以上青年黨），李大明、蔣匀田（以上民社黨），俞大維、周詒春、繆嘉銘（以上社會賢達）。共設十七部會，由國民黨人士任十三部會首長，青年黨人士及社會賢達各任二部部長。府委及政委人事，後有變動，府委人數亦增加二人。（參見第十一章第一節「國民政府的擴大改組」一目）

國大代表及立監委員的選舉　三十六年六月二十五日，政府設立國民大會代表、立法委員選舉總事務所，監察委員則由內政部辦理選舉。國民大會代表總額依法應爲三、〇四五名，選出二、九六一名；立法委員依法應爲七七三名，選出七六〇名，其中女性八二名；監察委員依法應爲二二三名，選出一八〇名，其中女性二九名。

國民大會的定期舉行　選舉國大代表及立法、監察委員，因事實上之困難，若干地區不能照原定計劃辦理完竣。惟依照憲法實施之準備程序第八條規定，國大代表及立法、監察委員已選出各達總額三分之二時，得爲合法之集會及召集。至三十六年十二月二十五日，國民政府據選舉總事務所呈報，選出國民大會代表達二、〇四二名，已超過總名額三分之二。於是定於三十七年三月二十九日舉行第一屆國民大會。

第一屆國民大會的舉行　國大代表實際選出二、九六一人，截至三月二十八日，報到代表共計一、六九四人，已過半數，二十九日，第一屆國民大會，正式開幕，三月三十日至四月五日，舉行預備會議六次，選出主席團八十五人。從四月六日至四月三十日，共舉行大會十六次，五月一日閉幕。報到代表最後達二、八四一人。

選舉第一任總統副總統　四月十九日，國民大會選舉蔣中正先生為行憲後第一任總統，得二、四三〇票，另一候選人居正得二六九票。二十九日，國民大會第四次選舉副總統，李宗仁以一、四三八票當選，另一候選人孫科得一、二九五票。國民大會並通過動員戡亂時期臨時條款，授權總統為避免國家或人民遭遇緊急危難，或應付財政經濟上重大變故，得經行政院會議之決議，為緊急處分。

行憲第一屆行政院　五月二十日，總統副總統就職。五月二十四日，總統提名翁文灝為行憲首任行政院院長，經立法院第一會期第三次會議以四八九票之過半數通過同意任命。三十一日晚，公布政務委員名單，副院長為顧孟餘，行政院設有：內政、外交、國防、財政、教育、司法行政、農林、工商、交通、社會、水利、地政、衛生、糧食、主計等十五部，以張厲生、王世杰、何應欽、王雲五、朱家驊、謝冠生、左舜生、陳啓天、俞大維、谷正綱、薛篤弼、李敬齋、周詒春、關吉玉等為部長，徐堪為主計長，另設資源、蒙藏、僑務等三委員會，以孫越崎、許世英、劉維熾等為委員長，至不管部會之政務委員，則有董顯光、楊永浚、鄭振文、王澂。後因顧孟餘未就職，以張厲生繼任，而由內政部次長彭昭賢升任部長。政務委員亦增加林可璣、劉靜遠、何浩若等三名。

行憲的立監司考四院　立法院於五月十七日，選舉孫科、陳立夫為院長及副院長。監察院於六月九日選舉于右任為院長，十二日選舉劉哲為副院長。六月二十三日，蔣總統提名王寵惠、石志泉為司法院院長及副院長，張伯苓、賈景德為考試院院長及副院長。二十四日，均經監察院會議通過同意。七月十四日，監察院並同意總統提名大法官十二名，考試委員十名；不同意大法官五名，考試委員九名。從此中國進入憲政時期。

第十三章　政治協商會議與美國的調處

政治協商會議

政治協會商會議的來歷　三十四年八月二十八日，毛澤東來重慶，與蔣主席直接商談，並由政府代表張群、王世杰、張治中、邵力子與中共代表周恩來、王若飛舉行五次會談，於十月十日，雙方聯名發布會談紀要。會談紀要分十二項，第一項，關於和平建國基本方針中，「雙方又同認蔣主席所倡導之軍隊國家化，政治民主化及黨派平等合法，爲達到和平建國必由之途徑。」第二項關於政治民主化問題，決定「由國民政府召開政治協商會議，邀集各黨派代表及社會賢達，協商國是，討論和平建國方案，及召開國民大會各項問題。」第三項關於國民大會問題，因對「國民大會代表、國民大會組織法、選舉法、及憲法草案等問題未獲協議，雙方同意將此問題交政治協商會議解決。」因此政府必需召開政治協商會議，這就是政治協商會議的來歷。

政府籌組政協會議　此後，政府即積極籌組政治協商會議；與各方商洽參加代表之名額分配與人選，以及組織與職權問題。到十月底，各黨派人員名單已陸續決定，各項籌備工作大體就緒，惟共產黨名單遲遲未能提出。

政協會議的組成　三十四年十二月十六日，美國馬歇爾元帥以特使身分抵華，奉命調處國共衝突，中共代表周恩來、葉劍英，亦由延安抵重慶。二十七日，政府代表張群、邵力子、王世杰與中共代表周恩來、王若飛、葉劍英恢復商談，到三十五年一月七日，國民政府宣布召集政治協商會議，決定出席人員爲三十八人，協商範圍包括：和平建國方案，國民大會之召開與其他政治問題。

政協會議的分子　國民黨爲吳鐵城、王世杰、孫科、張厲生、陳布雷、陳立夫、張群、邵力子等八人；共產黨爲王若飛、鄧穎超、吳玉章、葉劍英、董必武、陸定一、周恩來等七人；青年黨爲曾琦、陳啓天、常乃悳、楊永浚、余家菊等五人；民主同盟爲張君勱、張瀾、張東蓀、沈鈞儒、張申府、章伯鈞、羅隆基、梁漱溟、黃炎培等九人；社會賢達代表爲莫德惠、錢永銘、王雲五、郭沫若、胡霖、繆嘉銘、傅斯年、李燭塵、邵從恩等九人。

政協會議的開幕　三十五年一月十日，政協會議於重慶國民政府禮堂開幕，由蔣主席主持。除莫德惠因赴東北宣慰及張君勱尚未返國缺席外，出席者三十六人，蔣主席首先致開會詞，期以國是爲重，希望各黨各派，協同完成建國工作。蔣主席爲昭信政府及國民黨對國是之忍讓起見，即席宣布停止衝突令業已發出之消息。並提出政府決定實施的四項改革，即對人民自由之確切保障，政黨組織法律上之平等原則，地方自治由下而上普選之實行，與政治犯（除漢奸及危害民國者）之釋放。接著，周恩來、沈鈞儒、曾琦、邵從恩分別致詞，對國是前途，表示樂觀。但中共言行不符，以政治協商會議爲其喘息戰術的運用，在當時極少爲人知悉。

政協會議的經過　政協會議前後歷時二十二日，開會十次，於一月三十一日閉幕，所有問題，均取得一致之協議。在會議中，國民黨代表首先提出「擴大政府組織案」，聲言在全國國民大會未舉行前，國民政府委員會及行政院，均將容納各黨派與無黨派人士，準備實施憲政。十次會議之中，成立五項協議，其要點如後：

政府改組案　㈠國民政府委員名額定爲四十人。由國民政府主席就中國國民黨內外人士選任之；㈡國民政府委員之一般議案，以出席委員之過半數通過之。國民政府委員會討論之議案，其性質涉及施政綱領之變更者，須由出席委員三分之二之贊成，始得議決；㈢行政院部會長官及不管部會之政務委員，均可由各黨派及無黨派人士參加。

和平建國綱領案 在國民政府擴大組織之後，實施憲政以前，以和平建國綱領為國民政府施政的準繩。其總則之四條為：㈠遵奉三民主義為建國之最高指導原則；㈡全國力量在蔣主席領導之下，團結一致，建設統一自由民主之新中國；㈢確認蔣主席所倡導之「政治民主化」、「軍隊國家化」，及黨派平等合法，為達到和平建國必由之途徑。㈣用政治方法解決政治糾紛，以保持國家之和平發展。

軍事問題案 ㈠軍隊屬於國家；㈡禁止一切黨派在軍隊內有公開的祕密的黨團活動；㈢改組軍事委員會為國防部，隸屬於行政院。國防部內設一建軍委員會，由各方人士參加；㈣軍事三人小組照原定計劃，盡速商定中共軍隊整編辦法，整編完竣。中央軍隊，於六個月完成共九十師之整編。上兩項整編完竣，應再將全國所有軍隊，統一整編為五十師或六十師。

國民大會案 國民政府原定於三十四年十一月十二日召開國民大會，結束訓政，因中共及民主同盟堅強反對而延期。政治協商會議得到協議如下：㈠民國三十五年五月五日召開國民大會；第一屆國民大會，其職權為制定憲法；㈡區域及職業代表一千二百名照舊；臺灣及東北等新增區域及職業代表一百五十名；㈢增加黨派及社會賢達代表七百名，其分配另定之。（其中國民黨為二百二十名，共產黨一百九十名，民主同盟一百二十名，青年黨一百名，社會賢達七十名。）

憲草修改原則案 政治協商會議，對於國民政府在抗戰以前公布的憲法草案（即五五憲草），提出修改原則十二項。並組織憲草審議委員會，委員共三十五人，由協商會議五方面各推五人，另外公推會外專家十人；根據修改原則，參酌憲政期成會修正案，憲政實施協進會研究結果，及各方意見，彙綜整理，限兩月內提出五五憲草修正案，提供國民大會採納。

政協會議的價值 政治協商會議，是根據政府與中共雙十會談紀要而召開的。這一會議的協議，能否眞正的實行，中共的關係最爲重要。蔣主席在三十四年二月十七日，與來華調處的馬歇爾特使會晤後，有一位美國將軍問蔣主席，馬歇爾特使此次來華調處國共問題的前途如何？蔣主席回答說：「這個問題的關鍵，全在蘇俄，應該問莫斯科纔行。」蘇俄是要赤化中國的，那能讓中共接受美國的調處？那能讓中共眞正實行政治協商會議的協議？青年黨的領袖之一左舜生在「勝利以後」一文說：「當時的大勢是：㈠國共終無妥協的可能；㈡中共根本不要民主；㈢中共根本討厭如國民大會的這樣一個組織；㈣即令中共勉強參加了國大，參加了政府，國共的武力衝突？也還是遲早要爆發；㈤其時的民盟，……。大體上卻早已偏向中共，喪失了第三者的資格。」「照中共當時所提出的一切一切，包括毛澤東在重慶的要求，三人小組之所規定，以及政協的五項結果，實際無非是爲中共奪取整個政權預留地步，所爭的只是武裝衝突爆發的遲早，絕對無法得一個永久和平。」觀此，政治協商會議的實際價值，可想而知了。

美國調處的展開

羅斯福對中共的態度 美國希望中國政府與中共合作，實始於抗戰初期。在珍珠港事變以前，三十年（一九四一）二月八日，美國羅斯幅總統由其私人代表居里（Lauchlin Currie）轉交蔣主席私函中稱：「在萬里外的我們看起來，中共似乎是我們國內所稱爲社會主義者。我們贊同他們對農民、對婦女與對日本的態度。據我看起來，這所謂共產黨與國民政府間，相同之點殆多於相異者，我們希望雙方能夠消泯岐見，更密切地合作，以有利於對日本作戰的共同目標。」因爲有了這一與事實不符的觀念，自三十年到三十八年，美國遂連派特使來華，想促使中國政府與中共團結合作。

中美同盟後美國對中共的態度 當中、美同盟並肩作戰以後，自三十二年（一九四三）至三十三年中，美國曾不斷要求蔣主席，對中共採取緩和態度。史迪威力主撤退在西北監視共軍之政府軍，並容許調遣共軍至華中及華南。三十三年六月，美副總統華萊士（Henry A. Wallace）以總統特使資格訪華，堅主中共加入中國政府，中國應與蘇俄達成某種協議而無需美國居間。他們這類主張的出現，顯然對中共缺乏深刻的認識。

赫爾利的去職 三十三年九月，赫爾利（Patrick J. Hurley）將軍奉羅斯福總統命來華，極力拉攏蔣主席與毛澤東，欲使中國統一，結果失敗。三十三年十一月，美駐華大使高思（Clarence Gauss）辭職，由赫爾利繼任。三十四年秋，抗日勝利後，赫爾利因與中共多方接觸，深知美國促成中國組成聯合政府的政策，只有破壞美國盟友蔣主席的權力。十一月，赫爾利返回華盛頓，向國務卿貝爾納斯（James F. Byrnes），當面提出意見，並允接受新訓令，仍返華任駐華大使。但次日往國務院領取新訓令時，訓令內容與昨日所談者不同，仍令赫爾利須為國共聯合政府而努力。赫爾利為抗議此一政策，遂於十一月二十九日，辭駐華大使之職。並上書杜魯門總統，指陳美國對華政策錯誤。到三十五年七月十一日，美國始發表北平燕京大學校長司徒雷登（John L. Stuart）繼任。

杜魯門的首次聲明 赫爾利指責美國對華政策，引起美國民眾的不安。杜魯門（Harry S. Truman）為平息國人不安起見，於三十四年十二月十五日，第一次發表對華政策聲明，略謂：「美國政府堅信，一強大統一民主之中國，對於聯合國組織之成就及世界和平，最為重要。……美國政府及所有聯合國分子，皆極度關懷中國人民，不容忽視以和平商談方式，立即消弭內部歧見的機會。美國政府認為目前最重要之事，厥為：㈠停止國民政府與中共及其他將有歧見軍隊間的戰鬥，俾使全中國恢復有效統治，包括日軍迅速撤退回國；

㈡各重要政黨推派代表舉行一全國會議，儘速解決目前國內之紛爭，以促成中國的統一。」這一聲明，表示美國政府想負起調處國共衝突的任務，並促成中國共產黨參加國民政府。顯然地，杜魯門總統已受到共產國際同路人的影響。

馬歇爾的來華　就在十二月十五日，馬歇爾（George C. Marshall）元帥受命為特使，專程來華，執行這一聲明所賦予的調處工作。馬歇爾是一位有信譽和地位的優秀軍人；公平正直。但他對共產黨從未接觸，對共產黨也未有過深刻研究，自然沒有應付共產黨人的經驗。

調處工作前的接觸　從杜魯門總統的聲明，中共知道美國公開表示對中國內亂，不加軍事干涉，並希望各黨派共組政府，大為興奮。即運用這一機會，想組成聯合政府，以奪取政權。周恩來與吳玉章、葉劍英、陸定一、董必武、鄧穎超、王若飛等七人，於十二月十六日即飛抵重慶，展開政治活動。馬歇爾特使到重慶後，除與政府官員接觸外，並與民主同盟領袖張瀾、黃炎培、羅隆基、沈鈞儒等四人，善於作偽的軍人馮玉祥，青年黨領袖左舜生，大公報經理胡霖，及中共代表周恩來、吳玉章等七人，分別晤談，徵詢意見。馬歇爾對民盟分子，誤認為眞正民主人士，若能參加政府，組成包括中共在內的聯合政府，或可能從根本上解決中國的內爭問題。

三人會議的開始　馬歇爾來華後，中共為博取馬歇爾之同情，及遵從蘇俄的指示，恢復停止衝突及召開政協會議的商談。政治協商會議終於三十五年一月十日開幕。停戰問題，則於一月七日到十日，由政府代表張群、中共代表周恩來，及馬歇爾特使以調解人資格參加的三人小組舉行六次會議，停戰命令全部取得協議，並於十日，由政府與中共將停戰命令下達於各指揮官。

停戰令要點　㈠一切戰鬥行動立即停止；㈡所有中國境內軍事調動一律停止，但對國民政府在長江以南整軍計劃繼續實施，及國民政府軍隊為恢復中國主權而開入東北或在東北境內調動，並不影響；㈢破壞與阻礙一切交通線（包括郵政在內）之行動，必須停止；㈣為實行停戰協定，應即在北平設一軍事調處執行部。由政府代表、中共代表、美國代表各一人為委員。所有必要訓令及命令，應由三委員一致同意，以中華民國國民政府主席名義，經軍事調處執行部發布之。

軍調部的成立 停戰令頒發之日，北平軍事調處執行部宣告成立，政府代表為鄭介民，中共代表為葉劍英，美方代表為饒伯森，於一月十四日開始執行職務，並派出四個停戰小組，三方各派代表一人，赴各地執行停戰。

恢復交通的會議 在政協開會期間，馬歇爾為不介入會議，往上海旅行。政協閉幕後，回到重慶。三人會議，於二月九日召開恢復交通會議，政府代表易為張治中。經半日討論，全部獲得協議，十一日，由國民政府公布實施；但中共從未遵守實行。

軍事問題的會議 政治協商會議，規定軍事問題，由軍事三人小組會商。二月十四日至二十五日，由張治中、周恩來，及馬歇爾以顧問之資格參加討論，就馬歇爾所提方案逐條討論，經過五次商討，簽訂「關於軍隊整編及統編中共部隊為國軍之基本方案」。

政府軍與中共軍的比例 兵力比例方面，中共在雙十會談紀要及政治協商會議中，要求共軍編為二十師，當時政府軍隊為三百五十四師。此次討論，周恩來堅持政府軍與中共軍應為五比一。方案規定第一期十二個月的整編，政府軍縮編為九十師，中共軍保留為十八師。第二期六個月的整編，政府軍保留五十師，中共軍十師。政府軍與中共軍統編的辦法，及在各地的配置，均有規定。

大眾的期望 當時大多數中國人，以為停戰令和恢復交通辦法的頒布，軍隊整編和統編案的成立，軍事調處工作的執行，與政治協商會議的五項協議，使國家從此進入和平建設階段，民眾可得到復員還鄉安居樂業的機會。馬歇爾也以為調處工作告一段落。然而以後的事實證明，這一切的協議，全被中共破壞無遺，除中共及其同路人以外，全中國人，沒有不失望的。

馬歇爾的訪問北中國　馬歇爾爲瞭解實際情況，以他爲首，由張治中、周恩來參加，組成和平觀察團，於二月十八日，由重慶飛往北平、張家口、集寧、濟南、徐州、太原、歸綏等地觀察，三月四日到達延安。馬歇爾在太原晤見閻錫山，詢及「和談」觀感，閻答：「共產黨如像是一個買貨者，我們的貨價低些，給他些便宜，即可完成交易。但他卻不是買我們的貨，而是要奪取我們的工廠。」這話雖然一針見血，卻未引起馬歇爾的重視。

馬歇爾在延安　馬歇爾到延安，毛澤東等多人熱烈迎接；以服裝破爛武器缺乏的儀仗隊供其檢閱，在僅有木桌木凳和瓦缸破碗的窯洞接待，竭力表演哭窮的攻心戰術，以博取同情。馬歇爾詢以解決國共軍事衝突的關鍵何在，毛答：「最有效的辦法，必須是請美國政府站在中美人民利益的立場，停止對國民政府的援助。」當晚，以盛大宴會招待，高呼「中美合作萬歲！國共合作萬歲！各黨各派合作萬歲！」並舉行歡迎馬歇爾大會，表演歡迎馬歇爾歌！

馬歇爾回美述職　馬歇爾於三月五日離延安飛漢口，六日到重慶，十一日夜間啓程返美述職。也許他在延安受了毛澤東和周恩來的感動，爲了促使各方能夠切實接受調處，遵守協議，認爲有多施政治壓力的必要。所以在他回到華府的一個月左右，美國對國民政府商定的五億美元貸款，突然宣告停止。這一措施自然爲中共所歡迎，但對國民政府，卻使一切政策措施，民心士氣，受到很大的打擊。

軍隊整編的情形　軍隊整編及統編案成立後，政府在軍事小組限期內交出應造送之表冊，並下令將五十七個軍一五一個師，改編爲五十七個師，編餘軍官十六萬餘員，士兵四十五萬餘員。但中共不特未交出應造送之表冊，反擴編軍隊。由協議前的總司令部一，軍部一，師部十二，軍區十；截至三十五年八月，擴編爲總司令部二，軍部十九，師部五十五，軍區十七，軍分區三，旅一五二，獨立團五十二。此外尚有所謂東北民主聯軍、民主建國軍、民主建國聯盟軍各一，及在東北、華北的九個野戰軍區，其兵力包括地方團隊及民兵，計在八、九十萬人以上。

美國調處的失敗

停戰令下後的東北 三十五年一月十日的停戰令，規定政府軍爲了接收東北主權，可開入東北九省。當時政府軍本可取得赤峰、多倫，因貫徹停戰令而放棄，共軍則乘機佔據。並在俄軍掩護下，派遣大軍潛入東北，一面收編匪僞，擴大實力。先後攫取營口、四平街、長春、安東、吉林、哈爾濱、齊齊哈爾等要地，阻止政府接收。同時在山東、河南、山西、河北、綏遠、熱河、蘇北等地發動猛烈攻勢，奪取城鎮多處，待其實力既大，據地愈廣，於是高呼東北停戰，想以既成事實，限制政府軍的移動。以談判拖延時間，使政府軍無法接收東北，而由共軍佔領，造成割據目的；還攻擊接收主權的政府軍。共軍的行動，完全違反了三人小組協議的停戰令，根本無實行的意向。

東北停戰的會議 馬歇爾回國述職前夕，三人會議於三月十一日集會，商談東北問題，馬歇爾提出「關於派遣執行小組赴東北授予執行部命令草案」。周恩來拒絕。第二次至第六次會談，於三月十三日至二十七日舉行，美方代表易爲吉倫將軍，雖幾經政府及美方退讓，但未被中共接受，不能執行。四月八日及九日，三人小組再會談兩次，政府代表易爲陳部長誠，仍因周恩來不肯同意，會議遂無結果。

政府軍擊潰東北共軍 共軍在東北的激烈進攻，軍事調處執行部派往東北的執行小組，對於俄軍支持下的共軍，無法進行調處。共軍並集中四平街，阻止政府軍從瀋陽北上接收主權，以致引起戰爭。四月五日，政府軍進攻四平街，林彪所率號稱三十萬的共軍，被政府軍總指揮杜聿明部所擊敗，喪亡過半，向北潰退。

政府軍於五月二十三日，由四平街進入長春，沿中長鐵路向北追擊，共軍無力抵抗北逃。

第二次停戰令　四月十八日，馬歇爾特使返華。四月三十日，由重慶飛往南京，當共軍發動五月攻勢時，馬歇爾方承認局勢嚴重，但對中共的眞意，仍不瞭解。他與蔣主席積極進行商談停戰及和談的方法。蔣主席以東北共軍遭受慘敗之後，或可實踐停戰協定諾言；遂接受馬歇爾的建議，於六月六日，頒發第二次停戰令。並將已越過小松花江停止在雙城的追擊部隊，向南撤守，以待和談解決。

共軍的七月攻勢　停戰令的限期爲十五日，在此期間，對於東北停戰與整軍問題，以馬歇爾「結束東北之戰爭」方案爲底案，商議未得結果。停戰令再度延長八天，到六月三十日中午止，亦無結果。因而使東北政府軍士氣，日漸低落，所有軍事行動，亦陷於被動地位。共軍則利用二十三天停戰機會，休息整補，從新部署，發動全面叛亂的七月攻勢，在東北、熱、察、綏、晉、冀、蘇北各地，分頭進攻政府軍，攻佔縣城多處。政府軍爲自衛及保衛人民，被迫起而應戰。

共軍的反美行動　軍事調處執行部，爲阻止共軍在各地的攻勢，於七月五日，電各地執行小組，監督共軍停職，但共軍態度蠻橫，毫無效果。七月中旬，共軍在河北香河縣安平鎭，舉行「反美運動大會」，並擄去美國海軍陸戰隊七人，數日後釋放。二十九日，共軍又在安平鎭攻擊由天津赴北平換防的美軍陸戰隊，美軍死三人，傷十二人。其用意在策應國際共產黨及同路人，迫使美軍撤退在華駐軍。

美國所取的態度　當時馬歇爾和美駐華大使司徒雷登，卻未看出這一暴行爲中共的陰謀，司徒雷登主張避免感情用事，但忽略其政治作用。相反的華府方面，竟繼停止對國民政府五億美元貸款之後，復於三十五年七月，停止再運軍械來華。嚴重削弱了政府軍對共軍的優勢。對中共破壞停戰協定，毫未採取行動。對蘇俄在中國東北，以日軍武器裝備共軍，亦無任何反應。致使反共力量消沈，對中共則無異加以鼓勵。

和談陷入僵局　當時，因共軍到處進攻，及阻撓召開國民大會，和談已陷僵局。國民政府將國民大會延至三十五年十一月十二日召開，欲先解決軍事問題，再談政治問題，中共則堅持軍事與政治問題，同時解決。八月十日，馬歇爾及司徒雷登，因軍事調處困難，特發表聲明，說明係受到上述政治問題的牽連所致。

蔣主席八一四文告 蔣主席在八月十四日，爲打開僵局，提出六項主張，大意是：㈠國民大會必須如期召開；㈡遵守政治協商會議協議。憲法草案，只求薈萃各方意見，提供國民大會討論抉擇；㈢邀請各黨派無黨派人士參加政府；㈣照原議停止衝突。並不要求共軍全面退出停戰後攻佔的地區，只要求撤出威脅和平與阻礙交通的地區；㈤以政治方法解決政治紛爭；㈥政府盡力保障人民的安居樂業。

馬歇爾建議成立五人小組 九月三日，蔣主席接受馬歇爾的建議，於三人小組會議繼續調處軍事衝突外，另行成立五人小組，商談政府改組及國民大會問題，即接受中共軍事與政治問題同時解決的主張。但九月二十日，軍調小組被共軍壓迫退出張家口，國民政府爲解除平津威脅，不得不在張家口外圍與共軍作戰。周恩來於九月三十日，對馬歇爾強硬表示：認爲政府如不在張家口停戰，即爲政府宣布全面破裂。隨即離京赴滬。軍事與政治同時商談的要求，本爲中共所提，此時又被中共自己推翻。

中共要求增高 十月五日，蔣主席再接受馬歇爾的意見，決定停戰十日，在十日內，同時商談軍事與政治問題。但中共所提的要求較前更高。十月九日，馬歇爾特使到上海，邀周恩來回京。周恩來堅持政府對張家口必須長期停止攻擊；中共與民主同盟在國民政府委員會中必需佔十四名，以保持否決權；國民大會的日期與代表名額，由政協綜合小組協商解決。

中共謝絕美國調處 同時，周恩來對馬歇爾提出責難，表示不同意美國政府援助國民政府，更反對美國駐華軍隊不能如諾撤退。且誣指馬歇爾的調處，偏袒國民政府。因爲中共需要的緩兵時間，已經獲得，所以正面拒絕調處。經過一年來的第七次商談，又告失敗。

第三次停戰令 停戰十日期滿，中共仍未表示願意商談，政府軍遂收復張家口。十月十六日，蔣主席發表時局聲明，重申和平解決政策，中共悍然拒絕。十月下旬，第三方面人士，出面調停，也不爲接受。十一月八日，蔣主席頒發第三次停戰令，自十一月十一日正午起停戰，以示政府對中共的忍讓，希望中共參加國民大會，共同制憲，以挽救民族危機。

中共連提無理要求　十一月十日，周恩來對馬歇爾提出：「或者國大延期；或者單獨進行召開國大，任何政治會議，即將無舉行的餘地。」十一日，中共延安總部發表聲明，強指停戰令爲作戰令，提出停止召開國大與政府軍撤出所謂解放區的無理要求。其用意在阻止召集國民大會，根本破壞和談與軍事調處，準備實行武裝叛亂、顛覆國家的陰謀。

中共無談判誠意　蔣主席在十一月十一日，作最後呼籲，仍盼中共參加國民大會。當各黨派國大代表報到出席大會後，中共仍拒絕提出國大代表名單，民主同盟也跟隨中共拒不出席。國大開會後，決定延期三天，等待中共及民盟代表出席，仍無結果。十九日，中共代表團十五人撤回延安，僅留三人。十二月六月，馬歇爾接周恩來通知，表示解散現正召開的國民大會，可重開談判。請馬歇爾轉達蔣主席。但內政部部長張厲生指出：「解散國大，爲絕不可能的事。」

中共大舉反美　當中共全面武裝叛亂，布置就緒，爲表示對蘇俄的忠誠，遂大力推行反美運動。十一月四日，中美商約簽訂，中共指使各地反美運動委員會，發起「反中美商約運動」，擴大反美運動。十二月初，毛澤東在延安接見美國聯合社及英國記者，表示要用武力收回已失土地，解散國民大會，侮辱馬歇爾爲「一個美國狗」。十二月二十四日，中共又在北平製造沈崇事件，大肆宣傳，在上海利用職業學生，組織「抗暴聯合會」，並發起「全國抗暴聯合會」，宣言「美軍在中國一日，即反對一日。」並誣言中美政府訂有祕密協定。中共新華社更說：「美國建立世界統治權，爲奴役世界人民的帝國主義，將遭受人民反對及盟國的唾棄。」這一反美運動，其用意在排斥美國的調處工作。

馬歇爾離華　一年多的調處，完全失敗；馬歇爾於沮喪之餘，只好宣布調處結束。杜魯門總統，於十二月十八日，第二次發表對華政策聲明，希望中國政府和平解決問題，並表示不干涉中國內政。三十六年一月六日，杜魯門總統召回特使，八日，馬歇爾淒然離開南京返美。一月中，政府雖兩度表示願重開談判，中共仍然拒絕。三十日，政府宣布解散三人小組及北平軍事調處執行部。美國調處工作，到此完全結束。

蘇俄與中共的中立戰術

史達林的花言巧語　三十四年冬，蘇俄百般阻撓中國政府軍進入東北接收主權。政府因而不再進行接收工作，聽任俄軍非法佔據。十一月中旬，俄方突一再表示友好態度，政府軍遂於三十五年一月二十六日，進入瀋陽。同時，史達林邀蔣經國訪俄。三十四年十二月二十五日，蔣經國以蔣主席私人代表資格往莫斯科，至三十五年一月十四日回國。他與史達林兩次談話中，史達林表示希望中俄及國共兩黨和平共存，贊成中美俄三國合作，但反對中國採取門戶開放政策，及第三者勢力進入東北，力勸中國採取獨立政策。

史達林邀蔣主席訪俄　最後，史達林表示希望蔣主席訪俄，或在中俄邊境上會談。其後，蔣主席婉謝。三十五年五月六日，蘇俄駐華大使館武官羅申，奉命再見蔣經國，告以史達林再邀蔣主席訪俄。當時蔣主席與中央人員檢討，主張以本國永久的利害和人民的禍福關係為基礎，來決定獨立自主的外交政策，不能以國際上一時的苟安和目前的得失為轉移。遂再度謝絕邀請。可是俄國卻製造謠言，稱蔣主席兩次要晤史達林被拒。其用意無非在製造疑雲，中傷中美關係，孤立國民政府而已。

史達林兩面的惡計　當三十四年十二月，美國決定派馬歇爾來華調處，史達林一面對美國務卿貝爾納斯特別讚譽馬歇爾的使命，以迷惑美國，使得美國朝野，堅信馬歇爾必能完成使命。一面祕密指示中共：「毛澤東和朱德同志：我命令你們接受美帝派遣馬歇爾到中國來調處，你們應該和蘇俄駐延安的顧問團，以及蘇俄駐重慶的大使館保持密切聯繫，運用你們的天才機智，把握機會，擴大戰果。」中共遂在國內大肆宣傳，淆亂聽聞。

政協會議前蘇俄的陰謀　三十五年一月六日，政治協商會議前夕，蘇俄駐華大使彼得羅夫，召集大使館職員六十二人，及中共代表周恩來等十人，在大使館祕密會議。由大使館隨員馬克沁，擔任中俄語文翻譯，會中決定：㈠組織暗殺團，暗殺中國政府部次長以上首長；㈡組織破壞組，破壞動力廠、兵工廠、及軍事行政設備；㈢組織謠言製造局，中傷各國外交官員，譭謗政府官員名譽；㈣組織煽動爭取部，煽動群眾，製造風潮，並爭取同情分子。分別派定俄共與中共分子主持。在蘇俄如此布置下，政協會議自無成功的可能。

史達林建議中國中立　從抗戰勝利時起，到三十五年間，史達林曾多次對中國政府表示：㈠希望中國不再認定蘇俄與中共混爲一體，他與中共在政治上並無關係，對中共軍進入東北，曾拒絕同意；㈡希望中國採取獨立政策，與蘇俄積極共同防日，恢復聯俄容共政策；㈢表示不給中共道義與物質的援助。如果對國共和解問題，中國政府沒有認爲必要，則蘇俄不願參與其間。希望國民政府對中共多作讓步。中國國民黨與中共和平競爭；㈣二三十年內，沒有世界戰爭。其目的在使中國對外採取中立，對內成立聯合政府，在和平狀態下，轉變成蘇俄的附庸。中國政府自不能接受此項建議。

共產國際在美的陰謀　蘇俄離間中美關係，建議中國中立，均告失敗。遂積極設法使美國輿論，不利於中國政府，破壞中美政府友誼，而推倒親美的中國政府。早在二次世界大戰末期，華盛頓的共黨同路人，即倡言中國共產黨並無害處；德國投降後，同路人又宣傳中國共產黨並未與莫斯科聯繫。且謂中國共產黨不是眞的共產黨，只是極端的土地改革者。若有人對此宣傳懷疑，同路人則宣稱中國共產黨黨員，現在或自認爲馬克斯、列寧主義的信徒，但他們一旦獲得政權，中國人固有的民族性，便會堅強抗拒俄國控制。中共欲使中國工業化，因物質上的需要，勢將與美國謀致友好關係。故共產黨與國民黨，內戰中無論何方勝利，均與美國無關。

共產國際的美國同路人 前述觀點，其倡導人爲美國史迪威將軍的政治顧問戴維思（John Davies），三十三年（一九四四）十一月，戴維思曾向美國政府報告：「如果中國政府與共產黨間獲得雙方滿意之協議，自吾人觀點而言，當爲最理想的解決。」惟「中國之政權，正由中央轉移至共產黨。」同時，戴維思更與所謂中國通謝偉思（Service）及范宣德（Vincent）等人，指責國民政府腐化墮落，無能力解決中國問題；主張鼓勵中國共產黨。並稱：中共現已不傾向蘇俄，其思想宣傳力求中國化，願建立民主政治，希望美國同情及經濟援助。三十四年夏季，范宣德任國務院主管遠東事務的助理國務卿，其後曾制訂禁運武器來華政策，迫使蔣主席與共產黨和談。雖有若干重要人物加以反對，但范宣德以位居衝要，終得暢所欲爲。

共黨宣傳攻勢的成功 在抗戰結束時，共軍雖自稱四十七萬眾；但若國民政府順利推行復員建設計劃，使國民還鄉安居，共軍雖欲武力鬥爭，亦必爲國民所共棄。當可走上合法的道路。反是，國民政府放手動員作戰，亦可消滅共軍武力，阻止中共發展。然而中共及共產國際同志，受蘇俄的指使，對國內與國際人士宣傳，以「和平共存」掩護其武裝叛亂；國民政府戡定叛亂，以維持政治及社會的秩序，被在反內戰的宣傳下，誣指爲窮兵黷武。對中共的叛亂，反誤信爲民主及土地改革運動，寄予同情，遂致美國改變對華政策。並使國民政府陷於被動與和戰兩難的困境。中共的武裝暴力，得以全面發展，終至威脅世界和平。

中共在國內的中立戰術 在中共及共產國際，對國際運用中立戰術的同時，中共在國內也施行中立戰術。早在抗戰前，中共即組織抗日救國大同盟，以爲外圍組織。三十年，更促成若干政團結成中國民主政團同盟。三十三年九月，改爲中國民主同盟。三十四年十月，民主同盟臨時全國大會發表宣言，自稱「成立以來，即以獨立的而且中立的立場，對國家的和平、統一、團結，有繼續不斷的努力。」而且說國共兩黨對立，「更增加了內戰的危機。」「民主同盟始終相信，舉國一致的民主聯合政府，是當前國家和平、統一、團結的唯一途徑，同時亦是全國通力合作，群策群力，共同建國的唯一途徑。」這些話使得失意的政客軍人，和無遠見的人，都附和民主同盟的主張，一致指責政府，想造成聯合政府，以謀取政治上的地位。一面孤立了政府，一面掩蔽了中共的叛亂。

中立戰術的成功 民主同盟不僅掩護中共的顛覆工作，且爲中共宣傳的應聲蟲。三十四年十一月，中共透過章伯鈞、張申府的關係，與民主同盟訂立合作協定，決定雙方「爲推翻國民黨一黨專政，實現民主政治之新中國，得共同攜手奮鬥。對中共解放區之政治、軍事、外交、經濟各設施，應儘量予以支持，並擴大其影響。」馬歇爾來華調處後，誤認民主同盟爲獨立的民主政團，對民盟分子特別重視，民盟分子卻極力誹謗國民黨；中共的政治陰謀，遂藉民盟分子發揮了最大作用。三十五年的美國調處與政治協商，更使中立主義大爲猖獗，反共力量日趨瓦解。

中共破壞中美政府友誼 當中共未拒絕馬歇爾調處時，即已指使民主同盟發動反美宣傳。中共拒絕馬歇爾調處後，民主同盟即揭開了假面目，改變過去所謂的和平運動，爲反對政府；並隨同中共，從事反美運動。對三十五年十一月的中美商約，十二月的沈崇事件，民主同盟——這一中共外圍組織，配合中共，大肆反美宣傳。但工商界及一般人士，無多大反應，中共遂發動「抵製美貨運動」。三十六年二月，民主同盟又在上海繼續號召「抵制美貨」運動，實際是以「反對美援」及「驅逐美軍出中國」爲目的，美國政府，因而撤退駐在北平、天津、青島的美軍，並停止對華軍事援助。就在國內外共黨同路人呼應下，中共達到破壞中美政府友誼的目的。

蘇俄對美國調處的利用 蘇俄使中共接受美國調處，是有其作用的。第一是中共得到蘇俄可供百萬人用的日軍武器，需要一年的時間補充編訓，方可發動全面叛亂。第二是存心要破壞美國的調處，並希望中美政府因調處問題發生衝突而致破裂，由蘇俄來取代調處的地位。因此指使中共不遵守任何協定，並指責美國。等一年的時間到達，便有前述的瘋狂反美運動，迫使美國放棄調處。

蘇俄企圖出面調停 三十五年春夏間，民主同盟和自命中立的報紙，主張「美俄調停」國共問題；後又指責美國扶植日本。其用意在促成由蘇俄單獨調停。馬歇爾回美國後，中共即公開全面叛亂。但蘇俄與中共卻不斷向政府試探和談。三十六年秋季，政府軍在山東半島戰勝共軍，蘇俄與中共，更迫切要求重開和談與停止衝突。國內的中立主義者，更鼓吹國共衝突，非蘇俄調停，不能停止；剿匪戡亂，沒有勝利可能。在社會上造成失敗主義氣氛。但蔣主席知道，蘇俄調停目的，在干涉和操縱中國的政局；因此對於歷次的要求和試探，都毅然拒絕。

第十四章 匪共叛亂與大陸沉淪

對共戰事的逆轉

抗戰勝利時的共軍 二十六年抗戰開始時，政府將共軍編為十八集團軍，僅兩萬人。經八年間的不斷擴充，至抗戰勝利時，已增至三十萬人，分布於華北。其時政府軍總兵力，達三百五十萬人，主力分布於華南、西南、西北。當時政府軍受降地區除東北外，包括臺灣及北越地區。受降地區有日軍一百二十八萬餘人，東北另有偽滿軍六十八萬人。政府軍因全力注意日偽軍，且值進行政治協商會議；共軍遂得乘機擴大叛亂。

政府軍連得勝利 三十五年春，政治協商會議，及美國進行軍事調處，均有協議。但中共毫無信守，橫生枝節，擴大割據，在蘇俄卵翼下，公然阻撓政府軍接收東北，發動全面攻勢，協議竟成空談。在勝利後至三十五年底，衝突時生，重要戰役，計有三十四年十月漳河之役，十至十二月綏包之役，三十五年四至五月四平街之役，六至七月間大別山之役，七至十一月蘇北之役，八至九月大同、集寧之役，九至十一月收復張垣之役。除漳河之役外，六戰役均為政府軍得勝。

停戰令對共軍有利 此一時期，政府軍在華中、華北、東北，攻無不克。但因政治協商及軍事調處，於三十五年中，政府曾三次頒發停戰令（一月十日，六月六日，十一月八日），放棄作戰有利時機；旺盛的士氣遭受影響，以致功虧一簣。而共軍利用停戰機會，一方面在東北接收蘇俄轉交的武器，儘量擴軍。據日人估計，關東軍積存軍火，可供百萬人十年間的尋常需用。另一方面在關內到處蔓延，儘量擴充地盤，發展其所謂「以面制線，斷線孤點」的戰術。三十六年初，共軍兵力已增至八十萬人；政府軍因停止徵兵，自勝利後即未補充戰鬥人員，至三十五年底，兵力減至三百二十萬人。

國府明令戡亂 三十六年初，中共停止和談，拒絕參加國民大會，在各地擴大軍事行動，關內外各省戰禍蔓延，政府軍遂起而戡亂。三十六年七月四日，國民政府國務會議，更通過「厲行全國總動員戡平匪亂案」。十八日，國民政府公布動員戡亂綱要及憲政實施綱要。並明令取消中共國民大會代表及國民政府委員保留名額與參政員名額。十月二十八日，行政院依總動員法規定，宣布民主同盟爲非法團體，下令解散；以杜其爲匪共作倀。

政府軍打通津浦路 政府軍最初作戰計劃，一爲肅清山東地區匪軍，打通津浦鐵路。三十六年一月起，政府軍在徐州外圍作戰，至四月一日，打通津浦路徐州至濟南段。當時，自二十七年改道南流的黃河，於三十五年三月一日開始整修，使重歸山東故道入海，亦於三十六年三月十九日完成；黃河流入故道，並將魯西的匪軍劉伯誠部與北部的匪軍陳毅部隔開。五月起，政府軍進行肅清沂蒙山區匪軍，至九月，山東半島大部分地區；均告收復。十月二日，收復煙臺。津浦鐵路終於全線打通，十一月一日，修復通車。膠東地區，亦告平定。

政府軍收復陝北 政府軍另一作戰計劃，則爲進攻匪軍根據地陝北，二月至五月的陝北之戰，陝北全部收復。三月十九日克延安，匪軍不戰而退。但匪軍於四、五月進入山西，太原陷於孤立狀態。

匪軍中原流竄 魯西的匪軍劉伯誠部，爲避免政府軍的正面攻擊，於八月中轉移至河南省北部。八月底進入大別山區，流竄於安徽、湖北二省邊區；九月間且一度抵達長江沿岸，長江沿岸感受威脅。同時，匪軍陳賡部於八月下旬由山西南渡，進攻豫西，截斷隴海鐵路，使在陝西的政府軍不能東援。匪軍陳毅部亦於九月由黃河南渡，進入黃泛區，流竄於魯南、豫北一帶。三路匪軍互相策應。至三十六年底，匪軍仍盤據魯西、豫東、豫南、皖北、皖西、鄂北、鄂東等地區。中原地區，因匪軍亡命流竄，二千五百萬民眾，因而流離失所。

東北匪軍七次南犯 政府於三十五年六月六日，下令自六月七日正午起停止進攻十五日，但匪軍於七日下午即發動四處攻擊，均被擊退。停戰限期滿後，因匪軍之進攻，政府軍予以反擊及進攻，至第三次停戰令下前，政府軍收復東北全部面積六分之一，約十七萬一千方公里。由於匪軍在東北不斷擴軍，及接收蘇俄的武器，實力日增，自三十六年一月起至十二月，曾連續六次南犯，政府軍因兵力關係，由全面防守改為核心防禦，再由核心防禦改為重點作戰。雖能保全實力，但若干收復地區，只得放棄。至三十六年底，政府軍在東北，僅能保持以吉林、長春為中心的吉長地區，以四平市為中心的四平地區，以瀋陽、錦州為中心的遼河地區。

匪共的政治攻勢 匪共除發動軍事攻勢外，三十六年，更加強政治攻勢，製造種種事件。如二月二十八日，因臺灣省菸酒專賣局查緝私菸，匪共與流氓及野心家加以利用，致引起攻擊機關及毆辱新近來臺同胞情形。三月間即告平息。國民政府遂將長官公署，改組為省政府。此外，各地學潮大起，以三十五年十二月的北平沈崇事件為由，北平於十二月底，天津、漢口於三十六年一月，相繼發生學生罷課遊行，要求一切美軍撤出中國。五月，由於匪共煽動，各地學潮再起；南京、上海、北平、天津等地大學生，要求增加副食費及公費，發動「吃光運動」，並要求政府結束「內戰」，恢復「和談」。匪共使用卑劣和誣辱的手段，以少數職業學生，劫持並威脅多數單純愛國的教授與學生，連續在各地發動示威運動，長期罷課，社會秩序，因而混亂；且使輿論混淆，國人對政府發生誤解。

匪共的經濟攻勢 另一方面，匪軍到處流竄，對於戰地民眾，毫不負責，且有計劃地破壞交通與資源。

而政府必需保護民眾，以免流離失所；重建被破壞的城市，修復被毀壞的鐵路、公路、河堤、水道，與機器工廠。且需防守孤立的城市和漫長的鐵路與橋樑，加上自匪區逃入城市的難民，至三十六年底止，達二千萬人。政府亦需解決其衣食醫藥住宿問題。經濟上的負擔，自然日益加重。

政府財政困難　由於匪共叛亂的擴大，軍事費用竟佔全國經常及特別費用百分之八十五；而匪共的經濟攻勢，使得政府的收支，更難平衡，陷於入不敷出境地。在三十六年內，政府收入得自租稅者僅佔半數，其餘除倚賴出售日偽財產、救濟物資、剩餘物資及外匯黃金外，仍需乞靈於印刷機。戰事使中國財政日趨枯竭，政府無餘力從事經濟建設；復興計劃，已為匪共的戰火所毀滅。

通貨惡性膨脹　三十六年七月，法幣發行額，高達十萬億。以後因法幣印刷價值與實際價值相等，惟有發行大額鈔票。法幣對外匯的比價，亦隨之上升。三十六年八月十八日，政府成立外匯平衡基金會，法幣與美元兌換率，由一二、〇〇〇比一上升至三九、〇〇〇比一，黑市則為一二四、八〇〇比一。兌換率隨時調整，最初一月內，尚屬平穩，以後即不斷上升。十二月三十日，上升至八九、〇〇〇比一，黑市經常在市價三倍左右。物價上漲的百分率，亦較美元市價上漲率為高，通貨膨脹，益見惡化。工商界因法幣日見貶值，對政府漸失信仰，批評叢生；外國商人，亦抱悲觀態度，且生惡評。

匪軍實力的漸增　三十六年，政府雖已恢復徵兵，但第一線部隊，非倉促間所能充實。又因法幣貶值，各省民意機關反對徵兵徵糧，影響甚大。而匪軍無任何法令限制，徵兵取財，極為便利。蘇俄在東北繳得日軍的大量武器彈藥，除供給東北匪軍外，且由大連運往山東半島，及由熱河、經冀東、察北輸入關內各地。至三十六年底，政府軍兵力減至三百餘萬人，匪軍增至一百十七萬人。三十七年，政府軍情況未能改善，戰事遂告逆轉。隨之匪區擴大、交通破壞、金融崩潰、財政益加困難。政府軍損失後，更不能恢復戰力，加以防地遼闊，僅能防守重要據點；匪軍則轉為主動地位，運用自如，兵力急速增多，優勢激增。

東北的危急 三十七年開始的戰爭，爲政府盡力保持在東北的地位；論者謂如將東北的政府軍，連同物資撤入關內，或堅守遼西走廊，比較堅守東北作消耗戰者較爲有利。但以地方人士愛鄉情切，表示反對。蔣主席或認爲自東北撤退，使民眾誤認爲失敗，故未實行。一月初，匪軍在東北發動攻勢，二十八日，新立屯失。二月間，遼陽、鞍山、營口、開原等要地失守。三月，政府軍自動放棄永吉，四平街又失。政府軍弧守長春、瀋陽、錦州三地及其郊區。華北通往東北及東北的鐵路，非截斷，即遭破壞，補給全賴空運；空運力量有限，三地食糧燃料奇缺，長春每日餓死者不下百人。

東北的沉淪 九月，匪軍林彪部二十餘萬人，猛攻錦州。二十五日，政府電令駐守瀋陽之東北剿匪總司令衛立煌增援錦州，衛立煌有意遲疑不進，怠忽職責，東北局勢惡化。十月二日，蔣總統飛往瀋陽，提出有秩序撤出東北的計劃，主張堅守錦州兩月，使瀋陽、長春兩地國軍得以撤退。衛立煌遲至十月九日，始派出十二師增援錦州，在曠野中與優勢匪軍遭遇，致爲各個擊破。十月十九日，錦州失守，政府軍損失七萬人，與大量軍需品。二十三日，長春失守。三十日，衛立煌棄職逃北平。十一月二日，瀋陽失守。突圍的政府軍，一部分由遼南攻克營口，由海路撤至上海。一部分原擬撤退至葫蘆島，因沿途遭受匪軍截擊，僅數千人撤至天津。政府共喪失三十多萬精銳部隊。

河南的戰況 四月八日，匪軍陳賡部陷洛陽。五月，進佔宛西、內鄉、鎮平、西峽口等地。六月，匪軍劉伯誠部一度攻陷開封，奪刼軍械物資甚多。六月二十八日至七月七日，政府軍與匪軍三十萬在黃泛區苦戰九晝夜，殲匪軍十二萬人，河南局勢轉穩。

陝西的戰況 四月，匪軍彭德懷部攻陷延安，政府軍降匪者甚多，陝北各地失守。二十三日，匪軍渡涇渭南犯，進攻寶雞，西安告急。

平綏線戰況 匪軍聶榮臻部，於三月攻陷陽高及蔚縣；九月，攻陷集寧；十月，攻陷包頭；十二月，攻陷張家口。

山東的戰況 四月，匪軍陳毅部在山東發動攻勢，攻陷濰縣。五月，攻陷昌樂、泰安、肥城。六月，攻陷曲阜。九月，匪軍十八萬人圍攻濟南，政府守軍近十萬人。因馮玉群舊部吳化文師叛變，濟南失守。省主席王耀武被俘投匪。不久，荷澤、臨沂與煙臺，亦告失守。

徐蚌會戰 徐州爲自古兵家必爭之地，十月，匪軍陳毅、劉伯誠部合攻徐州，約五十五萬人。政府軍於十月二十四日，放棄鄭州、開封等地，先後出動四十五萬人應戰。戰事相持月餘，初在徐州外圍，稍後進在宿縣。十二月二日，政府軍撤出徐州，時因天雨大雪，政府軍機械化部隊運用失靈，空軍亦難助戰。匪軍則情報靈通，預知政府軍行動，挖掘深溝，重重包圍政府軍，並施用慘無人道的人海戰術，使政府軍窮於應付，戰死者二十萬人以上，戰事至三十八年一月十日結束。斯役兵團司令黃維及指揮官杜聿明先後被俘。兵團司令黃伯韜及邱清泉與軍長陳章及高級將領多人，先後壯烈犧牲。匪軍乘勢南進，一月十九日，蚌埠失守，南京遭受威脅。

平津的沉淪 華北戰區，指揮全權，已由蔣總統授與華北剿匪總司令傅作義。傅作義前在綏遠，擊退匪軍，卓著戰功。受命主持華北戰區以來，國人多寄以厚望。東北沉淪後，林彪所部匪軍三十萬人，立即進入華北，於三十七年十二月，對北平、天津採取大包圍。傅部以接濟困難，支持不易。潛伏於傅總部的匪諜鄧寶珊，又竊取防守作戰計劃，供給匪軍。十二月，唐山失守。北平附近房山、香山、萬壽山等據點亦放棄。天津近郊激戰，匪軍砲擊北平。三十八年一月十五日，天津失守，戰況激烈。匪共誘惑傅作義，一月二十一日，成立所謂北平局部和平，二十三日，北平沉淪，傅作義降匪，二十萬政府軍盡被改編。

山西的沉淪 山西省政，自民國元年以來，即由閻錫山主持，太原與附近地區，富於煤鐵，成爲一自給的工業區。匪軍自三十六年五月起，即連續圍攻太原，曾經七度猛攻，未能得逞。其他城市，則在孤立之下，逐漸失守。三十八年四月九日，又以四十萬匪軍、大砲四千門猛攻太原。二十四日，太原沉淪，代主席梁化之等五百餘官員自殺成仁，軍民死傷近四萬人。爲戡亂戰役中最悲壯之一幕。六月三日，政府軍撤出山東青島，到此爲止，華北全部陷於匪手。

蔣總統引退與和談的不成

幣制改革 三十七年，政府因戰局逆轉，法幣貶值更甚。行憲後之首屆行政院，遂決計發行新幣。蔣主席於三十七年四月九日，在國民大會演說，曾謂政府所掌握的金銀值一億一千萬美元，國家銀行所有之外匯值一億美元，授權中央銀行出售之國營事業及資產共值四億美元。有此基金，應不難於改革幣制。八月十九日，蔣總統根據憲法臨時條款之授權，頒布「財政經濟緊急處分令」；於二十三日發行金圓券，每圓合法幣三百萬元，二圓合銀圓一元，四圓合美金一元。發行總額二十億圓。十足準備，但不得兌換金銀。並限於十月二十日前，將法幣及海關金單位兌換金圓券。

幣制改革失敗 政府並命令持有黃金白銀銀幣與外匯之民眾，限於九月三十日前兌換金圓券，後又將限期延至十月三十一日。當時忠於政府的民眾熱望幣制改革成功，在第一個月，上海中央銀行收兌黃金白銀美鈔及外匯，共值三億七千二百萬美元，但因華北與東北前線戰事失利，工商界對政府喪失信心，並不支持政府幣制改革。外匯被凍結，物價爲政府嚴格管制，九月下旬，物價逐漸上漲。十月下旬，物價更漲，金圓券貶值，生產者及商人囤積物資，各地發生搶購情形。十一月，金圓券發行達最高額，京、滬發生搶米風潮，各地金融陷於混亂；十一日，財政部部長王雲五辭職。十一月十二日，行政院公布「修正金圓券發行辦法」，此辦法係新任財政部部長徐堪建議，規定政府鑄造金圓，金圓券可買外匯，民眾可持有金銀外幣，及提高金銀外幣兌價。

政府的變動　十一月二十六日，翁文灝之行政院總辭職，蔣總統提名孫科繼任，經立法院同意，十二月二十二日，行憲第二屆行政院成立。二十四日，立法院另行選舉，童冠賢與劉健群，當選爲院長及副院長。

廣西派主張和談　三十七年底，政府內部的廣西派，主張恢復和談，副總統李宗仁初未露面。十二月二十五日，駐漢口的華中剿匪總司令白崇禧，首先電請政府與中共言和，而邀請美、蘇二國調停，湖南省主席程潛則要求蔣總統退職，並與中共恢復和談。廣西派第三巨頭李濟琛，傾向匪共，在香港領導所謂國民黨革命委員會。而黃紹雄則代表李宗仁與民革會有所商洽。

蔣總統引退的發端　當時，美國大使司徒雷登及其華籍顧問傅涇波，與李副總統政治顧問甘介侯，正進行蔣總統退職的醞釀。社會及政府內部，因受匪共滲透的影響，竟發生「非蔣總統下野，則美援不來，」「非蔣總統下野，則和談不能進行」的論調。

蔣總統的態度　十二月底，蔣總統邀請國民黨中央執監委員四十人會議，提出發表有關和談及引退的文告，谷正綱、張道藩、王世杰與王寵惠均不贊成發表。然蔣總統因黨中某一派系有此意見，仍決定發表；同時任命陳誠爲臺灣省主席，以防大陸萬一發生變化。三十八年一月一日，蔣總統發表告國民書，表示「只要共黨一有和平誠意，能作確切的表示，政府必開誠相見，願與商討停止戰爭恢復和平的具體方法。只要和議無害於國家的獨立完整，而有助於人民的休養生息，只要神聖的憲法不由我而違反，民主憲政不因此而破壞，中華民國的國體能夠確保，中華民國的法統不致中斷，軍隊有確實的保障，人民能夠維持其自由的生活與目前最低的生活水準，則我個人更無復他求。中正畢生革命，早置生死於度外，只望和平能實現，則個人的進退出處，絕不縈懷，而一惟國民公意是從。」

中共提出八條件　三十八年一月八日，行政院經蔣總統同意，令外交部部長吳鐵城，照會美、英、法、俄四國駐華大使，對與中共和平談判期望有所說明。主和派經由香港與中共接洽，並提出五點談判基礎。但在徐蚌失守後，毛澤東於一月十四日，發表一狂妄無比的聲明，指南京國民政府為反動政府，誣美國為帝國主義。最後提出其所謂和平八條件：㈠懲辦戰爭罪犯；㈡廢除憲法；㈢廢除法統；㈣依據民主原則改編一切軍隊；㈤沒收官僚資本；㈥改革土地制度；㈦廢除賣國條約；㈧召開沒有反動分子參加的政治協商會議，成立民主聯合政府，接收南京政府及其所屬各級政府的一切權力。這些條件完全是極權獨霸的姿態，但共黨反自稱為「和平」「民主」。觀此，可知中共所謂和平民主的眞意義了。

蔣總統引退 一般投機分子與失敗主義者，見中共提出八條件，竟大事喧嚷；行政院乃於一月十九日，通過與中共先行停戰，再各派代表協商和平辦法。二十日，國民黨中政會復對行政院決議予以同意，二十一日，蔣總統發表引退文告：略謂：「戰爭仍然未止，和平之目的不能達到。……決定身先引退，以冀弭戰消兵，解人民倒懸於萬一。」當日下午四時，即離京飛杭州轉往奉化。

和議的進行 引退文告中，並聲明依據憲法第四十九條規定：「總統因故不能視事時，由副總統代行其職權。」由李副總統代行總統職權。二十二日，李代總統視事。電邀李濟琛、章伯鈞、張東蓀等共同策進和平運動。並決定派邵力子、張治中、黃紹雄、彭昭賢、鍾天心為代表，進行和平商談。二十三日，滁縣、揚州失守，政府軍改在浦鎮、瓜州設防，北平亦於是日失陷。

李宗仁的外交錯誤 李宗仁曾與蘇俄駐華大使羅申，商談蘇俄與中國諒解的條件：㈠將來美俄發生衝突，中國願守中立：㈡美國在中國的勢力應排除；㈢中俄應建立眞正合作某礎。羅申旋即攜帶此項初步協議返莫斯科請示。在等待莫斯科答覆時，李宗仁又派代表於一月二十三日訪晤美國駐華大使司徒雷登，透露李與羅申間的交涉，詢問美國能否公開承諾支持中國政府，但為美國國務院拒絕。

李宗仁的措施 李宗仁為表示與中共妥協，於一月二十四日令行政院取消全國戒嚴令，解除報章雜誌禁令，釋放政治犯，及撤銷特種刑事法庭，廢止特種刑事條例。二十七日，李宗仁復致電毛澤東，願接受所提八條件爲和談基礎；有識之士譏爲喪心病狂。行政院院長孫科，因李未徵詢其意見，加以反對。三十八年二月三日，中共拒絕和談代表團赴平。二月四日，政府由南京遷廣州，於五日在廣州執行職務，僅代總統辦公處留南京，專負「和談」事宜。各友邦使館雖接外交部通知南遷，惟有蘇俄大使館及少數國家使館接受。

和談被視為兒戲　二月初，李代總統派甘介侯組織私人代表團，有顏惠慶、章士釗、江庸、凌憲揚、歐元懷、侯德榜等六人，往北方進行和談，邵力子亦同行。但中共拒絕李宗仁私人代表甘介侯赴平，甘介侯表示中共對李代總統及僚屬，視若兒童。至代表團亦一度被阻，後雖在石家莊與毛澤東、周恩來商談，但無何具體承諾。二月二十六日，中共廣播，提出所謂戰犯四十五人名單，包括政府高級人員在內，要求李代總統逮捕，交與中共懲辦。

行憲第三屆行政院　三十八年三月八日，孫科之行政院總辭職。十二日，李代總統提名何應欽繼任，經立法院同意。立法院並於十五日通過「簡化行政機構案」，行政院內裁併爲內政、外交、國防、財政、教育、司法行政、經濟、交通等八部，及蒙藏、僑務二委員會。當時，匪軍林彪部已於六日，由平漢線南下。十八日，匪軍陳毅部已指向長江北岸。二十三日，何應欽就任行政院院長，並發表八部二會首長及祕書長。

完全屈服式的和談　政府軍在京滬布防，匪軍在長江北岸攻勢不逞。廿五日，李代總統決定派邵力子、張治中、黃紹雄、章士釗、李蒸、劉斐等六人爲和談代表。二十六日，中共派周恩來、林彪、林伯渠、葉劍英、李維翰等五人爲和談代表，並表示四月一日起在北平談判。但匪軍仍在華中、西北及長江北岸，猛烈發動攻勢，三十八年四月五日，談判開始，中共提出毛澤東之八條件，並加上二十四項補充要求。在談判期間，十一日，匪軍攻安慶，十六日，匪軍猛攻太原。十五日，中共以稍作讓步的修正草案八條二十四款，要求簽字，以二十日爲最後限期。並表示不論政府接受與否，匪軍仍須渡江。此一最後通牒，白崇禧得知，以電話告李代總統：「凡再言安撫中共者，應首先殺之。」

政府拒絕中共要求　十七日，李代總統要求展緩簽訂協定期限，未成。政府當局及國民黨中央執行委員會，均以中共之八條二十四款，無異於無條件投降，決定拒絕。二十日，政府正式拒絕。其後，邵力子、張治中等六人降匪。說者謂此六人，早已與匪共暗有勾結。

大陸的沉淪

匪共全面叛亂　三十八年四月二十日，和談破裂，匪軍向南岸砲擊，當夜分路渡江。西路匪軍劉伯誠、陳賡部自蕪湖、荻港南犯，東路匪軍陳毅部則進攻江陰砲臺。二十一日，朱德令匪軍總攻，匪軍林彪、彭德懷部亦分向武漢、西安猛攻。政府知南京不可守，於二十三日撤退。

蔣總統的措施　蔣總統深知大陸情況惡化，早於二月間，以國民黨總裁身分，令前中央銀行總裁俞鴻鈞與中央銀行總裁劉攻芸接洽，密將政府在上海中央銀行所存黃金運往臺灣，俞鴻鈞於二月二十日達成任務；李代總統甚爲反對。因而約值一二百萬美元的珠寶，遂未能運出，後來淪入匪共之手。和談破裂後，蔣總統由奉化往杭州，以國民黨總裁身分與李代總統、何院長應欽及白崇禧、張群、吳忠信等人，於四月二十二日會議決定：㈠政府今後惟有堅決作戰，爲人民自由與國家獨立奮鬥到底；㈡聯合全國民主自由人士共同奮鬥；㈢由何應欽兼任國防部部長，統一陸海空軍之指揮；㈣加強中國國民黨之團結及黨與政府之聯繫。二十三日，李代總統飛桂林；蔣總統則往溪口，於二十七日往上海指揮軍事。二十六日，發表「告全國同胞書」，呼籲抗暴。次日發表「告全體黨員書」，希望黨員精誠團結，反共復國。

政府南遷後的李代總統　各機關疏散南遷，秩序不佳，社會經濟，亦陷混亂。李代總統赴桂林後，政府屢派代表請赴廣州主持政務，但渠表示切望蔣總統復任，如蔣總統不復任，則必須遵守後開條件：㈠代總統有絕對自由調整軍政人事權；㈡所有移存臺灣之金銀外匯運回大陸，以應政府急需；㈢所有移存臺灣之美援軍械運回大陸，配撥各部隊使用；㈣所有軍隊一律聽從國防部指揮調遣；㈤所有國民黨內之決定，只能作為對政府之建議；㈥擬請蔣總統出國覓取外援。果如此，臺灣將成為不設防之地。出國之事，亦為蔣總統拒絕。雙方思想，顯有甚大歧異。李代總統於五月五日致函美國杜魯門總統，表示與蔣總統政見不同，欲迎合美國國務院人士。後又派親信甘介侯赴美，直接與美國官員接洽，希望美國以其為援助對象。結果，並未獲得美國援助。

上海的沉淪　蔣總統在上海加以部署後，於三十八年五月六日乘輪離上海，在浙江沿海島嶼視察十日，然後赴臺北，居於後改名陽明山之草山。當時，匪軍渡江者，不下一百萬人，京滬鐵路沿線縣市相繼失陷，匪軍包圍上海。杭州為另一路匪軍，於五月三日攻陷。五月十二日，上海外圍發生戰事，經過激烈戰鬥後，政府軍於五月二十七日主動撤退，轉往福州、廈門地區。

行憲第四屆行政院　五月八日，李代總統由桂林抵廣州，二十一日，發表「告全國同胞書」，表示堅決反共。五月三十日，何應欽之行政院總辭職，次日，李代總統提名居正繼任，未得立法院同意。六月二日，再提名閻錫山繼任，經立法院同意。十日，新行政院成立。

東南地區的沉淪　侵入杭州之匪軍，沿浙贛鐵路南下，五月底，侵入福建北部。匪軍劉伯誠部於四月二十日渡江後，連陷蕪湖、宣城，四月底，侵入江西。五月二十一日，南昌失守。七月中旬，侵入湖南。八月，閩北匪軍陳毅部南攻，福州、晉江失守。九月，在廈門激戰。十月，政府軍由廈門退守金門。二十五日，匪軍進攻金門，大敗。十一月三日，匪軍再攻舟山登步島，又告失敗。

華中地區的沉淪　四月底，匪軍林彪部進攻武漢；五月十五日，政府軍放棄武漢，華中軍政長官公署遷往衡陽。七月，鄂西及湘北失守。八月一日，湖南省主席陳明仁、長沙綏靖主任程潛降匪，湘北情勢不利，長沙失守。政府軍黃杰部雖一度反攻得勝，但十月七日，衡陽失守。白崇禧所部二十萬軍隊，轉往廣西。

華南地區的沉淪 七月，江西匪軍劉伯誠部南侵，八月，攻陷遂川、贛州。九月，侵入粵東地區。另路匪軍陳賡部越大庾嶺，侵入粵北，沿粵漢路進攻，十月七日，攻陷韶關；不久，即進抵廣州外圍。十月十二日，政府宣布西遷重慶，廣東省政府則移至海南島。十三日，政府軍撤離廣州；十五日，廣州失守。十月底，粵東、粵西亦告失守。匪軍分道侵入廣西，十一月二十二日，桂林失守；十二月六日，南寧失守。白崇禧放棄廣西，移其總部於海口；黃杰部退入越南。

西北地區的沉淪 四月底，匪軍彭德懷部進攻西安。五月二十日，政府軍放棄西安，改守陝南。五月底，政府軍馬步芳部自甘肅率部反攻，六月，連克陝西境內多地，並包圍西安。七月，匪軍徐向前、聶榮臻部大舉來援，關中再度失守，並侵入甘肅。八月下旬，蘭州外圍激戰。二十六日，蘭州失守。匪軍分三路前侵。南路攻向青海，九月二日，西寧失守，十一月，青海省沉淪。北路攻向寧夏，九月二十八日，銀川失守。九月二十一日，綏遠省主席董其武降匪，綏遠、寧夏兩省全失。中路匪軍，沿西北公路前侵，九月，攻餡武威、張掖。九月二十六日，新疆省主席鮑爾漢及警備總司令陶峙岳降匪。西北各省，全部沉淪。

西南地區的沉淪 三十八年初，李代總統與共匪進行和談時，四川省投機軍閥鄧錫侯及劉文輝，即向毛澤東接洽局部和平。爲四川省主席王陵基及重慶市市長楊森所反對。二月，政府任命張群爲重慶綏靖公署主任，以穩定川局。共匪渡江後，川局不穩。八月二十四日，蔣總統以國民黨非常委員會主席身分，飛往重慶坐鎮。九月二日，匪諜在重慶到處放火，毀屋萬棟，死者千餘人，喪家者十萬人。十二日，蔣總統往成都，二十二日，再回廣州。十月，匪軍由鄂西及湘西進攻四川及貴州，十一月初，攻陷巴東及恩施，進入四川；十五日，攻陷貴陽。十四日，蔣總統再往重慶，三十日，重慶失陷，蔣總統往成都。匪軍沿成渝公路及長江進攻。當時陝南政府軍胡宗南部，於十二月初退守成都，匪軍跟入川北，劉文輝部降匪；二十六日，成都失守，胡宗南部轉入西昌。十二月十日，雲南省主席盧漢降匪，政府軍李彌及余程萬部一度反攻，克復昆明，因匪軍增援而放棄。滇西亦失守，李彌部退入滇緬邊區。三十九年一月，匪軍侵入西康，攻陷雅安、康定。三月，攻陷西昌。十一月，匪軍侵入西藏拉薩。大陸全部沉淪於匪共之手。

政府的緊急措施　閻錫山就任行政院院長後，自兼國防部部長，並決定封閉匪區各港口。於三十八年七月一日，通過設立兵農合一設計委員會。因金圓券貶值，於七月三日改革幣制，採銀圓制，發行銀圓券，可以兌現。二十七日，限制銀圓券兌現。但當時軍民均通行銀幣，政府於三個半月間，曾支出黃金、銀圓及外幣，約值一億二千萬美元以上。均取自臺灣中央銀行庫藏。十月十五日，政府在重慶正式辦公。十一月二十九日，行政院再遷成都。十二月七日，政府決定遷移臺北；九日，行政院開始在臺北辦公。

李代總統赴美　廣州撤退時，李代總統於三十八年十月十四日抵重慶。並堅邀蔣總統來重慶，籌商保衛西南大計。但其突於十一月三日飛往昆明，與動搖之雲南省主席盧漢，全國組織區域自主政權，擬以兩廣及雲南軍隊為支柱。當蔣總統於十一月十四日飛抵重慶，而李代總統竟先一日由昆明飛往南寧，蔣總統與閻院長錫山電邀返渝，未來。二十日，又由南寧飛香港，托言就醫，中樞軍政則電告閻錫山照常進行。行前，白崇禧勸阻赴美，未成。其後，蔣總統以國民黨非常委員會主席身分，派員赴港慰問，並勸返渝，被拒。國民黨中央常務委員會派員再勸，亦無結果。李代總統以爭取美援為由，於十二月五日攜同隨員七人飛美，聲稱將於一月內返國。

共亂大起時的美國

馬歇爾對中共的了解 馬歇爾經過一年多與中共的接觸，纔對中共有所了解，他於三十六年一月，放棄調處，回美國後，曾發表報告書，認爲和談是不可能的。「一方面，政府領袖堅決反對共黨形式的政府。另一方面，共黨坦白表示爲狂熱的馬克斯主義者，想在中國建立一個共黨形式政府，而不必以英美型式的民主政府爲過渡。」而且中共對和平沒有誠意，「這簡直是一件不可能的事，甚至把他們（指中共）拉來和政府代表，來討論問題，也辦不到。」中共要根本推翻中國政府，「中共不願在國家的利益上取得妥協，顯然要使政府經濟崩潰，並擴大游擊戰，以破壞漫長的鐵路，以加速經濟崩潰。」馬歇爾認識中共仇美親俄，「我希望報告美國民眾，在中共對我們政府的行動、政策及目的之厭惡與誹謗中，其宣傳既不顧及眞理，也不顧及任何事實。顯然證明，他們的堅定目的，要把中國和世界人民，引入歧途，而挑起徹底的仇美心理。」因此，馬歇爾的調處，遂不得不失敗了。

魏德邁的離華聲明 馬歇爾回美後，任國務卿，因鑒於中國情勢惡化，又受眾議員周以德的影響，遂請杜魯門總統，派遣魏德邁將軍擔任特別代表，赴中國與朝鮮調查事實。三十六年七月十一日，任命發表，二十二日抵華，八月二十四日離華。他發表聲明說：「在許多方面，發見昏瞶而不熱心的狀態。」「中國的復興，有待於富有感召力的領袖。」「今日中國政府，只需革退現居政府要職的貪汙無能分子，仍可獲得大多數民眾的熱烈支援。」「中國政府欲獲得並掌握民眾的信仰，必須立即實施激烈的廣泛的經濟改革。」對中共的因素則未提及。四年以後，他在美國參議院，自己承認這一批評的錯誤。

魏德邁的建議 三十六年九月十八日，魏德邁向杜魯門總統，呈送報告書，指出「蘇俄的行動，正與一九四五年的中俄條約及其有關文件，完全違背；加強了中共在滿洲的地位。……且使中國難期和平與安定。目前的趨勢，是在逐漸分割國民政府的統治權，最後可能變爲共黨統治下的中國。」因此他建議：「㈠中國應通知聯合國，請求美國給予援助；㈡中國應請求聯合國，將滿洲置於五強保護，或由聯合國託管；㈢中國應自行從事經濟建設計劃，樹立健全財政政策；㈣中國應繼續實施政治及軍事改革。㈤中國應接受美國顧問，協助運用美援。」但此建議未能實行。因爲美國既定的對華政策，是在中國遵從馬歇爾使命所要求的條件以前，不再給中國政府任何援助。

美國國會力主援華　當中國局勢益趨惡化，美國國會中對中國給予軍援之議大起，三十七年（一九四八）二月十八日，杜魯門總統對國會咨文，請求撥款五億七千萬美元，以貸款或贈予方式，將重要物資輸入中國。國會兩院聯合委員會指定一億二千五百萬美元爲軍援，經援則減爲三億三千八百萬美元。修正計劃於四月三日，由總統簽署。因眾院撥款委員會決定核減援歐撥華款百分之二六・七，中國部分減去六千三百萬美元。六月十九日，兩院聯合委員會通過削減爲四億元，但軍援部分不變。

軍援的被延誤　美國核發出口證之權，持於商務部遠東股主任李邁克爾，渠爲美籍俄人，曾因不遵守美國憲法原則，被拒入籍。彼以主管地位，故意延擱中國急需之航空汽油。遲至三十八年（一九四九）八月八日，中國空軍始獲得汽油輸出證，但已失去對匪軍作戰之效用。一億二千五百萬美元的軍用物資，竟無一批能在當年對匪軍決戰前到達中國。駐守平津之傅作義部，美國聯合參謀首長會議已分配一千六百萬美元物資，直接運往天津。但遲至十一月三十日，始得知有一供應船駛近天津，載有急需物資十分之一。及船抵天津，始知運來物資，並不能立即使用，如機關槍竟無零件，守軍之失望，當可想見；天津、北平，隨即陷於匪手。三十九年，商務部部長索耶爾勒令李邁克爾辭職，然已於事實無補。

向美要求精神支持　三十七年秋，金圓券改革失敗，北方軍事不利。蔣總統於十一月九日致書美國杜魯門總統，大意謂：「支持國民政府作戰目標的美國政策，如能出諸堅決的宣言，將可維持軍隊的士氣與民眾的信心，因而加強中國政府的地位，以從事於正在北方與華中展開的大戰。」十一月十二日，杜魯門總統發出復函，列述美國業已給予中國的援助，並表示空洞的同情。對宣言一事，則加拒絕。

蔣夫人訪美　對美國書面請求，既無結果，中國政府擬派一要員赴美，親訪美總統。蔣夫人宋美齡，遂以馬歇爾國務卿私人上賓身分，於三十七年十一月二十八日啓程赴美，洽商美援。到華盛頓，美國官方反應甚爲冷淡，新聞界的反蔣派，則希望美國能與中共通商；蔣夫人在美年餘，亦無結果，於三十九年一月，返回臺北。

甘迺迪的讜論　三十八年（一九四九）初，南京區總主教于斌在美，時新任眾議員甘迺迪鑒於漠視人權與妨礙自由的共產黨，在中國得勢，曾由于斌處取得實際資料，加以研究。於一月二十五日，在眾議院演說中，其對中國的基本態度，與對華有深切認識而力主援華的眾議員周以德，殊無分別。他說：「我們在遠東外交政策的失敗，應完全由白宮及國務院負責。美國之繼續堅持，除非中國成立與共產黨合組的聯合政府，則不予以援助，乃是對中華民國政府的嚴重打擊。我們的外交家，像拉鐵摩爾及費正清等人，僅注意調查經過二十年戰亂後的中國民主制度及高級官員貪污情事，因此忽略了美國在非共產中國中的極大利害關係。……我們的猶豫、含糊與混亂政策，收到惡果。眾議院目前必須負起責任，防止共產主義的狂潮，吞噬整個亞洲。」一月三十日，他在麻州薩刺姆演說，又指責政府未忠實推行美國的傳統對華政策，該政策目的是：「明白表示中華民國的獨立與國民政府的穩定，是我們遠東政策的基本目標。」並敘述悲劇的經過：由於史迪威和國務院若干官員，主張武裝一百萬中共軍隊，爲蔣總統拒絕，而影響中美關係。復指出雅爾達會議對蘇俄的讓步，使得後來蘇俄幫助中共在東北生根。馬歇爾到中國調解時，美國對國民政府的援助，是太少而又太遲。于斌後讚譽這番言論，爲退處臺灣的中華民國說公道話，實爲雪中送炭之舉。

國務院發表白皮書的原因　美人來翁拉德在所著Elements of Amercian Foreign Policy書中說：「當共黨

洪流掃過中國大陸時，國會中對美國外交政策不滿的憤慨，有增無已。國務院不想對蔣介石麾下的國民黨，予以全面支持，而抱著等等看的態度，受到嚴厲的攻擊。有許多國會議員主張：若以更多的軍經援助給予蔣總統，可能扭轉這個局勢。有五十位參議員，在一九四九年建議，延長一筆十五億美元的援助，相信可以阻止共產主義在亞洲的擴大。為了答覆對國務院的批評，美國對華政策發展的經過，在一九四九年八月五日，以白皮書形式發表。」這一白皮書，在三十八年（一九四九）夏季，國務院因見中國政府陷於敗局，即由顧問吉塞普（Pnilip C. Jessup）主持編輯。

白皮書中的對華政策　美國國務卿艾其遜（Dean Acheson），於七月三十日，上書杜魯門總統作為白皮書的序言，在序言中，雖指出「中共政權，原係效忠蘇俄，而非為中國人民本身謀福利。」但希望中國人「發揮其力量，將此外來桎梏掃蕩無餘。」亦即希望出現中國狄托。因而採取等待與觀望的態度，亦不准中共勢力越出中國的政策。白皮書全文，於三十八年八月五日發表。

白皮書中的指責　白皮書長達千頁，對蔣總統及其政府，被描寫為貪污無能，對匪共頗多偏袒。在艾其遜上總統書中且說：「中國內戰之惡果，非美國政府所能左右。此項結果，不因我國之任何所為，或我國能力合理範圍以內之所能為，而即可使之改變者；亦不因我國之任何所未為，而致使之發生者。」表示對中國局勢惡化，美國毫無責任。艾其遜對雅爾達密約出賣中國，及在緊要關頭停止援華的事實，竟完全忘記。上總統書中又說：「考國民政府在戰前，十年剿共而無功。」、「國軍無須被擊敗，即已自行解體。」、「自對日勝利後，美國政府以贈與及信用借貸之方式，所給國民政府之援助，總數約共二十億美元。」、「在一九四八年之重要年分內，無一次失利，係由於缺乏裝備或軍火。」在這本中國現代史綱前述各章，可以查出，這四事及美援撥付時間，均與事實不符。

司徒雷登對白皮書的意見　三十八年八月，正當百萬匪軍南下，大陸西南與西北各省政府軍，竭盡全力與匪軍死戰時，白皮書的發表，對中國政府軍的士氣，無異一催命符。中國大局，因而加速崩潰。當時及事後，中國及美國人士，對白皮書頗有批評。如美國駐華大使司徒雷登，在回憶錄中說：「白皮書等於昭告世人，美國政府認爲國民政府已在內戰中失敗。白皮書中不承認美國政策有任何錯誤。……書中表示美國政策，對於這種不幸的結果，不負任何責任。」、「多年以來，國民政府一直受到反對派的攻擊，尤以共黨分子爲然，並曾不斷地的受到來自國外的外交及武裝攻擊的壓力，尤以日本爲最甚。從未有一段時間，使這個政府能在和平與安定的環境下，致力於改革政治及改善民生問題。因此，在經過八年抗戰之後再遭到中國共軍的全面攻擊時，便無法號召飽經戰亂的民眾，從事有效抵抗。這種現象不足爲奇，而且中共還受到蘇俄的鼓勵與物資援助。」在三十八年全年內，「我發現國務院，當時對整個中國問題所持的態度，完全是一種失望和無情的失敗主義。」

杜勒斯的意見 後來出任美國國務卿的杜勒斯（J. F. Dulles），在一九五〇年所著戰爭與和平一書中，對大陸失敗一事，認爲「美國無論如何不是沒有錯的。當一九四五年九月二日，日本投降時，中國國民政府應分享勝利的權利，而且也曾有相當的軍事力量，……這一個時機，而且也只有這個時機，可以挽救當時的危局。但美國於一九四五年十二月，決定要國民政府與中共分子談判和平，甚至認爲一個被內亂分裂的中國，事實上不應視爲美援的適當對象。」

蔣總統的意見 艾其遜發表白皮書的時候，當時中國政府，也計劃發表一白皮書，指責美國政府，自雅爾達會議以後，在中國的局勢演變中，所應負的責任。蔣總統反對這個辦法。告訴來臺徵求意見的外交部代理部長葉公超說：「我們中國在美國還有多數的友人，並不因白皮書而對中國的前途，感到失望，亦不因此而對中國政府的信譽有所懷疑。現在我們政府如果爲此，要與美國來作無益的辯論，這不只使我們兩國人民百年來所建立的傳統友誼，將受到莫大的損傷而無法補償；而且其結果，惟有增強俄共離間中美陰謀的助力，達成其所預期的目標，更使其稱快而已。」

美國研討對華政策 三十八年四月，中國政府南遷廣州，美國大使司徒雷登仍留南京，經常遭受中共不愉快的待遇，國務院只得召其還國述職，於八月二日離南京返美國。國務院於三十八年（一九四九）十月，召開一次對華政策會議，由吉塞普主持，有不在政府服務的中國問題專家三十五人參加。會儀分兩組舉行，人數較多之一組，由對外政策協會之羅申格與拉鐵摩爾主持，主張承認中共，另一小組則加反對。拉鐵摩爾並主張將臺灣交與中共。司徒雷登大使更發動一臨時制定對華新政策，建議國務院指定三人委員會草擬；但十一月十一日，會議時認為中國已無希望，不肯作援助自由中國成為反共中心的諾言，而主張將臺灣交聯合國託管。在臺灣的中國政府軍應移往海南島。此一決議，並經國務會議認可；惟美國政府未予實行。

美國對臺灣的態度 三十八年十二月十四日，美國務卿艾其遜公開宣布：「美國對臺灣並無一個肯定政策。」當十二月二十三日，在臺北的中國政府，向美國政府正式籲請，派遣軍事政治及經濟顧問來臺，以協助防衛臺灣。同一日，國務院卻以祕密訓令，分發美國駐遠東五十二位使領人員，要他們不要特別強調臺灣戰略地位的重要性，應為臺灣陷入中共掌握，預作準備。此一訓令，在當時毫未保守祕密；是否故意使中共聞知，實不無疑問。

杜魯門的有關臺灣聲明 三十九年（一九五〇）一月五日，當美國最高階層討論一星期臺灣問題後，杜魯門便正式聲明：「美國並無強佔臺灣或任何中國領土的意圖，美國不想在臺灣獲取特別權利或建立軍事基地，也不想用武力，以干涉臺灣現在的局勢。美國並不採取足以涉入中國內戰的途徑。同樣的，美國不想對臺灣的中國軍隊，供給軍援或顧問。……但繼續現有的經援計劃。」

艾其遜的聲明 一月五日下午，美國務卿艾其遜又對記者發表對臺政策聲明，重申開羅宣言及波茨坦宣言，把臺灣交還中國的決定，確認臺灣已屬中國無疑。一月十二日，艾其遜又在華府報業俱樂部發表對華政策演講：除指責中國政府的低能與腐敗外，並列舉美國在西太平洋的防衛系統，有意把臺灣和朝鮮除外。

美國對臺灣政策的分析 儘管三十八年十一月十八日，杜魯門總統爲美駐瀋陽總領事華德被中共拘捕，加以斥責。可是從艾其遜及杜魯門總統的歷次聲明，和國務院的訓令來看，美國對臺灣的政策，是等待與觀望，及希望中共成爲狄托。艾其遜宣布對臺灣沒有肯定政策的時候，毛澤東正途經西伯利亞，將往莫斯科進行談判。因而出現了國務院的祕密訓令，和以後的三次聲明，來安撫中共；不敢給中共以刺激，以免影響了莫斯科談判。希圖自蘇俄麾下爭取中共，最低限度，使中共不致於一面倒。對臺灣則仍給予經援，不使完全失望，以備將來政策的可能改變，而有轉圜的餘地。

匪共刺激美國 三十九年一月十三日，匪共政府以有所需要爲理由，奪取北平美國領事館房屋。華德的被拘已引起美國人的憤慨，以後匪共對北平美僑的暴行，更增激怒。一月十四日，國務院只得下令召回北平、天津、上海、南京、青島各美國領事館人員及眷屬一三五人。英國這時已承認匪共政權，並力勸美國承認，美國一部分人員也正鄭重考慮。因匪共的暴行，使美國放棄承認匪共的考慮。

美國對臺灣的新決定 三十九年一月十八日，匪共僞政權總理兼外長周恩來，奉命離北平赴俄，這說明莫斯科談判已有協議。美國注意到這一情勢，一月三十日，美聯合參謀首長會議四首長前來遠東，與駐日美軍統帥麥克阿瑟商談，應付西太平洋變化中的局勢，自然對臺灣有所新決定。二月十三日，吉塞普和美國主持遠東事務的助理國務卿白德華，在曼谷舉行美國遠東各地使領人員會議。二月十四日，莫斯科宣布蘇俄與匪共僞政權的同盟協定。同時，美國也公開已決定擴大麥帥職權，必要時可指揮第七艦隊在西太平洋區的活動。其眞實目的，可能在「勿使臺灣落入非友好者之手中」！

蘇俄支持匪共叛亂

蘇俄以華滅華的毒計　勝利後的中國，徜能有安定的機會，一定可以走上富強的道路；蘇俄為了達成侵略中國的目的，除百般挑撥中美關係，以孤立中國外，更全力支持匪共叛亂，來實行「以華滅華」的毒計。蘇俄的指使匪共參加政治協商與接受美國調處，無非是用為匪共叛亂準備工作的掩護，爭取最有利的叛亂時機而已。

蘇俄強佔旅大　蘇俄支持匪共叛亂的第一步，是掩護匪軍進入東北。從三十四年十月一日起，蘇俄用各種藉口，拒絕中國政府軍進入旅順、大連，接收領土主權。三十六年三月，中國政府要求蘇俄政府協助在旅大建立行政權，蘇俄仍反對中國軍警登陸及駐紮大連；六月，中國官員前往視察，亦故意為難。三十七年三月，俄機並攻擊飛經旅大上空的民航隊運輸機，對中國外交部的抗議，竟妄言答覆：「中國在東北各地享有自由行動的主權一節，蘇俄政府，礙難同意。」自三十六年三月至三十七年九月，中國外交部曾再四向俄國大使抗議，指出蘇俄強佔旅大，實為違背中俄友好同盟條約。但蘇俄從未置理，中國政府，遂不能利用大連海港，向遼東半島輸送軍隊及物資，對於接收東北工作，只能利用遼西走廊鐵路，效果薄弱。匪共卻得到掩護，在遼東半島急速發展。

蘇俄打擊中國國際地位　三十六年（一九四七）三月十日，美、英、法、俄四國外長，在莫斯科舉行會議，十日，初次會議，俄外長莫洛托夫竟突然提出將中國問題列入議程，十一日，蘇俄政府機關報消息報，且著論支持莫洛托夫的建議，並攻訐國民政府。英外相貝文，只允在會外作非正式集議。中國外交部也在十一日，鄭重聲明，反對四外長會議，討論中國問題。十四日，外交部又命駐俄大使傅秉常，以照會致送馬歇爾、貝文，並請轉莫洛托夫，聲明中國絕不參加三國外長非正式交換中國問題之任何會談。倫敦的觀察家加以指責，中國的輿論界加以抨擊；同時，北平、天津、漢口、長沙等地，學生民眾，紛起反對蘇俄暴行。但最後英、法均拒絕參加集議；蘇俄打擊中國國際地位的陰謀，遂未實現。

國際共黨與匪共的呼應　蘇俄和匪共最善於欺騙、煽動和虛偽宣傳的本領，據美國共和黨亞洲問題專家杜尼斯估計，蘇俄共黨對外宣傳，每年花費達十四億美元。當三十六年三月莫斯科會議後，蘇俄對美國朝野發動宣傳攻勢，利用太平洋學會，出版各種爲匪共張目的書刊，企圖影響美國外交決策人士。同時，美國共產黨陣線的民主遠東政策委員會等組織，和親共的報刊，則歪曲事實，將內戰責任加於中國政府。民主政策委員會，更在三十七年（一九四八），出版蘇俄間諜史特朗所著讚揚匪共的「明日的中國」一書。三十八年三月一日，紐約共產黨並通知各支部，努力推銷並閱讀這一本書。可見國際共黨與匪共的顛覆行動，是如何密切的配合。匪共又將美共的書刊譯成中文，再在國內宣傳，以助張其聲勢。

哈爾濱協定　蘇俄除強佔旅大，支持匪共竊據東北外，並以投降的日軍及韓共李紅光等部，參加匪軍部隊作戰，且由蘇俄軍官，操縱重砲及重武器。三十六年五月，蘇俄與匪共先在哈爾濱簽訂協定，計十三條：㈠蘇俄允諾在外交及軍事上，全面支持中共；㈡蘇俄中共全面合作，發展東北經濟；㈢中共承認蘇俄於東北陸空交通，享有特權；㈣蘇俄經常供給中共軍用飛機五十架；㈤蘇俄允將日軍繳交或擄獲之日軍武器裝備，分兩期全給中共；㈥蘇俄允將現在東北由蘇俄控制之彈藥及軍用物資，全部平價讓與中共；㈦中國紅軍在東北局勢緊急時，可取道北韓退入俄境；㈧如國民黨軍對東北發動兩棲登陸攻勢時，俄軍應協助中國紅軍作戰；㈨蘇俄允許中國紅軍在北韓建立空軍訓練站；㈩中共應對蘇俄提供有關國民黨及美國在中國行動的情報；(十一)中共應以棉花、大豆及其他戰略物資，除東北自用部分外，全部供應蘇俄；(十二)蘇俄應協助中共，奪取新疆的控制權；(十三)遼寧、安東等省，特別規定區域，劃歸北韓軍駐紮，在將來併入朝鮮。這協定對匪共的叛亂，給與絕大鼓勵，對中國的領土主權，則是絕大損害。

蘇俄軍隊助戰 三十七年三月，在東北境內，公主嶺、梅河口、四平街、普蘭店各戰場，均發現蘇俄砲手參戰。政府軍並俘獲日軍多人及韓共軍旗；與俄製步騎槍及機開槍。三十七年冬，由蘇俄軍官指揮的北韓砲兵，參加匪軍的進攻臨汾、太原戰役。終於三十八年四月攻陷太原。三十八年七月二十一日，蘇俄軍艦三艘，向旅大附近的長山八島的四個島，加以砲擊，經守軍擊退後，仍不斷侵擾。

莫斯科協定 當匪共攫得東北以後，華北、華中，亦岌岌可危，三十七年（一九四八）十二月，蘇俄與匪共爲適應新情勢，簽訂莫斯科協定，要點如下：㈠中國領土內的礦權，應優先給予蘇俄開採；㈡蘇俄有權在東北與新疆駐軍；㈢如第三次世界大戰發生，中國紅軍應依靠蘇俄軍隊作戰；㈣蘇俄承擔建立雙方聯合空軍力量；㈤中國共產黨應擴大組織，遠東共黨情報局設於中國；㈥如蘇俄在歐洲發生戰爭，中共應派遣遠征軍十萬人及勞工一百萬人助戰；㈦蘇俄儘速裝備和訓練中國紅軍十一個師。這協定對中國的損害，比哈爾濱協定更爲嚴重。

蘇俄割裂我外蒙古 蘇俄不顧中俄條約，支持匪共。相反的，卻催促中國政府履行條約中有關外蒙古的諾言。並決定在中俄條約簽字後的第七十七天，於三十四年（一九四五）十月二十日，舉行虛僞的外蒙古公民投票。中國政府派員參觀，以示遵守條約。以游牧爲生的蒙人，到處流動，事實上不易到達投票場所。但據宣布結果，四十九萬四千零四十七人的合格公民，竟有四十八萬三千二百九十一人投票，完全贊成獨立，無一票反對。投票採記名式，在蘇俄嚴密控制之下，蒙人豈能表現眞正的自由意志？三十五年二月二十七日，蘇俄與外蒙古重訂「友好互助條約」，蘇俄完全按制了外蒙古的軍政，中俄條約中規定尊重外蒙的政治獨立與領土完整條文，徹底破壞。至於外蒙古西北的唐努烏梁海，當三十七年三月，被蘇俄合併後；五月，中國提出抗議，蘇俄不理。內蒙古亦在蘇俄及匪共指使下，於三十六年五月，成立僞內蒙自治政府。

蘇俄掠奪新疆資源 關於蘇俄侵略新疆的經過，在第十章第五節已經說過，其侵略目的，實爲攫取工業資源，伊、塔、阿三區礦藏猶富，亦有調北塔山藏有鈾鍍者。伊寧事變後，俄人在該三區盜採鎢、錫、金礦外，尚有金鋼鑽、水銀及他種稀有礦產。三十五年夏間，蘇俄屢次表示，希望新疆貿易經濟合作，十一月，中國提出方案，蘇俄不覆。三十六年七月，蘇俄私開烏蘇獨山子油礦。三十八年一月，大陸局勢惡化，蘇俄乘機提出新疆貿易協定大綱，要求自由輸出入貨物的權利。又建議設立中俄股份有限公司；探測開採有色稀有金屬礦產及石油；政府不允，談判數月，未有結果。九月，新疆沉淪。三十九年三月，匪共完全接受蘇俄上項要求，新疆全省，實際上已為蘇俄控制。

蘇俄完成傀儡工作 三十八年（一九四九）七月一日，毛澤東發表「論人民民主專政」一文，公開宣布，假如沒有蘇俄的存在，中共必不能勝利，即使勝利，亦不能鞏固，所以必須「一面倒」！十月一日，偽中央人民政府在北平成立，竄改國號為「中華人民共和國」；第二天，蘇俄即予承認。蘇俄的附庸國，也隨之承認。十月三日，中華民國政府外交部發表聲明，宣布與蘇俄斷絕外交關係。蘇俄一手所製造的頭號傀儡組織，終於在中國大陸成立。一千二百萬方公里的土地，不僅成為蘇俄共產帝國肥美無比的殖民地，同時，也建立了他們所謂世界革命取之不竭唯一富庶的基地。四億六千萬的炎黃子孫，開始遭受毀滅人性的惡劣恐怖的極權統治。

第十五章　政府遷臺初期的進展

反攻基地的確保

蔣總統重視臺灣　三十七年十二月，正當大陸開始崩潰，蔣總統看清大局難以挽救，國民革命的大業不可中斷；以明銳的眼光，認定臺灣省為民族復興基地。他曾說：「就算是整個大陸被共產黨拿去了，只要保持著臺灣，我就可以用來恢復大陸。」他命令陳誠擔任東南軍政長官兼理臺灣省政府主席；三十八年一月五日，陳誠就任臺灣省主席，著手布置，昭告大眾，必保臺灣。首先安定秩序，撫綏流亡，改編和整訓由大陸來臺的部隊，軍隊得以恢復信心，刷新風氣，加強戰鬥力；遂有三十八年十月的金門大捷，斃匪萬餘，生俘四千餘。十一月，又有登步島之捷，斃匪五千，生俘二千。兩地來犯匪軍，全告覆滅。

臺灣地位的重要　臺灣省的優勝，在其海國地位，西隔大陸約一百數十公里，對大陸隔離，可攻可守。抗戰勝利以後，大陸各省飽受戰禍摧殘，惟獨臺灣省得天獨厚，完好無恙。臺省同胞，民族意識強烈。其工業發達的程度，僅次於東北，利用過去的基礎，大有可為。在戰略地位上，北指琉球、日本，南下菲律賓，臺灣省成為西太平洋的中流砥柱。蘇俄是陸權國，反共抗俄，必以海權見長的臺灣省為基地，始可收效。

蔣總統復行視事　李代總統於三十八年十二月五日，啓程赴美。六月，在臺灣省全體國大代表，即請蔣總統復職。當時匪共蓆捲大陸，國際情勢險惡，中樞不可一日無人主持，舉國惶惑，各級民意機構代表，及各黨人士，紛電籲請李代總統返國，而李代總統則返國無期。遂轉而殷切期望蔣總統復職視事。三十九年三月一日，蔣總統復行視事，繼續行使職權。

今後的努力方針　蔣總統復職時發表文告說：「所望我海內外愛國同胞，精誠團結，三軍將士，淬礪奮發，各級官史，竭誠奉公，爲恢復中華民族之領土主權，拯救淪陷區同胞之生命自由，維護世界之和平安全，同心一德，奮鬥到底。務期掃除共匪，光復大陸，重建我中華民國三民主義民有民治民享之國家。」三月二日，蔣總統在臺北中山堂，招待國民大會代表、立法委員、監察委員、各黨派領袖及臺灣省參議員，在會上提出四點努力方針：㈠我們在軍事上先要鞏固臺灣基地，進圖光復大陸；㈡在國際上我們必須要盡其在我，自力更生，一面要聯合世界上民主國家共同反共，一致奮鬥；㈢在經濟上必須以勞動爲第一要義，提倡節約，獎勵生產；㈣在政治上必須尊重民意，厲行法治。以後在臺灣省一切設施，莫不以此方針爲依據。

行憲第五屆行政院　蔣總統復職後，閻錫山之行政院總辭職，蔣總統提名陳誠爲行政院院長，經三月八日立法院院會同意。十二日，特任張厲生爲副院長，以余井塘（兼內政部部長）、葉公超（兼外交及僑務委員會）、郭寄嶠（兼代國防）、嚴家淦（兼財政）、程天放（兼教育）、林彬（兼司法行政）、鄭道儒（兼經濟）、賀衷寒（兼交通）、田炯錦（兼蒙藏委員會）、吳團楨、王師曾、蔣勻田、蔡培火、黃季陸、董文琦、黃少谷爲政務委員，龐松舟爲主計處主計長。其中王師曾屬中國青年黨，蔣勻田屬民主社會黨。新行政院緊縮軍政機構，提高行政效能，務期勵精圖治，振衰起敝。

集中兵力保衛臺灣省　三十九年春，臺灣省內部空虛，匪共準備於五月進攻臺灣省。先於四月初，進攻海南島，政府爲集中兵力，確保臺灣省，放棄海南島，於五月二日，守軍大部撤退完竣。至舟山群島，匪軍亦準備進攻。五月十三日至十六日，政府復放棄舟山群島，使十五萬守軍及大量物資安全運臺。臺灣省增加了二十多萬作戰部隊，消除了匪共攻臺的企圖。蔣總統爲撤退事，向全國同胞廣播：「惟有集中兵力，確保臺灣，方足反攻大陸，復興國家。」

韓戰發生 三十九年（一九五〇）一月，當美國杜魯門總統，作不干預臺灣的決定時，駐東京的盟軍兼美國遠東軍統帥麥克阿瑟（Douglas Mac Arther）曾發表聲明，籲請美國保衛臺灣，視同美國在太平洋上安全地位的錨碇。在韓戰發生前一星期，美國國防部部長詹森及參謀總長布萊德雷赴東京，麥帥對他們說明遠東局勢的嚴重。認爲美國必須加強在太平洋地區的武力。六月二十五日，韓共匪軍因得中共匪軍及俄共之援助，突破北緯三十八度，向南韓猛攻。

美國協防臺灣 韓戰發生後，美國要求聯合國履行維持和平的責任，聯合國安全理事會，即下令北韓共軍撤回三十八度以北，北韓不理。於是安理會決定軍事制裁，並請美國負責指揮。安全理事會因蘇俄抵制中華民國代表權，蘇俄代表不曾出席，故未能否決該案。美國依據聯合國的決策，下令武力援韓。以後另有十六國參加。聯合國並於七月九日，派麥克阿瑟爲韓境聯軍統帥。六月二十七日，美國除宣布援韓外，並下令第七艦隊防止中共對臺灣的攻擊，但同時請求中華民國政府停止發動對大陸的海空攻擊，使臺灣處於中立化的地位。

不接受中國軍隊援韓 六月二十七日，聯合國安全理事會決議，籲請各國（包括非會員國在內）派兵援韓。二十九日，中華民國接到上項決議，爲尊重聯合國憲章，發揮正義，於三十日，即通知美國政府，願派精兵三萬三千人援韓，並自行擔任運輸，五日內即可開拔。由於英國反對，七月一日，美國表示婉謝。以後中華民國雖一再表示願出兵援韓，美國終未首肯。

韓境反共義士來臺 四十年六月二十四日，蘇俄提出停止韓戰方案，以後時談時戰，至四十二年七月二十七日，停戰協定簽字。斯役北韓共軍傷亡約六十萬，中共匪軍傷亡及被俘約一百三十萬；美軍傷亡十萬九千餘人，美國用去一百五十億美元。聯軍在韓國戰場所獲共俘有十七萬三千人，其中五萬是被裹脅去的南韓平民，南韓政府加以釋放。北韓共俘約十萬人，中共共俘約二萬人，聯軍派人調查，約有四萬六千人誓死不肯遣回，其中韓俘三萬多人，於四十二年六月十七日爲南韓政府釋放，因美軍阻止，尙餘八千多人，未能釋放成功，後與一萬四千五百多華俘，移往中立區，由韓共、中共「解釋」，以三個月爲期，至四十三年一月二十日，「解釋」期滿，變節者極少。全部共俘於二十二日晚十二時，恢復平民身分。華籍反共義士一四、二〇九名，由美國海軍協助，於二十五日、二十六日、二十七日返臺，參加反共復國工作，祖國軍民熱烈歡迎。

越緬及大陳國軍來臺　四十二年五、六月，羈留越南富國島，前後達四年的難民及黃杰兵團，分批運抵臺灣。臺灣兵力，益爲雄厚。十一月至十二月，滇緬邊境反共游擊隊，分批空運來臺，共二、二六〇人。四十三年三月止，又接運來臺三、四五一人。五十年三、四月，又接運五千餘人來臺。四十四年一月十八日，匪共以強大兵力，進攻浙江省沿海大陳外圍島嶼一江山，二十日，守軍七百二十人，壯烈成仁，一江山陷落。二月上旬，大陳軍民三萬餘人（內民眾一四、四八三人），在中美海空軍掩護下，全部撤退來臺。七日，蔣總統向同胞廣播，指出轉移大陳兵力，意在確保臺灣、澎湖、金門、馬祖的安全。及配合世界的全盤戰略，以抵抗匪共的侵略。

蔣總統的連任與國民黨的改造

來臺後的國民大會　第一屆國民大會第一次會議閉幕後，約一年半，大陸即全部沉淪，中央政府輾轉遷來臺北。多數國民大會代表，未能來臺；最初在臺代表，不過千人。三十九年五月五日，在臺代表七百多人，曾簽署罷免李副總統案，惟以未過半數，因而擱淺，依照國民大會組織法規定，國民大會開議人數，爲總額過半數，如依原來的計算法，應爲三、〇四五人過半數，即一、五二三人。雖續有代表逃出鐵幕，合計海外及在臺代表，亦不過一千三、四百人，其後因籌開第一屆國民大會第二次會議，行政院決定補足出缺代表；同時，立法院修正國民大會組織法，開議人數減爲三分之一。候補代表三百三十人，亦遞補爲正式代表，開會人數，遂無問題。

罷免第一任副總統　四十三年二月十九日，第一屆國民大會第二次會議在臺北舉行。報到代表最後爲一、五七八人。三月十日，大會接受監察院彈劾第一任副總統李宗仁棄職出國，違法失職案，出席代表一、四八六人，投同意罷免票者一、四〇三人。

選舉第二任總統副總統　三月二十二日，蔣總統以一、五〇七票，當選爲第二任總統，二十四日，陳誠以一、四一七票，當選爲第二任副總統。至「動員戡亂時期臨時條款」，仍經大會決議，繼續有效。

第二任總統就職　五月二十日，蔣總統及陳副總統就職。總統發表就職宣言，以一、實現民主，爭取自由；二、光復大陸，重建中華；爲今後努力方向。並提名臺灣省政府主席俞鴻鈞爲行憲第六屆行政院院長。二十五日，立法院會同意，二十七日，新行政院成立。中國青年黨及民主社會黨未繼續入閣。四十七年六月，俞鴻鈞辭職。總統提名副總統陳誠繼任，七月四日，立法院院會同意。十五日，行憲第七屆行政院成立。

六大自由與三大保證　四十六年十月十日，蔣總統對大陸同胞，提出六大自由與三大保證，其要點爲：㈠恢復工人勞動擇業的自由；㈡恢復農民溫飽康樂的自由；㈢恢復人民思想研究的自由；㈣恢復人民經濟生活的自由；㈤恢復人民生命安全的自由；㈥恢復人民選擇生活方式的自由。並保證：㈠凡脫離匪軍起義來歸的官兵，論功行賞；㈡凡參加反共工作的各政治集團，各民間組織，除共產匪黨外，一律享有平等合法的權利；㈢凡參加匪僞政黨組織分子，除萬惡元兇以外，只要願爲反共革命效力，均予以赦免，保障其生命財產安全。

國大代表總額問題　第一屆國民大會代表，自第二次會議後，出缺九十五人，遞補二十八人；則第三次會議時，代表可能陷於不及半數情形。因此在第三次會議前，各方對從未有明確解釋之代表總額問題，頗爲重視。四十九年一月，行政院咨請司法院予以解釋。二月，國民大會祕書處，亦函請司法院解釋。司法院大法官會議於二月十二日，公布解釋，認爲「在當前情形，應以依法選出而能應召集會之國民大會代表人數，爲計算標準。」據此解釋，代表總額，當以現有代表一、五七六人爲準。

修改臨時條款　四十九年爲閏年，第一屆國民大會第三次會議於二月二十日，在臺北舉行，報到代表最後爲一、五二一人。因憲法第四十七條，規定總統副總統任期爲六年，連選得連任一次。在第三次會議召集前，各方對蔣總統連任問題，頗爲注意，四十七年十二月二十三日，蔣總統曾表示反對修改憲法，各方人士亦多贊同蔣總統之主張。同時，在臺部分代表，對於創制、複決兩權之行使，亦有所主張。第三次會議開會後，遂有修改憲法及修改臨時條款之九提案出現，終於由在場代表一、二〇四人中之一、一八八人，通過修改動員戡亂時期臨時條款，除保留原條款外，規定在動員戡亂時期，總統副總統之連選連任，不以一次爲限。至國民大會創制、複決兩權之行使，於會議閉會後，設置機構，研擬辦法，由第三任總統於任期內召集臨時會討論之。

選舉第三任總統副總統　自蔣總統表示反對修憲，意在遵守憲法，不再連任；但海內外以赤禍未消，同胞待拯，絕大數同胞均盼蔣總統連任。至第一屆國民大會第三次會議前，國民大會收到各方贊成連任文電，達四萬餘件。後因臨時條款之修改，遂得於三月二十一日，以一、四八一票，選舉蔣總統爲第三任總統。二十二日，陳副總統以一、三八一票，當選爲第三任副總統。

第三任總統就職　五月二十日，蔣總統及陳副總統就職，蔣總統就職時致詞，指出今後奮鬥要領，爲實現主義，光復大陸，解救同胞。對陳副總統辭行政院兼院長之職未准，行政院僅有局部改組。

中國國民黨的改造 中國國民黨的成敗，與國家安危息息相關。三十八年七月，國民黨蔣總裁中正為適應當前形勢，提出改造方案，分發各級黨部，轉各同志研究。惟以時局劇變，改造工作未能即付實施。大陸沉淪後，既以臺灣省為復國建國基地，國民黨的改造更為迫切。三十九年八月五日，在臺北成立中央改造委員會，九月一日，發表現階段政治主張，重點為：恢復我中華民國領土主權的完整，實行民生主義的經濟措施，完成三民主義的民主政體。並成立各級改造委員會，辦理黨員歸隊，特重紀律與考核。四十一年十月，改造工作結束。

第七次全國代表大會 四十一年十月十日，國民黨在臺北陽明山，舉行第七次全國代表大會；蔣總裁發表「反共抗俄基本論」，揭示該黨反共理論。修改黨章，制定政綱及工作綱領。

國民黨的重要著作 四十二年十一月，蔣總裁以所著「民生主義育樂兩篇補述」發表，使三民主義的體系得以完成。四十六年六月，蔣總裁又發表「蘇俄在中國」巨著，揭發蘇俄與中共之歷年和平陰謀，不僅為中國之反共寶典，亦可供全世界自由國家反共之借鏡。其後譯成多國文字，風行世界。

第八次全國代表大會 四十六年十月十日，國民黨仍在臺北陽明山，舉行第八次全國代表大會，修改黨章，重訂政綱。決定「團結一切反共力量，摧毀匪偽政權，恢復中華民國領土、主權之完整，廢除共匪一切暴政，依據三民主義，建設民有、民治、民享之國家。」四十八年一月，蔣總裁針對大陸同胞對匪共「人民公社」之反抗，補充提出四項「光復大陸的政治指導綱領」。五月，八屆二中全會，復通過「光復大陸政治行動綱領」。

政治的進展

為中興大業而努力　自三十八年十月，匪共僞政權建立以來，大陸同胞，即逐步陷入苦難境地。四十七年八月，匪共更全面實施「人民公社」，全中國大陸無異爲一大奴工營，使億萬民眾變爲奴工，陷入從來未有的慘境。中華民族，遭受史所未有的空前浩劫。中華民國政府雖退處臺灣，與逃出鐵幕之數百萬同胞，及原住在臺之七百萬同胞，與海外一千數百萬之華僑，莫不徹底認清匪共之殘暴，誓以反共爲職志。十餘年來，朝乾夕惕，生聚教訓，對政治、軍事、經濟、教育、文化各方面，均不斷的改進；後面將分別加以說明。萬眾一心，與大陸同胞配合，齊向掃共蕩俄的目標邁進，定可完成光復大陸、重建祖國的中興大業。

總動員及總體戰的實施　四十年十二月一日，蔣總統在國民月會上講演，認明「總動員就是要全國在爲達成同一目標的號召與規定之下，充分予以組織，發揮有組織之人力，利用有組織之物資，而提高其使用，增進其功效。」四十一年元旦，蔣總統文告，指出：本年要全力推行反共抗俄總動員運動，並在總動員大前提之下，分別推行政治改造、經濟改造、社會改造和文化改造四項運動。在政治上要收穫克難實踐、自力更生的成果；在經濟上要達成互助合作、增產競賽的目的；在社會上要形成敦親睦族、勤儉服務的風尚；在文化上要掀起明禮尙義、雪恥復國的運動。以上四項改造和建設，都要與軍事動員密切配合，綜合運用，以完成總體戰之任務，遂成爲全國以後努力的重要方向。

人才的培養　掃共蕩俄的戰事，不僅是陸海空軍的聯合作戰，而且也是黨政軍的聯合作戰。中國國民黨是執政黨，責任最爲重大。政府遂委託中國國民黨於三十八年創辦革命實踐研究院，以訓練光復大陸之高級幹部。四十二年，國防大學也設聯合作戰系，革命實踐研究院，又設黨政軍聯合作戰班；調訓三軍高級將領及黨政軍高級幹部，以研究如何實施總體戰。革命實踐研究院自三十八年至四十八年二月，結業學員達七千人。四十八年四月，政府將革命實踐研究院，改爲國防研究院，主旨在研究國防高深學術之理論與實踐，以及政略與戰略的運用。研究期間，由九個月至十個月，研究者均爲高級文武官員。

光復大陸的設計　第一屆國民大會第二次會議：部分代表提議，於大會閉會期間，設置常設機構，俾早日完成復國建國使命；經大會通過。政府遂決定將行政院設計委員會裁併，於總統府設置光復大陸設計委員會，四十三年十一月二十一日成立，聘任各黨派及各方人士一、八八八人。委員設計研究工作，分成臺北、臺中、臺南三區，並分內政、國際關係、軍事、財政、經濟、教育文化、交通、司法、邊疆、僑務等十組。

團結海外華僑　四十一年統計，海外華僑達一二、五三六、二〇六人，四十九年六月止，則有一四、五九三、六七〇人。尤以東南亞爲多。爲團結海外健僑，加強掃共力量，四十一年十月，政府召開全球性的僑務會議，來自各國的華僑代表二一六人，以後並經常舉行。各地僑胞亦每年組團返國觀光；並加強僑團國民外交活動。鼓勵華僑歸國投資，至四十九年底，投資總額達五一、五五二、六五二美元，共二〇六家。四十九年，又接待印尼歸僑四、三五六人，並輔導就業及升學。僑生回國升學，四十年僅六十人，四十九學年度，在臺升學之大專及中學僑生達八、五一八人。自四十三年至四十九年，華僑青年，暑期回國觀光服務者，共六、一六五人。此外，更研究分區發展僑教計劃，獎助僑校及培育師資，供應僑校教科書及補充教材，辦理僑民函授學校，獎助僑報及供應文物宣傳資料。

實施地方自治　三十九年，雖大陸沉淪，政府仍決心提前在臺灣省實施地方自治，分期選舉縣市議員及縣市長，於三十九年五月開始，四十年七月告成。四十年十一月，再擴大臺灣省地方自治範圍，改組臺灣省參議會，成立臺灣省臨時省議會，四十八年六月，又將臺灣省臨時省議會，改爲臺灣省議會。地方自治，遂逐步完成。省參議員及省議員選舉，至四十九年六月第二屆省議員選舉，共選舉四次，除首次由縣市議員間接選舉外，其餘三次均由選民直接選舉。縣市長選舉，至四十九年六月，爲第四屆。縣市議員選舉，至五十年一月，爲第五屆。第五屆縣市議員選舉時，並規定各投、開票所監察員，由候選人推薦。選舉方式，則照憲法規定，採取普遍、平等、直接及無記名投票方法。

三七五減租　爲實施土地改革，政府於三十八年第一期農作物起，實施三七五減租，廢除原有高達百分之五十到七十的租率，限定地租最高額不得超過耕地主要作物正產品，全年收穫量百分之三十七．五，並取消押租金，有副產物收益者，全歸佃農所有。此一減租政策實施後，受益佃農近三十萬戶。農民生活大爲提高。至四十八年底，購買耕地佃農，達九〇、〇一七戶，耕地累計爲四六、七八四公頃餘，尚有八四、六五二公頃，照三七五減租辦法出租與佃農。

放領公地　臺灣省政府，自三十七年開始辦理公地放領；放領地價，規定爲耕地主要作物正產品全年收穫量二倍半，折成實物，由農民於十年分期攤還。全省公有耕地一八一、四九〇甲，可放領耕地十萬六千九百餘甲，至四十八年底止，已放領耕地達七二、八〇四甲，承領農戶一四一、三五一戶。五十年四月起，預定再放領四萬公頃。（一甲等於〇．九六九九公頃。）

實施耕者有其田政策　四十二年開始，政府開始在臺灣省實施耕者有其田政策，據條例規定，每一地主得保留中等水田三甲或旱田六甲，超額及共有出租耕地，概由政府出價徵收，照公地放領辦法轉放與現耕農民承領。實施以來，承領面積共計十四萬三千五百餘甲，佔出租耕地百分之六〇．一，承領農戶共計一九四、八二三戶，佔佃農戶數百分之六四．四五。耕者有其田政策實行的成果，以三十八年與四十七年相比，全省自耕農戶或半自耕農戶在農戶總數的比率由百分之六一增加到百分之八四，自三八〇、九三六戶增加到六四八、五三一戶，全省自耕面積自百分之四九增加到百分之八六。

農村的進展　由於土地改革的實現，農村生活已見改善，四十七年的糙米產量，較三十八年增加百分之五五；四十八年新自耕農的雙期田，除支付地價地稅後，其收入較三十七年的佃農時期，同等土地支付地租後，收入增加百分之四五。自三十八年至四十七年間，全省三十三萬新自耕農戶，共新建二十二萬五千個房間，修建六十六萬二千個房間，添購十六萬一千輛自行車，和六萬四千臺縫紉機，並裝置了二十五萬盞電燈。農家營養和衣著，有顯著的改善，農民常在地方上選舉得勝。子女受高等教育及任公職者，日見增多。

促進土地利用 積極進行農地重劃，改善灌溉，興建農路，以增加生產。並於五十一年度起，開始十年全面重劃計劃。市地亦逐漸舉辦重劃，且執行漲價歸公，徵收土地增值稅，以興辦地方公共福利事業。

開發海埔新生地與荒地 在臺灣省西部海岸，自新竹迄屏東縣，有廣大海埔新生地，爲各河道沖積及海灘浮復地，新生地面積爲四九、九三八公頃，其中可開發區爲三八、六二五公頃。五十年初，新竹縣已有部分開發成功。此外，臺灣省尚有一、四九七千公頃之山地及荒地可供開發，其中可耕地約三十萬公頃，邊際耕地約十萬公頃，均待開發。

改善山胞生活 政府對臺灣省山地同胞，十餘年來，不斷改善其生活，使與平地同胞一致。山地同胞可選議員，山地普設學校，推行國語，山胞均有固定職業，生活大爲進步；將來光復大陸，可爲改善邊地同胞生活的榜樣。

衛生的進展 三十五年，臺灣省各級醫療館僅九一所，四十九年底已增至六五二所。任何一鄉鎮區，均設有衛生所，共三七二所；而三十五年僅三十所。光復前，山地無衛生室，四十九年底則有一六六所。醫師則三十五年有三、四四〇人，四十九年底則有六、九七六人，平均每萬人中有醫師六．六八人。其他中醫師、牙醫師、藥劑師、護士、助產士、藥劑生、鑲牙生，合計近一萬人。至光復初期流行的霍亂、鼠疫、天花等疫病，幾已絕跡。

舉辦社會保險 三十九年舉辦勞工保險，四十二年舉辦漁民保險，四十五年舉辦蔗農保險。四十九年四月起，投保對象，並擴充至有工會會員資格之職員。住院治療已由產業工人擴充至職業工人及漁撈勞動者。

至五十年三月底，各類被保險勞工共達五二九、二一五人。四十七年九月，實施公務人員保險，疾病免費醫療。至四十九年底，被保險者達二〇三、九〇九人。

維護自由工運 匪共控制大陸，全國同胞，悉數成為壓搾對象，勞工亦陷絕境。惟全國勞工領袖，除陷身大陸為匪殘害者外，多輾轉到臺。自三十九年，自由中國勞工同盟在臺成立，全國總工會亦在臺復會，全國性重要產業工會，如鐵聯、郵聯、礦聯、海員等工會，及各省市總工會領導人均來臺，共同策進民主自由、反極權、反奴役的工運。與臺灣省工人，融成一片，合作無間。政府首先舉辦勞工保險；次即策進勞工福利，如興建勞工住宅，調整工資，充實鹽礦工醫療設施，設置鹽礦工子女獎學金；並推進一般職工福利事業，規定某本工資，及實施工人特別休假。更在臺灣省組織各級產業公會及職業公會。對資方則促進合作，協調勞資關係，處理勞資爭議。三十八年十一月，全國總工會參加國際自由工會聯合會，以加強國際工會間之合作。

軍事的進展

國防部的成立 三十五年，於行政院內成立國防部，其組織原則，即以政統軍，陸海空軍一元化，權能劃分，與分層負責。國防部部長為主管國防之首長，執行國防政策，綜理國防業務。其下設司、局、室，主管國防建設所需人力、財力、物力之獲得，政策法制之建立，以及對民間人力、物力、財力之組織、發展、儲備等事宜。國防部部長下設參謀總長，在統帥系統上為總統之幕僚長，在行政系統上為部長之幕僚長，部長對軍隊之指揮經由參謀總長行之。參謀總長下設甚多之參謀單位，負責計劃陸、海、空、及聯合勤務部隊之建立、編組、裝備、訓練、保育及運用諸事宜。國防部轄陸、海、空軍及聯合勤務等各總司令部，為各該軍種教育、訓練及其一般業務之執行機關，負責辦理有關兵員徵集、編組、裝備、訓練、後勤支援與兵力運用諸事宜。國防部自三十五年成立以來，內部組織，時因實際情況，常有改變；然組織原則不變，頗能適應現代國防之需要。

軍隊整建的方針 中華民國軍隊，基於保衛臺、澎、金、馬，及待機反攻大陸光復河山之雙重任務，其整建方針在平時採取「質重於量」之原則，力求促進軍隊之現代化，藉精良之訓練，優越之裝備，以制勝匪共軍隊數量上之優勢。同時儲備後備兵員，建立動員基礎，俾於必要時，能迅速擴編部隊，達成反攻復國之任務。

陸軍的整建 陸軍整建的目標，以能適應原子及非原子戰爭為準。自四十七年起，即實施前瞻計劃，從事改編與訓練，以加強現行陸軍部隊之火力、機動力及後勤支援能力，俾能勝任攻勢與守勢作戰。並一面加強防空，逐步進入飛彈裝備；一面建立陸軍輕航空部隊與特種部隊，加強空降部隊，使陸軍部隊加速現代化。此外，裝甲師亦陸續部分改換裝備，加強戰力；各預備師編成前瞻師組織型態，以利日後之擴充編組。

海軍的整建 海軍整建的目標，以支援陸戰加強師實施兩棲登陸作戰所需之艦艇兵力為準。整備現有艦艇，積極實施汰舊換新，以增強海上戰力，確保臺灣海峽之局部優勢，並提高修護能量，加強基地設施；俾能適應現代化之戰爭。至海軍陸戰隊則配合美援不斷改換裝備，以保持優勢戰力。

空軍的整建 空軍整建的目標，以能控制臺海空中優勢，適切支援陸海軍之作戰為準。為適應作戰需要，空軍作戰部隊，大部換裝世紀型以上之戰術戰鬥及全天候攔截機；空運部隊，亦分期換裝新機。空軍戰管部隊之搜索與測高雷達裝備，亦不斷換裝新型程式。高砲部隊，則係逐漸換裝地對空飛彈武器。空軍基地，隨部隊之換裝新機而現代化，俾使空軍戰力，不斷加強。

軍隊人事的改進 中華民國軍隊的人事，係密切配合軍事科學之發展，各種武器裝備之革新，適時採取有效措施，以充分發揮人力，促致部隊進步。人事權責，逐級下移，以收分層負責之效。精簡機構，節省人力，以充實作戰部隊，廣儲後備潛力。實施人員專長分類，舉辦人員能力測驗。改進任職制度，可聘雇民間專才，以節省教育及退除役之經費。健全任官制度，對任官俸給晉任，均有合理規定。四十八年八月，建立陸海空軍軍官士官服役條例，以精練常備兵方，廣儲後備潛力爲目的。三十九年起，舉辦軍官佐屬保險；於四十八年七月，士兵亦辦理保險，以提高士氣。在各地設軍人服務社，便利軍人出勤。對清寒軍眷及遺族，亦加救濟及安頓。

軍事教育與訓練　軍官基礎教育，所有三軍官校、政工幹部學校、國防醫學院、陸軍兵工學校、測量學校、海軍專科學院（三年制）、軍法學校，均實行四年制，授與學位。其他軍事學校，亦比敘專科。此舉使所有軍官軍佐素質齊一，以奠定軍隊今後遠程發展之基礎。其上設各兵科學校高級班，以實施專科教育；再上設軍種大學，以實施深造教育。國軍幹部，除按教育循序接受教育外，並實施軍官團教育及輔助教育。設立士官學校，以培養士官。對部隊則適應科學武器之發展，加強三軍聯合作戰訓練，原子防護訓練，使具備現代作戰之能力。海空軍並與美國海空軍不斷混合訓練、混合演習。四十九年十一月，陸海空勤，出動十四萬餘人之襄陽演習，有極優異時表現。

兵役制度的改進　臺灣省自三十九年起實施新兵役制度，由於立法周密，執行徹底，對入營的役男及其家屬，均有優待；故徵召時均自動報到，服役期滿，按照規定退爲後備役。三軍士兵平均年齡，得以永遠保持年青。

政工的改進　對匪共重視心理作戰，加強金門、馬祖的心戰機構，向匪軍廣播及喊話，散發傳單、文告、玩具、日用品等。對民間則發播軍中新聞，報導軍中進步情況。對軍中則出版書刊，辦理軍中廣播及攝製電影，充實戰地書刊，宣傳中外時事。對官兵實施政治教育，隨營補習教育；選拔克難英雄。並建設文化康樂中心，舉辦各種康樂及體育活動與競賽，設置軍中文藝獎金。對戰地則加強政務工作部隊，以應反攻作戰需要。並大量開辦戰地政務訓練班，儲訓戰地政務工作幹部。

建立部隊榮譽制度　三十九年起，各級軍事機構及部隊實施人事、賞罰、經理、意見四大公開，分別建立各級人事評判委員會，各級經理委員會，生活檢討會，中山室工作委員會，對整軍建軍工作，頗有貢獻。四十三年起，為積極加強官兵團結，建立部隊榮譽制度，頒布改革官兵組織方案，付諸實施。其要旨有四：爭取榮譽團結，建立榮譽制度；推行四大公開，鞏固軍隊團結；貫徹實踐克難，發揚榮譽精神；加強康樂福利，改善官兵生活。

舉辦兵工建設　三十九年起，陸軍部隊在不妨害訓練及防衛之原則下，舉辦兵工建設，其項目有七：大規模之人力運輸，大規模之開墾荒地，森林之植造與開發，礦場之開闢與擴充，水利工程之興建，鐵路公路與港灣之建築與修補，各項土方石方工程及有關工作。其結果可減少政府財政支出，穩定工價；配合軍事要求，完成交通網；協助地方建設，促進軍民團結；改進官兵營養，提高士氣；實踐克難運動；加強反攻力量。尤以四十八年八七水災後之復原與重建，兵工建設有極大的貢獻。

戰士授田　政府為獎勵掃共蕩俄戰士，提高軍隊士氣，並預為將士反攻勝利，復員準備，以安定社會基礎計，於四十三年十月，分七區頒發「授田憑證」，以為將來授田之依據。

對匪共的戰鬥　大陸淪陷後，民眾反共情緒日甚，反共戰爭此起彼落，十多年來從未中止。我游擊部隊，亦不斷向沿海突擊；其著者如四十一年內，曾先後攻佔湄州島，突擊麂山島、平陽、雞冠山、羊嶼，南日島更獲大捷。四十二年內，登陸澳東島，攻擊玉環三島得勝，並掃蕩東山島。四十三年九月，金門島與匪共發生激烈砲戰。四十四年一月，一江山島守軍七二〇員，全部抗共成仁。四十七年八月二十三日起至十月六日，匪軍對金門發砲四十餘萬發，金門屹立。四個九年六月，美總統艾森豪訪華時，兩日又發砲十七萬餘發，經守軍痛擊，金門仍然成爲掃共的前哨堡壘。海軍亦經常在大陸東南沿海游弋，每年常擊沈匪共海軍艦艇。空軍除每年深入大陸腹地，偵察匪情及空投傳單與救濟物品，並晝夜分區偵察大陸東南沿海及海峽，以監視匪軍。四十五年七月二十一日，曾以四機對匪機八架，創擊落匪四機傷兩機之紀錄。四十七年七月下旬起，又連續擊落匪機三十二架。

退除役官兵之安置　改府爲勵行精兵政策，以促進部隊之新陳代謝，增強戰力，乃建立軍隊退除役制度；四十三年十一月，於行政院成立國軍退除役官兵就業輔導委員會。對退除役官兵體能正常，具有工作能力者，予以專業技能訓練，輔導其就業。有病者，免費治療後，再輔導就業。老弱無工作能力者，予以教養終生。願意接受教育者；協助求學升學。就業範圍，有個別農墾、合作農場、開發海埔地、畜牧場、開發橫貫公路及農業、礦業、開闢公路、榮民工廠、砂石場、砂礦場、林業、漁殖業、營區福利站、合作事業、菸酒公賣代銷、公務入員、教育人員、企業人員等多方面。就醫則設立榮民總醫院及分院。就養則設立榮民之家八所，收容七、三六〇人，仍給予手工業訓練，以增加個人收入。就學者則舉行學力鑑別考試，優待投考中學或大學，更予以獎學金。一般榮民，仍分別予以識字教育、公民教育及進修教育；並輔導其文化康樂活動。

經濟的進展

推行經濟建設計劃　四十一年十月，臺灣省政府曾會同有關機關，擬訂臺灣經濟四年自給自足方案；旋正名爲臺灣經濟建設四年計劃，自四十二年起開始實施。政府並在行政院內設置經濟安定委員會，推動其事。至四十五年底止，國民所得，較四十一基年約增百分之四十二。農工礦產品，大多達預期目標；財政收支亦接近平衡；民眾生活，亦有顯著改善。四十五年起，復實施第二期經濟建設計劃，預計四年內投資新臺幣二百億元。至四十九年底止，估計包括計劃外投資之全部資本形成，為四十五年幣值二八五億元。國民所得，減除物價上升因素後，較四十五基年約增百分之二八．六〇，農業較四十五基年增加百分之二〇，工業則增加百分之五六．五。為加速經濟發展，增強國民經濟戰力，提高國民所得，增加就業機會，自五十年起，仍實施第三期經濟建設計劃，預計四年內投資四十八年幣值四九三．五億元，四年後國民生產可提高百分之三六，增加就業人數三七四千人。

平衡財政收支　自三十八年發行新臺幣二億元以來，至四十九年十二月止，增至二十九億五百餘萬元。過年以後，減少約二億元。由三十八年至四十二年，增加五倍；由四十二基年，至四十九年十二月，僅增二倍半，發行率已趨緩和，故物價及市場利息指數穩定，較四十二年為低。三十八年度財政收支差額在百分之八十以上，四十二年度則已平衡。四十九年八月七日臺灣省中南部發生大水災，公私損失達三十五億餘元，稅收銳減，支出增加。為重建災區，開徵水災復興建設捐十月，得款六億六千餘萬元，另加菸酒加價，發行儲蓄券，美援協助，亦未完全補足，故四十九年度（四十八年七月至四十九年六月），政府收支虧絀一億二千三百餘萬元，約佔支出總額百分之一．五六，幸四十九年度進出口貿易，仍為出超，輸出為一五七、七二六千美元，輸入為一五一、八二七千美元，惟與上年度同期比較，輸出為一六九、六三八千美元，輸入為一三三、四四二千美元，則出超較少。四十九年七月起，實施單一匯率，所有匯款，一律改用結匯證結匯，結匯證每美元為四〇元三分，與市價接近，而美鈔每美元黑市價，則為四十二元。五十年三月，則為四十一元五角。單一匯率，對鼓勵輸出，極有功效。歷年來對稅收加以整頓，調整稅率，加強菸酒公賣，清理國有財產，發行公債，以期收支平衡，避免信用膨脹，俾能建立健全的財政政策。

農業的進展　十多年來，中華民國人士在臺灣省，對農業技術有極大的改進，中華民國的農業技術人員，在東南亞、中南美洲、中東、非洲等地，被聘請指導農業。在臺灣省，農產品莫不激增。以米穀增產爲例，光復前最高糙米產量爲一、四〇二、四一四噸。三十四年，下降至六三八、八二八噸；經過積極鼓勵增產，貸放生產資金，增加化學肥料供應，單位產量增加；三十九年即達到光復前最高產量。後因實施土地改革，農民更爲努力增產，雖四十八年發生八七水災，四十九年發生八一風災，產量仍有增加，四十九年糙米產量爲一、九〇一、八六八噸，較四十八年增加百分之二·四。五十年計劃產量爲二、〇五〇、〇〇〇噸。種植面積，三十四年爲五十萬二千餘公頃，四十八年底，爲八六一、一四三公頃。

林業的進展　造林面積，自三十五年至四十九年底止，共計三七六、九八九公頃，各級公路樹及耕地防風林，長一三、六四〇千公尺。以後十年內，每年計劃造林三萬五千至四萬公頃。林產量，三十五年，用材爲一一三、一五七立方公尺，薪炭柴爲一四、九〇八立方公尺；四十八年，用材爲八一八、一一三立方公尺，薪炭柴爲一七三、八八四立方公尺。四十九年，預定生產量合共爲九九四、三一三立方公尺。

漁業的進展　十多年來，漁業經政府扶植與鼓勵，大有進展。三十五年，動力漁船僅一、〇四二艘，一一、四四五噸。漁獲量四一、五三四噸，養殖量爲九、九七〇噸。四十九年，則動力漁船有五、四五八艘，七七、八五八噸。四十八年漁獲量爲一九九、八三四噸，養殖量爲四六、四九三噸。四十九年漁獲量爲一八〇、三六六噸，養殖量爲四九、〇三〇噸。增產速率，冠於世界。

畜牧業的進展　對家畜家禽防疫，及改良品種，使得畜牧數量逐年增加。據三十五年統計，臺灣省牛有二七九、七〇五隻，豬有七六七、五八六隻，雞鴨鵝火雞共有七、〇三一、六六三隻。四十九年底統計，牛有四二〇、五七三隻，豬有三百四十萬隻，雞鴨鵝火雞共有一三、四〇六、〇二六隻。四十九年豬隻所產堆肥九百五十二萬公噸，值新臺幣一億四千七百二十萬元。

農林漁牧的生產價值　就農林漁牧的總生產價值合計，三十九年爲新臺幣三、二八八、四八七千元，四十二年爲九、九七四、七八〇千元，四十八年爲一九、〇一五、七三七千元。生產價值如以四十二年爲一百，則三十五年爲三九．八，四十八年爲一三二．四〇。農產品加工廠數，四十年爲三、二九〇廠，四十二年爲七、一八五廠，四十八年爲一一、一四〇廠。農產品外銷，三十九年爲八八、四六二千美元，四十二年爲一二〇、九四三千美元，四十八年爲一三〇、八三〇千美元，均約佔輸出百分之九十以上。

糖業的進展 三十四—三十五年期，蔗糖產量爲八七、六九二噸，四十七—四十八年期，爲九六〇、三九五噸，四十八—四十九年期，爲七九二、二二二噸。四十九—五十年期，預定爲八八〇、四二五噸。近數年來臺糖外銷，各年期平均達七千萬美元以上，佔全省外匯收入主要地位。

工礦業的進展 就公私營礦業、製造業（包括糖在內）、房屋建築業、公用事業的總生產價值合計，四十一年爲新臺幣五、九四一、八五二千元，四十二年爲八、二二七、三〇六千元，四十八年爲二三、三五八、五七二千元。如以四十二年爲一〇〇，則三十五年爲一八．二，四十八年爲一七三。即以煤產量而言，三十五年爲一、〇四九、〇七一噸，四十八年爲三、五六三、一三一噸。紙張產量，三十五年爲二、九五二噸，四十八年爲八五、七四〇噸。自來水供應量，三十五年爲三六、五〇〇千立方公尺，四十八年爲一九八、八一四千立方公尺。

地下資源的發掘 地質專家馬廷英，研究臺灣省地層的構造，認爲臺灣省南部地下，有大量之石油存在，當然亦含有大量之天然氣。政府撥款與中國石油公司，在四十八年內，於苗栗縣境完成錦水三十八號及四十五號深井，各可日產天然氣十萬及六萬立方公尺、五十年三月，完成錦水五十四號深井，可日產天然氣八萬立方公尺，證明臺灣省地下儲有豐富油氣之可能。天然油氣，可以製成尿業、木精，轉製成塑膠、福廊林、有機酸類。如能大量發掘，對農業及工業的發展，有極大影響。

電力的進展 由於工業迅速發展，電力需要增加，至四十九年底，已有水力發電所二十六處，火力發電所十一處。三十五年發電量爲四七二百萬度，四十九年爲三、六三〇百萬度，其中水力發電在百分之六十以上。工業用電，三十五年僅佔百分之六五．三。四十九年增至百分之八〇。不論山區海隅，農村均有電力供應，到四十九年底，供電八〇九村里，受益農戶六八、五八五戶，電力用戶五三一戶。至全省電用戶，三十五年爲三九七、〇〇〇戶，五十年二月底，爲一、一二二、五三六戶。

水利的進展 防洪灌溉工程，光復時損壞與失修頗多，十多年來，積極修復與興建，日趨進步。四十八年統計防洪工程，堤防護岸，有五五九、二六〇公尺，丁壩一、五二五座。較光復初期，增加堤防護岸十四萬餘公尺，丁壩一千一百八十餘座。灌溉方面，排水面積有六七一、三〇四公頃，佔耕地總面積百分之七十六以上。水庫建設，更有成就，現有水庫爲日月潭、紅毛埤、西河、天輪、阿公店等十八個，蓄水量爲五億五千餘萬立方公尺。興建中之石門水庫，蓄水量爲三二五百萬立方公尺，谷關水庫，蓄水量爲一千一百二十萬立方公尺，白河水庫，蓄水量爲二一百萬立方公尺，達見水庫，蓄水量爲五五四百萬立方公尺，較日月潭大三倍。興建中之四大水庫，除防洪、灌溉、給水外，發電量極爲鉅大，對工業有較大的幫助。

交通的進展 四十九年統計，鐵路有三、八六三公里，省營爲九七二．八公里，餘爲生產事業機關經營，每百方公里有鐵路十一公里。公路有一六、一二八．一公里，省道有一、八五〇．三公里，市道八五三．二公里，路面良好。但縣道三、〇八五．五公里及鄉道一〇、三八四．一公里，則爲碎石路，每百方公里有公路四十五公里弱。鐵路和公路的貨運、客運、車輛、人數及收入，較光復初期，均有大量增加。全省自行車，三十五年有一八〇、一六五輛，四十九年有一、三四六、六八一輛。

郵政的進展 中華民國郵政業務改進之速，居世界各國首位。三十五年臺灣省郵電局尚合併設立，全省郵政機構，僅一九二所及郵政代辦所、郵票代售處一三〇處，郵路八、七四六公里，收寄函件二八、七四〇千件，包裹七四千件。三十八年四月，郵電兩局分立。三十九年，則有郵政機構一、〇四六所，郵路二一、四六九公里，收寄函件三九、三六三千件，包裹一七七千件，四十九年底統計，則有郵政機構六、一一三所，其中十分之一爲郵局，餘爲郵政代辦所及郵票代售處，郵路一一六、三八九公里，收寄函件三五八、四八三千件，包裹三、五六七千件。

電信的進展 中華民國在臺灣省電信事業的進展，與郵政事業比美。從郵電事業的猛進，可看出臺灣省文化水準加速的提高。三十五年，臺灣省郵電局合併設置，電信機構爲一九二所。全省市內電話用戶爲八、五〇八戶。三十六年，開辦國內電報電話，電報爲三五四、六一三次，電話爲一、〇二六、五九六次。三十八年，又成立國際電臺，傳達電報電話，去報一〇〇、七〇八次，來報九六、四七七次，去話三、六四六次，來話三、四七一次。至四十九年底統計，則電信機構有三〇一所。全省市內電話用戶爲五六、一六八戶，總機門號爲七一、八〇五號，遍及於大城小鎮，大部分爲自動電話。國內電報爲五二一、五三九次，國內電話爲一五、二〇九、三〇四次，國際電報去報二六〇、九四二次、來報三〇一、七三三次；國際電話去話西二、五九三次，來話四二、七三六次。

教育文化的進展

高等教育的進展 四十九學年度，全省有大專學校二十七所，二三七系科，研究所三十五所，學生三五、〇六〇人，內研究生四三七人，僑生五、七五六人。比日據最繁榮時期，增加二十二校，學生三二、八八六人。港澳地區及海外之私立專科以上學校十二校，授予學位及比敘專科之軍事學校共十二校，又警官學校，亦授予學位。少數大學並設夜間部及夜間補習班，以利在職青年之進修。四十九年度起，由大學及教育部授予博士學位，第一位法學博士為周道濟，第一位文學博士為羅錦堂。

中等教育的進展 四十九學年度，全省有中等學校（包括中學、師範、職校）三六一校，七、四九四班，學生三五四、五六一人。比日據最繁榮時期，增加二八六校，六、五二七班，三〇八、〇四〇人。並自四十九年度起，將師範學校，分期改辦二年制師範專科學校，以提高國民學校師資程度。

國民教育的進展 四十九學年度，全省有國民學校一、七九五校，三五、六七〇班，學童一、八七九、四二八人。就學率達學齡兒童百分之九五．五九，比日據最繁榮時期，增加六九八校，二二、一四九班，九八一、〇〇四人，就學率提高百分之二四．二八。

社會教育的進展 至四十九年，全省共有圖書館、博物館、社教館、科學館三六所，補習學校五〇所，學生一萬五千餘人；盲啞學校三所，學生一、四一五人，公共體育場十二所，影劇院六五八所，戲劇團體五六八單位，音樂社團四二單位，舞蹈研究社三八單位，私立短期補習班六八七所，均比日據時期增加甚多。四十五年度起，更辦理大學教育科目廣播，以便利海內外聽眾的求知慾。

科學教育的重視 教育部與中央研究院擬訂國家長期發展科學計劃綱領，於四十八年一月起施行，由政府指撥專款，充實科學研究及師資設備，鼓勵學人研究。教育部自四十三年度起，舉辦中華學術獎金，以鼓勵科學研究。四十五年秋，清華大學新設原子科學研究所。四十七年秋，交通大學新設電子研究所。五十年秋，中央大學新設地球物理研究所。並積極推動原子能和平用途之研究。對中等學校科學教育，亦於四十九年度擬定分年實施計劃，充實各校科學教育設備，提高師資素質。

中央研究院的開展 中央研究院的十三個研究所，僅數學與歷史語言二研究所遷臺，惟歷史語言研究所工作，較有規模。到五十年止，在臺又先後籌設並恢復數學、近代史、民族學、化學、動物五研究所。因三十七年三月，所選出之院士八十一人，多淪陷大陸，僅二十一人在自由區，又先後病故三人。四十六年四月，召開第二次院士會議，自由地區院士多出席。四十七年第三次院士會議，選出院士十四人。四十九年第四次院士會議，選出院士九人。

中國青年反共救國團 四十一年十月三十一日，政府設立中國青年反共救國團，為一教育性、群眾性、戰鬥性的組織，團員除大專及高級中等學校學生全體參加外，並有社會青年參加。在縣市設立支隊，在學校設立大隊，組訓青年。五十年春，將支隊改為國務指導委員會，大隊改為國務委員會，以輔導學生進修與活動。四十二年起，於每年暑假發動青年軍中服務；並舉辦戰鬥訓練，分成不同的項目及許多隊別；參加團員自數千人至萬餘人。寒假亦有先鋒營及冬令營的舉辦。

學校軍訓 政府為推行文武合一教育，於四十一年秋季，先在全省師範學校恢復學校軍訓。四十二年秋季，續在全省高中及大專院校普遍施行，對大專院校應屆畢業生，於四十一年秋季起，實施預備軍官訓練。四十八年暑假起，開始實行大專學生暑期集訓十四週，提前完成預備軍官訓練之入伍教育。四十二年十月起，對高中畢業生，實施四月之預備軍士訓練。

各種學會的恢復 十多年來，由於臺灣省局勢的安定，原在大陸由私人所設全國性的學術團體，紛紛在臺復會，新創尤多。三十九年統計，此類學會僅十餘個，四十九年統計，則超過一百以上。學會分設細密，倒如除中國工程師學會外，尚有水利、礦冶、土木……等八工程學會之設立，幾乎有一種學術，即有一學會之存在。惟經常有活動者甚少。

文化傳統的延續 四十六年，外交部部長葉公超訪問歐、美各國，返國後言及在外所遇各國一流哲學家及大政治家，多謂自然科學只能摧毀共產黨之威力；至於根本上剷除共產黨之思想，則惟有賴於中國哲學、中國文化之發揚與灌輸。因此，可以窺見匪共及俄共，處心積慮，必欲消滅中國文字及摧毀中國文化之理由。

中華民國政府雖退處臺灣一省，但中華民族的文化傳統，依然延續不絕，發揚於臺灣，此為國際所公認。美國國務卿魯斯克，於五十年（一九六一）三月三日，曾指出蔣總統領導下的政府，更能眞正代表中國與中國偉大的文化傳統，即為明證。

大陸沉淪後，錢穆隻身逃港，其著作特注重中國歷史精神及中國文化靈魂所在之學術思想之說明，並力言中國社會發展之不容據唯物史觀之論以分其階段。中國之社會政治問題之解決，不能徒襲他人之成案，當同時注意中國文化與世界文化之融通，承認中國未來之文化當另有一新面目。其主張實為中國文化開新運之契機。錢穆常講學於港臺，並遠及西方，對中國文化之研究，最為深入。與同志於窮困中，在香港創辦新亞學院，蔚為發揚傳統文化之重鎭。四十四年，李文齋、廖維藩等籌組中國文字學會，主張以科學方法，研究中國文字，而弘揚中國文化。四十九年四月，陳大齊、程天放等及全國教育學術界人士，更成立孔孟學會，發揚儒家學說，以為世界各國研究儒家學說之中心。

文物的保存與傳布　具有中國文化代表性的北平故宮古物，在二十二年南遷時的一三、四九一箱，其中的精品二、九七二箱，二三一、九一〇件，內有圖書文獻一、五三八箱，一七九、四八一件；於三十七、八年之交運臺。中央博物院的古物八五二箱，一一、七二九件，亦已運臺。均經常在臺中霧峰展覽。文物亦選擇精品編目，最精品付印成集，或攝成照片，以廣流傳。其中以精印之故宮名畫三百種，尤為珍貴。國立中央圖書館藏書十四萬餘冊，內有善本一二一、三七六冊，彌足珍寶，亦已運臺，四十三年恢復辦公，四十五年三月開放。四十四年創設的國立歷史博物館，亦有文物以萬件計。

文化巨籍的整理　蔣總統於四十一年，指示整理中國文化遺產，教育部即延聘專家整理四書五經。四十四年，教育部部長張其昀，籌設中華叢書委員會，編印中華叢書，包括有美術圖譜，工具用書，總集，歷史性經籍的整理及重印，近人學術專著，目錄學，外人所著漢學要籍，至五十年，出版已達百種。楊家駱主編中國學術名著，全書約五萬卷，已於世界書局出版一萬餘卷。以上各書，均流傳於國內外，影響至巨。而楊家駱窮三十五年之力，矢志畢生編纂中華大辭典，援引群籍達五十萬卷，積稿凡單字六萬餘目，詞語一百一十餘萬條，約一億數千萬言，開中國百科全書之基，洵爲發揚中國文化之巨籍。印成將有二百巨冊。第一冊於四十八年問世，惜以財力艱難，一時未克續印。張其昀主持之中國文化研究所，爲紀念中華民國成立五十週年，特將散布於世界各國之中國文物圖片，於四十九年開始，輯印中國文物精華五十巨冊。張其昀復自四十九年始，主持整編清史稿，刊布清史八冊，使一脈相傳之正史，由二十五史而爲二十六史；代各有史，完滿無缺。

研究中國文化的機構　除前述中央研究院之歷史語言及近代史研究所外，國立臺灣大學之中國文學研究所、歷史學研究所、哲學研究所，省立師範大學之國文研究所，香港新亞學院之文史研究所，均以研究中國文化爲主。張其昀主持之中國文化研究所，則爲加強國際漢學家之聯繫，以便利對中國文化的研究。輔仁大學亦籌設哲學研究所，除以研究溝通東西文化爲職志外，並謀求國內外學人研究之便利，以期成爲東半球的漢學中心。

出版事業的進展　政府遷臺以後，出版事業始漸趨活躍，四十四、五年以後，由於全國學術界之努力，與出版界之奮鬥，呈現蓬勃氣象。近年來出版業努力之目標，爲古籍之整理與重印，新興科學研究之介紹，各類叢書之編纂與譯印，工具書之編纂與增訂，各種學術專著之刊印，教育用書之編印，藝術書刊之撰述，世界名著之譯述。至四十九年底，臺灣省內出版社及書局達五〇七家。尤以正中書局、世界書局、商務印書館、中華書局、中華文化出版事業社、藝文印書館等家，出書最多。

新聞事業的進展　中華民國新聞事業，在四十九年中，質量均大有進展。如報紙有三十家，通訊社三十七家，雜誌五百七十三家，廣播電臺一百二十六座。每一萬平方公里，有三十餘座，居世界各國首位。

然臺灣省，三十四年底，報紙僅十四家，及三日刊以上之雜誌二、三十種而已。近年來的報紙，多採用高速度輪轉機或輪轉機印刷，出版時間早，數量多。新聞照片亦採用無線電傳眞，與新聞同時刊登，爲中國新聞史上創舉。報紙每日發行七十二萬份，平均每十四人有報紙一份，且深入於鄉村，在亞洲僅次於日本。通訊社在國內及國外均直接採訪。雜誌則專門性及學術性者，較一般性及消閒性者爲多。廣播電臺則普設於大小城鎮，廣播節目不斷改進，教育性報導性娛樂性的材料並重。據交通部統計全省收音機架數，已自四十一年的七六、八二四架，加到四十九年底的六七九、二九七架，平均每十六人即有一架，此數字尙係領有執照者而言，可見廣播事業的發達。

第十六章　政府遷臺初期的對外關係

在聯合國中的奮鬥

控俄案的提出　三十八年，匪共之得以蓆捲大陸，全賴蘇俄大力支持。中華民國政府，為暴露蘇俄的侵略陰謀，向三十八年九月二十一日開幕的第四屆聯合國大會，提出控俄案。控俄案列舉詳盡的理由和事實，其理由為：㈠蘇俄違約不撤兵，並掠奪中國東北財產；㈡蘇俄阻礙中國在東北恢復行使主權；㈢蘇俄以武器供給中共，並指使中共抗拒政府軍；㈣蘇俄逐步吞併中國北部領土；㈤蘇俄違反中俄友好同盟條約，及聯合國憲章。

控俄案的通過　第四屆聯合國大會，未討論控俄案，僅決議交小型聯大研究。三十九年九月十九日，第五屆聯合國大會開幕，中華民國政府再提出控俄案，仍決議交回小型聯大研究。四十年十一月十六日，第六屆聯合國大會開幕，中華民國政府第三次提出控俄案。四十一年二月一日，正式表決控俄案，贊成者二十四國，反對者九國，棄權者二十五國，終獲通過。控俄案的能夠通過，一因於中華民國政府努力奮發，情勢穩定，二因美國仗義執言，三因美洲諸國家支持，除宜佳來貴（即尼加拉瓜）缺席，佳來（加拿）大、愛堅（阿根）廷棄權外，其餘十七國全體贊成。亞洲國家除中國外，有泰國、菲律賓、土耳其、伊拉克四國贊成，歐洲僅希臘、非洲僅利比亞贊成。

廢止中俄同盟條約　中國與蘇俄簽訂中俄友好同盟條約，聯合國亦承認蘇俄未能履行。自控俄案通過後，中國與論，都主張廢止該約。中華民國立法院院會，於四十二年二月二十四日，決議廢止該約及其附件，「並保留我國及人民對於蘇聯違反該約及其附件所受之損害，向蘇聯提出要求之權。」中華民國政府，並於二十五日，明令廢止。

蘇俄在聯合國排擠中華民國　自三十八年第四屆聯合國大會，提出控俄案以後，蘇俄即向大會提出排擠中華民國代表，由中共僞政權代替的議案。三十九年初，蘇俄代表馬立克（Malik），因與中華民國代表蔣廷黻衝突而退席，並聲稱中華民國代表出席，蘇俄代表即不出席，以示決心。後以韓戰發生，聯合國因蘇俄代表缺席，順利通過援韓案；蘇俄代表於三十九年八月一日，又自動返回聯合國。以後每屆大會，以及各委員會各附屬機構，凡有蘇俄集團或媚共國家如印度的代表參加，必提議不承認中華民國代表權，但均被多數正義國家制止。截至五十年（一九六一）春止，已達四百次以上。

中華民國在聯大的地位　蘇俄代表於三十九年（一九五〇）聯合國第五屆大會起，逐年在每屆大會提出排除中華民國席次提議；歷經美國代表提議，主張大會在各該年度會期中，不考慮排斥中華民國代表，而以席次給予中共之議，同時並否決蘇俄提案。四十五年（一九五六）第十一屆大會起，至第十四屆大會，改採由印度代表要求，將中共入會問題列入議程之方式，美國則提出修正案，一爲拒絕印度要求將中華民國代表權列入大會議程；一爲決定在會期中不考慮任何准許中共代表進入聯合國之提議。於綜合委員會中，打消印度提案，並經大會通過。四十九年（一九六〇）第十五屆大會，又改由蘇俄首領赫魯雪夫親自提出，仍遭美國提案予以擱置。

代表權的表決紀錄　聯合國大會，關於中華民國代表權的表決紀錄，均以贊成不將此一問題列入議程者佔多數，反對者佔少數。其歷屆紀錄如下：第五屆（三十九年）：三十七票對十六票，十票棄權。第六屆（四十年）：三十七票對十一票，四票棄權。第七屆（四十一年）：四十二票對九票，九票棄權。第八屆

（四十二年）：四十四票對十票，二票棄權。第九屆（四十三年）：四十三票對十一票，六票棄權。第十屆（四十四年）：四十二票對十二票，六票棄權。第十一屆（四十五年）：四十七票對二十四票，八票棄權。第十二屆（四十六年）：四十八票對二十七票，六票棄權。第十三屆（四十七年）：四十四票對二十八票，九票棄權。第十四屆（四十八年）：四十四票對二十九票，九票棄權。第十五屆（四十九年）：四十二票對三十四票，二十二票棄權。

中華民國與外蒙古　外蒙古是中華民國領土的一部分，十二年公布的孫中山，越飛聯合宣言，與十三年的中俄協定，都曾確認。蘇俄三十年來，不斷侵略外蒙古，造成一手控制局面。三十四年的中俄友好同盟條約，中國雖允諾外蒙古自決獨立，同時也規定蘇俄要尊重外蒙古的政治獨立與領土完整，但不久蘇俄更完全控制外蒙古。自四十二年二月，中華民國政府明令廢止中俄友好同盟條約及其附件，外蒙古獨立的法理根據自亦喪失。就中華民國立場而言，外蒙古自仍爲中國領土的一部分。然而蘇俄卻在聯合國內，引出外蒙古參加聯合國的問題。

外蒙古入聯合國問題　四十四年，日內瓦開高層會議後，蘇俄以和平共存欺騙世界；因支持匪共進入聯合國，已數次失敗，遂於十二月之第十屆聯合國大會開會時，利用自由國家妥協心理，主張將匈牙利、羅馬尼亞、阿爾巴尼亞、外蒙古五傀儡政權，及過去被蘇俄否決入會的義大利、約旦、愛爾蘭、奧地利、葡萄牙、芬蘭、錫蘭、尼泊爾、利比亞、高棉、寮國、日本等十二國，外加西班牙，共十八國，集體加入聯合國。英國集團亦表贊成，在會外與蘇俄協商，由紐芬蘭、巴西等二十七國提議，准許十八國集體入會。十二月八日的大會，竟以五十二票通過，僅中華民國與古巴反對，美國棄權。但此案還要經安全理事會討論通過後，再向大會推薦，方能成立。

中華民國決定行使否決權　聯合國大會以五十二票對二票，通過集體入會案，因聲勢浩大，美國及日本、西班牙，都商請中華民國政府不要行使否決權。但因外蒙古爲中國領土的一部分，豈能容許蘇俄所建立的傀儡政權，混入聯合國，蔣總統毅然命令中華民國駐聯合國代表蔣廷黻，在聯合國行使否決權，阻止外蒙古入會。

否決外蒙古加入聯合國　蔣廷黻即向安全理事會提出修正案，要求將韓國、越南加入，而將蘇俄五附庸國刪去。因土耳其、法國、巴西和美國的支持，修正案成立。四十四年十二月十三日，先表決韓國，逼使蘇俄先行使否決權，接著蘇俄又否決越南；第三，由中華民國否決外蒙古；以後蘇俄連續使用十三次否決權，否決其餘十三國。中華民國政府，阻止外蒙古加入聯合國，終得成功。

西藏抗暴運動的發生　四十年五月，在藏奸阿沛、阿旺晉美策劃下，西藏與匪共簽訂所謂「和平解放西藏協議」。四十一年二月，匪軍五萬人即進駐西藏各重鎮，控制全藏。四月，爲匪共挾持的班禪十世，回到日喀則，匪共即利用班禪十世，以箝制達賴十四世，並在西藏進行所謂社會主義改造，迫害僧侶，制止信仰宗教自由，小規模的抗暴行動，遂不斷發生。四十四年三月，匪共又成立「西藏自治區籌備委員會」，完全操縱於北平匪共僞政府，以加強控制。大規模的抗暴運動，在藏邊及藏東常常爆發，匪軍難以壓平。四十六年二月，匪共只得宣布西藏的「社會改革」，延到一九六二年實行。然而抗暴運動依然不停。西藏內屬一千多年，雖朝代屢有改變，從未有如匪共在西藏之施行暴政。四十八年三、四月間，西藏同胞爲反抗匪共之迫害，在青海、西康、西藏東部全面進行抗暴運動，匪共以暴力彈壓，破壞西藏同胞之宗教文化生活方式，西藏同胞之精神及宗教領袖達賴喇嘛，出亡印度，大批的西藏同胞，也逃亡印度，引起全世界的關注。

聯合國對西藏問題的決議　四十八年九月九日，達賴喇嘛自印度致電聯合國祕書長哈瑪紹，指責匪共不但侵略「久已公認爲獨立」的西藏，並實施殘暴屠殺，以及從事企圖消滅西藏宗教文化等種種非人道暴行，請求聯合國予以干涉。哈瑪紹即於十一日以電文照達各國代表團。二十八日，愛爾蘭及馬來西亞代表聯合致函哈瑪紹，認為聯合國實有道義及法律權利討論此一情勢，請將「西藏問題」列入聯合國大會第十四屆常會議程。大會於十月十二日，審議西藏問題列入議程問題，以四十三票贊成，十一票反對，二十六國棄權，兩國缺席，通過列入議程。愛爾蘭、馬來西亞之提案，重點在：㈠申明大會深信對聯合國憲章，及世界人權宣言原則之尊重，為發展以法治為基礎之和平世界秩序所必需；㈡促請尊重西藏人民之基本人權及其特有之文化與宗教生活。十月二十一日，大會對愛、馬兩國所提決議專案，以四十五票對九票，二十六國棄權，兩國缺席，而獲通過。

中華民國對西藏問題的態度　十月二十一日，在聯合國大會中，中華民國代表蔣廷黻發言，要點為：㈠先引述蔣總統四十八年三月二十六日的文告：表明「中華民國政府一向尊重西藏固有之政治社會組織，保障西藏人民宗教信仰及傳統生活之自由。對於西藏未來政治制度與政治地位，一俟摧毀匪偽政權之後，當西藏人民能自由表示其意見時，我政府當本民族自決原則，達成彼等願望。」㈡西藏人民之政制、語言、宗教，有其特殊之點，此一問題，乃一複數民族國家內之少數民族權益問題；㈢西藏人民在匪共奴役下所受痛苦，聯合國為人類正義與文明，亦應聲討匪共在藏暴行；㈣匪共計劃消除西藏宗教及其機構；㈤匪共對西藏青年展開洗腦運動；㈥以武力強迫移民至西藏；㈦建築軍用公路及飛機場，以事擴張；㈧西藏農民已成為新農奴；㈨匪共暴行，證明國際共產主義，不能與西藏政治社會制度和平共存。

漸趨正常的中美關係

中美關係的低潮　三十八年八月，美國國務院發表白皮書，表示不再支持中華民國政府。中華民國政府遷臺的時候，美國只有一個總領事館設於臺北。十二月二十四日，美國代辦師樞安始來臺設立大使館。中美關係，這時可說處於低潮時期。

中華民國對美協防臺灣的態度　三十九年六月，韓戰發生，美總統杜魯門聲明協防臺灣，並勸告中華民國政府停止攻擊大陸。六月二十七日，中華民國駐聯合國代表蔣廷黻，在安全理事會發表聲明：「中華民因政府認爲義不容辭的，應該充分利用臺灣的人力物力，協同大陸上的同胞，去恢復中華民國領土的完整及國家的獨立與自由。」二十八日，中華民國外交部部長葉公超也發表聲明，說明中華民國政府接受此項提議，是基於下列了解：㈠上項提議，並不影響中華民國政府對臺灣之主權，或開羅會議關於臺灣地位的決定；㈡美國所採的緊急措施，倘能在短期內，消除國際共產主義的侵略或威脅，自爲中華民國政府所希望。否則，中華民國及其友邦，自仍有採取其他步驟，以抵抗這種侵略或威脅的責任；㈢中華民國接受此項提議，自不影響中華民國反抗國際共產主義及維護中華民國領土完整的立場。

中美關係的轉變　韓戰以後，低潮的中美關係，突趨轉變，三十九年七月二十八日，美國改派藍欽（Karl L. Rankin）爲駐華公使銜代辦，賈芮符海軍少將爲駐華海軍武官。同月三十一日，韓境聯軍統帥麥克阿瑟，亦親來臺灣訪問。九月十日，美國務院主管遠東事務的助理國務卿魯斯克（Dean Rusk），宣布包括十一項的新遠東政策，提到「我們對於臺灣，除繼續予以經濟援助外，並將給予選擇性軍事援助，以加強臺灣的防衛實力。」所以三十九年度，美國對華，僅有五千五百萬美元之經濟援助。而四十年度，美援則增至九千七百七十萬美元，包括軍事援助在內；以後軍援遂未間斷，但僅供防禦之用，而不足以反攻大陸。

麥克阿瑟的建議　四十年（一九五一）四月十九日，麥克阿瑟元帥對美國國會兩院演說，提出個人建議四點：㈠加緊封鎖中國大陸；㈡以海軍封鎖中國大陸沿海；㈢解除對中國沿海區域及東北空中偵察的限制；㈣解除對臺灣中華民國軍隊的限制，以後勤支援中華民國軍隊；對大陸作有效的攻擊。他又說：「在臺灣，中華民國政府，有機會以行動來駁斥那些故意的漫罵，這漫罵曾傷害領導當局過去在中國大陸的力量。臺灣的人民，現正接受著公正而開明的統治，在政府各機構中，都有大多數的民眾代表；而且在政治、經濟及社會上，正朝著健全而建設性的道途邁進。」麥帥的觀點如此，可是他的建議，因爲杜魯門總統堅守「有限度戰爭」的原則，未被接受。

美軍事顧問團來臺 三十八年一月二十八日，美駐華軍事代表團，撤離南京。直到麥克阿瑟元帥訪臺後，於三十九年八月四日，派副參謀長福克斯來臺，任麥帥總部駐華軍事聯絡組組長。五日，美國第十三航空隊借駐臺灣，以防匪共的俄機偷襲。十一月二十三日，麥帥總部撤回駐華軍事聯絡組；卻呈請美聯合參謀首長會議，考慮派遣軍事顧問團來臺。四十年四月二十一日，美國防部宣布派遣軍事顧問團來臺，蔡斯少將任團長。五月，軍事顧問團成立，美國開始實施軍援，從此軍援不斷。

魯斯克的見解 美國恢復軍援後，四十年（一九五一）五月十八日，美助理國務卿魯斯克在紐約華美協進社年會，發表演說稱：「我們不承認北平政權；北平政權只是蘇聯的殖民地的政府，是一個擴大的爲滿洲國。北平政權不是中國的政府，它們還不曾通過第一個考驗，它們不是中國人，沒有資格代表中國在國際上發言，只有資格自食其侵略行動的後果。我們承認中華民國政府，不管它管轄的土地是如何狹小，我們相信它最能代表中國大多數人民的意見，特別是代表他們一向希望脫離外國統治的情緒。中華民國政府將繼續獲得美國的重要援助及協助。當中國爲了自由及本身的命運而奮鬥時，必可得到全世界自由人類的廣大支持。」顯示美國對華政策，仍繼承傳統的不承認主義。

艾理生的見解 四十一年四月十七日，美新任主管遠東事務的助理國務卿艾理生，在伊利諾州演講，強調「要表示美國的對華友誼，只有經過在臺的中華民國政府。」七月一日，他又在西部華盛頓州演講，說到由於二次大戰中美國在太平洋的犧牲與種種決定，所以「美國對於臺灣民眾，負有一種特殊責任。」八月十二日，在霍甫金斯演講：又表示「臺灣的中華民國政府，若能獲得民眾擁戴，在政治上便有極大的重要性。」這時，美國正陷於韓戰談判僵局，對華政策，頗有重趨積極可能。

臺灣中立化的解除　四十二年（一九五三）一月二十日，艾森豪（Dwight D. Eisenhower）總統就職，對華政策，較前兩年積極明朗。二月二日，致國會國情咨文中，公布他已下令解除臺灣中立化，第七艦隊不限制中華民國軍隊對大陸作戰，但仍然協防臺灣。

美國重派大使　同月，又升任藍欽為駐華大使，於四月二日呈遞國書，中美外交，始趨正常。

共和黨執政後的態度　共和黨上臺後，雖然加強中美關係，但無意於幫助中華民國反攻大陸；就美國立場而論，艾森豪總統上臺，既宣布歐亞並重政策，自不願改為重亞輕歐。既急於結束韓戰，自不願再興起另一戰事，致加重美國財政負擔，影響減稅與平衡收支的計劃。而且美國戰後外交方針，願與歐洲國家，聯合行動。有此數因，故不願支持中華民國反攻大陸。加上史達林死於四十二年三月五日。美國認為削弱了俄國對中共的控制，美國希望中共有所轉變，對華政策遂暫呈停滯狀態。

杜勒斯的對華主張　四十二年一月，杜勒斯就任美國國務卿，由於美總統艾森豪信任之專，杜勒斯的主張，就可代表美國的對華外交政策。他重申傳統的不承認主義，表示美國對華政策，堅守三項原則：㈠承認中華民國政府；㈡不承認中共政府；㈢反對中共加入聯合國。對於中華民國政府，加強中美合作，促成國際支持，增進反共力量，助成反攻準備。使臺灣對大陸民眾，發生吸引力。在國際會議涉及中國問題時，堅持不讓步不妥協的態度。聯合國中，一貫支持中華民國的代表權。四十六年一月，艾森豪連任美國總統，杜勒斯連任美國國務卿，主張大體不變。

保持對中共的壓力　在杜魯門政府時代，對中共雖然有時強硬，有時安撫，惟默認中共統治大陸的事實，僅鼓勵中共內部，自動狄托化而已。艾森豪政府時代，比較強硬，提出「保持壓力政策」，就是以各種可能的方法，加重中共內部危機，增加其國內外處境的困難，鼓勵大陸民眾的反抗情緒與反共運動，進而迫使中共政權本質，逐漸發生變化，或內部發生危機，遭受推翻。這一政策的具體表現，除前述的杜勒斯主張外，杜勒斯並主張以強力報復政策，嚇阻中共攻臺；實施禁運，以削弱中共戰爭潛力，促其經濟崩潰。

美國在聯大斥責中共 當中共提出「美國侵佔臺灣」控告，蘇俄提出中華民國政府拘留其油輪陶普斯號控案，四十三年十月二十四日，美出席聯大會議首席代表洛奇，控告中共對自由世界無辜民眾所犯的罪行，計十六項：㈠侵略韓國；㈡裝備、訓練及指導越南的共黨侵略分子；㈢煽動馬來西亞共黨的游擊戰，以及共黨在緬甸及印尼的顚覆行動；㈣企圖恐嚇數百萬的華僑，勒索其錢財；㈤以政治理由，殺害中國大陸一千五百萬民眾，並奴役數百萬的民眾；㈥接受大批蘇俄顧問及技術人員，完全承認莫斯科爲國際共產主義指導中心；㈦虐待、迫害、拘禁並謀害外國人；㈧殘暴攻擊外國傳教士，以毀滅中國大陸的基督教；㈨在國際間非法販賣痲醉劑，敗壞外國人身體；㈩廢除中華民國政府所訂的一切條約與協定，但自稱爲中華民國政府的繼承者；⑪誣控美國在韓國發動細菌戰；⑫使用洗腦及強迫承認虛構罪名的方法，進行摧毀人類心靈的殘酷計劃；⑬違反日內瓦公約有關待遇戰俘的種種規定；⑭停戰後仍有大軍留駐北韓；⑮四年內，對自由國家的船隻飛機，至少有三十九項的海盜行爲；⑯在爭取聯合國席次時，卻蔑視並侮辱聯合國。這是美國第一次大規模的暴露中共罪行，意在使自由世界有所認識，而發生集體制裁作用。

兩個中國意見的出現 四十三年七月，日內瓦會議，解決越戰，出現了兩個越國。九月三日，匪共開始砲轟金門，政府軍出動飛轟炸廈門，匪共亦擬進攻沿海島嶼，臺灣海峽，戰雲瀰漫。美國爲恐戰局擴大，努力於海峽停火。同時，也出現了兩個中國的意見，即一面繼續支持在臺的中華民國政府，一面暗示不支持中華民國政府對大陸的主權，準備與中共政權有所接觸。這是美國對華政策進入退卻的階段。所以外交官員的談話，常表示在中共未有改變其侵略姿態前，不能承認中共。中共未證明其能遵守國際協定，負擔國際義務前，不准其進入聯合國。因此不肯支持中華民國政府反攻大陸，以免刺激中共。同時，要求中共放棄使用武力，以免破壞聯合國憲章及國際和平。知識分子，如羅伯德（Henry L. Robert）在蘇俄與美國一書中，更明顯的提出兩個中國的主張，雙方均參加聯合國。政界人士如兩度為民主黨候選人史蒂文生（Adlai E. Stevenson），及前駐印度大使眾議員鮑爾斯（Chester Bowles），也提出承認中共和兩個中國的主張。但匪共對自由世界及無辜民眾的罪行，有增無已，美國政府在艾森豪政府時代，始終堅持不承認中共的政策。

簽訂防禦條約後的中美關係

中美共同防禦條約 韓戰停止後，中共頗有犯臺情勢，美國因為中美兩國間，未曾締結類似美日，美菲、美韓的雙邊防禦協約，亦認為是西太平洋集體安全體系的缺點。中華民國外交當局，也在四十二年十二月，向美國提議締結一項共同防禦條約，經雙方交換意見，美國為決心表示阻止中共攻臺，迫其放棄使用武力計，於四十三年（一九四四）十二月二日，由中華民國外交部部長葉公超與美國國務卿杜勒斯，在美京華盛頓，簽訂中美共同防禦條約，共十條。於四十四年三月三日，杜勒斯來臺北互換。條約的目的，在抵禦中共的武裝攻擊及其顛覆活動。協防的範圍，中華民國為臺灣及澎湖，美國為西太平洋區域及轄下的島嶼；並將適用於經共同協議所決定之其他領土。中華民國與美國在防禦中共侵略狀態之下，結成同盟。

美國國會授權案 照中美共同防禦條約，所規定的共同行動，須先要取得國會的批准，難免延誤時機。四十四年（一九五五）一月二十四日，美總統艾森豪向國會提出，而於二十五日，眾議院以四〇九票對三票，二十八日。參議院以八十五票對三票均通過：「授權總統，得緊急使用兵力，協防臺澎及有關地區。」美國既決心協防臺灣，遂使臺灣海峽停火，成為事實。中美雙方並根據條約規定，會商軍事合作問題，於四月成立臺灣聯絡中心。十一月，復改聯絡中心為美國協防臺灣司令部。

美國與中共的談判 兩個中國意見的出現，即表示美國對中共問題，想用政治方式解決。因此便有了美國與中共的接觸。早在四十二年十月，有關韓國政治會議的一項預備會議，在板門店舉行。聯合國方面，由美國杜勒斯好友丁恩爲代表，共黨方面，由中共黃華爲代表，美國可能藉機試探中共態度，但此會議至四十三年初，因無結果而散。惟丁恩竟有美應承認中共的意見。四十三年七月，美國駐日內瓦領事高文，與中共駐日內瓦領事沈平，開始祕密會議，到四十四年七月，曾會談十五次，並於四十四年八月一日，由美國駐捷克大使強生，與中共駐波蘭大使王炳南，在日內瓦會談，到四十六年底停止，先後會談七十三次，其中五十四次，談到要求中共對臺放棄使用武力一事。談判停止後，雙方接觸未斷，到四十七年九月十五日，美駐波蘭大使畢讓與中共駐波蘭大使王炳南，改在華沙談判，仍談及對臺灣放棄使用武力問題，而中共則要求美軍自臺灣及臺灣海峽撤退，美方並要求釋放被中共拘禁之五美國人，但無結果，四十九年九月，停止會談。五十年（一九六一）三月，又在華沙恢復大使級談判，爲第一〇三次。美方提出互換記者訪問、釋放美囚、中共放棄反美宣傳等主張；但被中共悍然拒絕。

中美聯合公報 四十七年八月二十三日，匪共在蘇俄支持下，猛烈砲轟金門，揚言企圖奪取臺灣，及將美國逐出西太平洋，經中華民國空軍反擊，美國復以各種新武器，包括飛彈，撥與中華民國軍隊，並加強第七艦隊實力，以爲支援，匪共遂遭挫敗。十月二十一日，杜勒斯來臺，與中華民國政府官員會商，於二十三日發表聯合公報：雙方僉認在當前情況下，金門、馬祖與臺灣、澎湖，在防衛上有密切關連；「美國確認中華民國爲自由的中國之眞正代表，並爲億萬中國人民之希望與意願之眞正代表。」更指出：「中華民國政府認爲恢復大陸人民之自由乃其神聖使命，並相信此一使命之基礎，建立在中國人民之人心，而達成此一使命之主要途徑，爲實行孫中山先生之三民主義，而非憑藉武力。」

柏森斯的說明 四十八年四月，杜勒斯因病辭職，赫特繼任。主管遠東事務的助理國務卿羅伯森退休，由柏森斯繼任。五月一日，他在臺北說明對華政策爲政府的主張，經多年演變而成，並非私人意見，此一政策亦爲民眾與國會及行政部門所支持，故將盡力執行。總而言之，前述的杜勒斯的對華主張與保持對中共的壓力，即美國的對華政策。即令稍有改變，亦屬於技術上的範圍，其基本精神不致太異。

美國軍政首要訪華　三十九年六月，韓戰發生，中華民國堅決反共態度，得到國際重視，七月底，韓境聯軍統帥麥克阿瑟抵臺訪問，次於麥帥地位之軍事要員，以後更不斷來臺訪問。艾森豪總統就職後，四十二年十一月，副總統尼克森來臺訪問。四十三年九月九日，杜勒斯抵臺訪問，這是美國第一位在任訪華的國務卿。四十四年三月三日，杜勒斯又來臺互換中美共同防禦條約批准書。四十五年三月十六日，復三度來臺，舉行中美協商會議。四十五年七月七日，尼克森再度訪華，與蔣總統會談有關問題。四十七年十月二十一日，杜勒斯四度訪華，發表聯合公報。至副國務卿，及主管遠東事務之助理國務卿，亦數度訪華。他如美國參眾兩院議員，個人或集體訪華者，自四十年四月起，逐漸加多。加州參議員諾蘭，在國會中屢提議案，力主援華，於三十八、九年兩度來臺訪問，深有最難風雨故人來之感。美國地方行政首長，來臺訪問者亦多。至軍方之國防部部長及三軍部長，聯合參謀首長會議主席及三軍參謀長，駐韓聯合國軍統帥，美太平洋區總司令，與以上軍事首長所屬以次之要員，自韓戰協防臺灣後，訪華者更絡繹不絕。中美共同防禦條約簽訂後，來訪者尤爲頻繁。民間團體及企業人員之來臺，亦同樣逐漸加多。不僅表示雙方友誼之進步，亦證明臺灣地區之安定與重要。

艾森豪訪華　美國艾森豪總統，應蔣總統邀請「於四十九年六月十八日至十九日來臺灣訪問，這是美國第一位在任訪華的總統。抵臺北之日，備受朝野歡迎；曾與蔣總統兩度會商，對世局及加強中美共同防衛合作事，交換意見。十八日，艾森豪總統在各界歡迎大會稱：「中華民國爲聯合國發起會員之一，吾人支持其爲中國在該組織中之唯一合法代表。」並指出中共乃「共黨專暴政權，其所言不足以代表全體中國人。」對中華民國之工業，及經濟進步情形，認爲奇蹟，可爲新興亞菲國家之模範。十九日，並發表聯合公報，重申團結合作之意。

中美經濟合作 中美經濟合作，淵源於三十七年七月三日，兩國政府在南京簽訂「關於經濟援助之協定」，即所謂中美雙邊協定；旨在幫助穩定中華民國之經濟情況。在大陸時期，美國援助爲軍援一億二千五百萬美元，經援爲二億七千五百萬美元，因局勢關係，經援僅動用一億七千零五萬七千美元，餘款後移用於東南亞一般地區。中華民國政府遷臺後，軍援停止，但經援仍繼續；三十八年會計年度（即美方一九四〇會計年度）僅五千五百萬美元，三十九年七月，適值一九五一會計年度開始，韓戰爆發，美國經援又趨積極。四十年（一九五一）十月十日，美國國會通過「共同安全法案」，設置共同安全總署，於海外各友邦設置分署。該法案援外，以軍援爲主，經援爲輔，且在經援中指定一部分款項，須用以配合軍援。自四十四年度起，原屬經援項下的軍協援助，改歸軍援項下辦理。就現行美國經援中與中華民國有關部分而言，計有共同安全法案中之一般經援，包括防衛支助與技術合作；另有開發貸款基金，以及四八〇公法項下之剩餘農產品等項。

經援數目 一般經援項下，其核定預算金額，三十九年會計年度，爲九千七百七十萬美元，四十年度，爲八千一百萬美元，四十一年度，爲一億零五百八十二萬七千美元，四十二年度，爲一億一千六百八十萬美元，四十三年度，爲一億三千八百萬美元，四十四年度，因經援中之軍協援助撥歸軍援項下辦理，款數減少爲七千九百四十八萬七千美元，四十五年度，爲九千零七十五萬八千美元，四十六年度，爲六千一百五十七萬三千美元，四十七年度，爲七千三百九十七萬九千美元，四十九年度（自本年度起，會計年度提早一年編列），爲七千零四十萬美元，五十年度，爲一億三千四百萬美元。開發基金貸款自四十七年起至四十九年十二月止，共爲一億一千九百七十三萬六千美元。四八〇公法剩餘農產品，自四十五年起至四十九年四月止，共爲五千五百五十萬美元。

協防金馬問題 美國部分主張兩個中國的人士，認爲金門、馬祖與大陸關係密切，故不贊成協防金、馬。然事實上，匪共於三十八年十月，進攻金門大敗，四十三年秋冬及四十七年秋，兩度猛烈砲擊金門，中華民國軍隊防衛金、馬，均獲致輝煌勝利，予匪共以重大打擊，足證金、馬不僅可以防衛，且爲保障臺、澎之前哨，更爲反攻大陸的跳板。所以中美共同防禦條約，有得協議協防其他領土的規定；美國會授權案，有協防臺、澎及有關地區的授權。四十九年五月十一日，艾森豪總統對記者宣稱：「談及金、馬之實際價值，吾人自須牢記該地對臺灣中華民國部隊士氣之重要性。自彼等視之，任何捨棄該等島嶼之行動，乃係徹底投降，且爲卑賤之投降。因此，任何人在將來決策時，如談及放棄該系島嶼，對此因素，必須予以考慮。」四十九年（一九六〇）十月及十一月間，美國總統候選人民主黨甘迺迪與共和黨尼克森電視辯論，甘迺迪主張協防臺灣，而不及於金、馬，尼克森則認爲應遵守自由地區不應放棄的原則，防衛金、馬。後來尼克森表示：「如果對金、馬的攻擊，是進犯臺灣的前奏時；便應予以防禦。」艾森豪表示支持。甘迺迪也聲稱將遵守「進犯臺灣前奏」的定義。協防金、馬的爭論，遂告結束。

甘迺迪當選後的對華政策 四十九年（一九六〇）十一月的美國大選，民主黨候選人甘迺迪獲勝，入主白宮。國會參眾兩院及州長的選舉，仍如艾森豪總統任內，以民主黨人佔多數。艾森豪總統於四十二年（一九五三）就任時，原主張以解放鐵幕政策代替圍堵鐵幕政策，後以在民主黨佔多數的國會情況之下，事與願違；其所訂對華外交政策，毋寧說是兩黨政策。雖然甘迺迪總統於任眾議員時，曾力主支持中華民國政府，競選時主張放棄金、馬。以及其新任命的國務卿魯斯克，曾力主支持中華民國政府，斥中共爲「斯拉夫的滿洲國」。新任命的副國務卿鮑爾斯，及駐聯合國首席代表史蒂文生兩人曾主張兩個中國，承認中共。但在多年形成的兩黨對華外交政策之下，欲求更積極的改變，固不可能；但消極的向侵略者大讓步，亦難辦到。一九六一年以後的對華外交政策，仍將是支持中華民國政府，履行中美共同防禦條約，決不在共產黨威脅下後退；以及在中共不改變侵略態度，漠視和平狀況下，反對承認中共，阻止其進入聯合國。何況一九六〇年的大選，在六千八百三十二萬選民票中，雙方相差僅十一萬一千多票，民主黨新政府，自當力主穩重，維持舊有的兩黨對華外交政策。不過甘迺迪與魯斯克，主張今後對華政策，須運用彈性外交，準備機動性的與中共談判；這並非表示讓步。然而在甘迺迪當選時，四十九年十一月十日，中共北平人民日報，以備忘錄的方式，斥責甘迺迪，掀起新的反美運動。因此，在五十年（一九六一）三月初華沙會議無結果後，甘迺迪總統於三月八日宣稱：中共極端好戰，並且不斷攻擊美國；美國不準備為求緩和與中共的緊張情勢而屈服。四月十二日，他又告記者，曾向英首相麥米倫表示，反對而且續繼反對中共入聯合國，並繼續履行對在臺灣的人民與其政府的承諾。美國的態度，是很堅定的。惟因未用中華民國稱呼，中國民眾，頗表遺憾。

魯斯克重申對華政策　五十年（一九六一）二月六日，美國務卿魯斯克，在首次記者招待會，重申對中國問題的中心點，表示對中共的基本態度，他與國務院其他人士，在參議院外交委員會已作評論。（其評論為反對承認中共及准許其進入聯合國。）又指出：「我們對我們的盟國—中華民國政府，有堅決的承諾，這包括我們的共同防禦條約在內。此項承諾是明確的。」這一說明，具有遵守條約的決心。三月三日，魯斯克在英國廣播公司的電視訪問中，再申明美國國策，承認中華民國政府，斥中共是共黨集團中最具侵略性的首領，認美國與中共的關係，不可能有所改善。並指出蔣總統領導下的政府，更能眞正代表中國與中國偉大的文化傳統。

美華人士談美國對華政策　美國駐華大使莊萊德於五十年（一九六一）二月二十三日應建設雜誌之邀，在臺北演講美國對華政策，提到「甘迺迪總統確認中共的殘酷壓力，是整個亞洲地區安全的威脅。甘迺迪總統並警告我們不可相信蘇俄或中共，已放棄了征服世界的目標。要求美國人民注意中共對美國的繼續敵對態度，以及與中共建立正常關係的困難。」莊萊德又引述國務卿魯斯克的話說：「目前並無遠景顯示，承認中共有實現的可能性或合宜性。」「由於中共目前對世界的態度，他不應獲准參加聯合國。」莊萊德再引述副國務卿鮑爾斯的話：「美國將以任何代價並預備冒任何危險，來協防臺灣。」由以上的各項意見，可以看美國新政府對華政策的觀念。莊萊德指出一貫性是美國對華政策的特徵，美國人民對中國人民具有深切同情與友誼，這將是未來對華政策的基礎。中華民國考試院副院長，以撰著美國論著稱於世的程天放，於五十年二月二十八日，應聯合國中國同志會之邀，演講「最近國際情勢」，也指出美國的對華政策，將不會有所改變；美國國會議員正發起簽名，反對匪共進入聯合國。

中日邦交的恢復

對日和約的擱淺　自日本投降後，中華民國政府，即開始準備與日本簽訂和約。三十六年夏，美國與蘇俄，對於締結對日和約，主張歧異。例如美國主張由遠東委員會的十三國舉行國際會議，草擬和約，議案以三分之二多數通過成立。蘇俄則主張由中、美、英、俄四國外交部部長會議，議案須一致通過成立。當時，中華民國雖一再疏解，終因蘇俄作梗，對日和約會議，遂一再擱淺。

金山對日和約的締結　韓戰爆發以後，美國認爲締結對日和約，有加速進行必要。國務院派杜勒斯爲磋商對日和約代表，與盟國個別磋商。四十年六月，美、英獲得完全諒解。七月十二日，對日和約草案，在四十餘國首都公布。七月二十日，由美、英邀請五十國（日本、蘇俄均在內，連美、英爲五十二國），參加九月四日的舊金山對日和會。草案第二十三條，竟未將血戰八年的中華民國列入簽字國，加以邀請。中華民國外交部，除以書面向美國抗議，並發表聲明：說明中華民國對日媾和的權利與地位，不因該約稿而受影響。民意機構及與論亦抗議此事。而美國因蘇俄支持韓共發動韓戰，雖蘇俄反對和約，亦不加理會，仍照預定計劃，和會於九月四日在金山開幕。九月八日，除蘇俄、捷克、波蘭三國外，其餘各國均簽字於和約。和約內容頗爲寬大，其目的在使日本與美國合作，共同抵禦蘇俄的新侵略。

金山對日和約要點 對日和平條約，計七章二十六條，茲就其內容在過去或現在與中國有關係部分，述其要點如下：㈠領土條款部分，有：日本承認韓國獨立。日本放棄臺灣、澎湖、南沙與西沙群島。日本放棄千島群島、庫頁島南部及其鄰近島嶼。日本放棄琉球群島與火山群島，而承認美國對於該群島的管轄，並且承認美國將來爲託管該島等的管理當局；㈡安全條款部分，有：各盟國承認日本享有聯合國憲章第五十一條所規定的個別自衛權與集體自衛權，並承認日本得自動的參加集體安全條約；㈢政治及經濟條款部分，有：日本放棄在中國之一切特權及利益；㈣要求及財產條款部分，有：對於曾經被日軍佔領或損害之盟國，日本願以技能或勞力，作爲協助賠償各該國修復其所受損害之費用。每一盟國應有權扣押、保留、清算或以其他方式處分日本政府及其國民之財產；㈤最後條款部分，有：日本應於該約生效三年內，與未簽字於該和約之盟國，締結雙邊和約。

中日締結和約 中華民國政府，當對日和約草案發表後，雖向美國嚴重交涉，但美國僅允諾於金山和會後，協助中日兩國從速簽訂雙邊和約。在金山和約簽字前，日本首相吉田茂，曾向杜勒斯允諾，於和約簽字後，與中華民國簽訂雙邊和約。四十年十二月，杜勒斯再度訪日，復勸告日本首相吉田茂。四十一年二月，日本派河田烈爲全權代表，求臺北議訂和約，中華民國則由外交部部長葉公超出任全權代表。二月二十日舉行第一次正式會議，前後舉行正式會議三次，非正式會議十八次。四月二十七日，議定中華民國與日本國和平條約一件，議定書一件，換文兩件，同意紀錄一件。於四月二十八日簽字。七月三十一日，經立法院院會通過。八月二日，經總統批准，八月五日，在臺北互換批准文件，同日生效。雙方互派大使。中華民國並在日本橫濱、大阪設置總領事，長崎設置領事。

中日和平條約要點　中日和平條約，計十四條。議定書兩條，亦構成本約內容之一部分。其要點如下：㈠日本放棄對於臺灣及澎湖群島以及南沙群島及西沙群島之一切權利，名義及要求；㈡日本及其國民在臺灣及澎湖之財產及利益，將由雙方另商特別處理辦法；㈢日本承認在中華民國三十年十二月九日以前所締結之一切條約，專約及協定，均屬無效；㈣日本放棄在中國之一切特殊權利及利益；㈤中華民國與日本之關係，願各遵聯合國憲章第二條之各項原則；㈥日本承認臺灣及澎湖之居民，係中華民國人民；㈦中華民國自動放棄金山和約第十四條日本所應供應之服務之利益。

琉球問題仍未解決　琉球自清光緒五年（一八七九），爲日本廢王改縣，琉球人士，全體反對，並向中國求救。中國曾據理力爭，未獲解決，終成懸案。其詳已見中國近代史綱第十五章。金山對日和約，雖規定日本放棄琉球群島，而承認美國爲託管當局。中日和平條約，則規定在三十年十二月九日以前所訂之一切條約，專約及協定，均屬無效。是則日本對琉球已喪失在事實上及法理上之任何關係，惟中日和平條約未明白言及琉球。四十一年七月三十一日，立法委員李文齋於院會時，曾向外交部提出此一問題，認爲有關國家主權，應予補救。但因中華民國政府，退處海島，準備反攻，雖主張琉球最後應予獨立，然一時無法解決琉球問題，亦惟有贊成聯合國交由美國託管，以免陷入共產黨手中，成爲侵略基地。

奄美大島群島問題　奄美大島群島，爲琉球群島之一部分，位於琉球群島北部。日本強佔琉球群島後，竟於光緒五年割裂奄美大島群島，劃歸鹿兒島縣管轄。金山對日和約，已明白規定，日本對美國向聯合國所作將琉球群島置於託管制度之下，而以美國爲其唯一管理當局，將予同意；自應將奄美大島群島包括在內。而中、美、英三國波茨坦宣言，早明白決定日本主權，只限於本土四島。但四十二年（一九五三）八月八日，美國國務卿杜勒斯，在東京與日本首相吉田茂晤談後，竟聲明：美國擬儘速放棄和約第三條所規定其對於奄美大島群島的權利，俾使日本恢復對該島嶼的統治權。其後定於十二月中交割。但美國軍政要員，以琉球爲軍事上重要基地，反對將此一群島交與日本。

奄美大島群島移交日本的不當　四十二年十一月二十四日，立法委員李文齋、廖維藩等三十五人，對美國逕將奄美大島群島，交與日本，認爲有違波茨坦宣言及金山對日和約，提案表示反對。經院會議決反對，並函行政院採取有效措施，務使琉球群島包括奄美大島群島在內，仍照金山對日和約辦理。外交部亦以同一理由，致送備忘錄與美國政府，聲明中華民國政府不同意此事。十二月二十四日，美、日正式簽約，將奄美大島群島移交日本。杜勒斯宣布，琉球其他島嶼，仍由聯合國繼續管理。外交部部長葉公超，立即發表聲明，對此事表示遺憾。

中日貿易　三十九年九月六日，中日簽訂第一次貿易協定，所附貿易計劃到四十年六月底滿期。四十一年四月二十四日，以換文方式，將原貿易計劃延長，至新訂貿易計劃止。四十一年春，曾商訂新貿易計劃，至年底談判始告就緒。而年度終了，因此續訂四十二年度貿易計劃，於六月簽訂。以後每年商訂一次，估計由四月一日起至次年三月底止，自四十二年度至五十年度，各年計劃金額，以四十二、三年度，進出口各同爲七千四百萬美元爲最低，四十四年度之九千四百萬美元爲最高。然實際貿易數字，約佔貿易計劃百分之八十以上，爲中華民國與他國已簽訂貿易協定中最順利者。出口方面，以糖爲大宗，約佔實績百分之六十，米次之，約佔實績百分之二十；進口方面，以肥料爲大宗，約佔實績百分之四十，機器次之，約佔實績百分之二十。五十年三、四月舉行的貿易會議，並取消維持甚久的易貨記帳制度。

池田內閣對共匪的政策　四十九年（一九六〇）七月，日本首相岸信介辭職，仍爲自由民主黨執政，由池田勇人職任首相。新政府的外交政策，大致如昔，拒絕中立主義，將與西方民主國家堅定聯合。惟外相小坂善太郎於五十年（一九六一）二月三日，在眾議院外交委員會中答覆議員詢問，聲稱「日本一向尊重並承認北平爲改善對日關係所列的三原則」。㈠爲日本不應以中共爲敵人；㈡爲日本不應支持兩個中國的見解；㈢爲日本不應阻撓與中共政權建立外交關係。中華民國駐日本大使館即向日本外務省請予澄清此項談話，外務省即表示日本對中共政策未有改變，即使恢復對大陸的貿易，但不會有所承認，也不會有「政府對政府」的協議。

與其他國家的關係

蔣總裁訪菲 三十八年夏季，當大陸局勢不利時，七月十日，蔣總統以中國國民黨總裁資格，應菲律賓國總統季里諾之邀，飛往菲國碧瑤，會議三次，十二日返臺。於十二日發表聯合聲明，籲請亞洲一切獨立的非共國家，組織反共聯盟。這是太平洋各國聯合反共的起點。

蔣總裁訪韓 八月六日，蔣總裁復應大韓民國總統李承晚之邀，飛往韓國鎭海會議二日，就亞洲或太平洋各國組織聯盟問題，充分交換意見，獲得協議，於八日返臺。八日上午並發表聯合聲明，決定促成聯盟的實現。在中華民國方面，認爲這一聯盟，參加國家必須肅清境內共黨，並宣布共黨爲非法；必須有以武力與共產主義奮鬥的決心。惟此聯盟因亞洲各國表示猶豫態度，英美亦不欲參加，終未實現。

中韓關係 近鄰各國中，大韓民國關係，尤爲密切，貿易亦甚融洽。四十二年十一月，大韓民國總統李承晚來臺答聘。尹譜善於四十九年（一九六〇）年繼任總統，中韓關係如舊。五十年二、三月間，中華民國外長沈昌煥訪韓，簽訂貿易協定。大韓民國外長鄭一享將於七月來臺答訪，簽訂文化協定。其他官員互相訪問者尤多。

中菲關係 菲律賓爲反共國家，中菲關係，向極敦睦，中華民國在各種國際活動中，均獲得菲律賓國政府支持。雙方軍事人員，及重要官員經常互相訪問。華僑在菲國者，達二十萬人以上。惟菲國會中常有菲化案及排華案之提出，殊為遺憾。四十四年二月，中華民國外長葉公超訪菲洽商問題。五十年一月，中華民國外長沈昌煥應菲國外長之邀，往馬尼拉出席中、韓、菲、越四國外長會議。四十九年五月，菲國總統賈西亞夫婦來臺訪問，與蔣總統重申合作反共決心。

中泰關係 中泰同為反共國家，兩國在國際間均能採取協調之步驟，對文化經濟軍事均能合作無間，重要官員及民間人士，亦經常互相訪問。

中越關係 四十四年十月，越南共和國成立，中華民國即予承認，四十五年，並互派使節。越南政府，於四十五年八月公布修改國籍法，強制在越出生華僑均為越南國民，並溯及既往。同月，又通知華僑中學停辦，續辦須由越南籍人為校長。九月，又公布十一種行業越化。此三事對華僑權益頗有影響。惟以後文化及經濟方面，合作密切。四十九年一月，越南總統吳廷琰來臺訪問中華民國。

中華民國與東寮兩國 柬埔寨自四十二年獨立後，中華民國在金邊仍有領事館。四十四年十二月，柬埔寨總理施亞努親王來臺訪問。四十七年七月，柬埔寨承認匪共偽政權，遂關閉金邊領事館。寮國則與中華民國常有人員訪問，中華民國在寮國永珍，設有領事館。此兩國各有華僑數萬人。

中華民國與中東國家關係 土耳其、伊朗、約旦、黎巴嫩、沙地阿拉伯，均與中華民國互派使節，並有貿易關係。土耳其總理孟德勒士於四十七年四月末來臺北，訪問中華民國。伊朗國王巴勒維則於五月訪華。約旦國王胡笙一世，則於四十八年三月訪華。自四十五年起，中華民國每年均派回教朝覲團赴沙地阿拉伯國麥加朝覲，並宣慰僑胞。

中西恢復邦交 中華民國與西班牙，斷絕邦交達十二年之久，於四十一年六月，在羅馬換文，恢復外交關係，並互派大使。四十二年二月，簽訂中西友好條約。三月，西外長馬丁亞達和來臺訪問。四十三年十一月，中華民國外長葉公超亦赴西答訪。中華民國學生，赴西留學者，亦日見加多。

中華民國與歐洲國家關係　法國與中華民國在聯合國及其國際會議，多能合作，並互設大使館。對義大利關係亦佳，四十四年十二月，義大利進入聯合國，中華民國曾全力支持。四十六年二月，並簽訂貿易協定。中華民國在羅馬設有大使館。中華民國在比利時及希臘亦各設有大使館，在葡萄牙及教廷各設有公使館，在盧森堡設有兼任公使；教廷在臺北設有公使館，比利時在臺北設有領事館。中華民國與法、義、比、希等國各界人士，常互相訪問。至北歐東歐及英國等國，自三十八年十月以後，相繼承認匪共僞政權，中華民國所派駐之使節，均加撤回。惟西德雖無外交關係，在文化經濟上接觸頗多，亦其友好。荷蘭雖於三十九年承認匪共僞政權，但反共態度積極，在國際會議中亦甚合作。

中華民國與不列顛國協關係　不列顛國協，到五十年（一九六一）初止，包括十二個獨立國家：英國、佳來大（即加拿大）、澳大利亞、紐西蘭、南非聯邦、印度、巴基斯坦、錫蘭、馬來西亞、佳樂（即迦納）、來及利雅（即奈及利亞）、賽普魯士。（中非聯邦雖已參加國協，尚未獨立。）其中佳來大、澳大利亞、紐西蘭、南非聯邦與中華民國邦交友好。賽普魯士亦於四十九年九月建交。英國、印度、巴基斯坦、錫蘭、佳樂，則已承認匪共僞政權。但英國在臺北縣淡水鎮，仍設有領事館，與臺灣省政府保持聯繫，雙方民間團體，亦時有接觸。

中華民國與非州國家的關係　非州在四十八年（一九五九）以前，僅十個獨立國家，四十九年（一九六〇）全年，一連有十七個國家獨立。除最後在十一月獨立的毛利大宜亞（即茅利大尼亞），因蘇俄否決外，其餘各國均已加入聯合國。與中華民國有外交關係的，有佳麥隆、剛果（前此屬）、剛果（前法屬），加彭、賴比瑞亞、利比亞、馬來佳西（即馬拉加西）、賽利佳爾（即塞內加爾）、多哥蘭及南非聯邦，與毛利大宜亞。四十九年初，中華民國政府曾派經濟部部長楊繼曾，率領特使團，慶賀佳麥隆獨立，於歸途時曾往英屬佳麥隆、來及利亞、多哥蘭、佳樂、幾利亞（即幾內亞）、象牙海岸、馬利聯邦、突宜西亞、索馬利亞、伊索比亞等十國，進行友好訪問。五十年七月，剛果國（前法屬）總統于魯訪華。

中華民國與中南美洲國家的關係　中南美洲二十國，大多採取反共立場，均承認中華民國政府。在聯合國內，亦多支持中華民國。中華民國政府於三十八年十二月遷臺後，除海地、巴來貴（即巴拉圭）、烏來貴（即烏拉圭）三國未建立外交關係外，其餘十七國中，有六國派駐大使，九國派駐公使，二國派有總領事。四十五年四月，與海地國建交，設公使館。四十六年七月，與巴來貴國建交，設大使館。十二月，與烏來貴國建交，設公使館。前設總領事的二國，亦改設公使館。於二十國均有專使駐箚。四十三年九月，政府曾派駐義大利大使于焌吉，以巡迴大使名義，訪問智利、巴拿馬、歌林比雅（即哥倫比亞）、洪都來士（即洪都拉斯）、薩爾瓦道（多）、烏來貴、巴來貴、海地、及多明宜雅（即多明尼亞）九國，以增進對中華民國的友好關係。四十六年七月至十月，中華民國政府派外交部政務次長沈昌煥，以特命全權大使名義，代表總統赴中南美洲二十國作友好訪問。四十七年四、五月，行政院副院長黃少谷，以總統特使身分，慶賀愛堅（阿根）廷新總統就職，並訪問秘陸（魯）、烏來貴、巴西、偉利瑞來（即委內瑞拉）、美國、及日本等國，並途經中美洲。二十國中，古巴與中華民國關係，向極友好，自四十八年卡斯楚擔任總理，提倡親蘇反美政策，與匪共僞政權頻加接觸，成爲蘇俄附庸；四十九年九月三日，承認匪共僞政權，中華民國政府與之斷絕邦交。五十年一月，玻利維亞國副總統雷欽夫婦訪華。五月，秘陸國總統蒲樂多（Manuel Prado）已訪華。

與中華民國有邦交的國家　到五十年（一九六一）四月止，與中華民國有邦交的國家，其中爲聯合國會員國的有五十國，按國名英文次序排列爲：愛堅廷（即阿根廷）、澳大利亞、比利時、玻利維亞、巴西、佳（喀）麥隆、佳來大（即加拿大）、智利、哥倫比亞、剛果（前比屬）、剛果（前法屬）、哥斯大黎加，賽普魯士、多明宜雅、愛貴道（即厄瓜多爾）、薩爾瓦道（多）、法國、佳（加）彭、希臘、廣地麥萊（即瓜地馬拉）、海地、洪都來士（即洪都拉斯）、伊朗、義大利、日本、約旦、寮國、黎巴嫩、賴比瑞亞、利比亞、盧森堡、馬來佳西（即馬拉加酉），墨西哥、紐西蘭。宜佳來貴（即尼加拉瓜）、巴拿馬、巴來貴（即巴拉圭）、秘陸（魯）、菲律賓、葡萄牙、沙地阿拉伯、賽利佳爾（即塞內加爾）、西班牙、泰國、多哥蘭、土耳其、南非聯邦、美國、烏來貴（即烏拉圭）、偉利瑞來（即委內瑞拉）。其餘非聯合國會員國有四國，爲：教廷、大韓民國、毛利大宜亞（即茅利大尼亞）、越南。

第十七章 中共暴政下的大陸

僞政權的親蘇與反蘇

新民主主義論的荒謬 民國二十九年，毛澤東在「新民主主義論」一文中說：「十月革命，改變了整個世界歷史的方向，劃分了整個世界歷史的時代。……在社會主義國家已經建立，並宣布它願意、爲了扶助一切殖民地、半殖地國家的解放運動而鬥爭的時代，……任何殖民地半殖民地國家，如果發生了反對帝國主義，即反對國際資產階級、反對國際資本主義的革命，它就不再屬於舊的世界資產階級民主主義革命的範疇，而屬於新的範疇了。它不再是舊的資產階級和資本主義的世界革命的一部分，而是新的世界革命的一部分，即無產階級社會主義世界革命的一部分了。」他又說：「中國革命必須分爲兩個步驟：第一步，改變這個殖民地半殖民半封建的社會形態，使之變成一個獨立的民主主義的社會。第二步，使革命向前發展，建立一個社會主義的社會。」毛澤東並在「中國革命和中國共產黨」一文中說：「民主主義革命是社會主義革命的必要準備，社會主義革命是民主主義革命的必然趨勢。而一切共產主義者的最後目的，則是在於力爭社會主義社會和共產主義社會的最後的完成。」可見毛澤東和中共的所謂「中國革命」，只是「無產階級社會主義世界革命的一部分」，其「最後目的」，是要在中國「力爭社會主義社會和共產主義社會的最後的完成」，也就是在中國實施馬列主義，等於出賣了祖國，這樣的新民主主義，眞是萬分的荒謬！

中共的叛國滅族毀國 根據前面的謬論，毛澤東和中共的所謂「中國革命」，第一步是奪取政權，就是所謂的「新民主主義革命」，第二步是奪得政權後，用暴力來摧毀中國社會的經濟、政治、文化（思想）的形態，建立馬列主義式的社會主義社會或共產主義社會，就是所謂的「社會主義革命」。中共實行「新民主主義革命」，就是從事叛國行爲的理由。可是再進一步要求實行「社會主義革命」，就是要毀滅國家了。由於中共的叛國，必然與中華民族一百多年爲求國家獨立、自由、救亡圖存的革命運動相牴觸，進一步必然與中華民族五千年的歷史文化相衝突。所以中共從成立起，一貫走上叛國滅族毀國的邪途。

列名蘇俄傀儡子國　中共叛國目的達到了，在民國三十八年十月一日，成立「中華人民共和國」，這是一個不通的名稱，因爲共和國，就是民國之意，「人民共和國」變成「人民民國」。何以要定這個不適的名稱？因爲中共根本無自定國號的權力。

「人民共和國」，是列寧對所製造的傀儡子國的名稱。共產黨俄國的本名爲「蘇維埃社會主義共和國聯合」，一般稱爲「蘇維埃社會主義聯邦共和國」。它對諸傀儡子國大多賜以「人民共和國」的名稱，一來是以「人民」來代替「蘇維埃」，二來表示子國們還不夠社會主義水準。民國十年，蘇俄製造外蒙和唐努的「人民革命黨」十年，成立「唐努人民共和國」，民國十三年，列寧死後，史達林成立「蒙古人民共和國」。民國三十三年八月，「唐努人民共和國」向蘇俄要求合併，成爲蘇俄的「唐努自治州」，這表示「人民共和國」終將走上蘇俄「自治州」的後塵。二次大戰結束後，蘇俄史達林製造了大批「人民共和國」，有越南（北越）、朝鮮（北韓）、波蘭、匈牙利、保加利亞、阿爾巴尼亞、捷克斯拉夫、羅馬尼亞、南斯拉夫、德意志及「中華人民共和國」（連蒙古一共是十二個）。可見史達林所製造的傀儡子國，都命名爲「人民共和國」，其中越南、朝鮮、德意志，因爲另外還有南越、南韓、西德相對的存在，這三個則不公然用傀儡子國的命名，略加改變，稱爲民主共和國。在中共僞組織未成立時，狄托反對蘇俄，自己改稱爲社會主義共和國，表示與蘇俄同輩，羅馬尼亞和捷克也學樣，改爲社會主義共和國。近二十年內，又增加了阿爾及利亞民主人民共和國和南葉門人民共和國。所以「人民共和國」便是蘇俄的附庸國、傀儡子國、走狗國的名牌，中共掛的是第十二號狗牌，連國號都不能自定，還有什麼獨立自主的成分？

蘇俄翻版的偽政權　中共所謂「人民民主專權」，完全是蘇俄那一套的翻版。劉少奇在「關於中華人民共和國憲法草案的報告」中說：「憲法起草委員會在從事起草工作的時候，參考了蘇俄的先後幾個憲法和人民民主國家的憲法。顯然，以蘇聯爲首的社會主義先進國家的經驗，對我們有很大的幫助。」憲法的內容，都來自外國或主子國，造成外國式的憲法，那麼這個政府，豈能算做中國人自己設立的政府？

中共僞政府成立以後，由於毛逆澤東一面倒的政策，出賣了國家民族無數的利益。民國三十八年十一月，蘇俄外長維新斯基在聯合國大會上，便以主子的資格，替奴才撐腰，否認中華民國蔣廷黻等代表的資格。民國三十九年六月，北韓共黨向南韓侵略，以美國爲首的聯合國出軍援助南韓，中共奉蘇俄主子之命，發動「抗美援朝」，投入戰場達一百六十萬人以上，傷亡慘重，爲主子不惜犧牲人民的血汗和錢！於是蘇俄在聯合國爲中共撐腰要排除中華民國，後來這一事由印度承擔，民國四十八年中共和印度衝突後，則由聽命於中共的阿爾巴尼亞去提議。

甘作史魔的兒皇帝　民國四十二年三月五日，蘇俄政府公布史達林逝世的消息後，毛逆澤東率部屬到蘇俄大使館弔喪，以後，就以至高無上主子的喪禮對待史達林。九日，毛逆在《人民日報》發表〈最偉大的友誼〉一文，稱他爲「最偉大的天才，共產主義運動偉大的導師，不朽的列寧的戰友。」他的貢獻有「建設社會主義的勝利」，和「戰勝法西斯野獸」，還有「史達林同志全面地、劃時代地，發展了馬克思、列寧主義的理論，把馬克思主義的發展推到新的階段。史達林同志創造性地發展了列寧關於資本主義發展不平衡規律的理論，和關於社會主義可能在一個國家內首先勝利的理論。史達林同志創造性地貢獻了關於資本主義體系總危機的理論，貢獻了關於蘇聯建設共產主義的理論，貢獻了關於現代資本主義和社會主義的基本經濟法則的理論，貢獻了關於殖民地半殖民地革命的理論，史達林同志這一創造性的理論，進一步把全世界的工人聯合起來，使全世界的工人階級和一切被壓迫的人們，爲解放和幸福的鬥爭及其勝利達到空前未有的規模。」這一番拍馬屁的話，眞是淋漓盡致，表現了卑躬屈膝十足奴才性的嘴臉。

毛澤東不打自招，歌誦主子對他的提攜：「中國共產黨……正是遵循列寧、史達林的學說，得到了偉大的蘇維埃國家和各國一切革命力量的支持，而在幾年以前獲得了歷史性的勝利。」所以他和他的政權將加緊「學習史達林的學說，學習蘇聯的科學和技術，以建設我們的國家。」也就是說，他要用外國主子史達林的統治方法，來控制中國民眾。

因爲史達林是他的主子，他的恩人，第二年三月五日，史達林死去一週年，他便下令中共中央和大陸各市鎮，舉行各種紀念活動，所有報刊都要刊登紀念史達林的文章。《人民日報》還發表「紀念史達林逝世一週年」的社論，重申毛逆前文的主要論點。在中共中央紀念會上，書記劉少奇致開會詞，書記陳雲講史達林外交政策的勝利。中共這一小撮人，正是甘心情願的做奴才，那裡絲毫有獨立自由的民族觀念？難怪文丑郭沫若，會寫出最無恥肉麻的歪詩來歌誦史達林：「親愛的鋼，永恆的太陽……」

中蘇共分歧的由來　但是蘇俄主子內部起了變化，民國四十五年二月，蘇共「第二十屆大會」，赫魯雪夫開始清算史達林。這使毛酋目瞪口呆，因爲毛酋一直到死，始終是崇拜史達林的。當時中共不能不敷衍赫魯雪夫，民國四十六年十一月，毛酋到莫斯科作最後朝拜時，一面要求俄援，一面講他的反美理論，說美帝是紙老虎，赫魯雪夫譏笑毛逆沒有核子，人多只是一堆肉。赫魯雪夫爲了發展本國經濟和安定東歐經濟，也不肯給中共援助。

毛酋回國以後，自作聰明，從民國四十七年辦起「人民公社」，赫魯雪夫大不贊成，認爲這將「破壞社會主義大家庭」的「經濟分工」。毛逆說是爲了發展核子，除非蘇俄主子幫助製造核子，才可不辦。赫魯雪夫同意，但軍事要交蘇俄指揮，中共不肯，卻大搞「人民公社」，赫魯雪夫認爲這奴才太不聽話了。

因爲人民公社弄得一團糟，民怨沸騰，引起彭德懷的反對。劉少奇出來代毛酋做「主席」，林彪代彭做「國防部長」。在中共內爭中，蘇俄於民國四十九年撤退其技術人員，使中共工業一時遭遇大的混亂和停滯。蘇俄和中共，也開始「邊境衝突」，蘇俄和中共分歧的消息，也漸漸出現了。

中共拉攏蘇俄未成 民國五十二年九月到五十三年六月，中共發表八篇文章，抨擊蘇共中央，開始斥責蘇共爲修正主義。同年，中共完成核子試爆。蘇共中央責怪赫魯雪夫，民國五十三年十月十五日；赫魯雪夫被黜下臺。十一月，周恩來赴莫斯參加十月革命慶典，七日《人民日報》的社論，還強調「中蘇團結一定能夠恢復和不斷加強」；可見中共仍有追隨蘇俄之意。然而，布里茲涅夫對周恩來說：「在國際共產主義運動的問題上，在對待中國的問題上，他們（布等人）同赫魯雪夫沒有一絲一毫的差別。」

蘇俄主子要一個唯命是從的奴才，奴才若想有一些自由的主張，也不可以，這樣，中共對蘇俄主子只得暫時死心。

奴才反主子的悲劇 五十四年一月，《人民日報》和《紅旗》雜誌聯合論文中，就要消除「赫魯雪夫修正主義」。五十五年八月十二日，中共八屆十一中全會公報聲明反帝必須反修，八月十八日，毛林集團搞「文化大革命」，高唱「造反有理」，要從劉少奇手中奪同權力，同時反共民眾和青年也藉造反口號，反對中共政權，出現紅衛兵的鬥爭。

五十八年三月二日珍寶島事件發生，蘇俄想藉此分裂中共，中共想藉此鞏固內部，斥蘇俄爲新沙皇。四月十四日，中共九大通過的黨章總綱，決定「爲打倒以美國爲首的帝國主義，打倒以蘇修叛徒爲中心的現代修正主義……而共同奮鬥。」看了上面這一段中共蘇俄的爭執經過，我們知道，中共只是反對赫魯雪夫和布里茲涅夫的蘇共中央而已。而且斥責他們是修正主義，斥責他們沒有徹底實行馬克思、列寧、史達林主義，中共自己仍然是奉行馬列主義，絲毫沒有改變外來的色彩。就連史達林所賜下的第十二號「人民共和國」的傀儡子國的號牌，也沒有或許是不敢改變，眞不知道那裡有一些民族主義的成分？

中共引起俄禍 由於中共大殺中國人，自然激起大陸上反共的暗流，中共只有藉表示反對蘇修，激發民族主義，來維持政權。蘇俄自命爲「社會主義大家庭」的家長，有權懲治家中不聽命的分子或叛徒。中華人民共和國和毛澤東、周恩來……等的領袖地位，都是蘇俄賜給的，中共如不服從，蘇俄便要實行「家法」，討伐叛徒。因此在中國大陸北方邊界，已布置了一百萬以上的兵力，有六個師的坦克部隊，以千計的飛彈部隊，而且還在逐漸地增加。南方的越南共黨和蘇俄締結同盟條約，也有六十萬以上的部隊，爲蘇俄呼應。現在毛、周雖然死去，華國鋒和鄧小平等仍然奉行馬列共產主義。違反中華文化，居然改變過去反對美帝的口號，在民國六十八年初與美國勾結，而去和布里茲涅夫爭共產世界的領導權，反對蘇修。蘇俄自然不放鬆南侵的企圖，這個被侵略的危機，是毛、周、華、鄧背叛中華民國，想遂行當領袖的政治野心所引起來的，將帶給大陸同胞極大的災禍。

中共頭目不配反俄 可是中共的同路人說：「過去中共誠然是漢奸，但是他現在反俄，站在中國立場，應該一致對外。支持中共反俄。現在中共統一了大陸，使尼克森、田中、福特、卡特……等外國領袖來朝，蘇俄駭怕，足見毛、周、華、鄧有辦法，這是中國人的光榮，所以大家應該支持。」

其實深刻研究一下，以上的見解，根本不能成立。如果蘇俄侵略中國，我們當然要反俄。但要有反俄歷史、信譽、知識、能力的人來領導，中共這一小群頭目，那裡能有資格領導？他們是造成俄禍的罪魁，那裡配談反俄？明末的吳三桂做了漢奸。卻在清初爲了自己的利益反清，明末的遺民沒有人支持他反清的。我們支持大陸同胞反俄，更要鼓勵中共軍隊抗俄，但不能支持那一小群中共頭目反俄。

反俄要有目的，就是要反對蘇俄共產主義和蘇俄的帝國主義，這樣，全民才可以大團結反俄，毛、周、華、鄧這一小群人反對蘇修，說蘇俄共產主義不是列寧主義，中共是列寧主義，要和蘇俄爭共產主義領導權，所以中國人不能爲中共這一小群頭目爭共產主義領導權而戰。將來中共這一小群頭目，會藉口蘇俄侵犯中國領土主權，刺激大陸同胞。但中共的這一小群頭目，從民國三十九年起的一連串條約中，曾慷慨地對蘇俄主子奉獻領土主權，且爲蘇俄主子犧牲一百五十四萬人的生命去打韓戰，那會爲維護領土主權而戰？他們連第十二號「人民共和國」的傀儡子國的號牌都不敢丟掉，那裡有資格來談反抗蘇俄？

絕對無人支持暴政 蘇俄是不打無把握的仗的，如果俄軍入侵，中共的一小群人的政權必敗，一來是武器上不如蘇俄，二來是中國人雖然多，不願爲中共作戰，一個施行暴政結仇於民眾的政權，對外作戰是必然失敗的。第二次世界大戰中，二、三百萬的蘇俄軍隊，以爲入侵的德軍是他們的解救者，而向德軍投降，便是明證。反對暴政的民眾，怎能爲保衛暴政而戰？中外歷史上的先例，不知多少。所以中國人不會也不能支持中共的小群人政權對蘇俄作戰，因爲戰敗了，便要由中共政權把中國人的土地金錢去割地賠款的。但是中華民國才是中國人的眞正代表，對這樣的割地賠款，是絕對不會承認的。因此我們一定要支持中華民國，無論是反共，無論是抗俄，無論是爭民主，無論是爭自由，都是站在全中國同胞、全中華民族立場，爲保衛中國領土主權、保衛中國民眾自由而奮鬥的。

中共反俄無效 退一萬步講，中共這一小群頭目爲保衛馬列主義而對蘇俄修正主義作戰，出無取勝之理。列寧是俄國人，蘇俄至少對列寧主義有優先解釋之權，蘇俄而且是世界公認共產主義之正統，中共爲保衛蘇俄的列寧主義而與蘇俄作戰，焉有不敗之理？何況中共以馬列主義立國，到底是中華文化思想的叛逆，中華民族的漢奸。在任何地方、任何情況之下，同樣會製造出政治軍事上的叛逆和漢奸，在中共反抗蘇俄時，難保不出現私通蘇修的漢奸，反自認爲是馬列的賢子孝孫，如民國十八年，蘇俄入侵時，像毛、周等人的高叫「武裝保衛蘇聯」，或是「爲保衛祖國蘇聯而戰」了。

再退一萬萬步講，即使中共這一群頭目由信仰馬列主義而打敗了蘇俄，甚至取得了世界霸權，這也不是中華民族的光榮，中華文化的勝利，後代史家，仍會說這是蘇俄列寧主義的勝利。中共只成為「失掉靈魂而贏得世界」的魔鬼，何況這是違背中華文化，絕對絕對是萬萬萬分不可能的事！

清算鬥爭的不停

土地改革時期 中共竊據大陸以後，實施暴虐統治，從三十九年到四十一年，對農村實施土地改革。三十九年十月，中共參加韓戰後，更積極推行土改，沒收土地約七億畝，糧食三千億斤，房屋農具牲畜金銀財物值美金五十億元，清算農村人口約五千萬人。沒收的一部分土地，分給每一位農民，約為一到三畝。除了「土改」和「抗美援朝」以外，更實施「鎮反」、「三反、五反」和「思想改造」，合稱為「五大運動」；而以「土地改革」為中心，摧毀了中國農村經濟結構和城市私營工商經濟結構，建立了國營經濟和集體經濟。依擬偽「政協」所通過的「共同綱領」，實行工人、農民、小資產階級、民族資產階級的「四大階級聯合專政」，摧毀了中國原有的政治機構，殺盡滅絕了國民政府時代的軍公教人員，並禁止言論和思想自由的人權。

三大改造時期 從四十二年到四十六年，對農村推行農業集體化，實施所謂「社會主義過渡時期總路線」，農民的土地及生產資料被沒收，組織集體農場，即所謂「初級社」、「高級社」；是由私有制到半集體所有，再到集體所有。對城市則自始是清算鬥爭，以公私合營消滅了私營工商業和手工業。這就是以「農業合作化運動」為中心的三大改造，即農業社會主義改造，資本主義工商業社會主義改造，和手工業社會主義改造，大陸社會原來的經濟結構，完全被摧毀，實際上是把民眾私有制度變成共黨所有制。中國大陸上，除了共黨高級幹部以外，所有的民眾私有財產，都被搜刮得絲毫不剩，可說是一身之外，別無他物，幾乎變成乞丐，衣不全，食不飽，達到人人皆窮的平等。而共黨幹部則驕奢淫逸，愈高級的幹部，享受愈高。中共變成全國唯一的大大的地主兼資本家，幹部們是搜刮的魔手，民眾全都變成農奴工奴，以供驅使而已。四十三年，中共組織僞「人代會」，通過僞「憲法」，僞「政協」貶爲統戰組織，否定「共同綱領」，實行「工農聯合專政」。在黨內揭發「胡風反革命事件」，後來不了了之。四十六年，發動鳴放運動，以緩和「新五四運動」，待反共言論出現後，中共即大加壓制剷除。

三面紅旗時期　從三十九年到四十八年，中共以沒收民眾的財產，要大辦工業，以高度的代價，取得俄國的機器和技術援助。但俄國機器欠佳，技術人才不行，結果難以合作。四十八年到四十九年，我國技術人員，終於撤回，新辦工業陷於停頓。中共大辦工業失敗，從四十七年起，毛澤東實施「社會主義建設總路線」，推行「鋼鐵增產大躍進」及「糧食增產大躍進」，要用土法煉鋼和大辦農業，因而推行「人民公社」。這「總路線、大躍進、人民公社，」被稱爲三面紅旗。四十七年三、四月，在遼寧、河南兩省施行，八月二十九日，中共又決定全面推行。農民極少數的自留地，一律爲「社」所有，生產及生活集體化，實行軍事管理、公食、公寓、公育、公學，破壞傳統的家庭倫理社會組織，後來公社更從鄉村推廣到城市，在集體所有到全民所有的口號下，中共成爲最高最富的主人，全體民眾成爲無報酬的奴工。然而煉鋼毫無用處，災荒不已，糧食仍然不足，每年要從外國購入數百萬噸的糧食，經濟陷於癱瘓狀態。

三面紅旗的失敗　由於毛澤東實行「三面紅旗」，狂妄的要向「共產主義過渡」，引起國際共黨的批判和內部的爭論。四十八年四月，毛澤東的僞政府主席被劉少奇取代，僅保留黨主席之職，但「人民公社」並未結束，四十八年出現彭懷德、黃克誠反黨集團。由於「三面紅旗」的失敗，五十二年五月，中共推行「社會主義教育運動」，對幹部進行清算，對農民厲行階級鬥爭，對知識分子加緊文藝整風，對軍人加強思想教育，對政府各機關，實行軍事及政工管制。五十四年一月，中共認爲這一運動，是「整頓黨內那些走資本主義道路的當權派，進一步鞏固城鄉社會主義的陣地。」同時，又把「工農聯合專政」改爲「無產階級專政」或「人民民主專政」，各尾巴黨派的互相監督被取消、形成毛澤東的暴力專政。

文化大革命時期　十多年來，中共已經實施四次文藝整風，到五十五年又進行第五次，實際上是蘊含著政治鬥爭。四月十八日，解放軍報發表「積極參加社會主義文化大革命」，大規模的清算打擊知識分子，毛澤東引軍人林彪等爲助，與黨方劉少奇、鄧小平等人發生奪權鬥爭。八月十八日，毛、林竟利用無知的少年，組成「紅衛兵」，要掃除「舊思想、舊文化、舊風俗、舊習慣」而建立「新」的，也就是掃除中華民族的歷史文化傳統，並打擊知識分子和中共黨內具有較高文化程度的黨員、幹部。

「紅衛兵」之瘋狂行徑，蔓延數十城市。共黨內部暴露權力鬥爭，八月二十九日，中共驅使二十萬青年，在北平蘇俄大使館前舉行示威。九月十日，「紅衛兵」遭普遍反抗，暴亂蔓延大陸各地，共軍奉命實施警戒備戰。十一日，中共被迫對農工讓步，要求「紅衛兵」在農村暫時停止暴亂運動。五十六年一月和二月，毛酋嗾使「紅衛兵」鬥爭劉少奇。五十六年三月，遍及全國各地，原有的學術思想及文物建築，都遭受打擊及摧毀。反毛派起而對抗，從五、六月起，各城市不斷發生衝突，直到五十七年十月，中共八屆十二中全會，決議將劉少奇永遠開除出黨，撤銷其一切職務，並繼續清算其及同伙之罪行。這次的整肅始告結束，但新的鬥爭繼之而起。

整肅林彪集團　劉少奇集團的被鬥倒，以軍人林彪出力最大。五十八年四月，中共召開九全大會，毛、林二人成爲主要人物。五十九年中共擬定僞憲法修改草案，規定林彪爲副統帥，爲毛澤東的接班人。大陸二十九省市區共黨的黨委會，大多數爲軍人掌握，形成以軍治黨的局面。毛澤東感於地位不穩，遂拉攏周恩來，於六十年九月，整肅林彪集團，林彪及助手共九人乘機逃俄，墜於赴外蒙途中而死。中共內訌，又轉成周恩來與毛妻江青奪權之局。

狂妄的批孔與揚秦 孔子是我國最偉大的思想家、教育家，他的言行，已成爲每一個中國人生活的信條和模範，歷二千四百餘年而不衰。秦始皇爲一代暴君，秦朝僅十五年而亡，歷代君主，莫不以暴秦爲戒。中共自民國三十八年成立僞政府以來，即反對仁政，實施暴政，但知識分子及共黨幹部，具有儒家思想者，仍不乏其人。「文化大革命」初期，紅衛兵叫囂破四舊時，即到曲阜侮辱孔子。劉少奇被定罪後，於五十八年六月，開始藉批孔來批劉。六十年九月，整肅林彪事件發生後，中共又開始藉批孔來批林。六十二年八月下旬，中共召開十全大會，決定「結合批林整風，開展批孔運動。」勒令各機關、團體、學校、廠礦、企業、農村人民公社等基層單位，設立「批孔小組」。毛澤東指使御用文人，發展批孔文章。把中共歷來領導人的言行，都附會與孔子思想有關，而否定他們的地位，以抬高毛的身分，成爲頂尖人物。同時，又進行揚秦運動，於六十二年九月，《人民日報》轉載「焚書坑儒辯」一文開始，陸續發表揚秦文章。

毛澤東頌揚秦始皇與反對孔子同時進行，其目的有二：一是加強中央集權，爲宮廷派增加勢力，削除地方割據局面。二是辯解所爲種種暴政，把秦始皇的措施說成進步，孔子的所爲說成反動。通常歷史上的獨夫暴君，在垂死之前，往往喪失人性，常常想偷天換日，結果是加速其死亡，留下惡名而已。毛澤東不但想毀掉中華文化的歷史，也想毀掉中共的歷史，企圖做中共的秦始皇，由他來開始中共的新歷史，結果是自速其死，不僅是中共的罪人，更是中華文化的萬世罪人。

恐怖的大屠殺 三十餘年來，中共在大陸實施空前的暴政，在所控制的地區，天天實施清算鬥爭，以屠殺爲手段，造成恐怖統治。從三十九年到四十四年，是以打擊「土匪、惡霸、反動黨團、特務、反動道門」五類「反革命分子」爲主的「社會鎮反鬥爭」，以配合其消滅地主富農的土改運動。根據中共先後發表的數字，共計殺了二千四百七十多萬人，其中地主和士紳佔五百多萬，游擊隊佔三百多萬，株連被殺者一千二百三十餘萬，韓戰死了一百五十四萬，新婚姻法自殺婦女一百零五萬，宗教人士五十多萬，中國國民黨員一百四十多萬。

接著：中共黨內整風和三反（反貪污、反浪費、反官僚主義爲名，排除異己其實的鬥爭），又整肅了共黨黨員三百多萬，共黨青年團團員七百四十多萬。

從四十四年到四十六年，中共實行三大改造（農業、私營工商業、手工業改造），據當時的屠手羅瑞卿報告：「被清查、逮捕、處死、勞改人數達二百三十萬四千人。」還下放共黨分子三百二十三萬八千多人，實際被殺人數，超過兩倍以上。

從四十七年起到五十五年，中共在農村全面進行整黨、整團、整社、整地方主義分子。四十七年八月，在大陸開始全面推行「人民公社」，沒收民眾一切私有物，實施編組軍事化、生活集體化、生產戰鬥化，將農民徹底淪爲無絲毫自由，無絲毫所有的農奴。有的農民稍稍表示不反對，中共就加以武功鎮壓，這一期間，中共屠殺了一百三十二萬多人，餓死了九百七十多萬人，拘囚在奴工營的有五百多萬人。

一萬萬人慘遭殺害　美國新聞周刊在四十四年報導：「三十八年十月，中共建立政權以後，……外國的專家根據難民及其他消息估計，被剝奪生存，被處死的民眾，至少有二千萬人，關在奴工營的有二千三百萬人。」

五十四年九月三十日，一百多位反共義胞代表指出：「毛共在鬥爭地主時，規定要鬥到百分之三的比例，在肅反鬥爭時，規定要鬥到百分之五的比例。在肅反鬥爭中，四川渠縣一縣，一次捕捉兩萬人以上，由此可推算全大陸被鬥受害的人，至少在十分之一以上，即是六千萬人以上，其中大部分被殺害，即是在四千萬人以上……其他零星殺害、自殺、被迫餓死、折磨而死，以及病死的人，尚不在內。」

五十五年八月，毛林集團製造出的紅衛兵鬥爭，使大陸處處一片混亂，殘殺異己分子，被殺的從二十五萬到五十萬人。

五十六年五月三十日，莫斯科電臺宣稱：「在中國大陸的一萬個勞動營內，有一千八百萬以上的政治犯正在憔悴以死。」

六十年八月十二日，美國參議院安全小組委員會公布「共產主義在中國造成的人命代價」一篇報告，從中共開始建立政權的一九二一年起，殺害的人，合理的估計是五千萬人，可能多到六千三百七十八萬人。報告中又說：「聯合國一九五五年的報告，一般勞動營所列的數字爲二千至二千五百萬人，勞動改造營則爲一千二百萬人。」由於勞動營的非人待遇，死亡的不在少數。

中共的暴政一天繼續一天下去，被屠殺的人數，一定每天高漲下去，彙計起來，已不止一萬萬人了。六十五年四月初，群眾一百餘萬人，在北平天安門發生大規模的抗暴運動，經過大屠殺了八萬人以上，才鎮壓下去。可知中共是犯了滔天大罪，假如這一小撮人的政權，能代表中國，他們怎會如此瘋狂的屠殺中國人？我們可以說，「中華人民共和國」，絕對不是眞正的中國。

反暴政爭人權的展開

不自由毋寧死 由於中共在大陸實行暴政，喪盡了民心，民眾無法忍受，都有不自由毋寧死的決心，冒著九死一生的危險，歷盡無數的危險艱難，有的從廣東大海泅水，有的從雲南峻嶺逃亡，或是藉其他的種種機會，奔向自由。三十九年六月二十五日，中共暗助北韓共黨侵略南韓，中共欺騙中國人民，展開抗美援朝運動，裹脅青年參軍，赴韓作戰。四十年一月三十日，聯合國大會政治委員會，以四十四票通過「譴責中共爲侵略者案」。四十二年七月二十七日，韓境停戰協定在板門店簽字。四十三年一月二十三日，一萬四千二百零九名反共義士，拼死投奔自由，自韓國板門店首途回自由祖國，廿五日抵達基隆。四十四年一月二十日，共軍猛犯一江山，守軍七百二十人，壯烈成仁。

共區軍民投奔自由　四十六年十月十日，蔣總統在國慶文告中，鄭重提出反共復國共同行動的六大目標，並提出三項保證，號召共軍來歸。民國四十七年八月二十三日，共軍猛射金門，守軍英勇還擊。九月二日，金門海戰大捷，擊沉共艇十二艘。九日，空軍大捷，擊落共機七架。十八日，擊落共機五架。二十四日，擊落共機十四架。四十八年三月二十一日，西藏反共抗暴進入高潮，拉薩發生戰事，達賴喇嘛出走。十月二十三日，中共在印藏邊境，不斷侵擾印度。四十九年一月十二日，中共米格十五噴射機一架，向自由中國投誠，因不悉地形，毀於宜蘭山麓，軍方予以厚葬。五十年十月八日，反共義士邵希彥和高佑宗，於九月十五日駕機向南韓投奔自由，經予接運來臺。五十一年三月三日，反共義士劉承司駕米格十五機投奔自由，安全降落桃園。五月二十日，中國大陸難民大批逃亡，湧入香港；六月二十七日，開始分批接運來臺。十一月二日，中共駐瑞典外交官趙福投奔自由，獲美國政治庇護。

中共加強侵略　五十二年十月二十一日，聯合國大會以五十七票對四十一票，拒絕僞政權入會。五十四年五月十五日，中共壓榨大陸人民，「不穿褲子，只要原子」，試行核爆，舉世斥責。七月四日，青海、新疆、西藏各地人民，紛起反抗共匪，活動熾烈。九月十一日，亞盟大會在馬尼拉發表宣言，強調中共爲禍亂根源，盼美支援中、韓、越，解放亞洲鐵幕。十一月十一日，反共義士李顯斌、李才旺，駕噴射轟炸機起義來歸。五十五年一月六日，中非共和國破獲中共顛覆陰謀，宣布與中共絕交。二月一日，共匪勾結越共，悍拒和平努力。三月二十二日，中共宣布拒絕參加俄共第二十三屆大會。四月十五日，印尼華裔青年，舉行反共示威，搗毀僞大使館。

中共對外滲透顛覆　五十六年一月十九日，中共俄共在新疆邊界發生軍事衝突。四月二十二日，中共策動印尼華人暴亂，雅加達城印尼人舉行反匪示威，毀華人產業。二十四日，印尼政府宣布驅逐中共外交人員。五月十五日、中共介入港九暴動事件。六月二十三日，九龍中共利用暴徒事件，再起暴動。九月十一日，中共軍與印度軍在西藏與錫金邊境炮戰。十月十五日，中共武工隊滲透香港，進行暴亂活動。十一月二十五日，反共游擊隊突擊平潭，毀共軍米格十八型飛機八架。五十九年二月二十一日，中共煽動菲律賓人舉行反美、反華示威運動，菲政府加以制止。五月五日，中共承認被黜柬埔寨元首施亞努的流亡政府。六日，柬埔寨宣布撤回駐中共北平使節團。七月八日，中日合作策進委員會發表聯合公報，嚴斥周恩來發表所謂「日與中共貿易四原則」，乃中共對日本經濟與商社所作之敲詐與恫嚇。九月十七日，世界反共聯盟在日本閉幕時，發表聯合聲明：決支持中華民國光復大陸，堅決反對中共入聯合國。十一月四日，共區消息洩露傳抵臺北，中共於九月六日，在「九屆二中全會」通過為「憲法修改草案」，實施嚴酷極權政治，明定毛酋掌握黨政軍大權，剝削中共機構權力，顯示內部嚴重危機。民國六十年十月，中共在美國姑息政策下，進入聯合國，一度氣焰高張，向世界進行販毒及顛覆活動，其毒品輸入自由國家，年達百萬噸以上。

大陸青年反共　六十年五月，大陸人民逃亡又形成高潮，中共在港澳邊境槍殺攔截，阻止逃亡；泅水逃亡者，多為十六歲至三十歲受中共教育之青年。足證大陸人心，已普遍唾棄共產主義之暴政奴役。尤其大陸青年之反共抗暴運動，此起彼落，自三十八年至五十五年，大小抗暴事件，超過一百六十萬次。「文革」以後，更難計其數。如「五一六兵團」、武漢「百萬雄獅」、「湘無聯」，使毛酋震驚不已。湘無聯發表「中國向何處去？」指出共產黨是新的官僚階級，必推翻其統治，中國方有前途。該文出自毛黨高級幹部子弟，年方十九歲。六十三年十一月十日，廣州市一群大學生，化名「李一哲」，在北京路口，張貼大字報，題為「關於社會主義的民主與法制」，共二萬餘字，嚴厲攻擊中共的統治。

大陸發生大逃荒潮　六十一年，外國人士到大陸訪問，中共曾強調：為政權目前仍以農業生產為重心，藉以掩飾其工業落後與混亂，因此曾布置若干地區，作爲所謂農業機械化的宣傳樣本，在此僞裝背後，則華北、西北各省，正發生大逃荒潮。中共以「人民公社」爲管制農民從事集體奴役的單位，以生產隊爲剝削農民勞力的基本組織，如此敲骨吸髓的榨取手法，如此嚴密管制的農業生產，爲什麼還會造成大饑荒、大逃亡呢？其原因有三：

一、中共對農民的壓榨，一切是以所謂「大寨精神」爲典型，強迫農民學山西昔陽縣的大寨生產隊的生產方法，中共的大寨生產隊的方法要求是：「革命加拼命，一不怕苦，二不怕死。」農民終歲勞苦，衣食尚且不足，一有歉收，必自動減少口糧；這樣的日子，如何能鼓舞農民的工作情緒？在中共眼中，農民與耕田的牛馬，是同一價值，這也是儘管中共管制農民辦法徹底而狠毒，而中共的農業，卻逐年降低的原因。

二、大陸農民掀起大逃荒潮，顯然與其整體形勢有關，各地匪幹對此漠不關心，不阻止，也不救濟，大有看笑話的用意，年來中共下放知識青年及部分匪幹，到農村落戶，永遠勞動，這批青年與共幹，沒有人眞心的去無條件「老死農村」的；他們在農村，除了擴大鬥爭暗潮，就是散布反毛種子。林彪事件後，下放青年紛紛向城市逃亡，已使大陸城市「黑市人口」增加，秩序大亂；農村人口的外逃，可能也受此影響，同時北方農民向南方逃荒，與南方逃亡潮的情勢，也有啓示作用，他們不願等待餓死，只有冒死投奔自由天地。

三、中共在北方各省農業歉收糧食不足的情形下，仍然堅決要求公社，壓迫農民繳上各項規定的糧食。農民眼看未來的時日中，口糧只有降低，不會增加，逃到南方，一來可避免管制勞動，二來可以饑民身分，在各地大吃「備荒糧」。這就是各地共幹對饑民視若無睹的另一原因。

共幹和民眾迷惑　六十一年六月，美國親中共的女作家德治文，偕女愛瑪，應中共邀請，在僞都北平及上海、杭州、漢口、蕪湖等大城市，遊覽四十天。過港時，八月十六日，公開對香港外國記者，談論她們旅行的見聞和觀感。當然，以稱道來代替指責，藉以答謝中共的招待。但也指出，共區各級幹部和各地人民，由於鐵幕關閉，封鎖知識，普遍的缺乏新知，思想劃一，毫無創新能力。她們所到之處，一般共幹和民眾對著「外賓」，雖然大喊「友誼第一」，但顯得公式化，不自然，猶顯露出驚訝和困惑的態度。因為這些幹部和民眾，對於「美帝」的觀念，接受了共黨長期對「美帝」的宣傳，一時不能改變過來，在突然間「化敵為友」。

灰暗冷漠的大陸 接著，美國合眾社總裁比頓夫婦，應中共「新華社」邀請，於八月十六日率同該社總編輯史提芬遜夫婦，及派駐香港之亞洲區主任蘭德利，新聞攝影主任斯力倫等，一行六人，從香港往廣州。然後乘中共民航機往北平，停留兩週。首先看到中國大陸的服裝，一律是藍灰色制服，顯得灰暗、冷漠，民眾衣服破補不堪、駁雜百結，令美國人驚異。據自大陸逃到香港的青年說，中共區供銷合作社，曾供應碎布塊，由人按斤購買。連結起來來做成衣服，成為雜色彩衣。大陸上有所謂「收容所」，每日兩餐，只能吃得半飽，全身無力。美國訪問大陸人士，如果能夠到「人民公社」裡去體驗，能夠到「收容所」裡去察看，很快的便會對中國大陸有更進一步的了解。對馬列主義亦有更進一步的明瞭。

天心示警 大陸上除中共製造人禍外，而天災頻仍，各地水旱災茲不具述，但天心示警，自然災害突然加多。六十三、四年，大陸西南有數次大地震及流星雨。尤以六十五年最為嚴重，為三百年來所未有，似與中共內鬥相應。春季，寧夏省賀蘭山區，曾降血雨。三月八日，吉林省降殞石雨，最重者達一千七百七十公斤，為世界上最大者。四月十七日，福州市突降大冰雹。五月二十九日，滇西兩次大地震，死傷四萬多人。七月二十八日。河北省唐山市重大地震，延及天津、北平，死傷以百萬人計。八月十六日夜，寧夏省中衛縣及四川省西北地區，又起重大地震，八月二十二、三日，四川省西北及甘肅省武都縣，再起大地震，均傷亡慘重。七月下旬，黃河上游青海、甘肅二省暴雨成災，八月到九月。黃河中下游有七處大決口，洪水氾濫成災。

天安門反共怒潮　大陸除了人禍天災以外，共酋的內鬨更加劇烈，六十五年一月八日，任僞國務院總理達二十六年之周恩來，死於陰謀。二月七日，毛酋突然把名列第六位的僞副總理華國鋒，提升爲僞代總理。周之黨羽僞第一副總理鄧小平，再度被鬥爭下臺。三月二十九日，也就是黃花岡七十二烈士殉難紀念日，北平天安門廣場，所謂「人民英雄紀念碑」前，陸續出現人潮，一天天堆積了許多花圈，表面上是祭悼一月八日死去的周恩來。實際上是批評毛澤東領導下的中共政權。到四月五日清明節，蔣總統逝世周年紀念日，達到高潮。連續八天之中，先後參加的群眾，達一百萬人之多，這大規模的反共抗暴運動，弄得毛酋手足無措，中共屠殺了八萬人，才鎭壓下去。倉促之間，毛酋擅派華國鋒爲中共中央第一副主席和僞國務院總理，而毛酋風中殘燭，毛江（青）派急於奪權，中共黨政軍三方面的衝突，更形加劇。

四人幫事件　六十六年九月九日，毛澤東終遭天譴而死，華國鋒以毛酋給他「你辦事，我放心」六個字的字條爲理由，沐猴而冠的奪取了中共中央主席的位子。十月六日，華國鋒和新舊軍閥葉劍英等人互相勾結，發動「政變」，逮捕了中共中央副主席王洪文，僞國務院副總理張春橋，僞政治局委員江青和姚文元，指爲四人幫，同時並大肆搜捕四人幫餘孽，接管了許多機構。

沐猴而冠的華酋　政變以後，華國鋒成了僞中央主席，身兼大小九職，開始了中共另一階段的權力鬥爭。表面上仍以馬列主義爲正統，以毛酋爲偶像，而以一切罪惡過失，都歸之於四人幫，來轉移民眾的視線發洩民憤，對四人幫的鬥爭非常殘酷。據葉劍英六十七年四月在共黨內祕密透露，「全國有七千名解放軍光榮死亡，一百十二萬人被逮捕，十四萬人攜械逃亡，甚至有人當了土匪。」

鄧小平的復出　六十六年七月，鄧小平在實力派軍人許世友等的支持下復出，任僞副總理，掌握中共的黨、政、軍實際權力，與華國鋒等文革受益派尖銳對立，對文革期中被整被鬥幹部加以翻案，據葉劍英透露，十年以來，幹部與技術人員有二百三十八萬人受到不同程度的衝擊（被鬥），其中八十萬人現已交付處理（平反）。平反了八十萬人的反面就是有八十萬人被打下去，仇恨循環，永無止境。

所謂四個現代化 鄧小平復出後，見危機重重，為挽救中共政權的總崩潰，遂採取二重政策，一是基本原則不變，中共中央在六十八年三月發出指示，強調加強思想政治工作，堅持社會主義道路，堅持無產階級專政，堅持共產黨的領導，堅持馬列主義和毛澤東思想。二是修正策略和方法，以四個現代運動掀起民眾的新希望，以安撫人心。其實這運動係中共在民國五十三年第三屆人代會中所決定，於六十九年前達成獨立的完整的工業體系和國民經濟體系，在本世紀全面實現農業、工業、國防和科學技術現代化。但十四年來，現代化並無成績。此外，並進行國內國外之統戰，對國內民眾開放有限度的民主，准許民眾貼大字報、請願、申訴、以及對政府之批評和檢討，一以表示民主風度，與民更始，一以將過去的獨裁暴政，歸罪於四人幫，且可對文革派的華國鋒、汪東興等進行鬥爭。

反共青年要求民主自由 民國六十七年五、六月起，鄧小平利用民眾的怨憤，來進行翻案和權力鬥爭，十月，北平及各地的民主牆上的大字報，指斥中共的暴政，外國記者稱為北平之春，但這民主風潮，無法遏止，最後變了方向，公開攻擊中共政權，要求民主、自由，和法治。十一月下旬起，北平、上海各地的群眾，集會和遊行示威，全大陸充滿著爭自由、爭生存、反饑餓、反迫害的呼聲，各處下放的知識青年，從三五百到三數萬人，紛紛逃回城市遊行示威。十二月十日，上海逃回的一萬餘知識青年，大遊行五天，高喊「我們要工作」。六十八年二月五日，這些青年和中共公共人員發生衝突，商店關門，全市交通癱瘓。北平也有農民代表二萬多人，知識青年三萬多人，其他人民代表七萬多人，遊行示威，北平和各地出現十多個爭取人權運動的組織。

要承認中華民國政府 其中探索社曾提出要求第五個現代化—自由民主化（探索第三期，六十八年三月十一日發行），啓蒙社提出為什麼大陸的經濟趕不上臺灣國民經濟的發展？十月六日，北平民主牆上的大字報說，中國大陸人民，希望廢棄共產主義而建立一種自由民主制度。蘇俄是「中國人民的最大敵人」，並呼籲默認在臺灣的中華民國政府是一個合法的政府。雖然中共在各地逮捕人權運動領袖四十餘人，並判以重刑。可是人權運動者，仍然分發傳單、貼大字報，對鄧小平的鎮壓行動展開反擊，要求釋放被捕的人員，各地也紛紛響應，大陸同胞的爭人權、反暴政運動，已向中共的新當權派，展開決戰，中共政權的命運，還會長久嗎？

第十八章 邁進中的復興大業

復興大業的加強

舉行陽明山會談 民國四十九年十月，中國國民黨八屆三中全會，通過「促請海內外反共愛國人士團結合作案」，送請從政同志執行。仿照抗戰前之廬山談話會，舉行陽明山會談。五十年七月，舉行第一次會談，研討經濟發展、財政金融、外匯貿易等方面問題。八月，繼續舉行第二次會談，研討大陸光復後教育文化重建、當前教育措施、文化建設與新聞事業等問題。兩次會談，對當時局勢及反共復國，也有所探討，後以將籌組反共建國聯盟，遂未繼續舉行。

第九次全國代表大會 中國國民黨第八次全國代表大會以後的六年中，復興基地的各項建設，更見成效；而中共在大陸，實施三面紅旗的暴政，即所謂「社會主義總路線」、「工農生產大躍進」、「公社化運動」，強迫民眾用「土法煉鋼」，榨取工農業的生產成果，犧牲了三千萬人。中國國民黨，為了研討掌握反共復國機勢的革命方略，在五十二年十一月十二日，於臺北市大直三軍聯合參謀大學，舉行第九次全國代表大會。大會修訂黨章，通過「中國國民黨政綱」、「中國國民黨現階段工作綱領」、「籌組中華民國反共建國聯盟」及「反共救國共同行動綱領」等要案。

選舉第四任總統副總統 在第三任總統任內，行政院院長由副總統陳誠兼任；五十二年十二月，陳副總統辭去院長兼職，蔣總統提名嚴家淦繼任，行政院僅有局部改組。五十四年三月，陳副總統病逝。五十五年二月十九月，第一屆國民大會第四次會議，在臺北舉行，與會代表一、四二五人，於三月二十一日，蔣總統以一、四〇五票，當選爲第四任總統。二十二日，嚴家淦以七八二票，當選爲第四任副總統。

第四任總統就職 五月二十日，蔣總統及嚴副總統就職，蔣總統就職時致詞，指示根絕匪禍，避免核戰途徑，以始終一貫決心，來爭取反攻復國徹底的勝利，和國民革命全面的成功。行政院院長，仍由嚴副總統兼任。

行使創制複決兩權問題 當國民大會第三次會議閉幕以後，根據決議，於四十九年七月一日，設立國民大會憲政研討會。研擬創制、複決兩權行使辦法，連同修改憲法各案，於廣泛徵求各方意見後，彙咨總統作爲決定召集國民大會臨時會期的參考。五十五年二月一日到八日，舉行臨時會，會中以百分之九十多數決議在光復大陸前不修改憲法，並修訂動員戡亂時期臨時條款。規定：㈠動員戡亂時期，國民大會得制定辦法，創制中央法律原則與複決中央法律，不受憲法第二十七條第二項之限制。㈡在動員戡亂時期，總統對於創制案或複決案認爲有必要時，得召集國民大會臨時會討論之。㈢國民大會於閉會期間，設置研究機構，研討憲政有關問題。

文化復興運動 五十五年四月，中共在大陸掀起所謂「文化大革命」；八月，又利用少年組成「紅衛兵」，胡作亂爲，妄圖毀滅中國歷史文化道統；有識之士，莫不心憂。適十一月十二日，爲 國父一百晉一誕辰，陽明山中山樓建成，蔣總統發表紀念文，勗勉全國同胞，發揚中華文化道統，堅定消滅赤禍重光大陸河山的信念，完成 國父未竟之志，使大陸同胞，能均霑三民主義之倫理、民主與科學的福祉。與會人士，當聯請政府明定 國父誕辰紀念日，爲中華文化復興節，使世界人士瞭然於我文化正統之所在，亦所以鼓勵海內外敵前敵後軍民同胞保衛我歷史文化之英勇奮鬥；政府當日准行，海內外人士，立即熱烈展開文化復興運動，務期其普遍深入而持久推行。

設置國家安全會議　五十六年二月，蔣總統依照動員戡亂時期臨時條款第四項之規定，設置動員戡亂時期國家安全會議。其任務爲：㈠關於動員戡亂大政方針之決定事項。㈡關於國防重大政策之決定事項。㈢關於國家建設計劃綱要之決定事項。㈣關於總體作戰之策定及指導事項。㈤關於國家總動員之決策與督導事項。㈥關於戰地政務之處理事項。㈦其他有關動員戡亂之重要決策事項。

第十次全國代表大會　復興基地，經過二十年的建設，已進入開發國家之林，中國國民黨爲開創革命新形勢，研討黨與國家全面現代化的方略，在五十八年三月二十九日，於臺北市陽明山舉行第十次全國代表大會。大會修訂黨章，重訂政綱，通過「現階段黨的建設案」、「現階段社會建設綱領案」、「政治革新要項案」、「策進全面實施平均地權及貫徹實施耕者有其田綱領案」、「積極策進光復大陸案」等要案。

選舉第五任總統副總統　六十一年二月二十日，第一屆國民大會第五次會議，在臺北舉行。其時正當我國在六十年十月退出聯合國之後，全國各界同胞、各黨派、朝野上下，及海外僑胞、敵後同胞，無不發表聲明，竭誠呼籲、蔣總統競選連任。與會代表一、三一六人，於三月二十一日，蔣總統以一、三〇八票，當選爲第五任總統，嚴家淦以一、〇九五票，當選爲第五任副總統。

修訂臨時條款　第五次會議，並於三月十八日通過「動員戡亂時期臨時條款」修訂條文。其要點爲：總統得調整中央政府之行政機構、人事機構及其組織；在自由地區增加中央民意代表名額，定期選舉，其須由僑居國外國民選出之立法及監察委員，得由總統訂定辦法遴選。立法委員每三年改選，國大代表、監察委員每六年改選。

第五任總統就職　五月二十日，蔣總統及嚴副總統就職。蔣總統就職時致詞，指出爲了使五千年的歷史文化得以綿延隆盛，使億萬同胞能拔於痛苦黑獄，還我自由，應結集才俊新銳，革新政治，改造社會，完成革命再北伐，中國再統一。

蔣經國出任行政院院長 在第五任總統未就職前，六十一年五月十一日，行政院嚴兼院長家淦，向蔣總統請辭院長兼職，並以蔣副院長經國，堅忍剛毅，有守有爲，謀國之忠，任事之勇，愛民之勤，接物之誠，推薦繼任行政院院長。經立法院於二十六日，以百分之九十三得票率通過。五月二十九日，新行政院成立，臺省人士出任首長加多。蔣院長在六月一日主持行政院院會時，提出「平凡、平淡、平實」六字與行政院同仁共勉，強調切實合作，發揮團隊精神，成爲「爲國效命爲民服務的內閣」。八日，又在院會中提出十項行政革新指示，要求各級行政人員遵守，更主張不驚民、不擾民、不害民。同年，增選海內外中央民意代表，加強團結，並從事各種建設，爲改革政風，先後懲辦王正誼貪污案、青年科學建設公司冒貸案、啓達公司貸款案。

民族正氣的發揚 六十年十月，由於世界姑息勢力抬頭，中華民國政府，毅然決定退出手創的世界和平機構——聯合國，但大會通過中共入會，自背宗旨，成爲罪淵惡藪。蔣總統呼籲同胞，精誠團結，堅忍奮鬥，絕不妥協。此時，黃大受、朱際鎰、李守孔、鄔玉田、蔣一安、李霜青、傅宗懋等三百一十多位大專教授發表聲明，支持中央政府，爲反抗共匪暴政而奮鬥。至此，全國上下和海外同胞，在蔣總統莊敬自強、處變不驚、愼謀能斷的昭示下，自立自強，面對此逆勢而奮鬥。六十一年二月二十一日，美總統尼克森，自關島經上海飛抵北平，訪問大陸僞政權。二十二日，我中華民國大專教授三千餘人發表嚴正聲明，忠告美總統尼克森，應珍惜中美友誼。二十七日，美與中共發表聯合公報。次日，我外交部重申「共匪爲叛亂集團，無權代表中國，任何協議，一律無效。」七月，田中角榮出任日本首相，與中共進行所謂國交正常化。八月八日，行政院院長蔣經國嚴正譴責日本政府媚匪態度。九月十一日，我中華民國大專教授八千餘人發表反對日匪勾結宣言。十七日，日本政府派特使推名悅三郎訪華，全國各界人士，黃大受、胡秋原、任卓宣等一百多人到臺北機場舉行示威，抗議田中媚匪謬行。二十九日，日與僞達成協議，發表聯合公報，我國遂與日本斷絕外交關係，國民大會亦譴責日首相背信忘義謬行。

六十一年，教育部修訂大學必修科目，本書作者認爲本國史教學，極端重要，特與史學界人士各大專院校教授一百五十二人，聯名向十數有關機關及黨政重要人士，力言爲發揚民族精神，復興中華文化，必需重視國史教育。八月三十一日，中國國民黨中央常會，決定將中國通史及中國現代史列爲大學共同必修課程，以加強民族精神教育之歷史教學。

總統蔣公逝世　民國六十四年四月五日，爲清明節，也是民族掃墓節，全天氣候晴朗。至午夜突然雷馳電掣，風狂雨驟，雨下如注，有天崩地坼之勢。就在這風雨聲中，夏令時間夜十一時五十分，總統蔣公在臺北市郊士林官邸，因心臟病發逝世，享壽八十九歲。六日凌晨二時，由行政院新聞局發布經蔣夫人、嚴副總統、五院院長簽字的「總統蔣公遺囑」，遺命「實踐三民主義，光復大陸國土，復興民族文化，堅守民主陣容。」噩耗傳出，舉世震驚。

黨政配合有為　蔣公逝世後，海內外同胞，莫不同聲哀悼，萬眾一心，團結奮鬥，表示竭誠擁戴中華民國政府。副總統嚴家淦，於六日上午即依憲法繼任總統。中國國民黨中央委員會，於四月二十八日，推舉常務委員蔣經國出任主席，黨政配合、融洽無間，支持大有爲政府之一貫政策。

第十一次全國代表大會　自五十八年十全大會閉幕後，世界局勢益形動盪，六十年十月二十五日，我國退出聯合國。六十一年二月，美國總統尼克森赴中國大陸訪問；二十七日，與周恩來發表「聯合公報」，我政府否認其協議無效。九月，日本首相田中角榮訪問中國大陸，於二十九日發表「聯合公報」，我外交部聲明與日本斷交。六十四年四月五日，蔣公逝世，高棉和越南，在四月下旬淪於共手。六十五年九月九日，毛澤東死。十月初，中共發生四人幫事件，奪權更形劇烈。在此劇變的時局，我復興基地經濟建設正在快速發展。中國國民黨爲因應世變，在六十五年十一月十二日，於臺北市陽明山舉行第十一次全國代表大會。這次大會中，全黨同志，立下莊嚴神聖的誓言，總裁一日未奉安南京，一日不解除心喪。

大會修訂黨章，保留總裁一章，以作永久紀念，並將總裁遺命納入黨章，使全黨同志一律遵行；同時確定設主席一人，總攬黨務。經大會一致推選蔣經國爲黨的主席，矢志奉行總理遺教、總裁遺訓，冒險犯難，奮發圖強，接受作戰命令，完成革命任務。增選中央委員，擴大中央評議委員和黨務顧問人選，組織成涵蓋深廣堅強有力的中央領導，來擔負起艱巨光榮的中興復國使命。

大會策定了黨的現階段政綱，揭櫫奮鬥的使命；爲了適應革命形勢的發展，強化黨的領導功能，通過了黨的建設案；爲了加強思想教育，通過了加強三民主義思想教育功能案；爲了針對中共的暴行暴政，結合大陸同胞的心願，大會訂定了反共復國行動綱領案。大會發表宣言，提出黨對解決中國大陸問題的見解，表示全黨全國光復大陸的決心。大會結束時，蔣主席昭示同志：「這是一項永遠不散的會，是不閉幕的會，是革命的會，只有在革命成功時，才可說是成功的會議。」可見這次大會的重要性。

嚴總統薦賢 六十六年十二月十四日，嚴家淦總統，從中國國民黨常務委員及從政黨員身分，致函中央委員會張祕書長，轉達中央常務委員會稱：「盱衡革命情勢，深感接近最後成功，困難愈多，衝擊愈大，非有堅忍、弘毅與睿智之革命領導，實不足以克服重重險阻，達成反共復國之艱鉅任務。現任本黨主席及行政院院長蔣經國同志，追隨總裁力行總理遺教達四十年，志節堅貞，勛績昭著，尤以出任本黨主席及行政院院長以來，主持國家大計，實踐本黨政策，推行重大建設，肆應國際變局，操慮忠純，群情悅服，其樸實平易，勤政愛民，更爲國內所一致推崇。……請推舉蔣主席經國同志爲中華民國第六任總統本黨候選人，再由總統候選人提名副總統候選人，擬請全會決定。」六十七年元月七日，中國國民黨中央常務委員會，召開臨時會議，獲得一致通過；嚴總統謙沖爲懷，至誠爲國薦賢的風範，深受海內外同胞的景仰。

選舉第六任總統副總統 六十七年二月十九日，第一屆國民大會，依法召開第六次大會。三月二十一日，以一、一八四票，選舉蔣經國為第六任總統，得票率為百分之九十八．三四。三月二十二日，以九四一票大多數，選舉謝東閔為第六任副總統，得票率為百分之七十九．一四。海內外無不擁護新元首，呈現風雨生信心的氣氛。各報慶賀特刊，表達朝野上下全民的赤誠擁戴。海外僑胞紛紛致電擁戴，前後方的戰士也熱誠擁戴，國際友人函電申賀，撰文頌揚，大陸同胞及反共組織冒險發來函電，赤誠擁護新總統。

第六任總統就職　五月二十日，蔣總統經國、謝副總統東閔，在臺北市　國父紀念館就職。蔣總統經國就職時致詞，表示承受了重責大任，自當遵守憲法，盡忠職務，增進人民福利，保衛國家，無負國民付託。今天我們復國建國共同的行動方向，就是要充實國家力量，增進國民生活，擴大憲政功能，確立廉能政治，以實踐三民主義，光復大陸國土。行政院及臺灣省政府、臺北市政府改組，蔣總統經國提名孫運璿繼任行政院院長，新人輩出，陣容益見堅強，呈現出一個新時代開始的新氣象。

國家建設研究會　自蔣經國出長行政院後，除加強經濟建設、革新政治外，為聽取旅居海外各地學人對國是的意見，自六十一年起，於暑期的七月或八月，舉辦國家建設研究會，作為政府改進施政的重要參考。如六十一年的研討會，分成政治建設組、國防建設組、外交僑務與國際宣傳組、財經與國際貿易問題研究組、社會福利衛生保健問題研究組。所研討的問題，幾及於政府的各工作部門，也有少數的國內學人參加，分組情形，以後時有改變。六十八年，除七月召開一次外，並於十一月加開一次，出席者則以國內的政治人士及文教人士較多，除第一次為十四日外，其餘各次均為十六、七日，會後參觀國內經濟、軍事建設，並至金門前線訪問。

復興基地的發展

自由經濟制度　我中華民國政府的工業化政策，是採取自由經濟制度的精神，以民生主義為目標，來扶植民營工業。在這一政策的指導下，從四十二年到六十年，民營工業每年增長百分之十八・一，而公營工業僅年增為十・三，在四十二年僅占百分之四十三。五十年代初期，政府加強投資環境及獎勵出口，更加刺激民營工業的發展。

經濟的發展　中華民國政府，在臺灣三十餘年來，如糧食、肥料、農產品、紡織、水泥、石油、電力、林礦、漁牧、機械、電氣用具，有的從無到有，有的是從少到多，生產量突飛猛進，甚至有數十倍者，新出品的味精、塑膠、電子工業、人造纖維，亦大有成績。他如鐵路、公路的改進與興建，橋樑港灣的擴築，衛生設施的普及，都表現中華民族復興基地建設的進步。在整個國民生產淨額中，五十二年（一九六三），是工業生產超過農業生產的第一年，以後每年兩者的距離，逐漸加長，復興基地的經濟，已邁進現代化的階段。到六十八年十二月，工業占生產總額的比重達百分之四十六・七，農業占百分之十・五三。其中重工業不斷上升，使我國工業結構大幅度的升級。六十七年的實質國民生產毛額，為四十年的八・八倍，每人生產毛額自一百三十八美元增加到一千四百十七美元，居世界第四十四位。六十八年更增加到一千八百六十九美元，使我國步入新進工業化國家的行列。

對外貿易的擴張　由於經濟的發展，更擴張了對外貿易。在四十一年，進出口貿易總額為三億三千多萬美元，進口為二億一千萬餘美元，出口為一億二千萬餘美元。到五十九年，已趨平衡。六十年是經濟最有成就的一年，經濟成長率達百分之十一・四；對外貿易進出口達四、〇八五・二百萬美元，出超一八五・八百萬美元。六十一年經濟成長率仍達百分之十一，對外貿易進出口達五、五〇一百萬美元，出超高達四七四・

六百萬美元，外匯儲存額達十七億美元。外人來我國投資，較以往猛增。自民國六十年十月起，因退出聯合國，斷絕外交關係的國家不少；六十一年，日本又承認共匪，雖然接連出現這些重大的國際政治不利情勢，對我國經濟，並未發生不良影響。從六十一年上半年對外貿易來看，進出口達二、五一八．二百萬美元，出超達一六五．二百萬美元，與六十年同期比較，增加百分之四十八，由於對外貿易的擴張，加強了與外國的交往。

六十二年經濟成長率升至百分之十二．三，對外貿易進出口達八、二六三百萬美元，出超六八二．六百萬美元，外人來我國投資，較以往猛增。六十二年十月起，以色列與埃及發生戰事，阿拉伯石油輸出國，供應逐漸減少，價格逐漸漲至三倍，形成能源危機，世界經濟，均呈現不景氣。六十三年上半年，我對外貿易進出口達六、二三三．一百萬美元，但入超爲五〇七．五百萬美元，到下半年，情形始呈現好轉。六十七年對外貿易進出口達二三、七二七．三百萬美元，出超達一、六八二．五百萬美元，外匯儲存額估計在七十餘億到八十億美元之間。

六十七年十二月十五日，美國宣布承認共黨僞政權，於六十八年一月一日正式建交，對我國自有很大的影響，但事實證明，我國經濟仍然繼續發展，有增無已。六十八年對外貿易進出口爲三〇、八七四百萬美元，較上年增加百分之三十．二，出超十三億三千九百萬美元，估計六十九年可達三百九十億七千六百萬美元。

由於對外貿易的普及全球，雖然與我國有外交關係的國家，只有二十餘國，但有實質的文化、貿易、財經等關係的國家和地區，仍達一百二十多國家和地區。外國在我國的投資，到六十八年九月止，已超過二十五億美元，在六十八年核准的華僑和外國投資金額達三億二千萬美元，比六十七年增加一倍以上。

十項建設　國內的大小建設，隨經濟發達而日趨加多。六十二年十一月中國國民黨舉行第十屆四中全會，行政院院長蔣經國，宣布政府將舉行十項建設。十二月十六日，並決定將建設計劃分別列入追蹤管制，訂定作業計劃，逐級考核。到六十八年底，十項建設全部完成，對國內的交通、經濟，有極大的功效。

南北高速公路　北起基隆，南到鳳山，貫通基隆、高雄兩國際港，並以支線與桃園、高雄兩國際機場和臺中港相接，有交流道三十七處，全長三七三．四公里。由臺北到高雄，只需四小時餘，工程超過國際標準。

桃園中正國際機場　距臺北市四十公里，爲北部國際機場。三十年總發展計劃，分三期建設，總面積約有原臺北國際機場的六倍，爲世界第一流之機場。第一期到六十九年完成，屆時客運量年可達五百萬人，貨運量二十萬噸。第二期到七十九年完成，屆時客運量年可達一千萬人，貨運量四十二萬噸。第三期到八十九年完成，屆時客運量年可達一千九百五十萬人，貨運量爲一百萬噸。

鐵路電氣化　其效益爲迅速，提高列車平均速度，臺北到高雄直達車只需四小時。舒適，無噪音及污染。經濟，提高運量百分之三十，提高能源利用效率，減低油價及保養費用。安全，均爲自動裝置。

北迴鐵路　由宜蘭到花蓮，幹線長八二．三公里，支線由花蓮新站到港口長五．八公里。隧道共長三一公里一三七公尺，橋共長五、三五九公尺。

擴建蘇澳港　港區三面環山，所需腹地，全是移山塡海而成。分兩期進行，全部完成後，碼頭能量約爲六百二十萬噸，原木能量爲六十萬噸，尚有三百六十萬噸的潛在發展能量。

臺中港　臺中港位於梧棲鎭，是無中生有，匯集了國人智慧與技術的結晶。利用挖泥塡築一、一六〇公頃新生地，作爲臨海工業區之用。爲中部吞吐對外貿易的商港，減輕基隆、高雄兩港及公路、鐵路的運輸負擔。到七十一年十月，二、三期工程結束，三十二座碼頭完成時，每年的營運能量，可達一千二百萬噸之多。

大造船廠　中船公司的高雄造船廠，爲十項建設中最早完工者，於六十五年六月完成。有一大船塢，可以造一百萬噸的大船，也可分三段造小船，每年可新建船隻一百五十萬載重噸，可修理各類船隻二百五十萬載重噸。已經造成四十四萬五千噸的巨型油輪，和二千多條從幾十噸的小輪到幾萬噸的貨櫃油輪。

大煉鋼廠　中鋼公司在高雄的煉鋼廠，爲國家重工業的基礎工業。第一階段於六十六年十二月完成，年產粗鋼一百五十萬公噸，第二階段於七十一年六月完成，年產粗鋼三百二十五萬公噸，最後可達到年產粗鋼八百萬公噸。

石化工業　中國石油公司，爲配合政府發展石油化學工業及充分供應塑膠及人造纖維等中、下游工業之基本原料，特從事全面的石化工業建設，各項總生產量，估計可達二百四十萬公噸，一方面可以擴大和平衡對外貿易，另一方面更可以縮短中日貿易逆差，訓練國內的化工人才。

核能電廠　由於石油價格不斷高漲，臺灣電力公司爲配合國家經濟建設需要，使能源多元化，積極建設核能發電廠。核能一廠已裝置六十三萬六千瓦汽輪發電機兩部，核能二廠決定裝置二部機容量各爲九十八萬五千瓦，核能三廠決定裝置二部機容量各爲九十五萬一千瓦，全部工程完成後，將達五一四萬四千瓦，到七十四年六月，共可發電三百四十六億一千萬度，占臺電總發電量百分之五十。

十二項建設　當十項建設接近完成時，六十六年九月，行政院蔣經國院長向立法院表示，要繼續進行十二項建設，爲的是要提升我國經濟發展結構，使重化工業昇華，推動農工企業發展，使我國人的毅力精神發揮到最高的境界。這十二項建設簡況，有如後述。

加強環島交通建設　拓寬並改善花蓮到臺東的鐵路，和西部幹線一致，全長由一七四．四公里縮短爲一五九．九公里，預定在七十一年六月完成。南迴鐵路由屏東枋寮到臺東卑南，全長一〇三公里，工程比北迴鐵路尤爲艱鉅，預定七十五年六月完成。

新建東西橫貫公路三條　爲嘉義玉山段、水里玉山段、玉山玉里段，由嘉義到玉山，長二〇二．四公里，水里到玉山長六三．二公里，預定七十四年六月完成。

改善高屏地區交通計劃　拓寬高雄到屏東爲六線道。拓寬高雄到水底寮濱海公路爲四線道，改善高雄到屏東的單軌鐵道。

加速改善重要農田排水系統　第一期工程預定七十年六月完成，第二期預定七十八年完成，屆時全省淹水二日以上之面積，將全面得以改善。

修建堤防　修建西岸海堤工程，預定七十六年六月完成。修建全島主要河堤防洪工程，預定八十三年六月完成。

拓建屏鵝公路　爲配合高速公路延長到屏東，將屏東到鵝鑾鼻公路拓建爲四線高級公路。對承擔地區運輸，配合核能電力開發，促進地方資源工業發展，及加速觀光開發等，均有助益。

促進農業機械化　設置農業機械化基金，政府已籌撥經費九十億七千六百萬元。預定四年內，推廣各類農機一四〇、一〇〇臺，增建各類漁機三、七三〇臺，設立中心工廠二十二臺，估計每年可節省五十億工資。

開發新市鎮，擴建國民住宅　將開發林口、南崁、臺中港、大坪頂、澄清湖五處，預計可容納一百萬人。從六十八年度起，三年內興建國民住宅七萬四千二百五十戶。

興建文化中心　在臺灣省每一縣市興建圖書館和音樂廳各一座。臺北市擴充或興建十六所區圖書館，及社教館、美術館、天象館、民俗村，青少年文藝及活動中心及遷建動物園。在基隆、臺中、臺南，各興建一座不同的專門大型博物館。

其他三項　除以上九項，另三項爲中國鋼鐵公司第一期第二階段擴建工程，繼續興建核能發電第二、第三兩廠，完成臺中港第二、三期工程。

教育文化　至六十八學年度，公私立大專院校，已達一〇二所，日夜間部學生已達三一九、六〇三人。公私立中等學校，爲一〇〇七所，學生爲一、五九三、一四七人。國民小學，由於提倡節育優生政策，六十四學年度起，小學生人數略爲減少，小學爲二、四二二所，小學生爲二、二五六、四五一人。自民國五十七年秋季起，實施九年國民義務教育。高深學術方面，六十八學年度，公私立大學設有研究所一百九十二所，可授予碩士博士學位，計碩士班五、〇四九人，博士班五六一人。

軍事改革　青年反共救國團舉辦青年活動，導青年於正軌，六十八年暑期，參加者達八十餘萬人六十九年一、二月寒假，參加者達五十餘萬人。軍事則採精兵主義，現後陸海空軍及特種部隊計約六十萬人，陸軍爲四十萬人，海軍及陸戰隊十萬餘人，空軍八萬人，隨時可以應戰。兵役制度完善，每年約有二十萬常備新兵入伍，平均年齡爲二十歲，陸軍服役二年，海空軍服役三年，隨時可以徵召訓練精良之後備兵，逾一百萬人。國軍兵力之強大，於此可見。

社會福利　中華民國政府，在政治及經濟各方面，三十年來，根據三民主義，銳意建設臺灣，我國國民生活，已經有顯著的改善。我國注重低收入國民就業及福利的決策，已使貧富之間的差距大爲縮小，據我國經濟部專家研究報告：四十一年臺灣地區貧富比率爲十五比一，五十四年降低爲五比一，五十九年降低爲四·五比一。六十五年到六十九年，均降低爲四·一八比一。世界銀行在六十八年十月發表的開發年報，則爲四·二比一，是世界主要國家中所得分配最爲平均的國家。軍事、公務、教育人員及勞工、漁民，均普遍實施保險，幾達到全民保險數目的半數。六十二年二月，公布兒童福利法，以促進兒童福利。六十九年一月，公布老人福利法，以促進老人福利。並擬訂殘障福利法，以保障殘障福利；社會福利法，以解決民眾困難。可見三民主義的社會政策，是在促進全民福利的。

國民生活改善　臺灣人口雖然逐年增加，但由於經濟發展迅速，國民生活水準，仍在不斷的提高，從食、衣、住、行、樂各方面，可以看出國民生活改善的一般情形。

㈠食：根據四十二項主要食品計算，四十五年每人每天平均消費熱量，為二、二六二卡路里，至六十七年，增到二、八七二卡路里，較四十五年，增加百分之二十二．五。

㈡衣：由於生活水準的提高及紡織業的發達，衣料之需求，年有增加，四十五年，每人平均消耗人造纖維及棉毛織品十四．三公尺，至六十六年（估計），增至七十公尺，較四十五年，增加五倍。

㈢住：近年來工商業發達，社會經濟繁榮，各種廳廈住宅之建築，亦日新月異，競尚實用舒適及美觀。其他建築不計，僅就政府貸款興建的國民住宅增加情形看：四十五年以前，共有三、二八〇戶，至六十八年，增到一三八、〇〇〇戶，較四十五年，增加到四十二．四倍。

㈣行：隨著各方面的發展，在交通方面亦有顯著的改善，除了道路的開拓及交通工具的汰換外，僅以甲種車輛增加數量為例：四十五年為一六、七五三輛，至民國六十六年，增至二、七八八、一四一輛，較四十五年，增加到一六六倍。六十八年九月，增至三、七二七、三二三輛（內機車為三、一八三、六六五輛），較四十五年增加，到二二一．八倍。

㈤樂：社會型態的轉變及國民生活的提高，促使人民逐漸注意娛樂，以求身心的調劑。近年來除各種娛樂場所的增設外，單以電視機的數量增加情形，作一比較，五十一年成立第一所電視公司，當年僅有電視機三、三三四臺，到民國六十六年，電視機增至三一一萬八千臺，平均每百戶有電視機九十四臺。到六十八年九月，交通部估計，黑白電視機有一、五九四、八三七臺，彩色電視機有一、五三五、八七九臺。至大型收音機及小型電晶體收音機，則平均已達每人一架。六十八年一月開放出國觀光，全年為三十一萬二千八百六十四人，一般名義出國者為六十一萬三千七百二十一人，平均每個月出國者有七萬七千二百一十五人。外國人士來我國觀光者，六十八年全年已達一、〇九六、七三五人。

民生樂利　據行政院主計處調查，到六十七年止，全國平均每戶可支配所得爲新臺幣十五萬五千七百三十七元。國民所得，每人每年平均所得，由四十一年的一百三十七美元，加到六十四年的七百美元，更加到六十八年的一千七百二十美元。到六十七年止，每百戶家庭有彩色電視機四七．一〇臺，黑白電視機五一．八九臺，電冰箱八七座，電話機三六架，洗衣機五四．一二座，冷氣機九．九二座，報紙書刊六九．一四份，自用住宅六九．五七所，都比上年度大幅增加，顯示生活水準不斷提高。

農耕隊與技術援外　自五十年十二月二十八日，我國派遣第一個農耕隊到非洲賴比瑞亞，協助當地民眾從事農業工作以來，由於成績良好，截至六十九年初，已有五十二個亞、非、中南美洲國家，請求我國派駐農耕隊及其他技援單位，共有七十二個單位之多，並有五百餘名農技人員，前來我國受訓。

傑出的人才　近三十餘年來，我國人在國際間聲譽卓著。留美之專家博士，已達六千多人，留學生總數達一萬四千餘人，皆有卓著成就。而運動健將，世界十項全能運動亞洲鐵人楊傳廣，與世界運動選手女鐵人紀政，及李政道、楊振寧、吳健雄、丁肇中等人蜚聲國際。此外在日本之林海峰，則獲得名人及本因坊之棋道最高地位，王貞治則成爲棒球王。中華少年棒球隊，連續七年在美獲得世界少年棒賽冠軍，使中國過去對外體育運動落後之恥，爲之一雪。包玉剛、董浩雲在國際間擁有船舶噸位各達數百萬噸。張大千在國際間成爲中國畫大師。郭美貞之音樂指揮，貝聿銘之建築，李卓皓之人類荷爾蒙研究，均馳名國際。

暴政必亡復興必成

中華民族的明燈 今天，中華民國的力量，更加壯大成長，得到海內外同胞的熱心擁戴，大陸同胞的期待響應。不僅要發揚中華民族的堅毅奮鬥精神，來保衛歷史文化，消滅共匪暴政，拯救大陸遭受苦難的同胞，而且成為遠東掃共的堡壘，自由民主陣營掃共的中流砥柱。不達目的，決不中止，中華民國必能永存於世界，成為中華民族的明燈。

暴政與仁政對比 中共的統治，已造成大陸上無比的災害，民眾被屠殺，已達一萬萬人之多，大陸已成為血雨腥風的地獄，人無笑容，民無私語，內心之怨痛可知。近年更不顧民眾生命，剝奪民眾最低的生活條件，以奴工的血汗勞力，科學家的才智，製造核子武器和飛彈；以中共的好戰成性，將為中華民族帶來空前的浩劫。而中共內部，陷於矛盾傾軋，鬥爭不休。尤以經濟窮困，農工凋敝，使民眾日日在恐怖統治中掙扎，更促成中共偽政權趨於崩潰的邊緣。反觀在中華民國掃共基地的臺灣，三十餘年來，實施民主自由政治，民眾安居樂業，生活豐衣足食，經濟發達，教育普及，軍心民氣，日益奮發，使中華民族的傳統歷史文化，充分發揮出偉大的力量與光輝，恰與中共控制了的大陸，成了光明與黑暗、自由與奴役、民主與極權、富足與貧窮、幸福與恐怖、仁政與暴虐的強烈對比。

民眾需要改進 不過，隨著工商業發達，國民生活水準提高，以及都市化、流動化、工業化、大眾化等偕來的國民精神狀態和心理狀態，也有需要改進之處。除少數耿介卓立之士外，一般人不免有趨向自私、冷漠、現實、功利、拜金、享受、浮躁和疑慮……的情況，是否中華文化受到近代西方文化的損害，而使國人有無所歸依之感？

保衛中華文化 回溯我國歷史上最艱危的時期，莫過於異族之軍事侵略及政治統治，猶皆未傷及中華文化。雖然如此，尚有岳飛之精忠報國，和文天祥及史可法之慷慨殉國。今日的敵人是異心的中國人，其所作所爲是毀滅文化，則這一代青年爲何不能攘臂而起，保衛並維護中國的文化？

總統 蔣公在近數年來的青年節訓詞中，無一次不勉勵青年盡其復興文化的大責大任。六十一年講話中，曾昭示：「這一代青年應本乎其義務感與責任心，在進入軍事戰鬥以前，以復興文化爲其首要的責任，以搶救民族文化危機爲己任，以搶救大陸上被毒化的青少年爲己任！擷取文化精華，而摒棄其糟粕，使與新的學術思想相結合，以造成一個『新文明』的國家！」

總統 蔣公在六十四年最後一次告全國青年書中更明白指出：「大陸新的一代已在出現……由於這新的一代，在推動著時代的齒輪，所以大陸隨時都會發生掀天揭地的巨變。」總統蔣公叮嚀全國青年「一致奮起，以民主、倫理、科學的大道，師法先烈們開國、北伐、抗戰的精誠大義，出全力以維護民族的歷史、文化、道德、智能，貫徹復國的大擔當，大使命。」蔣公逝世時，所宣布之遺囑中，猶諄囑吾人要復興中華文化，實行三民主義，光復大陸河山。

由於中共唾棄和摧毀中國文化與億眾中國人的人性爲敵，所造成的「天安門事件」發生後，敵我易勢的情形下，我們是不是應該實在而積極的做些什麼，使中華文化的精神，在政治、經濟、教育、文化、社會各方面，皆能灌注滋長，而創造一個足爲世界典範的三民主義的國家？

中華民族必能自由獨立 由於中共實施暴政，大陸上的反共暗流，日見擴大。中共只有藉表示反對蘇修，激發民族主義，來維持政權。蘇俄自命爲「社會主義大家庭」的家長，有權懲治叛徒，因比在中國大陸北方邊界，不斷添兵。中共遂改變態度，拉攏美國，因此有六十一年二月、三月之交，美國尼克森總統訪問中國大陸之舉，復勾結日本，而日本又企圖對大陸通商。六十一年九月，日本田中內閣與中共作外交承認，我中華民國政府遂與日本絕交。到六十二年夏，俄兵在大陸北邊已加到一百數十萬人；六十七年十二月十六日，美國宣布承認中共僞政權，更加重與蘇俄的對立性，使世界的局勢更加混亂，和平的希望更加渺茫。這一蘇俄入侵的危機，是中共集團爲中華民族所帶來的大災禍，中華民族一定要反對外來的侵略，但決不會爲保衛中共暴政而戰，一定必能在爭取自由之後，再必能爭取獨立自主的。這一任務，就落在復興基地和海外同胞的肩上！

絕對不可認同中共　在六十八年元旦，中共這一小群頭目爲了欺騙卡特，而以和平面目出現。居然透過傳聲筒「人代會」發表告「臺灣同胞書」。要通郵、通航、通商，要停止間日炮擊，要搞和平統一的把戲。這一小群中國人所不齒的傢伙，懷著狼心狗肺，竟披上羊皮起來，不是慘殺過中國人以千萬、萬萬計嗎？不是口口聲聲要血洗臺灣嗎？怎麼血口叫起和平，是不是火拼的同音異寫？

君不見成千成萬的青年，冒萬死一生的危險，從廣東沿海向港九游水奔向自由，或是涉千山萬水的由邊疆逃向自由，港九海面的浮屍不絕，邊地的白骨處處。大陸上的民無私語，人無笑容，證明大陸上的八、九億同胞都在反對馬列主義的中共政權。我們身處在自由世界的人們，對這一小群中共頭目所高唱的和平統一把戲，有誰會相信是眞的？敢說除了白癡以外，不會有一個人。

我們可以看清中共完全是外國的產物，完全爲外國思想而奮鬥到底，根本與中華文化毫無關係，是絕對不值得可以與之認同的。我們不能承認這一小群中共頭目是中國人，他們的僞政權絕對不能代表中國。

和平詭計必被推翻　那麼，中共爲什麼現在搞和平統戰的滑稽戲呢？只是黔驢技窮而已，一個小小的金門島，攻打了三次，古寧頭不是全軍覆沒嗎？八二三、九三砲戰不是垮臺嗎？還能有力量攻打臺灣嗎？所以他們要搞和平統一，要來誘惑。從十三年起，國共合作過二次，和談在十次以上，都是中共窮途末路，無計可施，爲了要挽救他的消滅或崩潰命運，就來搞合作，搞統一戰線，搞和談。

揭穿中共的假羊皮來講，現在正是內有華、鄧交惡，「四人幫」和林彪等人的陰魂不散，外有北俄、南越虎視眈眈。內有九億五千萬的民眾要爭民主自由人權，外有中華民國的仁義之師，要弔民伐罪，所以不得不來這騙人的把戲。

當然，他們這一小群人，自以爲得計，騙到了不上不下的卡特，還想多騙一些外國人，他們沒想到外國人去大陸增多以後，民主自由會在大陸傳染開來的。那時，這個不能代表中國的僞政權，在內應外合之下，會一舉而被推倒的。昏暗的星光，即將過去，青天白日的明天，就要出現。

所以，中華民國絕不可以同中共和談，因爲這一小群中共頭目不是中國人，中共政權所建立的僞中華人民共和國，不是眞正中國！

暴政必亡　「天安門事件」，已翻開大陸上掀天揭地巨變的序幕；大陸上新的一代，正在推動著時代的齒輪。我們必須在經濟建設的同時，不使仁義與理性被慾念所遮蓋。大好形勢在望，必須從方寸之地著手。心理建設與精神建設，此其時矣！青年奮起，此其時矣！

中共暴政必亡，是決無疑問的；但勝利的到來，還要我們重視文化的力量，發揮文化的力量，俾億眾中國人，結成一條心。總統蔣公會號召國人：「共匪破壞文化，我們復興文化。共匪消滅道德，我們復興道德。共匪陷國家民族於危亡，我們救國家民族於復興。由挽救文化而復興文化，由踐履道德而復興道德，由喚醒民族而復興民族。」這才是針對中共之必敗，掌握我們必勝之大道。

復興必成　中華民族，一貫愛好和平，主張正義，從不向暴力低頭，從不與邪惡合流。所以在中國史上，暴政必亡，邪惡必滅，成爲永不改變的鐵律。而中共政權，爲中國史上空前未有之暴政與邪惡集團。暴政必亡，邪惡必滅，研究中國史者，莫不具此信心。黑暗愈深，光明愈近，勇氣倍壯，信心倍堅。一旦擊潰中共，消滅暴政與邪惡以後，中國有一段安定時期，必然在廢墟中重新建設，全面工業化，趕上新時代，孕育新文化，現出新氣象。暴政之後，必有太平，漢唐再現，盛世重開，願我全國同胞，齊心全力，奮勇邁進，重振中華雄風。

Note

Note

國家圖書館出版品預行編目資料

中國現代史綱／黃大受著．——二版．——
臺北市：五南圖書出版股份有限公司，
2022.10　面；　公分
ISBN 978-626-317-708-6（平裝）

1.現代史　2.民國史

628　　111003293

1W05 中國史系列

中國現代史綱（第二版）

作　　者— 黃大受
發 行 人— 楊榮川
總 經 理— 楊士清
總 編 輯— 楊秀麗
副總編輯— 黃惠娟
責任編輯— 羅國蓮
封面設計— 王麗娟
出 版 者— 五南圖書出版股份有限公司
地　　址：106台北市大安區和平東路二段339號4樓
電　　話：(02)2705-5066　　傳　　真：(02)2706-6100
網　　址：https://www.wunan.com.tw
電子郵件：wunan@wunan.com.tw
劃撥帳號：01068953
戶　　名：五南圖書出版股份有限公司

法律顧問　林勝安律師事務所　林勝安律師

出版日期　2022年10月二版一刷
定　　價　新臺幣550元

經典永恆・名著常在

五十週年的獻禮——經典名著文庫

五南，五十年了，半個世紀，人生旅程的一大半，走過來了。
思索著，邁向百年的未來歷程，能為知識界、文化學術界作些什麼？
在速食文化的生態下，有什麼值得讓人雋永品味的？

歷代經典・當今名著，經過時間的洗禮，千錘百鍊，流傳至今，光芒耀人；
不僅使我們能領悟前人的智慧，同時也增深加廣我們思考的深度與視野。
我們決心投入巨資，有計畫的系統梳選，成立「經典名著文庫」，
希望收入古今中外思想性的、充滿睿智與獨見的經典、名著。
這是一項理想性的、永續性的巨大出版工程。
不在意讀者的眾寡，只考慮它的學術價值，力求完整展現先哲思想的軌跡；
為知識界開啟一片智慧之窗，營造一座百花綻放的世界文明公園，
任君遨遊、取菁吸蜜、嘉惠學子！